新技术法学系列教材

中国政法大学网络法学研究院支持项目

人工智能法学

郑　飞　马国洋◆主编

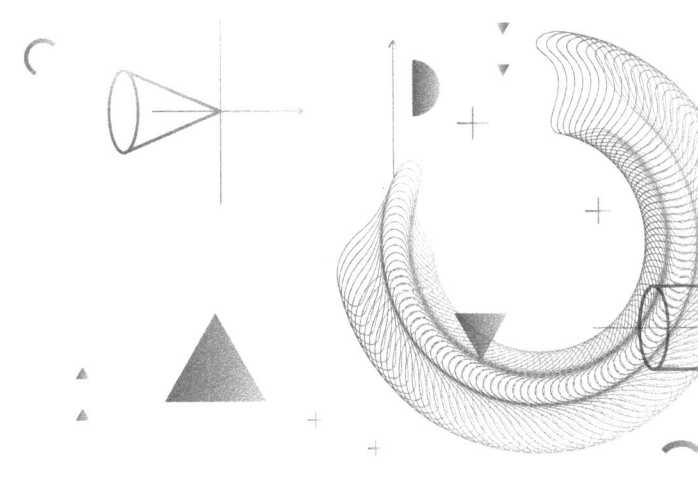

中国政法大学出版社

2023·北京

图书在版编目（ＣＩＰ）数据

人工智能法学/郑飞，马国洋主编.—北京：中国政法大学出版社，2023.6（2025.7重印）
ISBN 978-7-5764-0805-8

Ⅰ.①人… Ⅱ.①郑… ②马… Ⅲ.①人工智能－法学－研究－中国 Ⅳ.①D922.174

中国国家版本馆CIP数据核字(2023)第049714号

书　名	人工智能法学
	RENGONGZHINENG FAXUE
出版者	中国政法大学出版社
地　址	北京市海淀区西土城路 25 号
邮　箱	fadapress@163.com
网　址	http://www.cuplpress.com (网络实名：中国政法大学出版社)
电　话	010-58908466(第七编辑部) 010-58908334(邮购部)
承　印	保定市中画美凯印刷有限公司
开　本	720mm×960mm　1/16
印　张	24
字　数	410 千字
版　次	2023 年 6 月第 1 版
印　次	2025 年 7 月第 2 次印刷
定　价	75.00 元

作为新技术学科的人工智能，包括模拟、延伸和扩展人类智能的理论、方法、技术和应用系统，是在计算机、控制论、信息论、数学、心理学等多种学科相互综合、相互渗透的基础上发展起来的一门新兴交叉学科。[1]随着人工智能技术的不断发展和应用，人工智能的法律问题也逐渐凸显出来。为此，中外各大高校纷纷成立了人工智能法学研究机构，例如，西南政法大学和上海政法学院成立了专门的"人工智能法学院"并开设了"人工智能法学"专业，华东政法大学也在法学一级学科之下设立了"智能法学"二级学科，北京交通大学法学院则从2021年春季学期起开设了"新技术法学跨学科课程群"，包括已经开设的人工智能法学、数据法学、区块链法学和网络安全法学（未来拟规划改为网络法学），以及未来拟规划开设的生物技术法学和空天技术法学。然而，至今人工智能法学的学科体系仍处于探索阶段，本教材试图为人工智能法学提供一个初步的教材体系和学科体系，以供各大法学院校开设人工智能法学课程参考之用。

二十大报告明确指出，"推动战略性新兴产业融合集群发展，构建新一代信息技术、人工智能、生物技术、新能源、新材料、高端装备、绿色环保等一批新的增长引擎"。为促进人工智能等新技术的发展应用，习近平总书记在主持中共第十九届中央政治局第三十五次集体学习时指出，"加快重点领域立法……加快数字经济、互联网金融、人工智能、大数据、云计算等领域立法步伐"。同时，《国务院2023年度立法工作计划》也明确将人工智能法草案等预备提

---

〔1〕　参见马少平、朱小燕：《人工智能》，清华大学出版社2004年版，第76页。

请全国人大常委会审议。希望本书能为加快我国《人工智能法》的立法进程提供一点助力。

一、理论体系与篇章结构

本教材将人工智能法的理论体系概括为"一体两翼"。所谓"一体",是指人工智能法的本体论,而"两翼"主要是指人工智能法的规则论和工具论两条线索。因此本教材主要分为三编,共二十二章,其基本结构体系如下:

第一编由第一章至第九章组成,为人工智能法的本体论,主要关注两大核心问题。第一,什么是人工智能法。这涉及第一章探讨的人工智能与人工智能法的产生与发展,以及未来人工智能的立法展望;第二章探讨的人工智能法的性质与特征、理论基础、基本原则和理论体系等基本理论问题;第三章探讨的有关人工智能主体地位问题;第四章探讨的强人工智能时代与弱人工智能时代的权利保障问题;第五章探讨的人工智能的刑事、民事、行政和国家赔偿责任等各种法律责任;第六章探讨的人工智能法律伦理问题和相关准则。第二,人工智能法的基本范畴。这涉及第七章探讨的数据权属、数据流转和数据跨境流动等数据法律问题;第八章探讨的宏观视角下的算法规制、算法内含的双重危险、司法场景和其他场景下的算法应用规制等算法法律问题;第九章探讨的人工智能平台的法律规制原则、规制路径和方法等问题。

第二编由第十章至第十九章组成,为人工智能法的规则论,主要关注两大核心问题。第一,以法律部门为依据进行的规制。这涉及第十章从宪法、行政法角度探讨的人工智能对宪法主体资格、基本权利和权力限制带来的挑战,以及人工智能对行政法的挑战等问题;第十一章从刑法角度探讨的人工智能及其生成物成为受刑法保护的新对象,产生了需要由刑法规制的新行为,以及对犯罪构成要件提出的新要求等问题;第十二章从民商法角度探讨的人工智能对民事主体地位、侵权责任的冲击及其民商法规制等问题;第十三章从经济法角度探讨的人工智能给产品质量法、数据竞争、税收制度等带来的挑战等问题;第十四章从知识产权法角度探讨的人工智能给著作权法和专利法带来的挑战等问题。第二,以应用场景为依据进行的规制。这涉及第十五章主要探讨的自动驾驶汽车法律规制的现状、问题和未来;第十六章主要探讨的无人机法律规制的现状、问题和未来;第十七章主要探讨的我国智能投资顾问的发展困境、潜在风险与有效应对和监管;第十八章主要探讨的人脸识别的风险、域外立法考察和法律规制路径;第十九章主要探讨的深度合成与生成式人工智能的法律规制。

　　第三编由第二十章至第二十二章组成，为人工智能法的工具论，分别论述了人工智能在立法和司法应用中的问题。其中，第二十章主要探讨了人工智能人工智能立法应用的现状、风险与应对；第二十一章主要探讨了人工智能司法应用的现状、挑战和未来展望；第二十二章主要探讨了人工智能给法律职业、法学教育和法学研究带来的挑战。

二、使用方法与配套资料

　　本教材主要借鉴了张保生教授主编的《证据法学》教材的编排体例和教学方法。在编排体例上，每章前有一个导读，每节后都列出了该节的要点和思考题，每章后还列出了本章阅读文献，不仅有利于展示知识的缘起与流变，而且有利于学生进一步深入拓展学习。在教学方法上，因为人工智能法学是一门新兴法学交叉学科，所以我们建议在使用本教材时，教师可以采用启发式教学法，先布置学生阅读教材的有关章节及相关文献，仅用1/2课时进行引导性讲授，1/2课时组织学生提问、研讨和答疑。

三、撰写分工与真诚致谢

　　"新技术法学系列教材"是主编们为北京交通大学法学院开设相关系列课程专门组织编写的一套教材，主要包括人工智能法学、区块链法学、数据法学和生物技术法学等。本教材是其中第一本，后续拟每年再编写一本。本教材由"北京交通大学法学院新技术法学教研团队""新技术法学虚拟教研室""新技术法学虚拟研究小组"，以及邀请的各高校师生和实务部门精英在集体研讨的基础上分工撰写，并由主编们统稿完成。各章节分工如下：

　　前　言（郑飞）

　　第一编　人工智能法的本体论

　　　第一章　人工智能法的产生与发展（张伟、马国洋、黄辉）

　　　第二章　人工智能法的基本理论（郑飞、马国洋）

　　　第三章　人工智能的主体地位（宋晨翔、崔世群）

　　　第四章　人工智能与权利保障（裴洪辉、洪刚）

　　　第五章　人工智能的法律责任（强卉、周彦中）

　　　第六章　人工智能的法律伦理（付新华、朱溯蓉）

　　　第七章　数据及其法律规制（曹佳）

本教材的编写程序为五审。其中，一审为主编形式审；二审为副主编实质审；三审为专业老师专业审；四审为主编、副主编系统审；五审为读者校对审。

本教材是集体智慧的结晶，由国内外 21 所高校的师生和 9 个实务部门的精英共计 52 位小伙伴联袂完成，历时 3 年多。感谢各位小伙伴的辛勤付出，他们是：

张　伟，西藏民族大学法学院副教授

马国洋，北京交通大学法学院助理教授

郑　飞，北京交通大学法学院副教授、副院长

宋晨翔，延安大学政法与公共管理学院助理教授，法学系主任

裴洪辉，北京交通大学法学院副教授

强　卉，中国法治现代化研究院研究员、南京师范大学法学院助理教授

付新华，北京交通大学法学院高聘副教授

曹　佳，华东政法大学博士后研究人员

吴旭阳，厦门大学法学院副教授

吕　婷，北京东兴联永同昌投资管理有限公司法务经理

黄　琳，北京交通大学法学院助理教授

史一帆，教育部宣传教育中心工作人员

王熠珏，北京交通大学法学院助理教授

王毅纯，北京交通大学法学院副教授

郑卓奇，银行业信贷资产登记流转中心经理

范志勇，北京交通大学法学院助理教授

胡　丽，广西民族大学法学院副教授、广西知识产权发展研究院副院长

柴　鹏，北京知识产权法院法官助理

尚　华，北方工业大学文法学院副教授

贠　丹，山西大学法学院助理教授

颜永亮，北京交通大学法学院助理教授

周志刚，广西地方法治与地方治理研究中心助理研究员

王俣璇，北京交通大学法学院副教授

熊晓彪，中山大学法学院助理教授

夏晨斌，耀时跨境数据合规研究院特邀研究员

张晓宇，耀时律师事务所创始合伙人

黄欣安，耀时律师事务所业务合伙人

尹　婷，北京交通大学法学院助理教授

徐拿云，大连海事大学法学院助理教授

黄　辉，哈尔滨工业大学计算学部人工智能专业博士研究生

崔世群，中国政法大学证据法学专业博士研究生

洪　刚，南京师范大学诉讼法学专业博士研究生

周彦中，华东政法大学刑事诉讼法学专业硕士研究生

朱溯蓉，北京交通大学法学院法律硕士研究生

石佳佳，东北大学宪法与行政法学专业硕士研究生

龙健宁，清华大学法学院刑法学专业硕士研究生

万勤梅，北京交通大学法学院民商法学专业硕士研究生

郭嘉豪，华盛顿大学圣路易斯分校 J.S.D.、波士顿大学 LL.M（知识产权方向）

李　昊，中国政法大学比较法学专业硕士研究生

杨默涵，中国政法大学诉讼法学专业博士研究生

方斯怡，华东政法大学刑事诉讼法学专业硕士研究生

王　悦，西北政法大学刑法学专业硕士研究生

其中，特别感谢中国政法大学数据法治研究院的张凌寒教授和北京航空航天大学法学院院长助理裴炜教授，分别为本书第七章和第八章提供了宝贵的修改意见！

同时，特别感谢杭州数澜科技有限公司法务总监王欣，北京市中闻律师事务所高级合伙人王超毅律师，江西省南昌市青云谱区人民法院助理审判员舒澜静毅法官，北京大学法学院民事诉讼法学专业博士研究生夏志毅，北京交通大学法学院民商法学专业硕士研究生万勤梅，法律硕士研究生张良和刑法学专业硕士研究生周伯乾，广西大学法学院法律硕士研究生李思言，北京交通大学法学院本科生王菲语和谭春阳，他们对全书进行了仔细的通读校对。

此外，还要特别感谢中国政法大学原副校长张保生教授一直以来对新技术法学的大力支持和精心指导；特别感谢中国政法大学出版社第七编辑室牛洁颖主任和崔开丽编辑的精心组织与编辑；特别感谢北京交通大学法学院于亚光书记和李巍涛院长的关心与支持！

最后，要特别强调的是，人工智能法学是一个新兴法学交叉学科，方兴未艾，而本教材只是一块毛坯青砖，难免在烧制过程中有诸多错漏之处，希望借此能够引出更多的精美之玉。恳请诸位读者多多给本教材提出各种改进意见（电子邮箱：zf591014@163.com），我们将在第二版中予以修改完善。

郑飞

2020 年 5 月 21 日于红果园起草

2021 年 11 月 30 日于宝禄斋修订

2022 年 5 月 10 日于红果园修订

2023 年 4 月 5 日于宝禄斋修订

CONTENTS
目 录

第二编　人工智能法的规则论

第三编　人工智能法的工具论

第一编

人工智能法的本体论

人工智能法的本体论贯穿于人工智能法问题的全部内容，一切人工智能法的问题都要以本体论为基础展开。人工智能法的本体论主要关注两大核心问题，一是什么是人工智能法。主要涉及六个方面：（1）人工智能与人工智能法的产生与发展，以及未来人工智能的立法展望；（2）人工智能法的性质与特征、理论基础、基本原则和理论体系等基本理论问题；（3）人工智能的主体地位问题；（4）人工智能时代的权利保障问题；（5）人工智能的刑事、民事、行政和国家赔偿责任等各种法律责任；（6）人工智能法律伦理问题和相关准则。二是人工智能法的基本范畴。主要包括：（1）数据权属、数据流转和数据跨境流动等数据法律问题；（2）宏观视角下的算法规制、算法内含的双重危险、司法场景和其他场景下的算法应用规制等算法法律问题；（3）平台的法律规制原则、规制路径和具体问题规制。

第一章
人工智能法的产生与发展

【导读】

"人工智能"是在 1956 年作为一门新兴学科的名称被正式提出的,从这个角度来说,人工智能的历史与计算机的历史一样长,但两者的发展进度却大相径庭。纵观人工智能的发展历程,一共经历了"三起两落",而我们正处在第三"起"之中。人工智能的发展也导致了人工智能法律问题的出现,就立法趋势而言,当前各国立法正在逐渐由保障人工智能发展向规制人工智能应用转变。未来,人工智能与立法的结合应当包含两个面向:一方面是针对人工智能进行立法,即通过合理的立法引导人工智能的发展,避免其可能造成的风险;另一方面是鼓励人工智能发展与创新。此二者之间相互推动,又相互限制。

第一节　人工智能的产生与发展

一、人工智能的第一个发展阶段:逻辑推理

人工智能的思想萌芽可以追溯到 17 世纪,巴斯卡(Pascal)和莱布尼茨(Leibniz)较早萌生了关于智能机器的想法。19 世纪,英国数学家布尔(Boole)和德·摩尔根(Augustus De Morgan)提出了"思维定律",这些可谓是人工智能的开端。19 世纪 20 年代,英国科学家巴贝奇(Charles Babbage)设计了第一个"计算机器",它被认为是计算机硬件,也是人工智能硬件的前身。1950 年,被视为"计算机科学之父"的图灵(Alan Mathison Turing)发表了一篇题为"机器能思考吗?"的著名论文,图灵在该论文中提出了机器思维的概念,并提出了图灵测试:如果一台机器能够通过电传设备与人类展开对话而能不被辨别出其机器的身份,那么就可以称这台机器具有智能。

1956 年夏季,当时达特茅斯大学的年轻数学助教、现任斯坦福大学教授

的麦卡锡（John McCarthy）联合哈佛大学年轻数学和神经学家、麻省理工学院教授明斯基（Marvin Lee Minsky）、IBM 公司信息研究中心负责人洛切斯特（Rochester）、贝尔实验室信息部数学研究员香农（Shannon）共同发起在美国达特茅斯大学召开的为期两个月的学术研讨会——达特茅斯会议，讨论关于机器智能的问题。会上经麦卡锡（McCarthy）提议正式采用了"人工智能"这一术语，麦卡锡（McCarthy）因而被称为"人工智能之父"。达特茅斯会议是一次具有历史意义的重要会议，它标志着人工智能作为一门新兴学科正式诞生。在人工智能学科创立初期，大多数学者认为，为了实现人工智能的相关机能，只需要赋予机器相应的推理能力，这一阶段也被称为逻辑推理阶段。

这门新兴学科是如此令人神往，以至于迅速吸引了大量学者的眼球，相关的研究也如火如荼地开展起来。此后，美国组建了多个人工智能研究组织，如纽厄尔（A. Newell）和西蒙（Simon）的 Carnegie-RAND 协作组，明斯基（Minsky）和麦卡锡（McCarthy）的 MIT 研究组，塞缪尔（Samuel）的 IBM 工程研究组等。

达特茅斯会议召开之后的十多年间，人工智能的研究在机器学习、定理证明、模式识别、问题求解、专家系统和人工智能语言等方面都取得了许多引人瞩目的成就。在定理证明方面，美籍华人数理逻辑学家王浩于 1958 年在 IBM-704 机器上证明了《数学原理》中有关命题演算的全部定理（220 条），并且证明了谓词演算中 150 条定理中的 85%。1965 年，鲁宾逊（Robinson）提出了归结原理，为定理的机器证明作出了突破性的贡献。在问题求解方面，1960年，纽厄尔（Newell）等人通过心理学试验总结出了人们求解问题的思维规律，编制了通用问题求解程序（General Problem Solver，GPS），可以用来求解11 种不同类型的问题。这让很多研究者看到了机器向人工智能发展的希望。

1969 年成立的国际人工智能联合会议（International Joint Conferences On Artificial Intelligence，IJCAI）是人工智能发展史上一个重要的里程碑，它标志着人工智能这门新兴学科已经得到了世界各国的肯定和认可。1970 年创刊的国际性杂志《人工智能》（*Artificial Intelligence*）对推动人工智能的发展、促进研究者们的交流起到了重要作用。

不过到了 20 世纪 70 年代，人工智能开始遭遇发展瓶颈。究其原因，用清晰的逻辑可以解决的问题仅仅限于数学等少数领域，而现实世界中所面临的问题是无穷无尽的，研究人员大大低估了这一工程的难度。由于詹姆斯·赖特希尔（James Lighthill）爵士的批评和国会方面的压力，美国和英国政府于 1973年停止向没有明确目标的人工智能研究项目拨款，撤销研究经费，人工智能遭遇了发展史上的第一次低谷。

二、人工智能的第二个发展阶段：知识工程

20世纪80年代前后，人工智能又一次获得了人们的广泛关注。在这一时期，人工智能研究的先驱们认真反思，总结了前一段研究的经验和教训，意识到仅仅依靠逻辑很难达到较高的智能水平。基于此，1977年，美国斯坦福大学的费根鲍姆（Feigenbaum）在第五届国际人工智能联合会议上提出了"知识工程"的概念，对以知识为基础的智能系统的研究与建造起到了重要作用，大多数人接受了他关于以知识为中心展开人工智能研究的观点。从此，人工智能的研究迎来了以知识为中心的蓬勃发展的新时期。

在这个过程中，一类名为"专家系统"的人工智能程序功不可没。专家系统是一种程序，能够依据一组从专门知识中推演出的逻辑规则在某一特定领域回答或解决问题。由于它只专注于某一个领域，因而设计简单，易于实现，而且避免了所谓的"常识问题"。1965年，费根鲍姆领导的研究小组开始对于专家系统（DENDRAL）的研究，这项研究于1968年完成并投入使用。该专家系统能根据质谱仪的实验结果，分析推理出决定化合物的分子结构。其分析能力已经接近甚至超过有关化学专家的水平，在美国、英国等国家及地区得到了实际应用。该专家系统的成功研制不仅为人们提供了一个实用的专家系统，而且对知识表示、存储、获取、推理和利用等技术是一次非常有益的探索，为专家系统的建造奠定了基础。

这一时期，专家系统的研究在多个领域取得了重大突破，各种不同功能、不同类型的专家系统如雨后春笋般地建立起来，产生了巨大的经济效益与社会效益。例如，地矿勘探专家系统（PROSPECTOR）拥有15种矿藏知识，既能根据岩石标本及地质勘探数据对矿藏资源进行估计和预测，又能对矿床分布、储藏量、品位及开采价值进行推断，制定合理的开采方案。医学专家系统（MYCIN）能识别51种病菌，正确地处理23种抗菌素，可协助医生诊断、治疗细菌感染性血液病，为患者提供最佳处方。该系统成功地处理了数百个病例，并通过了严格的测试，显示出了较高的医疗水平。美国数字设备公司DEC的专家系统（XCON）能根据用户要求确定计算机的配置。由专家做这项工作一般需要3小时，而该系统只需要0.5分钟，速度提高了360倍。DEC公司还建立了另外一些专家系统，由此产生的净收益每年超过4000万美元。信用卡认证辅助决策专家系统（American Express）能够防止不应有的损失，每年可节省2700万美元左右。

但命运的车轮再一次碾过人工智能，让其回到原点。专家系统维护费用居高不下，加上其操作复杂、难以升级又经常出现莫名其妙的错误，仅仅维持了不到 10 年，这个曾经轰动一时的人工智能系统就走向了衰落。究其原因，随着研究向前推进，专家们发现人类知识无穷无尽，且有些知识本身难以在被总结后交给计算机。故而，依靠人类总结再教会计算机所有知识的想法，是不切实际的。

三、人工智能的第三个发展阶段：机器学习

如果依靠人类总结无法教会计算机所有知识的话，那么是否可以依赖于计算机自己去学习所有的知识呢？这也正是人工智能第三次浪潮的起源和动机。

到 20 世纪 80 年代，机器学习已经真正成了一个独立的学科领域，相关技术层出不穷，深度学习模型以及 AlphaGo 增强学习的雏形"感知器"均在这个阶段发明出来。也是在这个时候，神经网络方面也取得了新的进展，一个典型的事件是，1989 年，杨立昆（Yann LeCun）在 AT&T Bell 实验室验证了一个反向传播在现实世界中的杰出应用，即"反向传播应用于手写邮编识别"系统，简单来说就是该系统能很精准地识别各种手写的数字。

自 20 世纪 90 年代中期开始，随着人工智能技术尤其是机器学习技术的逐步发展，以及人们对人工智能开始抱有客观理性的认知，人工智能技术开始进入平稳发展期。彼时，最大的问题在于，人类并不具备开展机器学习算法所需要的计算能力和数据。因此，机器学习被低估的情况持续了十几年，直到近年来互联网和云计算的兴起，这个情况才有所转变。2006 年，辛顿（Hinton）在深度学习领域取得了突破，人类又一次看到机器赶超人类的希望。所以人工智能的第三次浪潮，虽然缘起于 90 年代，但直到进入 21 世纪才真正蓬勃发展起来。

2016 年，Google 的 AlphaGo 战胜了韩国棋手李世石，再度引发了人工智能热潮。AlphaGo 硬件资源拥有上千个 CPU 和 GPU 群，强大的硬件基础决定了强大的计算能力。被誉为人类智慧象征的围棋，随着算力的发展最终被深度学习攻克了。

随着深度学习技术的发展，人工智能技术也在多个领域开花结果，取得了令人惊艳的效果。下面是人工智能技术取得重要突破的一些领域。

（一）人脸识别

人脸识别技术是一种利用计算机视觉和模式识别技术，通过分析人脸特征

来确定一个人的身份的技术。由于面部剪影曲线的结构特征难以建模，这项技术在很长一段时间都没有达到实际应用的精度。但是随着深度学习和卷积神经网络的出现，人脸识别的错误率迅速下降。基于深度卷积神经网络的自动特征提取能力，图像识别系统完成了自动的分类特征建模和表示学习，在 2012 年的大规模视觉识别挑战赛上，AlexNet 深度神经网络一举将识别错误率下降至 15.3%，完胜第 2 名 26.2% 的识别错误率。目前，人脸识别技术也广泛用于安全认证、犯罪侦查和社交媒体等领域。

（二）机器翻译

机器翻译技术指的是使用计算机自动将一种语言的文本转换为另外一种语言的文本的技术。这项技术诞生于 20 世纪 40 年代，但是从 1950 年到 1990 年的长时间发展里，都依赖于语言学家人工编写的规则，不仅难以开发和修改，翻译结果的精确性也很差。随着 2014 年深度学习的兴起，基于循环神经网络（Recurrent Neural Network）的机器翻译系统的性能取得了大幅提升。随后在 2016 年，谷歌公司又提出了基于 Transformer 结构的机器翻译系统，借助大规模语料训练的深度自注意力神经网络，进一步提升了机器翻译系统。在 2017 年的世界机器翻译大会上，微软亚洲研究院提交的系统在中英方向的新闻翻译上达到了媲美人类译员的翻译水平，机器翻译技术也在国际化、全球化交流中扮演着越来越重要的角色。

（三）图像生成

图像生成技术是指使用计算机算法和模型来生成新的、逼真的图像。这些技术的目的是让计算机模拟出人类的创造力和想象力，生成出看起来像真实世界中的图像。

在深度神经网络出现之前，基于传统方法的图像生成技术只能生成简单和单调的图片，难以满足实际应用的需求。在 2014 年，谷歌的算法研究员 Goodfellow 提出了生成式对抗网络（Generative Adversarial Network），大幅提高了图像生成的逼真度。生成式对抗网络由生成器和判别器两个神经网络组成。生成器负责从随机噪声生成图像，而判别器则负责对生成器生成的图像和真实图像进行分类，通过判别器和生成器的对抗，训练生成器产生更加逼真的图像。

随后，在 2019 年，斯坦福大学的两位博士生提出了基于扩散模型（Diffusion Model）的图像生成方法，从噪声开始，通过逐步地对噪声进行扩散和卷积，生成一个数据序列，进一步提升了图像生成的精确度。在该技术的基础上，各个科技机构开发了很多 AI 绘画软件，比如 OpenAI 公司创建了 DALL·E

系统，该系统仅需要输入少量文字作为语言描述，就可以生成富有创造力，并且十分逼真的图像。在扩散模型的加持下，AI 绘画的能力达到了令人惊艳的效果，2022 年 8 月 31 日，由 AI 生成的画作《太空歌剧院》甚至获得了美国科罗拉多州博览会的数字艺术类美术比赛的第一名，引起了人们的广泛关注和讨论。

（四）文本生成

文本生成技术指的是用计算机自动生成人类语言和文本，是自然语言处理领域的重要技术。由于人类自然语言的不确定性、模糊性和多样性，文本生成一直是人工智能领域的难题，虽然以往也有很多自动写作、自动摘要、自动对话的研究，但是机器自动生成的文本往往面临着流畅性差、逻辑性差和存在事实错误等问题。

2018 年，美国人工智能研究实验室 OpenAI 开发了一种名为 GPT 的文本生成模型，改变了文本生成领域的现状。GPT 的全称是 Generative Pre-trained Transformer，是一种基于互联网可用数据训练的文本生成深度学习模型。该模型于 2018 年推出初代系统后，随后在 2019 年和 2021 年推出了第二代和第三代。在这一迭代的过程中，GPT 系列系统使用了越来越庞大的模型架构和越来越丰富的训练数据，随着参数量的增加，量变引起质变，大规模语言模型 GPT 产生了大量的涌现能力（Emergent Ability），比如上下文学习（In-context Learning）、提示学习（Prompt Learning）、思维链（Chain-of-thought）等。

在这一系列模型的基础上，借助基于人类反馈的强化学习技术（Reinforcement Learning on Human Feedback）和指令微调技术（Instruct Turning），2022 年 11 月底，人工智能对话聊天机器人 ChatGPT 推出，迅速在社交媒体上走红，短短 5 天，注册用户数就超过 100 万。2023 年 1 月末，ChatGPT 的月活用户已突破 1 亿，成为史上增长最快的消费者应用。ChatGPT 能够通过学习和理解人类的语言来进行对话，还能根据聊天的上下文进行互动，并协助人类完成一系列任务。这款 AI 语言模型，让撰写邮件、论文、脚本，制订商业提案，创作诗歌、故事，甚至敲代码、检查程序错误都变得易如反掌。随着 ChatGPT 相关的大规模生成式模型的发展，人工智能技术也开启了新的浪潮，未来几年后人工智能技术将会发展到什么样的地步，还需拭目以待。

■ 要点

1. 人工智能共经历了三个发展阶段，分别是逻辑推理、知识工程和机器学习。

2. 人工智能发展第一阶段的障碍主要是，用清晰的逻辑可以解决的问题仅仅限于数学等少数领域，而现实世界中所面临的问题是无穷无尽的，研究人员大大低估了这一工程的难度。

3. 人工智能第二阶段的主要障碍是专家系统维护费用居高不下，并且其操作复杂、难以升级又经常出现莫名其妙的错误。

4. 第三次人工智能发展的浪潮有赖于深度学习技术的出现，以及大数据、云计算等技术的发展。

■ 思考题

1.1　如何看待人工智能的发展历程？

1.2　机器学习阶段的人工智能具有哪些特点？

第二节　人工智能法的产生与发展

一、人工智能立法的产生与发展

"回顾人类法律的发展，可以发现，自进入工业革命以来，除普通法或通用法的发展之外，法律体系中出现了专门的科技法，并呈现不断扩张发展的态势，占据越来越重要的位置。第一次工业革命之前，并无科技法这样一个专门领域，但是自第一次工业革命开始，科技法作为一个专门领域诞生了，并且以某种特定的方式影响和联系着普通法律。此后，科技法随着科技发展和工业革命迭代，呈现不断扩张、不断升级的趋势，其与三次工业革命发展同轨，大致也经历了三个发展阶段。"[1]

第一次工业革命时期，立法的主要目标是鼓励科技发明，因此出现了具有赋权意义的专利法和其他知识产权法，具有鼓励交易价值的技术合同法和技术中介法等；也出现了最早的科技风险法，主要体现为在科技应用于工业生产的语境下为应对生产安全需要的工厂法，以及应对工业事故灾害的管理和责任立法。第二次工业革命的立法主要以鼓励科技发明和防治工业灾害为主，这一时期便出现了反垄断法。第三次科技革命的立法目标是突出科技政策作用，这一时期工业化国家继续完善专利法等知识产权法，并且在 20 世纪晚期明显出现

---

〔1〕　参见龙卫球："科技法迭代视角下的人工智能立法"，载《法商研究》2020 年第 1 期。

"强专利（知识产权）"趋势；工业化国家特别是美国在全球推行知识产权保护，国际社会缔结《与贸易有关的知识产权协定》。[1]基于上述规律，当前人类社会正处于新一轮科技革命之中，故而立法一方面应鼓励进一步创新，抢占有利地位。例如，2016年，美国发布了《国家人工智能研究和发展战略计划》，目标是投资研究，开发人工智能协作方法，解决人工智能的安全、道德、法律和社会影响，为人工智能培训创建公共数据集，并通过标准和基准评估人工智能技术。另一方面应注意规范相关的科技运用。例如，欧盟委员会于2019年4月8日发布了《人工智能伦理准则》，该准则由欧盟人工智能高级别专家组起草，列出了"可信赖人工智能"的7个关键条件——人的能动性和监督能力、安全性、隐私数据管理、透明度、包容性、社会福祉、问责机制，以确保人工智能足够安全可靠。

二、全球人工智能立法状况

（一）各国通过立法发展人工智能的战略

相较于人工智能的规制，在人工智能出现与发展早期，各国的立法主要将发展人工智能作为国家发展战略。以美国为例，2016年，美国白宫发布了《为了人工智能的未来而准备》的报告，该报告对人工智能的现状、发展以及远景进行了梳理，针对可能引发的社会、政策等问题进行了分析，并提出应对建议等。2017年10月，美国众议院和参议院相继批准首部规范美国自动驾驶汽车产业发展的立法。该法案旨在消除当前汽车制造商测试其自动驾驶系统时存在的法律障碍，借由官方立法来推动自动驾驶相关革命性技术的研发，以实现美国安全运输的愿景。这既是美国首个对自动驾驶汽车道路测试进行管理的法案，也是美国首个针对自动驾驶汽车的联邦法案。经过多年的筹备，美国商务部于2022年5月4日举行了国家人工智能咨询委员会（NAIAC）成立仪式，宣布NAIAC正式成立。NAIAC还成立了"人工智能与执法小组委员会"（NA-IAC-LE），该小组委员会将就人工智能带来的偏见、数据安全、人工智能在安全或执法方面的可采用性以及法律标准等主题向总统提供建议，确保人工智能的使用符合隐私权、公民权利和公民自由以及残疾人权利的法律标准。2019年2月11日，时任美国总统唐纳德·特朗普（Donald Trump）签署了一项行政命令，发起了"美国人工智能倡议"，旨在刺激人工智能的发展并加强对人

---

〔1〕 参见龙卫球："科技法迭代视角下的人工智能立法"，载《法商研究》2020年第1期。

工智能的监管，并通过指示联邦机构优先投资于人工智能的研发，巩固美国的全球地位。这份名为《保持美国在人工智能领域的领导地位》的行政命令列出了五个关键领域：研发人工智能资源、释放人工智能资源、建立人工智能治理标准、建立人工智能劳动力以及国际协作与保护。

除此之外，世界上很多国家均在人工智能发展战略上有所建树。例如，英国于 2013 年挑选出"机器人技术及自治化系统"作为其"八项伟大的科技"计划的一部分，并且宣布英国要力争成为第四次工业革命的全球领导者。2019年 10 月 11 日，俄罗斯总统普京签署命令，批准发布了《2030 年前俄罗斯国家人工智能发展战略》，第一次将加快推进人工智能发展提升至国家战略层面。该战略希望通过促进人工智能技术的发展与应用，确保俄罗斯国家安全，提升整体经济实力，并谋求俄罗斯在人工智能领域的全球领先地位。

（二）欧盟走在人工智能立法前列

2021 年 4 月，欧盟发布《人工智能法》提案[1]（Artificial Intelligence Act），提出了人工智能统一监管规则，旨在从国家法律层面限制人工智能技术发展带来的潜在风险和不良影响，使人工智能技术在符合欧洲价值观和基本权利的基础上进一步加强应用创新，让欧洲成为可信赖的全球人工智能中心，《人工智能法》是全球首部人工智能管制法律。

《人工智能法》宽泛地定义了人工智能系统，并设置了人工智能规则的域外适用性。一方面，《人工智能法》定义了人工智能系统、人工智能系统供应链上涉及的相关环节以及不同类别的人工智能数据等相关要素，对监管对象（人工智能系统）的定义表现出极强的宽泛性，几乎涵盖了全部使用传统及新兴人工智能技术的系统（人工智能技术使用常态化的互联网服务均为监管对象），与 GDPR[2]中对受监管的个人数据的宽泛定义保持一致。另一方面，《人工智能法》明确了所有在欧盟市场投放、使用人工智能系统及相关服务的国内外供应商、服务商和公共服务用户提供者，只要其人工智能系统影响到欧盟及欧盟公民的，均将受到《人工智能法》约束，从而保证了人工智能规则的域外适用性。[3]

〔1〕 Regulation of the European Parliament and of the Council: Laying Down Harmonised Rules on Artificial Intelligence（Artificial Intelligence Act）and Amending Certain Union Legislative Acts, COM（2021）206 final, 4. 21. 2021.

〔2〕《通用数据保护条例》（General Data Protection Regulation, GDPR）。

〔3〕 "赛迪观点：欧盟抢跑人工智能立法，规制数字技术风险"，载腾讯网，https://new.qq.com/omn/20210725/20210725A08JMY00. html，最后访问时间：2021 年 10 月 1 日。

在具体规制内容上,《人工智能法》从人工智能系统执行的功能以及系统的具体用途与模式等综合分析角度,将人工智能应用风险分为四个层级,从高到低依次为不可接受的风险、高风险、有限风险和低风险。这些综合分析因素包括人工智能应用程序的使用范围及其预期目的、潜在受影响人员数量、对结果依赖性和损害的不可逆转性,以及现有的欧盟立法在多大程度上提供了有效的预防措施等。

《人工智能法》除对所有人工智能系统提出了关于透明度的普适性要求外,还重点对高风险人工智能系统监管进行了较为详细的规定,涉及风险管理、质量控制、数据管理、文档编制、日志记录、人工监督、可靠性要求,以及投入市场前的合规评估、登记报告、利益相关方义务等诸多方面。此外,《人工智能法》从欧盟和成员方层面提出了监管治理架构。在欧盟层面,提出成立由国家监管机构、欧洲数据保护监管机构组成的欧盟人工智能委员会,以有效协调推进人工智能监管新规的顺利实施,促进成员方分享最佳实践。在成员方层面,要求各成员方指定一个或多个相应机构来监督规则的实施。[1]

(三)人工智能各个领域立法日益丰富

尽管全面性的人工智能立法进展缓慢,但是在人工智能不同应用场景的规制上,各个国家的规则日益丰富。

在数据治理方面,欧盟《通用数据保护条例》于2018年正式实施,随后,美国、日本、巴西、新加坡等国家纷纷出台或修订个人数据保护立法,对人工智能发展起到一定的规范作用;欧盟委员会于2020年11月通过了《欧洲数据治理条例(建议稿)》,促进欧盟各成员方之间实现数据共享;2020年9月,我国发布《全球数据安全倡议》,提出有效应对数据安全风险应遵循的三项原则,包括秉持多边主义、兼顾安全发展和坚守公平正义。算法治理方面,2019年,美国参议员提出联邦《算法问责法案(草案)》,建议尽快制定关于"高风险自动决策系统"的评估规则;2019年,加拿大出台《自动化决策指令》等对算法审查加以规定;2021年欧盟发布《算法责任与透明治理框架》,对算法系统评估流程提出建议。此外,自动驾驶、金融、医疗、深度伪造等高风险应用领域成为法规制定重点。自动驾驶方面,2020年美国发布了《确保美国自动驾驶领先

---

[1] 参见邱惠君、梁冬晗、李凯:"欧盟人工智能立法提案的核心思想及未来影响分析",载《信息安全与通信保密》2021年第9期。

地位：自动驾驶汽车 4.0》，截至目前已有 30 多个州通过自动驾驶相关法规；2017 年德国推出全球首套《自动驾驶伦理准则》，修订《道路交通法》，尝试寻求自动驾驶技术与传统立法的兼容；2018 年，英国出台全球首部为自动驾驶设计保险制度的法律《自动化与电动化汽车法》；2019 年 5 月，日本通过了《道路运输车辆法》的修正案，规定了自动驾驶实用化安全标准；韩国在 2020 年发布《自动驾驶汽车安全标准》，且政府正在为"成为全球第一个将自动驾驶商业化的国家"而加紧制定法律监管框架。[1]

三、中国人工智能立法的发展

(一) 人工智能是国家的重点发展战略

1982 年 12 月 10 日第五届全国人民代表大会第五次会议批准的《中华人民共和国国民经济和社会发展第六个五年计划（1981—1985）》，将"人工智能理论与方法的研究"纳入"六五"期间以及以后的一段时间内重点基础科学的研究范围。2016 年 3 月 16 日第十二届全国人民代表大会批准的《中华人民共和国国民经济和社会发展第十三个五年规划纲要》提出，要"重点突破大数据和云计算关键技术、自主可控操作系统、高端工业和大型管理软件、新兴领域人工智能技术"。这两个五年计划实际上确立了人工智能在我国战略发展中的重要地位。

(二)《新一代人工智能发展规划》明确了人工智能发展的前进方向

2017 年 7 月 8 日国务院印发《新一代人工智能发展规划》（以下简称《规划》），从战略态势、总体要求、重点任务、资源配置、保障措施、组织实施六个方面对我国新一代人工智能发展进行了规划。其中有关法律的内容主要包括以下几个方面。

第一，在战略态势方面，《规划》认为人工智能发展的不确定性带来了新挑战。人工智能是影响面广的颠覆性技术，可能带来改变就业结构、冲击法律与社会伦理、侵犯个人隐私、挑战国际关系准则等问题，将对政府管理、经济安全和社会稳定乃至全球治理产生深远影响。

第二，《规划》的战略目标分三步走：第一步，到 2020 年，人工智能总体技术和应用与世界先进水平同步，部分领域的人工智能伦理规范和政策法规

---

[1]　参见中国信息通信研究院和人工智能与经济社会研究中心发布的《全球人工智能治理体系报告（2020）》。

初步建立。第二步，到 2025 年，人工智能基础理论实现重大突破，部分技术与应用达到世界领先水平，初步建立人工智能法律法规、伦理规范和政策体系，形成人工智能安全评估和管控能力。第三步，到 2030 年，人工智能理论、技术与应用总体达到世界领先水平，成为世界主要人工智能创新中心，形成一批全球领先的人工智能科技创新和人才培养基地，建立更加完善的人工智能法律法规、伦理规范和政策体系。

第三，从重点任务上看，《规划》强调：（1）要重视人工智能法律伦理的基础理论问题研究。（2）要重视复合型人才培养，重点培养掌握"人工智能+"经济、社会、管理、标准、法律等的横向复合型人才。（3）建设人工智能学科。（4）支持人工智能企业加强专利布局，牵头或参与国际标准制定。（5）开展人工智能创新应用试点示范。（6）智能政务。开发适于政府服务与决策的人工智能平台，研制面向开放环境的决策引擎，在复杂社会问题研判、政策评估、风险预警、应急处置等重大战略决策方面推广应用。（7）智慧法庭。建设集审判、人员、数据应用、司法公开和动态监控于一体的智慧法庭数据平台，促进人工智能在证据收集、案例分析、法律文件阅读与分析中的应用，实现法院审判体系和审判能力智能化。（8）利用人工智能提升公共安全保障能力。

第四，在资源配置方面，《规划》鼓励国内人工智能企业"走出去"，为有实力的人工智能企业开展海外并购、股权投资、创业投资和建立海外研发中心等提供便利和服务。

第五，在保障措施方面，《规划》认为应围绕推动我国人工智能健康快速发展的现实要求，妥善应对人工智能可能带来的挑战，形成适应人工智能发展的制度安排，构建开放包容的国际化环境，夯实人工智能发展的社会基础。（1）制定促进人工智能发展的法律法规和伦理规范。加强人工智能相关法律、伦理和社会问题研究，建立保障人工智能健康发展的法律法规和伦理道德框架。开展与人工智能应用相关的民事与刑事责任确认、隐私和产权保护、信息安全利用等法律问题研究，建立追溯和问责制度，明确人工智能法律主体以及相关权利、义务和责任等。重点围绕自动驾驶、服务机器人等应用基础较好的细分领域，加快研究制定相关安全管理法规，为新技术的快速应用奠定法律基础。积极参与人工智能全球治理，加强机器人异化和安全监管等人工智能重大国际共性问题研究，深化在人工智能法律法规、国际规则等方面的国际合作，共同应对全球性挑战。（2）完善支持人工智能发展的重点政策。落实对人工智能中小企业和初创企业的财税优惠政策，通过高新技术企业税收优惠和研发费用加计扣除等政策支持人工智能企业发展。（3）建立人工智能技术标准和知识产权体系。加强人工智能标准框架体系研究。坚持安全性、可用性、互操作性、可追溯性原则，逐步建立并完善人工智能基础共性、互联互通、行业应用、网络安全、隐私保护等技术标准。（4）建立人工智能安全监管和评估体系。加强人工智能对国家安全和保密领域影响的研究与评估，完善人、技、物、管配套的安全防护体系，构建人工智能安全监测预警机制。

第六，在组织实施方面。《规划》强调：（1）组织领导。按照党中央、国务院统一部署，由国家科技体制改革和创新体系建设领导小组牵头统筹协调，审议重大任务、重大政策、重大问题和重点工作安排，推动人工智能相关法律法规建设，指导、协调和督促有关部门做好规划任务的部署实施。（2）保障落实。加强规划任务分解，明确责任单位和进度安排，制定年度和阶段性实施计划。（3）试点示范。对人工智能重大任务和重点政策措施，要制订具体方案，开展试点示范。（4）舆论引导。充分利用各种传统媒体和新兴媒体，及时宣传人工智能新进展、新成效。

（三）有关各行业人工智能应用的规范性文件规定越来越多

当下，人工智能已经渗透到各行各业，为了保证不同行业中人工智能得到有效应用，相关规范性文件纷纷出台。

在人工智能与行政监管领域，大量文件规定了人工智能如何在行政活动中加以应用。例如，2018 年 5 月中共中央办公厅、国务院办公厅印发的《关于深入推进审批服务便民化的指导意见》，要求"强化互联网思维，推动政府管理创新与互联网、物联网、大数据、云计算、人工智能等信息技术深度融合，推进审批服务扁平化、便捷化、智能化，让数据多跑路、群众少跑腿。"

在人工智能与金融领域，2018 年 3 月 22 日国务院办公厅转发的《证监会关于开展创新企业境内发行股票或存托凭证试点若干意见的通知》提出，试点企业应当是符合国家战略、掌握核心技术、市场认可度高，属于互联网、大数据、云计算、人工智能、软件和集成电路、高端装备制造、生物医药等高新技术产业和战略性新兴产业，且达到相当规模的创新企业。

在人工智能与经济领域，国家多次强调通过人工智能推动经济的发展。例如，2018 年 4 月 11 日发布的《中共中央、国务院关于支持海南全面深化改革开放的指导意见》，要求海南统筹实施网络强国战略、大数据战略、"互联网+"行动，大力推进新一代信息技术产业发展，推动互联网、物联网、大数据、卫星导航、人工智能和实体经济深度融合。该意见聚焦行政管理、司法管理、城市管理、环境保护等社会治理的热点难点问题，旨在促进人工智能技术应用，提高社会治理智能化水平。

在人工智能与工业信息领域，比较具有代表性的文件是 2017 年 11 月 19 日发布的《国务院关于深化"互联网+先进制造业"发展工业互联网的指导意见》，要求加快建设和发展工业互联网，推动互联网、大数据、人工智能和实体经济深度融合，发展先进制造业，支持传统产业优化升级。促进边缘计算、人工智能、增强现实、虚拟现实、区块链等新兴前沿技术在工业互联网中的应用研究与探索。着力提升数据分析算法与工业知识、机理、经验的集成创新水平，形成一批面向不同工业场景的工业数据分析软件与系统以及具有深度学习等人工智能技术的工业智能软件和解决方案。

在人工智能与商业物流领域，2017 年 8 月 13 日发布的《国务院关于进一步扩大和升级信息消费 持续释放内需潜力的指导意见》，要求加强"互联网+"人工智能核心技术及平台开发，推动虚拟现实、增强现实产品研发及产业化，支持可穿戴设备、消费级无人机、智能服务机器人等产品创新和产业化升级。支持利用物联网、大数据、云计算、人工智能等技术推动各类应用电子产品智能化升级，在交通、能源、市政、环保等领域开展新型应用示范。鼓励利用开源代码开发个性化软件，开展基于区块链、人工智能等新技术的试点应用。

在人工智能与交通领域，2019 年 9 月 19 日中共中央、国务院印发的《交通强国建设纲要》，要求瞄准新一代信息技术、人工智能、智能制造、新材料、新能源等世界科技前沿，加强对可能引发交通产业变革的前瞻性、颠覆性技术的研究。推动大数据、互联网、人工智能、区块链、超级计算等新技术与交通行业深度融合。该建设纲要强调了人工智能在交通领域的重要地位。

在人工智能与人才培养领域，国务院更是多次发文强调通过现代技术推动现代化人才的培养。例如，2019 年 2 月中共中央办公厅、国务院办公厅印发的《加快推进教育现代化实施方案（2018—2022 年）》，要求加快推进智慧教育创新发展，设立"智慧教育示范区"，开展国家虚拟仿真实验教学项目等建设，实施人工智能助推教师队伍建设行动。2019 年 5 月 18 日发布的《国务院办公厅关于印发职业技能提升行动方案（2019—2021 年）的通知》，要求加大人工智能、云计算、大数据等新职业新技能培训力度。

在人工智能与体育产业领域，2019 年 8 月 10 日发布的《国务院办公厅关于印发体育强国建设纲要的通知》，要求加快推动互联网、大数据、人工智能与体育实体经济深度融合，创新生产方式、服务方式和商业模式，促进体育制造业转型升级、体育服务业提质增效。2019 年 9 月 4 日发布的《国务院办公厅关于促进全民健身和体育消费推动体育产业高质量发展的意见》，要求推动智能制造、大数据、人工智能等新兴技术在体育制造领域应用。

在人工智能与社会信用领域，2017 年 10 月 5 日发布的《国务院办公厅关于积极推进供应链创新与应用的指导意见》，要求研究利用区块链、人工智能等新兴技术，建立基于供应链的信用评价机制。2019 年 7 月 9 日发布的《国务院办公厅关于加快推进社会信用体系建设构建以信用为基础的新型监管机制的指导意见》，要求依托国家"互联网+监管"等系统，有效整合公共信用信息、市场信用信息、投诉举报信息和互联网及第三方相关信息，充分运用大数据、人工智能等新一代信息技术，实现信用监管数据可比对、过程可追溯、问题可监测。

在人工智能与医疗服务领域，2018 年 4 月 25 日发布的《国务院办公厅关于促进"互联网+医疗健康"发展的意见》，提出鼓励医疗联合体内上级医疗机构借助人工智能等技术手段，面向基层提供远程会诊、远程心电诊断、远程影像诊断等服务，促进医疗联合体内医疗机构间检查检验结果实时查阅、互认共享。该意见还明确要求推进"互联网+"人工智能在医疗健康领域的应用服务。

在人工智能与传媒领域，2018 年 12 月 7 日发布的《国务院办公厅关于推进政务新媒体健康有序发展的意见》，要求遵循移动互联网发展规律，创新工作理念、方法手段和制度机制，积极运用大数据、云计算、人工智能等新技术新应用，提升政务新媒体智能化水平。要善于运用大数据、云计算、人工智能等技术，分析研判社情民意，为政府决策提供精准服务。

在人工智能与社会建设领域，2019 年 4 月 16 日发布的《国务院办公厅关于推进养老服务发展的意见》，要求促进人工智能、物联网、云计算、大数据等新一代信息技术和智能硬件等产品在养老服务领域的深度应用。

在人工智能与农村农业领域，2019 年 8 月 9 日发布的《中共中央、国务院关于支持深圳建设中国特色社会主义先行示范区的意见》，提出支持深圳建设 5G、人工智能、网络空间科学与技术、生命信息与生物医药实验室等重大创新载体，探索建设国际科技信息中心和全新机制的医学科学院。综合应用大数据、云计算、人工智能等技术，提高社会治理智能化专业化水平。

从以上文件中不难发现，一方面，有关人工智能的规范性文件已经在各行各业中出现，但另一方面，这些规定多是倡导性的内容。这也说明，尽管立法上鼓励人工智能积极发展，但就如何有序地推进该项工作仍然需要进一步探索。

（四）部门规章与地方规范性文件的细化

相较于法律和行政法规的规定，部门规章与地方规范性文件在人工智能使用的问题上则显得更加具有现实性。例如，在人工智能与行政监管领域，2018年4月23日发布的《工业和信息化部、财政部关于印发国家新材料产业资源共享平台建设方案的通知》，提出结合互联网、大数据、人工智能、云计算等技术建立垂直化、专业化资源共享平台，采用线上线下相结合的方式，开展政务信息、产业信息、科技成果、技术装备、研发设计、生产制造、经营管理、采购销售、测试评价、质量认证、学术、标准、知识产权、金融、法律、人才等方面资源的共享服务。强化对大数据、云计算、人工智能等先进信息技术及基础软件、硬件设施的集成开发与应用，提升资源共享平台的技术支撑能力。基于大数据和人工智能技术，开发多元异构数据管理工具和数据资源分类、叙词表、知识图谱等知识组织工具，构建丰富权威的新材料产业资源元数据海。2018年9月13日发布的《生态环境部办公厅关于进一步强化生态环境保护监管执法的意见》提出，大力推进非现场监管执法，加快建设完善污染源实时自动监控体系，依托在线监控、卫星遥感、无人机等科技手段，充分发挥物联网、大数据、人工智能等信息技术作用，打造监管大数据平台，推动"互联网+监管"，提高生态环境保护监管智慧化、精准化水平。2019年3月28日，《国家烟草专卖局关于全面推行烟草专卖行政执法公示制度执法全过程记录制度重大执法决定法制审核制度的实施意见》提出，要积极推进人工智能技术在烟草专卖执法实践中的运用，探索开发专卖执法裁量智能辅助信息系统，利用语音识别、文本分析等技术对行政执法信息数据资源进行分析挖掘，发挥人工智能在证据收集、案例分析、法律文件阅读与分析中的作用。

以上三个文件分别由工业和信息化部、财政部、生态环境部办公厅以及国家烟草专卖局发布。文件中涉及文本分析与挖掘、证据收集、自动监控等较为具体的内容，从不同部门的角度为人工智能的具体应用指明了方向。

地方规范性文件则是从地方的角度并结合地方的特色，为人工智能的应用指明方向。例如，2019年8月1日发布的《莆田市湄洲岛保护管理条例》第15条规定，推进"智慧湄洲岛"建设，完善信息基础建设和信息数据资源，建立应用平台，推广人工智能新技术、新产品。2019年8月12日发布的《中国（上海）自由贸易试验区临港新片区管理办法》要求：第一，新片区建立开放型制度体系；第二，新片区聚焦集成电路、人工智能、生物医药和总部经济等关键领域，试点开展数据跨境流动的安全评估，建立数据保护能力认证、数据流通备份审查、跨境数据流通和交易风险评估等数据安全管理机制；第三，对新片区内符合条件的从事集成电路、人工智能、生物医药、民用航空等关键领域核心环节生产研发的企业，按照相关规定给予企业所得税支持。2020年3月30日，成都市人民政府办公厅《关于印发供场景给机会加快新经济发展若干政策措施的通知》提出，支持企业独立或牵头组建"创新应用实验室"，围绕人工智能、网络协同制造、云计算和大数据、生物技术、区块链等硬核技术和接口标准，开展市场化应用攻关，为场景突破提供技术支撑。实施"十百千"场景示范工程，面向"人工智能+""大数据+""5G+""清洁能源+""现代供应链+"以及区块链应用等领域，在全市66个产业功能区建设评选十大应用场景示范区。

总而言之，当下关于人工智能发展的各类文件数量已经非常之多，但质量确实参差不齐，主要表现出以下几个特点。

第一，规范性文件多以倡导性和指导性为主，即大多数文件多采用"探索人工智能在……问题上的应用"之话语，但关于具体如何应用，应进行何种限制等问题均没有较为明确的规定。

第二，规范性文件表现出较强的科技性而非法律性。在人工智能立法的问题上，立法者均以人工智能为主进行立法，而非从法律的角度考量人工智能的问题。由此引发的一个可能的问题是，法律过于技术化，甚至可能引起对人工智能弊端的忽视。

第三，规范性文件表现出了极强的探索性。这主要是由于人工智能技术还未成熟，因此不同行业主要以探索应用为主。但探索既可能成功，也可能失败。在人工智能技术尚未成熟的前提下，如此大规模的探索是否存在风险同样是值得探讨的问题。

■ 要点

1. 人类的每次科技革命也伴随着法律的演进，具体来说，法律一方面应鼓励和保护创新，另一方面应当合理规制技术的应用。

2. 人工智能立法已经在全球展开，各个国家纷纷通过立法确立人工智能的战略地位。相对而言，关于人工智能规制的法律的发展较为缓慢，只有欧盟开始制定全面的立法。而其他国家主要是从人脸识别、无人驾驶等领域进行规制。

3. 《中华人民共和国国民经济和社会发展第六个五年计划（1981—1985）》《中华人民共和国国民经济和社会发展第十三个五年规划纲要》等文件为我国人工智能的发展提供了依据。

4. 国务院印发的《新一代人工智能发展规划》从战略态势、总体要求、重点任务、资源配置、保障措施、组织实施六个方面对我国新一代人工智能发展进行了规划。

■ **思考题**

1.3　科技发展与立法有什么关系？这对人工智能立法有哪些借鉴？

1.4　如何评价欧盟《人工智能法》提案？

1.5　我国关于人工智能的规范性文件具有哪些特点？

1.6　如何评价当下有关人工智能的各项立法？

第三节　人工智能的立法展望

"从前人们认为法律迈向自动化时会遇到的不可逾越的鸿沟，现在看来已经可以逾越：一个是让机器具备自然语言处理的能力，另一个则是将法律人引以为傲的'像律师一样思考'的能力转变为算法。"[1]跨越了技术鸿沟，新的应用领域和深度使得法律与人工智能的交融更加深入，思考人工智能与法之间的关系成为学界在人工智能立法方面首先要考虑的问题。

一、人工智能立法的必要性

首先，人工智能给整个社会带来了巨大的挑战，有学者将这些挑战总结为五点：第一，削弱个人隐私和自由；第二，使得其他与互联网无直接关联的行业处于明显劣势；第三，企业掌握大量的数据使得公权力与私权利的边界模糊；第四，在"算法统治人"的时代，算法缺乏法律的"无偏私性"与"一般性"而是直接服务于算法的设计者的目的；第五，"事后追责型的法律对策，无法阻止人们在巨大利益的引诱下，利用人工智能进行这种损害范围无法控制的赌博式行为"。[2]这一观点从人工智能对社会挑战的角度揭示了对其进行规制的必要性。而从积极意义上讲，人工智能为整个社会发展注入了新的活力，各个行业纷纷投入人工智能的实践之中。因此，对人工智能进行有效的规范，不仅可以避免可能存在的风险与危机，更是为社会进一步发展提供了保障。

其次，人工智能对传统法律制度与理念产生了巨大的冲击，这些冲击表现

---

〔1〕　张宸宸："机器人：法律行业的终结者还是开路者？"，载《读书》2016年第10期。

〔2〕　参见郑戈："人工智能与法律的未来"，载《探索与争鸣》2017年第10期。

在：（1）人工智能法律主体地位问题。目前我国对于人工智能法律人格并没有相关的法律进行明确，学界关于这一问题主要分为"肯定说""否定说"以及"折中说"。但无论何种学说均不能完全解决人工智能的法律规制问题。（2）法律责任承担问题。人工智能是否可以承担责任，人工智能设计者是否需要承担责任等问题都对当今法律制度形成了挑战。（3）个人数据保护问题。"数据财产权"的概念在全球范围内引发了激烈的争论，目前对于人工智能数据保护的立法问题主要包括：是否应该通过设立数据所有权的方式，通过财产权的路径保护个人数据，并以此实现数据使用和数据保护之间的平衡？在智能制造背景下，哪些数据属于个人数据？数据财产权的边界在哪里？等等。[1]（4）人工智能带来的社会风险问题。以劳动法为例，人工智能法律人格的定位直接影响到现有劳动法的规定。人工智能的兴起和应用可能使得大量劳动者因为不符合要求而下岗，这对于现行劳动法提出了新的挑战。[2]

二、人工智能立法的基本立场

有学者指出，"人工智能在本质上属于科技事物，应当将其作为科技事物加以审视"。对于人工智能的规范思考，从回溯事物本源的意义上说，要考虑人工智能"科技本质属性"以及"具有认知能力的特殊性"。对于人工智能的规范，应当秉持法治主义的基本立场，强调"人们应当遵守法律"。人工智能立法应当自觉遵循人类既有的科技规范路径，充分利用现有的科技法加以规范评价。在立法思路方面要"自觉体现'历史—发展''社会—技术'的连接性"。[3]这一观点实际上揭示了人工智能立法过程中的两项核心内容：一方面，立法活动应以保护科技发展为目标。例如，若由人工智能制造者或设计者对人工智能体的行为承担严格的法律责任，将可能导致人工智能创造者因畏惧责任而不愿进行创造，这便需要立法者在设定法律责任时对该问题予以关注；另一方面，立法活动应坚持法律的基本理念，特别是由人工智能可能引发巨大的法律甚至伦理风险，对人工智能活动的规制要更加谨慎，以避免人类无法预知的风险发生。

值得注意的是，法律与科技之间有时候会存在一定程度的矛盾，这种矛盾

---

〔1〕　参见龙卫球、林洹民："我国智能制造的法律挑战与基本对策研究"，载《法学评论》2016年第6期。

〔2〕　参见龙卫球、林洹民："我国智能制造的法律挑战与基本对策研究"，载《法学评论》2016年第6期。

〔3〕　参见龙卫球："科技法迭代视角下的人工智能立法"，载《法商研究》2020年第1期。

可能引发人工智能的立法困境。面对这种困境，明确人工智能体与人类之间的关系是十分重要的。当下关于人工智能三定律/八原则的说法，实际上便是对于人工智能与人类关系的认知。[1] 其中，"三定律"是指，第一定律，人工智能机器人不得伤害人，也不得见人受到伤害而袖手旁观；第二定律，人工智能机器人应服从人的一切命令，但不得违反第一定律；第三定律，人工智能机器人应保护自身的安全，但不得违反第一、第二定律。"八原则"包括：人类优先原则，服从命令原则，保护秘密原则，限制利用原则，安全保护原则，公开透明性原则，个人参加原则，责任原则。申而言之，关于人工智能立法的基本立场应是以人为本。无论是强调对社会发展的重视，还是强调人工智能不能违背人类的命令，其核心均是保障人类在使用人工智能时不对人类本身造成威胁。特别是"超人工智能"等概念的提出，更进一步提升了人类的危机感。从这个意义上讲，国家对于人工智能的立法应起到有效的引导作用，避免个别人因片面追求经济发展而引发的巨大社会危机。

三、人工智能立法的未来

就当下人工智能所处的阶段而言，目前的基本法律制度应首先保持稳定：我国目前的法律制度经过近 40 年的发展基本可以被认为是适应于转型和有利于技术创新的。在此前提下，可以考虑"政策试验先行、法律巩固后进"的策略，初期首先借助于政策的手段，集中力量试验性地推动和调整智能制造的发展。[2] 当前，"美国式的公法模式"是一个可以借鉴的方案："指定一个现有的政府部门负责确立相关的行业技术标准、安全标准和个人数据保护标准"，标准的制定应当是行业自身的综合考量，但是标准的制定程序需要受到公法原则以及程序法的限制。[3]

对于人工智能日后的立法构建，一是要注意立法的前瞻性。人工智能立法的主要任务是对人工智能进行一般性的价值指引，实现主体多元与协作互补。具体就构建原则而言，应包括社会共治原则、最小化风险原则、透明原则、效率优先兼顾公平原则。[4] 二是要注意立法的层次性。人工智能监管需要采取

---

〔1〕 参见张清、张蓉："'人工智能+法律'发展的两个面向"，载《求是学刊》2018 年第 4 期。

〔2〕 参见龙卫球、林洹民："我国智能制造的法律挑战与基本对策研究"，载《法学评论》2016 年第 6 期。

〔3〕 参见郑戈："人工智能与法律的未来"，载《探索与争鸣》2017 年第 10 期。

〔4〕 参见涂永前："规制人工智能：一个原则性法律框架研究"，载《人工智能法学研究》2018 年第 1 期。

科技人文协作的方式，构建多层次的治理体系，符合比例原则和利益平衡，确保实现安全、可信、负责任的人工智能。[1]三是要注意应以人为本。人工智能立法应对"人的价值"保持关切，以经济性、社会性的双重架构以及相应的"坚持维护人的尊严的原则""坚持技术创新、经济效率和社会保护一体化原则""坚持科技风险和监管一体化原则，或者叫科技风险和安全防范一体化原则""坚持行为治理和技术治理协同的原则"等四项原则，来推进对人工智能的合理规范。[2]

■ 要点

1. 人工智能在促进社会发展的同时可能会引发巨大的危机，因此应及时对其进行规制。

2. 人工智能立法的基本立场应是以人为本。

■ 思考题

1.7　人工智能立法应采取何种态度？遵循何种原则？

1.8　有关人工智能的法律，有没有可能成为一种独特的方向甚至法律部门？

■ 本章阅读文献

1. 张保生："人工智能法律系统的法理学思考"，载《法学评论》2001年第5期。

2. 郑戈："人工智能与法律的未来"，载《探索与争鸣》2017年第10期。

3. 龙卫球："科技法迭代视角下的人工智能立法"，载《法商研究》2020年第1期。

4. 张清、张蓉："'人工智能+法律'发展的两个面向"，载《求是学刊》2018年第4期。

5. 吴汉东："人工智能时代的制度安排与法律规制"，载《法律科学（西北政法大学学报）》2017年第5期。

6. 涂永前："规制人工智能：一个原则性法律框架研究"，载《人工智能法学研究》2018年第1期。

7. 龙卫球："人工智能立法的'技术—社会+经济'范式——基于引领法律与科技新型关系的视角"，载《武汉大学学报（哲学社会科学版）》2020年第1期。

8. 邱惠君、梁冬晗、李凯："欧盟人工智能立法提案的核心思想及未来影响分析"，载《信息安全与通信保密》2021年第9期。

---

[1]　参见曹建峰："人工智能治理：从科技中心主义到科技人文协作"，载《上海师范大学学报（哲学社会科学版）》2020年第5期。

[2]　参见龙卫球："人工智能立法的'技术—社会+经济'范式——基于引领法律与科技新型关系的视角"，载《武汉大学学报（哲学社会科学版）》2020年第1期。

第二章
人工智能法的基本理论

【导读】

人工智能法学是一门领域法学，以人工智能的法律规制及其法律应用为主要研究对象，其不是人工智能与法律两个领域知识的简单物理堆砌和叠加，而是广泛涉及法学、计算机科学、伦理学、行为学、哲学等多学科知识的新兴综合学科。其特征包括研究对象的独特性、研究方法的综合性和研究面向的未来性。人工智能法的理论基础包括风险社会理论、规制理论、科技与法律交叉前沿理论和人工智能理论等。人工智能法的基本原则包括以人为本原则、计算正义原则和有益原则等。人工智能法的理论体系可以简述为"一体两翼"。所谓"一体"，是指人工智能法的本体论，而"两翼"主要是指人工智能法的规则论和工具论两条线索。

第一节　人工智能法的性质与特征

一、人工智能法的性质

人工智能法是否可以作为独立的法律部门实际上存在一定争议。从现有研究来看，"人工智能+部门法"的研究范式可谓"大行其道"。问题的关键是，"人工智能+部门法"的研究范式很多时候并不能真正解决相关问题。例如，无论是刑法、民商法还是经济法等法律部门，在与人工智能法结合时，都需要首先解决人工智能的法律主体问题。该问题的解决与刑法、民商法或经济法等法律部门的知识之间的联系很多时候较为有限，其需要求助于人工智能的基本理论以及法学的基本理论，例如人工智能体具有何种特征，法律主体应如何认定等。由此，对人工智能法的研究便成了一个新的议题。

（一）从部门法到领域法

"法理学中的法律部门或部门法是指依据一定的标准和原则将调整某一类

社会关系的同类法律规范集合而成法律系统的总称，正是由于调整社会关系的不同导致不同法律部门的诞生。宪法、行政法、刑法、民法、商法、经济法、诉讼法、国际法等都是典型的传统法律部门。"[1]由此不难发现，法律部门的划分实际上是对"同一类法"予以分门别类的产物。其基本特征是，部门法所划分的"法"是一个国家的现行法。[2]部门法的划分自然具有积极意义，法官可以把案件事实定性为某一种法律关系，识别到某一个具体的部门法中，以便进一步寻找相应的个案裁判规范，因此法律识别以某一部门法为中心。[3]但随着社会发展日新月异，既有法律部门的划分方法愈发表现出不确定性。一方面，不同法律部门之间存在较大的交叉。例如，"在宪法学上，从部门法的视角看，宪法同其他六个法律部门共同构成我国的横向法律体系；从宪法所调整的社会关系来看，宪法关系涵盖了所有的法律部门，民商法、刑法、行政法、经济法等法律部门的调整范围都要受宪法关系的制约。因此，从逻辑上讲，宪法调整的社会关系覆盖其他部门法，在价值位阶上高于部门法，在调整手段和保障方法上亦与部门法不同，因此是超越部门法的划分而成为部门法之外的一个最高法"。[4]另一方面，各种新事物、新权利也在不断冲击着既有的法律部门划分方法。例如，人工智能法律问题可以囊括刑法、民商法、经济法、诉讼法等各个学科，甚至已经超越了法学学科的研究范围，还涉及计算机、数学等学科。依托部门法的划分方式显然无法应对此类新鲜事物。

面对上述问题，"领域法"的概念和理论成为一种新的观点。这种学说主张"以一定的'事项'划定法律规范的范围，而不强调法律所调整的社会关系的单一性质。凡是依某个特定'事项'划定的范围的法律规范都可归于一个'法域'"。[5]究其本质，领域法学虽然同样是对于法律的划分，但其以社会问题为导向，实事求是地面对新兴领域的利益交叉，打破原来部门法学条线分割的状态，创造一种切合生活和市场实际的跨部门法律理论，回答和解决新兴的综合领域的法治问题。具体而言，领域法学具有以下三个特点：一是研究

---

[1] 参见刘承韪："娱乐法的规范意蕴与体系构建"，载《政法论坛》2019年第4期。

[2] 参见梁文永："一场静悄悄的革命：从部门法学到领域法学"，载《政法论丛》2017年第1期。

[3] 参见董书萍："论法律识别：限定在同一部宪法之下"，载《法学杂志》2011年第3期。

[4] 参见刘剑文："论领域法学：一种立足新兴交叉领域的法学研究范式"，载《政法论丛》2016年第5期。

[5] 参见刘剑文："论领域法学：一种立足新兴交叉领域的法学研究范式"，载《政法论丛》2016年第5期。

领域具有复杂性。作为新兴事物发展的新兴领域具有与此前社会经济生活不同的调整对象。二是研究对象具有特定性。不同市场主体、政策需求和社会变迁使得领域法学研究对象具有各自不同的特征。三是研究目标具有综合性。领域法学的研究紧密围绕经济社会的日常领域特别是重要领域，为全面深化改革和法治国家建设提供理论供给和智慧支持。[1]

领域法学的提出对于人工智能法的讨论无疑具有积极意义。如前所述，人工智能法具有高度复合性，只有打破既有的法律部门，才能进行更深入的融贯性研究。而领域法以人工智能所引发的问题为导向，恰巧可以满足人工智能法研究的需求。

（二）作为领域法的人工智能法

人工智能是研究、开发用于模拟、延伸和扩展人类智能的理论、方法、技术及其应用系统的一门新的技术学科，其与法律的结合始于 20 世纪 50 年代，由此形成一门新兴综合交叉学科——"人工智能法"（AI and Law）。人工智能法以人工智能的法律规制及其法律应用为主要研究对象，其不是人工智能与法律两个领域知识的简单物理堆砌和叠加，而是广泛涉及法学、计算机科学、伦理学、行为学、哲学等多学科知识的新兴综合学科。由此不难发现，人工智能法具有领域法的特点：首先，人工智能法所研究的人工智能问题是第四次科技革命的产物，其中蕴含着最新的科技成果。而人工智能的发展也给人类生活带来了前所未有的影响。据斯坦福大学发布的报告显示，人工智能可能会影响交通、医疗、教育等 8 个领域。[2]其次，人工智能法所研究的是与人工智能相关的一系列问题。其包括两个面向，一是法律规制人工智能，例如，如何处理"大数据杀熟"、如何规制人脸识别等；二是人工智能对于法律的辅助作用，例如，人工智能辅助法律推理、人工智能辅助量刑等。最后，人工智能法的研究具有综合性，这主要表现为研究内容和研究方法两个层面。从研究内容上看，人工智能法的研究横跨宪法、行政法、刑法、民商法、经济法、诉讼法等法律部门。从研究方法上看，人工智能法的研究不仅包括传统的法学方法，还可能涉及统计学、数学、计算机科学等跨学科的方法。

人工智能法的领域法特征也决定了其既不等于部门法，也不等于"人工

---

〔1〕 参见刘剑文："论领域法学：一种立足新兴交叉领域的法学研究范式"，载《政法论丛》2016年第 5 期。

〔2〕 See Stanford University, Artificial Intelligence and Life in 2030, https://ai100. stanford. edu/sites/g/files/sbiybj9861/f/ai100report10032016fnl_ singles. pdf, last visited on Sep. 19, 2016.

智能+部门法"。易言之，人工智能法学的研究范式不是人工智能再辅之以部门法的研究，或者是在部门法领域内研究人工智能法学，这种研究至多只是各部门法对人工智能法学跑马圈地式的研究，而不是有关人工智能法学自身的穿透式研究。当前已有的法律人工智能研究内容，包括 AI 生成物的著作权归属、AI 数据财产的保护、算法歧视的规制、自动驾驶汽车、AI 侵权法律责任、AI 辅助裁判以及 AI 法律人格等，都不是"人工智能+部门法"所能解决的，必须全部置于"人工智能法学"之下，才能回答好这个目的定位问题。[1]

此外，需要指出的是，"人工智能法"的称谓更能体现当代社会发展过程中新技术对于社会的冲击与规制的需要。与之相关的称谓包括"计算法学""数字法学"等，[2]但这类称谓均无法切实反映该领域的全部问题。人工智能法的关键既不在于数据，也不在于计算，而在于机器决定。这也是人工智能引发巨大争议和危机的原因。[3]

二、人工智能法的特征

人工智能法的特征主要表现为三个方面。

第一，研究对象的独特性。人工智能法是对全新社会结构的时代回应，研究面向不仅需要回应智能技术对法理、伦理等元问题的挑战，还需要回应智能时代背景下如何实现对各种要素之间的合理分配与利用的问题。[4]这揭示了人工智能法相较于其他领域法学所不同的研究对象。从微观上看，人工智能法需要回应人工智能技术出现所引发的社会问题，并提出规制手段。这些内容包括算法设计引发的歧视、数据使用引发的隐私风险、人工智能不可解释性导致的决策可靠性等，这均是既有研究所无法涉及的。即使在一些法律部门内部会对相关问题有所探索，例如，无人驾驶汽车的侵权责任问题等，但这些探索往往并不全面，并且其必须以人工智能法的基本理论为依托。例如，人工智能是否具有主体性、人工智能体的法律责任等。从宏观上看，人工智能法需要提纲挈领式地回应人工智能时代下的各种社会问题。例如，人工智能时代法律的走向、当机器结论与法律发生冲突时应如何应对等。这种宏观研究同样是人工智能法所特有的。理由在于，其需要结合人工智能技术、法学基本理论和整体的

---

〔1〕　参见刘艳红："人工智能法学的'时代三问'"，载《东方法学》2021 年第 5 期。

〔2〕　参见周翔："作为法学研究方法的大数据技术"，载《法学家》2021 年第 6 期。

〔3〕　参见谢晖："数字社会的'人权例外'及法律决断"，载《法律科学（西北政法大学学报）》2021 年第 6 期。

〔4〕　参见刘艳红："人工智能法学的'时代三问'"，载《东方法学》2021 年第 5 期。

社会走向进行全面分析，这是任何部门法都无法解决的问题。例如，诉讼法学最多只能解决机器辅助审判的相关问题，但这实际上仅仅是智能时代人机关系的一个小议题。某种意义上讲，只有人工智能法从最宏观的角度给出解决问题的原则和思路，才能更好地指导各部门法在人工智能问题上的运作。

第二，研究方法的综合性。一般而言，人工智能法的研究主要包括以下几方面的内容：（1）系统论方法。人工智能法律体系构建是一个相互作用、相互促进的系统，其需要以系统论的研究方法分析人工智能对于社会的整体影响。（2）社会学方法。社会学方法要求对人工智能法的研究视角不是单维度的，社会研究必须着眼于当下我国社会现状，广泛吸收社会学领域内的研究方法。人工智能法必须以当下亟须解决的问题为基点，综合运用社会科学尤其是社会学研究方法，以使有关研究更具科学性与合理性。（3）学科交叉研究方法。人工智能法涉及研究领域十分广泛，必须综合运用法学、政治学、管理学、社会学等多学科知识，全面开展研究。（4）文献分析法和比较分析法。人工智能法的研究要求收集、梳理国内外有关人工智能法的文件、案例和文献，掌握国内外的理论和实践现状，概括不同诉讼模式下的人工智能法的构建模式。

第三，研究面向的未来性。人工智能法研究"人工智能+法律"的各种问题，而人工智能技术的发展可谓日新月异，因此，人工智能法的研究不仅是对当下各种问题的讨论，也需要对未来的可能性进行构想。人工智能的发展是存在一定级别的，其中最为人们熟知的便是弱人工智能（人工智能可以代替人从事某一领域工作）——强人工智能（人工智能可以替代人类的大部分工作）——超人工智能（人工智能完全超越人类的水平）。[1]当人工智能接近人甚至超越人时，其可能引发人类社会的主体性危机，这更加要求法律提前对相关问题进行研讨，以避免可能出现的各种问题。从这个角度上讲，人工智能法是一门具有足够生命力的领域法学，其会随着技术的发展不断更新。

■ 要点

1. 面对社会的高速发展，传统法律部门的划分方法表现出了一定的不适应性。由此，一种领域法学的观点开始出现，其主要针对社会生活中的各种问题，创设平等、开放、交叉、协同的学科"商谈场域"，推动学科之间的"交往理性"。

---

〔1〕 参见朱福喜等主编：《人工智能引论》，武汉大学出版社 2006 年版，第 1-3 页。

2. 人工智能法是一门领域法学，以人工智能的法律规制及其法律应用为主要研究对象，其不是人工智能与法律两个领域知识的简单物理堆砌和叠加，而是广泛涉及法学、计算机科学、伦理学、行为学、哲学等多学科知识的新兴综合学科。

3. 人工智能法的特征包括研究对象的独特性、研究方法的综合性和研究面向的未来性。

■ **思考题**

2.1　什么是领域法学？其相较于部门法学有何优势又有何不足？

2.2　人工智能法是领域法学吗？为什么？

2.3　人工智能法的特征是什么？试举例说明。

第二节　人工智能法的理论基础

一、风险社会理论

德国社会学家乌尔里希·贝克（Ulrich Beck）在《风险社会：新的现代性之路》一书中提出了"风险社会理论"。该理论认为人类面临着威胁其生存的由社会所制造的风险。现代化正在成为它自身的主题和问题，因此变得具有反思性。风险概念表明人们创造了一种文明，以便使自己的决定将会造成的不可预见的后果具备可预见性，从而控制不可控制的事情。[1]风险社会理论提供了一种新的解释视角，后经过卢曼等法社会学理论的延伸，逐渐发展成熟。

风险社会问题的法学研究重点是法律制度与法律秩序。"法律制度的价值和意义就在于规范和追寻技术上的可以管理的哪怕是可能性很小或影响范围很小的风险和灾难的每一个细节。"[2]而法律秩序则是法律制度实行和实现的效果，即社会生活基本方面的法律和制度化。现代社会是法治社会，制度风险及风险法律控制是风险社会法学研究理论的基本内涵。

人工智能既是人类文明，亦有社会风险。它或是"技术—经济"决策导致的风险，也可能是法律所保护的科技文明本身所带来的风险。具体来说，在

---

〔1〕　参见［德］乌尔里希·贝克：《风险社会：新的现代性之路》，张文杰、何博闻译，译林出版社 2018 年版，前言第 2 页。

〔2〕　［德］乌尔里希·贝克、王武龙："从工业社会到风险社会（上篇）——关于人类生存、社会结构和生态启蒙等问题的思考"，载《马克思主义与现实》2003 年第 3 期。

人工智能法律体系构建的过程中应考虑以下几种风险。第一，技术性风险。这主要表现在两个方面，一是人工智能给社会带来的风险，二是人工智能在法律系统中的应用风险。第二，人工智能法在构建过程中可能存在的制度性风险。第三，人工智能辅助决策时产生的决策性风险。第四，合宪性风险，在规范意义上，人工智能法是关乎国家权力行使和公民基本权利保护的，应当具有合宪性和正当性。这种风险比技术风险的消极影响更甚，因其涉及国家权力以及作为权力行使对象的民众个体。总之，人工智能法的风险既是具体的，也是抽象的，其行为对象既是特定的，也是不特定的，这契合了风险社会的核心关键词"人为的不确定性/不安全性"。[1]

二、规制理论

规制作为一种体系，或者是一种系统，主要是从控制论的角度进行分析。控制论本身属于生物学的一个概念，后来引入到规制研究中。这种观点认为，规制体系可被视为一种控制体系，一个有效的规制体系至少包含三个基本要素：标准制定、合规监督和行为纠正。[2]

具体来说，基于规制理论的人工智能法主要涉及三个层面。（1）标准制定。在多元化的背景下，标准的形式也是多样的。在我国，有法律法规、规章等一套体系。也就是说，对于人工智能的规制首先应通过法律法规明确标准。当然，相关具体领域的标准是否需要制定，标准制定得是否合理等内容，则需要人工智能法的理论予以支撑。（2）合规监督。合规监督即监督检查，其强调如何保障相关规则的实施。例如，国家制定了相关算法的实施标准，那么有关主体是否依据该标准执行便需要进行检查。（3）行为纠正。行为纠正较为典型的方式就是行政处罚，其中，最底层的是一些比较缓和的或者非正式的行为纠正机制，比如劝诫教育。越往上，措施的严厉程度与干预程度就越高，直到顶层的剥夺资格。在人工智能法中，有关算法、数据的应用若不符合规则同样会涉及处罚的问题。

人工智能技术革命带来的社会风险陡然增强，这也是法律规制的前提。人工智能法学体系可以以强化规制为出发点，形成逻辑周延的法律基础理论体系，并以人工智能及其相关技术的发展与应用为研究对象，形成多层次的规制

---

〔1〕 参见王星译："刑事侦查法规范目的的'话语转换'"，载《南大法学》2021年第3期。

〔2〕 参见安永康："规制的核心问题分析——以食品安全领域为例"，载搜狐网，https://m.sohu.com/a/216897649_748103/，最后访问时间：2022年2月1日。

方案，涉及的相关部门法理论，覆盖了宪法、行政法、民法、商法、刑法、著作权法等诸多领域。

三、科技与法律交叉前沿理论

总的来说，科技与法律交叉前沿理论主要是探讨国家和政府在组织、推动科技研究开发（即开拓潜在的先进生产力）及科技成果产业化实施与应用（即科技成果转化为现实生产力）方面的职责，规定国家的科技发展计划制度，直接作用于生产力的发展。其中，既有大量的公法规范，也有大量的私法规范，这在我国 1993 年《科学技术进步法》和 1996 年《促进科技成果转化法》等科技法律中表现尤为明显。具体到人工智能法问题上，科技与法律交叉前沿理论致力于为国家开拓先进生产力的法律工具，一方面研究法律与人工智能技术深度融合的方法与路径，另一方面通过协调与规范科技研究开发及其成果产业化实施与应用中的社会关系和制定法律技术规范，以推动科技进步，发展生产力，预防科技发展中可能产生的消极后果。

【案例 2.1】

2017 年 5 月 3 日，"上海刑事案件智能辅助办案系统"正式试运行，6 家法院、6 家检察院、13 家公安机关试点单位上线。"我输入一个卷宗后，系统马上提示我没有附物品勘查清单。"徐汇公安分局漕河泾派出所民警俞昕体验了一把"智能辅助"，"那个案子的犯罪嫌疑人是被群众扭送到公安局的，作案工具同时被送到派出所，我事后到现场进行勘查，所以没有关于作案工具的清单。我在备注栏里写明了情况，整个案子提交到了检察院。"俞昕很赞赏 206 系统能区分批捕标准和定罪标准。"机器不能只是机械地指引，一个案件的证据收集会随着侦查、起诉、审判的阶段不同而要求不同，到审判阶段应该是最完备的，你不能要求在侦查之初或者在批准逮捕阶段的证据就跟审判阶段一样，这是不符合逻辑的，现在这样设计符合我们的办案实际。"徐汇检察院公诉科检察官许磊也有自己的用户体验："过去我们拿到的是冷冰冰的卷宗，现在通过系统，可以对侦查人员的办案活动一目了然，系统罗列出来的瑕疵可以帮助承办人快速理清思路，找出办案的关键点，这极大地提高了办案效率，而且全程留痕，对落实司法责任制也有好处。"据统计，截至 2017 年 6 月底，206 系统共录入案件 60 件，录入证据 19 316 份，提供证据指引 2622 次，发现证据瑕疵点 48 个，提供知识索引查询 348 次，总点击量达 5.6 万次。[1]

该案例中，206 系统的应用需要借助科技与法律交叉前沿理论进行分析。具体来说，主要涉及以下几个问题。第一，206 系统的应用方式与应用价值。即人工智能系统的应用如何更好地辅助司法审判；第二，206 系统的应用风险及其规制，即人工智能系统在辅助司法审判中的风险防控；第三，206 系统的缺陷及其改进，即人工智能系统目前在辅助司法活动的过程中是否还有提升空间。

四、人工智能理论

人工智能理论主要是关于人工智能技术的相关理论。

(一) 机器学习技术

机器学习是指机器通过大量的数据进行"训练"，并从它观察到的模式中推断出规则，进而利用规则对未来数据或无法观测的数据进行预测的过程。[2]机器学习可用于执行大量任务，最常见的包括分类、缺少输入的分类、回归、转录、机器翻译、结构化输出、异常检测、合成和采样、缺失值的插补和去噪等。[3]一般而言，机器学习主要包括六个步骤：(1) 数据搜集；(2) 特征选择；(3) 算法选择；(4) 参数和模型选择；(5) 训练；(6) 评估。[4]简而言之，机器学习的过程可以描述为机器从训练数据中推导出一定规则，然后不断地测试改进性能，最后由程序员对其精度进行评估，当精度达到一定要求时，其便可以在现实世界中使用。以最为常见的监督学习为例，程序员将一组张三的照片（数据集）输入机器，并将这些照片与机器进行关联。机器通过分析这些照片，自行建立有关张三外貌的规则，进而对新图像进行识别。而程序员需要不断地将新的照片输入机器中，以测试机器建立规则的可靠性，直至达到

---

〔1〕 严剑漪："揭秘'206'：法院未来的人工智能图景——上海刑事案件智能辅助办案系统 164 天研发实录"，载《人民法治》2018 年第 2 期。

〔2〕 See Joshua A. Kroll et al., "Accountable Algorithms", *University of Pennsylvania Law Review*, Vol. 165.

〔3〕 参见 [美] 伊恩·古德费洛、[加] 约书亚·本吉奥、亚伦·库维尔：《深度学习》，赵申剑等译，人民邮电出版社 2017 年版，第 64-65 页。

〔4〕 参见 [新西兰] 史蒂芬·马斯兰：《机器学习：算法视角》，高阳等译，机械工业出版社 2019 年版，第 4-6 页。

其满意的精度。[1]

(二) 大数据技术

大数据技术是指从各种类型的巨量数据中，快速获得有价值信息的技术。目前所说的"大数据"不仅指数据本身的规模，也包括采集数据的工具、平台和数据分析系统。大数据研发目的是发展大数据技术并将其应用到相关领域，通过解决巨量数据处理问题促进其突破性发展。[2]

大数据的主要特征是"4V"。一是数据海量化（Volume）。大数据首先是处理的数据量巨大，目前人类产生的数据量已经从 TB 级别跃升到 PB 级别乃至 EB、ZB 级别。[3]二是数据多样化（Variety）。随着互联网技术的发展，各种智能终端的普及和应用产生了大量半结构、非结构化数据，如社会化媒体数据、空间数据（GPS 数据、GIS 数据）、传感器设备、文本、图像、声音、网页等不同类型的数据都是大数据的重要来源。三是数据处理快速化（Velocity）。现代社会决策的时机稍纵即逝，因此，需要在短时间内对海量数据进行分析和处理并作出决策和判断。四是价值化（Value）。通过挖掘低价值度的碎片化数据，产生更多、更大的价值。[4]

(三) 云计算技术

云计算是网格计算、分布式计算、并行计算、效用计算、网络存储、虚拟化、负载均衡等传统计算机技术和网络技术融合发展的产物，其关键技术是虚拟化技术。该技术能将应用系统的不同层面——硬件、软件、网络、存储和数据等隔离开来，打破服务器、网络、存储、数据中心、数据和应用中的物理设备之间的界限，实现架构的动态化，达到动态使用和集中管理物理资源和虚拟资源、提高系统结构的弹性和灵活性、降低成本和减少风险等目的。[5]

■ 要点

1. 人工智能法的理论基础包括风险社会理论、规制理论、科技与法律交

---

〔1〕 参见马国洋："论刑事诉讼中人工智能证据的审查"，载《中国刑事法杂志》2021 年第 5 期。

〔2〕 参见胡志风："大数据在职务犯罪侦查模式转型中的应用"，载《国家检察官学院学报》2016 年第 4 期。

〔3〕 1024GB＝1TB；1024TB＝1PB；1024PB＝1EB；1024EB＝1ZB；1024ZB＝1YB。

〔4〕 参见欧阳果华："大数据技术发展背景下城市综合执法改革问题研究"，载《行政与法》2017 年第 1 期。

〔5〕 参见周铭川："云计算环境下的商业秘密保护"，载《暨南学报（哲学社会科学版）》2014 年第 1 期。

叉前沿理论和人工智能理论等。

2. 德国学者乌尔里希·贝克认为，人类面临着威胁其生存的由社会所制造的风险。现代化正在成为它自身的主题和问题，因此变得具有反思性。风险概念表明人们创造了一种文明，以便使自己的决定将会造成的不可预见的后果具备可预见性，从而控制不可控制的事情。在风险理论中，人工智能存在着现代性的负面影响，因此有必要采取风险措施，即预防性行为和因应性的制度。

3. 人工智能法学体系可以以强化规制为出发点，形成逻辑周延的法律基础理论体系，并以人工智能及其相关技术的发展与应用为研究对象，形成多层次的规制方案，涉及的相关部门法理论，覆盖了宪法、行政法、民法、商法、刑法、著作权法等诸多领域。

4. 科技与法律前沿交叉理论致力于为国家开拓先进生产力的法律工具，一方面研究法律与技术深度融合的方法与路径，另一方面通过协调与规范科技研究开发及其成果产业化实施与应用中的社会关系和制定法律技术规范，以推动科技进步，发展生产力，预防科技发展中可能产生的消极后果。

5. 人工智能理论主要是关于人工智能技术的相关理论，包括机器学习技术、大数据技术、云计算技术等。

■ **思考题**

2.4 人工智能法的理论基础包括什么？除本书中介绍的理论基础外，是否还有其他的理论基础？

2.5 试用风险社会理论分析人脸识别的应用与规制。

2.6 试用规制理论分析自动驾驶汽车的规制问题。

2.7 请简要介绍科技与法律前沿交叉理论的基本内容。

2.8 请分析在我国当前司法实践中，人工智能技术及其相关技术的运用状况。

第三节 人工智能法的基本原则

一、人工智能对未来秩序的重构

随着人工智能技术的不断发展，人类社会的形态也在发生变革。由此，后人类时代观点应运而生："后人类的观点通过这样或那样的方法来安排和塑造人类，以便能够与智能机器严丝合缝地链接起来。在后人类看来，身体性存在与计算机仿真之间、人机关系结构与生物组织之间、机器人科技与人类目标之间，并没有本质的不同或者绝对的界限。"[1]今天的社会理论必须面对科技的高速发展，研究以人工智能为代表的对人类文化和生存具有颠覆性威胁的发明创造、人与物以及人与自己创造的机器人之间的关系等一系列之前从未出现或未被重视过的问题，必须回应不断发生变化的错综复杂的各种社会和经济关系所提出的理论要求。[2]由此，社会秩序便发生了新的变化，人类与机器之间不再是简单的主宰与被主宰的关系。

一方面，当前人工智能技术已经具备自己构建规则而不被人类所知悉的能力，换言之，很多情况下人类无法解释人工智能所得出的结论。据有关研究显示，人工智能往往能够开发出全新的观察方式，而这些方式对人类来说可能无法理解。[3]造成这种理解困境的关键是，机器相关性的思维方式与人类因果性的思维方式存在一定程度的冲突。申而言之，人工智能系统的运作始于基础的数据模型，通过编码形成算法程序，对源源不断的新数据进行分析，其"并不会将已经学到的内容存储在整齐的数字存储模块中，而是以一种极难解读的方式将信息散乱地存放着"。[4]另一方面，人工智能技术在某种特定的环境下可能会引导人类，进而出现机器统治人的风险。美国人工智能量刑评估便是一个典型的例子。

【案例 2.2】 美国威斯康星州诉卢米斯案（Wisconsin v. Loomis）[5]

在美国卢米斯案中，以 COMPAS 系统评估报告为依据指导定罪量刑的做法受到了公众的广泛质疑。2013 年初，威斯康星州指控卢米斯涉嫌在拉克罗斯的一场飞车枪击事件中有五项犯罪，法院最终根据一款"累犯风险评估系统"（COMPAS），判处卢米斯 6 年监禁和 5 年的长期监督。[6]法官在量刑时则参照了 COMPAS 的这款风险评估软件算法的结果，该软件的算法预估

---

〔1〕 参见［美］凯瑟琳·海勒：《我们何以成为后人类——文学、信息科学和控制论中的虚拟身体》，刘宇清译，北京大学出版社 2017 年版，第 3-4 页。

〔2〕 参见於兴中："后人类时代的社会理论与科技乌托邦"，载《探索与争鸣》2018 年第 4 期。

〔3〕 See Cliff Kuang, "Can A. I. Be Taught to Explain Itself?", *The New York Times Magazine*, Nov. 26, 2017.

〔4〕 See Davide Castelvecchi, "Can We Open the Black Box of AI?", *Nature News*, Vol. 538, No. 7623.

〔5〕 State v. Loomis, 881 N. W. 2d 749（Wis. 2016）. 下文简称为美国卢米斯案。

〔6〕 参见周尚君、伍茜："人工智能司法决策的可能与限度"，载《华东政法大学学报》2019 年第 1 期。

当事人具有高度的暴力性、再犯与审前妨碍诉讼的风险。被告人对人工智能工具在司法判决中的应用提出了质疑，并要求获取相关算法的编码。法官最终以商业秘密证据特权为由驳回了该请求。COMPAS 系统背后的方法是商业秘密，因此既没有向法院披露，也没有向被告披露。法庭对评估报告的使用类似于对法官自由裁量权的行使，但仅依据电脑评估报告而不是更为精确的信息进行判决，当事后发现评估报告存在技术漏洞或出现新证据证明裁判错误时，审判责任的归属和划分将含糊不清。

在美国卢米斯案中，COMPAS 风险评估工具的数据偏见性就受到了挑战，在面对专家证人对于该州使用风险评估工具的质疑时，法院无法保证 COMPAS 使用的数据是无偏见的："法院不知道 COMPAS 到底如何将被告个人的历史与基础人群进行比较。法院甚至不知道对比人群是不是威斯康星州人、纽约人、加利福尼亚人。"[1] 某种意义上讲，机器可能决定了一些人类的命运。再如，人类的自主决定无法离开信念。而信念之形成离不开外界信息、思维、个体感觉等因素，其中外界信息是关键一环。在当代世界，虽然获取外界信息的方式是多元的，但由于口耳相传的有限性和纸媒逐渐退出主流，网络成为人获取外界信息最主要的来源。网络媒体一般都通过人工智能技术，根据用户的偏好进行推荐，始终让用户读到自己喜欢的信息，从而使每一个用户获得的是某种程度的单一化信息。域外的谷歌、脸书、亚马逊等平台企业存储用户的每一次搜索、每一条推送和每一次购物记录，通过这些不经意间留下的数据，机器可以更好地控制其用户。[2] 该案例同样证明，机器虽然以工具的形式出场，但却实现了对人类的控制。在此背景下，人类社会关系也就发生了变化。一方面，人类社会由传统的人与人之间的关系变成了人与机器之间的关系，人类亟需回应如何处理机器地位的问题。另一方面，人与国家的关系也在发生变化。传统时代中，人与国家的关系更多的是此消彼长，而人工智能时代，两者可能实现互利共赢。例如，人工智能使公民感觉生活更便捷，也方便了国家的监管。

二、人工智能时代对法律价值的重构

随着社会秩序的重构，法律秩序也要随之发生变化。同时，法律价值追求

---

[1] State v. Loomis, 881 N. W. 2d 749 (Wis. 2016).

[2] 参见陆幸福："人工智能时代的主体性之忧：法理学如何回应"，载《比较法研究》2022 年第 1 期。

也在发生变化。这主要表现在四个方面。

首先，人工智能可以重构法律的公平价值。早时，人类对于公平价值的追求多是一种形式平等，这主要是指同等地对待一切人，不考虑境况的不同。[1]这固然触及了平等的主要方面，但仍低估了其复杂性。其实，平等概念内部架构复杂，平等有众多诉求。[2]因此，人类社会的平等逐渐由形式平等向实质平等转变。实质平等是指事实关系的均一化，即社会经济关系的事实上均等。[3]但很多时候，对于实质平等的追求往往难以实现。以选举为例，"普选"概念本身更多要求的是形式平等，在一定历史阶段，完全的实质平等在任何国家和地区都是难以实现的。[4]而人工智能的出现则可以在一定程度上改变这一局面，这主要是由于人工智能个性化的信息收集成本较低，因此，更容易对不同的人作出不同的决策。

其次，人工智能可以重构法律的自由价值。这主要体现在前文所谈到的公民权利与国家权力的关系的改变。

再次，人工智能可以重构法律的效率价值。人工智能的应用可以在很大程度上提升法律的效率。例如，对法律结果的提前预测拓展了法律的指引功能；类案智能推送和分析报告，减少同案不同判的上诉成本；通过机器学习构建错案预防的模型，降低纠错成本。

最后，人工智能可以重构法律的秩序价值。传统的法律秩序需要通过法律宣传、强制执行等方法实现秩序价值。而人工智能时代，一种法律代码化的理念改变了这种价值的实现方法。"法律代码化是指将已经制定好的法律编写成代码，直接通过代码运算的方式来控制整个法律关系的发生与解除，并且通过区块链不可更改的技术手段为后续可能产生的司法问题留下相应的证据。例如，传统法律实践中的举证难、执行难问题就可以利用区块链技术通过智能合约模块化来解决。将合约写成代码，当条件触发，合同的执行程序就启动了，其间不需要任何其他外力，并且执行过程可以留下证据。多数商业合约是由格式条款与特定事项组成的，因而可以按照法律规定写出通识性的合约模块，需要制定符合一般情况的基础协议时就从上述模块中提取模板然后再根据具体情

〔1〕　参见［美］布雷恩·Z.塔玛纳哈：《论法治——历史、政治和理论》，李桂林译，武汉大学出版社2010年版，第87页。

〔2〕　参见易军："民法基本原则的意义脉络"，载《法学研究》2018年第6期。

〔3〕　参见温辉："男女平等基本国策论略"，载《法学杂志》2011年第1期。

〔4〕　参见杨晓楠："香港立法会功能组别选举与'普选'的兼容性分析"，载《河北法学》2015年第1期。

况进行加工。通过法律的代码化就能在一定程度上有效解决惩戒功能下降的问题。"[1]

三、人工智能法的基本原则

人工智能法的基本原则既应遵循法律的基本原则，例如法律面前人人平等、证据裁判、罪刑法定等，也应遵循人工智能伦理，例如人工智能的透明性、可解释性、可控性等。结合人工智能伦理和法律的基本原则，人工智能法的基本原则主要包括以下内容。

（一）以人为本原则

以人为本原则强调人的核心价值，与我国宪法规定的"尊重和保障人权"理念高度契合，二者都强调对"人"本质的尊重。但在法律人工智能领域，技术赋能凸显，导致以人为本理念并未实现与法律发展的有机统一。[2]这主要表现在两个方面。一方面，以人为本原则意味着人类的地位高于机器，即人起主导作用而机器起辅助作用。正如有论者指出："技术是辅助手段，即使是融入了伦理价值理念的人工智能也不能超越或替代人。"[3]但是，在很多法律活动中，人工智能正在逐渐扮演决策者的角色。例如，在美国卢米斯案中，虽然威斯康星州最高法院认为法官只是将自动化决策系统的输出结果作为"部分信息来源"，所以没有减损法官的独立性，但是有学者业已指出，该案的裁决并不能有效应对法官愈发依赖人工智能决策工具的潜在风险，对决策支持系统的盲从必将削弱建立在自然人理性和共情之上的司法根基。[4]像美国卢米斯案中法官迷信人工智能的事件并非少数，甚至我国司法实践中也出现了对数据挖掘等技术可能带来的所谓的科学性、精确性的过分迷信，使得作为手段的指标体系、案件权重、案件饱和度等本身被目的化了，同时，在技术与技术迷信的相互支撑下，各类指标被不断地修改、完善、提升。[5]上述法律活动便

---

〔1〕　参见张清、郭胜男："人际信任、法律信任与数字信任：社会信任的谱系及其演进"，载《哈尔滨工业大学学报（社会科学版）》2021 年第 6 期。

〔2〕　参见李训虎："刑事司法人工智能的包容性规制"，载《中国社会科学》2021 年第 2 期。

〔3〕　参见王静："同案同判下司法技术与情理的平衡"，载《法学论坛》2022 年第 1 期。

〔4〕　See Frank Pasquale, "Secret Algorithms Threaten the Rule of Law", MIT Technology Review, https://www.technologyreview.com/2017/06/01/151447/secret-algorithms-threaten-the-rule-of-law/, last visited on Sep. 19, 2021.

〔5〕　参见滑璇："案多人少，法院员额怎么分配江苏法院探索'案件权重指标体系'"，载《南方周末》2017 年 6 月 22 日，第 3 版。

与以人为本原则存在冲突。

另一方面，以人为本原则还意味着在使用人工智能时应以人的权利保障为优先。当前，人工智能侵犯权利的事件并不罕见。例如，大数据杀熟是典型的差别待遇，企业通过数据和算法打造用户画像，用户在平台交易时出现同物不同价的情形。一个典型的表现就是在外卖和打车软件中，iOS 用户和安卓用户的打车费和配送费会有差别。[1]这样的侵权现象就是以人为本追求的落空。

基于上述问题，人工智能法更加需要强调以人为本的重要性。一是要强调人机关系中人类的主体性地位，例如，人工智能不能用于司法决策，或只能用于证伪。二是人工智能的应用不得侵犯公民权利，当其存在侵权风险时，应谨慎使用。

（二）计算正义原则

计算正义原则是正义原则在算法实践中的体现，是在人的社会合作和创造活动被计算化过程中所应遵循的价值准则。学界曾探讨过数字正义、数据正义和算法正义，而计算正义则具有更为丰富的内涵。其主要表现在两个方面，第一个维度是价值意义上的。人工智能冲击了传统的价值世界，政治决策、商业决策和个人生活因算法的参与而更新了价值实践方式，比如自动化决策压缩了执法权滥用的可能性，但也消除了执法主体与相对人的商谈空间。第二个维度是制度意义上的。正义体现在社会生活的方方面面，但只有通过法律的规范性实践才能阐发计算正义的具体内涵，并展现其统合法律价值世界的能力。[2]

基于上述分析，计算正义实际上是人工智能应用的思路。其一方面要求加强对于人工智能的监管，通过科学合理的程序规则设置来规范人工智能的应用。在科学技术蓬勃发展的现状之下，抛弃或者叫停人工智能技术都显得不合时宜，拥抱新技术才是大势所趋。这既要求我们通过立法弥补技术应用方面的法律空白和漏洞，也要求我们对现有法律条文适用和制度运行作出创造性的解释和说明，以法教义学的精神来创新法律制度在新技术问题上的适用。另一方面要求人工智能更多应用于对公民权利的保障，即通过人工智能技术限制权力、保障权利。通过人工智能技术践行程序控制更能做到失范行为的提前预防，避免失范行为造成实际损害。传统的带有预防色彩的程序控制是权力行为的事前审批，其预防效果差强人意，原因在于该类程序控制手段带有极强的人力依赖性，因此划定的事前审批事项范围也极其有限，只能局限于宏观的重要

---

〔1〕　参见李延舜、冯洁峰："数字市场垄断行为的认定"，载《河南社会科学》2021 年第 8 期。

〔2〕　参见郑玉双："计算正义：算法与法律之关系的法理建构"，载《政治与法律》2021 年第 11 期。

节点之上而无法涵盖程序的全过程，此时，以计算机技术为支点的大数据智能规制手段就可以发挥良好的补充作用。

（三）有益原则

有益原则是人工智能道德性实现的激励性原则。该原则通常关注人类社会的福祉、繁荣、和平和幸福，包括繁荣经济、为社会创造更多的机会、促进人们对科学的理解等内容。原则导向治理中的效益原则既是公益与私益的统一，也是一国与全球的统一。[1]

有益原则要求人工智能的应用应有利于人类社会的发展。这主要表现在三个方面。第一，人工智能的应用应符合法律的规定与人类社会的伦理。例如，通过人工智能制造克隆人就不符合人类道德的基本要求。第二，人工智能的应用应具有可控性。这要求人类应不断探索人工智能的透明性和可解释性，不随意应用无法解释的人工智能。第三，人工智能的应用应符合效率的要求。即人工智能的应用应确实可以提升人类社会的效率。当前有一些地区为了迎合智慧司法建设的需要盲目使用人工智能，反倒影响了使用效率，也导致一些司法人员十分迷茫。

■ 要点

1. 人工智能正在重构人类社会秩序，人类社会开始出现机器这一新的主体，人类需要更加关注人与机器之间的关系。同时，公民和国家的关系也从此消彼长向互利共赢转变。

2. 人工智能时代，法律价值也在发生重构。从公平价值的视角看，实质公平将更有可能实现；从自由价值的视角看，公民与国家的关系正在发生变革；从效率价值的视角看，人工智能可以大大提升法律工作的效率；从秩序价值的视角看，人工智能时代，法律代码化正在成为现实。

3. 人工智能法的基本原则包括以人为本原则、计算正义原则和有益原则。

■ 思考题

2.9 人工智能如何重构人类社会秩序？如何理解后人类时代？

2.10 人工智能时代法律价值发生了哪些变化？应如何权衡人工智能时代的不同法律价值？

---

[1] 参见徐玖玖："人工智能的道德性何以实现？——基于原则导向治理的法治进路"，载《现代法学》2021年第3期。

2.11　人工智能法的基本原则有哪些？其内涵是什么？

2.12　请用人工智能法基本原则的相关理论分析美国卢米斯案。

第四节　人工智能法的理论体系

人工智能法的理论体系是指人工智能法的理论框架及内在逻辑结构的外在表现形式。理论体系的健全完整是一门学科成熟的标志。[1]当前，我国人工智能法学研究刚刚兴起，尚未形成较为系统的理论体系。但结合现有研究来看，人工智能法的理论体系主要有两条路线，分别是规则论和工具论。其中，规则论主要关切人工智能的规制，而工具论主要关注人工智能的法律应用。

一、人工智能法的规则论线索

人工智能法的规则论线索主要沿着人工智能可能引发的各种法律问题进行探索。具体而言，其主要涉及以下几方面内容。

第一，从法律事实的视角，人工智能正在重构法律关系下的权利义务模型，这种重塑主要表现在两个方面，一是传统的权利义务关系将发生变化。例如，传统隐私权中住宅不受侵犯往往指向住宅实体不受侵犯，而随着人工智能技术的发展，很多智能家居也具有监视住宅的功能，其中所蕴含的信息便有可能侵犯公民的隐私，这在某种程度上扩充了隐私权的内涵。[2]二是新的权利义务关系的出现。例如，无人驾驶汽车引发的权属纠纷、人工智能创作引发的版权问题、人工智能医疗引发的医疗纠纷等。

第二，从法律关系的维度，人工智能应用所产生的法律问题主要包括以下几方面内容：（1）人工智能引发的法律主体制度的新问题。例如机器人是否能作为犯罪主体，是否能作为侵权主体，是否能成为继承、赠与等法律关系中的主体等。（2）人工智能引发的法律客体的新问题。例如，数据库的版权保护问题、人工智能创造物的权利归属问题等。（3）人工智能引发的新的法律责任问题。例如"智能投资顾问"中，因机器人决策而产生的法律纠纷的责任问题、无人驾驶汽车事故的责任问题等。

第三，从传统部门法的视角，即前文曾经谈到的"人工智能+部门法"的

---

〔1〕　参见皮纯协、刘育喆："1997年行政法学研究的回顾与展望"，载《法学家》1998年第1期。

〔2〕　参见项焱、陈曦："大数据时代美国信息隐私权客体之革新——以宪法判例为考察对象"，载《河北法学》2019年第11期。

视角，这种视角不能全面代替人工智能法，但仍然可以作为一种微观的考察方向，因为很多人工智能的应用确实和一些法律部门的联系较为紧密，需要结合人工智能法的基本原理和一些部门法的基本原理展开研究。例如，人工智能证据的审查问题、人工智能创作的版权问题等。

二、人工智能法的工具论线索

人工智能法的工具论线索主要关注人工智能在法律活动中的应用。从法律活动的环节来看，人工智能法的工具论线索主要包括人工智能立法、司法、执法以及对法律职业的挑战。值得注意的是，人工智能法的工具论研究需要提供人工智能在各个法律环节应用的理想方法。以人工智能司法为例，如何在提升司法活动科学性的同时，避免机器决定人的未来，是工具论需要解决的问题。基于此，人工智能法的工具论线索主要包括以下四个方面。

第一，人工智能立法。该角度主要关注人工智能在立法过程中的应用问题，例如运用大数据和人工智能精准找到社会生活中主要存在的法律问题；借助人工智能分析当前的法律规范是否实际发挥了作用；通过人工智能模型来模拟哪种规范形式更容易达到预期效果；借助人工智能计算出最恰当的惩罚措施。同时，人工智能立法还需要注意如何避免人工智能技术错误、立法民主性缺失等问题。

第二，人工智能司法。人工智能司法主要关注人工智能在司法各个环节的应用。例如，法律推理的形式模型、论证与决策的计算模型、多智能系统中的法律推理、自动化法律文本的分类与摘录、法律数据库与法律文本中的信息自动化提取、针对电子取证及其他法律应用的机器学习与数据挖掘、基于概念或模型的法律信息检索、自动执行少量可重复性法律事务的法律机器人等。同时，人工智能辅助司法还要注意避免机器审判等问题。

第三，人工智能执法。人工智能执法主要关注人工智能在行政执法中的应用。例如，人工智能参与行政监测（监测与隐私保护）、人工智能参与行政执法（交通违法）等。当然，人工智能在执法中的应用同样需要关注相关风险。

第四，人工智能对法律职业的挑战。主要包括两个面向，一是人工智能对于传统法律行业的挑战。例如，北京互联网法院在案件受理环节"聘用"了一位"人工智能法官"，在协助法官办案中发挥了很大的作用。[1]这便涉及人

---

[1] 参见何家弘："司法证明模式的学理重述——兼评'印证证明模式'"，载《清华法学》2021年第5期。

工智能对法官这一职业的冲击。再如，在美国卢米斯案中，甚至还出现了第一个人工智能律师 ROSS，让律师可以获得与 ROSS 共事的体验。[1]这便涉及人工智能对律师行业的挑战。人工智能除可能对传统法律职业形成挑战外，还可能创造新的职业。有论者指出："法律事务者（如隐私专家、数据合规顾问、法律工程师）可以是具备法律+技术素质、能解决新科技法律问题的法治人才，法学学者可以是以'攻城式'开创未知空间、获取新知识为己任的法治人才，这都是创新型卓越法治人才。"[2]上述提到的职业均有可能成为新的职业。而无论是对传统职业的挑战还是新职业的诞生，其实都会改变当前的法律生态圈，同时也需要对这些问题加以规制。

三、人工智能法的理论体系

人工智能法的理论体系可以简述为"一体两翼"。所谓一体，是指人工智能法的本体论，而两翼主要是指人工智能法的规则论和工具论两条线索。

首先，人工智能法的本体论贯穿于人工智能法问题的全部内容，一切人工智能法的问题都需要以本体论为基础展开。人工智能法的本体论主要关注两大核心问题，一是人工智能法是什么的问题。主要涉及：（1）人工智能与人工智能法的产生与发展，以及未来人工智能的立法展望；（2）人工智能法的性质与特征、理论基础、基本原则和理论体系等基本理论问题；（3）人工智能的主体地位问题；（4）人工智能时代的权利保障问题；（5）人工智能的刑事、民事、行政、审判和国家赔偿责任等各种法律责任；（6）人工智能法律伦理问题和相关准则。二是人工智能法的基本范畴。主要包括：（1）数据权属、数据流转和数据跨境流动等数据法律问题；（2）宏观视角下的算法规制、算法内含的双重危险、司法场景和其他场景下的算法应用规制等算法法律问题；（3）平台的法律规制原则、规制路径和具体问题规制。

其次，人工智能法的规则论是其理论体系的一个重要分支。人工智能法的规则论主要关注对于人工智能的法律规制。从规制思路上讲，主要有两种分类依据，一种是以法律部门为依据进行规制。主要包括以下问题：（1）人工智能对宪法主体资格、基本权利和权力限制带来的挑战及其规制方法；（2）人工智能对行政法的挑战及其规制方法；（3）人工智能及其生成物成了受刑法保

---

[1] 参见刘国华、沈杨："人工智能辅助司法裁判的实践困境及其应对策略"，载《学术交流》2021 年第 9 期。

[2] 杨学科："数字时代的'新法学'建设研究"，载《法学教育研究》2021 年第 2 期。

护的新对象，产生了需要由刑法规制的新行为，以及对犯罪构成要件提出的新要求等问题；（4）人工智能对民事主体地位、侵权责任的冲击及其民商法规制；（5）人工智能给产品质量法、数据竞争、税收制度等经济法规则带来的挑战及应对方法；（6）人工智能给著作权法和专利法等知识产权规则带来的挑战及规制方法。

另一种则是以应用场景为依据进行规制，主要包括以下问题：（1）自动驾驶汽车法律规制的现状、问题和未来；（2）无人机法律规制的现状、问题和未来；（3）"智能投资顾问"法律规制的现状、问题和未来；（4）人脸识别技术法律规制的现状、问题和未来。当然，随着人工智能的应用场景不断增多，其需要规制的问题也应适当增加。

最后，人工智能法的工具论是其理论体系的另一个重要分支。人工智能法的工具论主要关注人工智能在法律领域的应用，包括以下内容：（1）人工智能在立法中的应用；（2）人工智能在司法中的应用；（3）人工智能在执法中的应用；（4）人工智能给法律职业带来的挑战。由此也会衍生新的问题：是否应对人工智能辅助法律活动予以限制，以避免其产生危害。这同样是人工智能法工具论分支需要关注的问题。

■ 要点

1. 人工智能法的理论体系可以简述为"一体两翼"。所谓"一体"，是指人工智能法的本体论，而"两翼"主要是指人工智能法的规则论和工具论两条线索。

2. 规则论关注人工智能引发的新的法律问题，包括从法律事实的视角，人工智能正在重构法律关系下的权利义务模型；从法律关系的维度，人工智能应用所产生的法律问题；从传统部门法的视角，人工智能应用所引发的法律问题。

3. 工具论关注人工智能的法律应用，包括立法应用、司法应用、执法应用以及对法律职业的挑战。

■ 思考题

2.13 人工智能法的规则论和工具论是什么关系？
2.14 人工智能法的规则论都有哪些研究视角？请分别举例说明。
2.15 请从工具论的视角分析当前我国法治建设中的人工智能法问题。
2.16 请论述人工智能法的理论体系。

■ 本章阅读文献

1. 梁文永：“一场静悄悄的革命：从部门法学到领域法学”，载《政法论丛》2017 年第 1 期。

2. 刘剑文：“论领域法学：一种立足新兴交叉领域的法学研究范式”，载《政法论丛》2016 年第 5 期。

3. 周翔：“作为法学研究方法的大数据技术”，载《法学家》2021 年第 6 期。

4. 於兴中：“后人类时代的社会理论与科技乌托邦”，载《探索与争鸣》2018 年第 4 期。

5. 郑玉双：“计算正义：算法与法律之关系的法理建构”，载《政治与法律》2021 年第 11 期。

6. 徐玖玖：“人工智能的道德性何以实现？——基于原则导向治理的法治进路”，载《现代法学》2021 年第 3 期。

7. 王禄生：“大数据与人工智能司法应用的话语冲突及其理论解读”，载《法学论坛》2018 年第 5 期。

第三章
人工智能的主体地位

【导读】

关于人工智能的法律主体地位问题众说纷纭，大致可分为肯定说和否定说。在肯定说中，往往区分强人工智能与弱人工智能分别进行探讨，并进一步细分出有限法律人格说与法律人格扩展说。有限法律人格说为人工智能的法律主体制度设计提供了可行性，而法律人格扩展说为人工智能法律主体提供了法理依据。持否定说的学者，则分别从哲学基础、责任能力、工具属性、法律体系自洽等角度，否定了人工智能的法律主体资格。

法律主体是承载法律关系归属的基本单位，是法律关系网络中的分布式节点。美国法学家霍菲尔德（Wesley Hohfeld）将法律主体理解为"权利束"，法国法学家拉图尔（Bruno Latour）则将其理解为"行动元"。[1]日益具备自主行动能力和思维意识的人工智能是否能被传统法律主体学说所涵盖，抑或对传统学说予以突破与发展，如何论证人工智能法律主体地位的有无，已成为当前学术研究的重点。目前，学界对于人工智能体的法律主体地位众说纷纭，大致可分为肯定说和否定说。

第一节　人工智能法律主体肯定说

一、强人工智能与弱人工智能的主体地位问题

在人工智能法律主体地位的研究中往往对强人工智能和弱人工智能区别对待。其中，弱人工智能只是对认知过程的模拟，程序本身并不具有理解、认知的能力，并无"心智"。强人工智能则具备"心智"，其具有智力、理解、感

---

[1] 参见余成峰："从老鼠审判到人工智能之法"，载《读书》2017 年第 7 期。

知、信念和其他通常归属于人类的认知状态。[1]

在国内研究中，人工智能法律主体肯定说往往区分强人工智能和弱人工智能分别研究，其中少数激进的观点认为，人工智能体，无论是表现出较大自主性、主动性的弱人工智能体，还是犹如人类的强人工智能体，它们都已拥有自我的情感、认知与行动能力，不再是完全受支配的客体。[2]相较于传统机械，人工智能已经逐渐脱离对于人类预设程式的完全遵循，而具备或多或少的自主性，这恰恰是人工智能的显著特点，可不受外部控制自主决策、自主行动，具备自己的预见性与独立的认知过程。失控之风险属于技术创新所附带，如果将人工智能视为客体，而由设计者、生产者承担法律责任，则会损害技术创新的积极性。故应当赋予人工智能主体地位从而使法律风险由整个社会分摊。[3]

相较于对各类人工智能体均赋予法律地位的观点，更多研究则是对承认强人工智能法律主体地位的必要性达成共识，认为弱人工智能不具备完全的自主意识，仍受限于人类控制，难以具备独立的表意能力和自主意识，而这两者是人工智能体具备法律主体资格的必要条件，[4]以此否认弱人工智能的法律主体地位。但随着强人工智能时代的到来，人工智能体具备一定的意识并且可以自主决定自身的行动，人机界限模糊，必然会深刻地影响和改变人类社会、全面变革传统的法律制度。因此，传统的法律主体理论已经不再能够适应时代的发展，从社会需求与社会认可的角度，赋予人工智能体法律主体资格迫在眉睫。[5]对此，《中国人工智能标准白皮书（2018版）》提出可以通过标准化工作解决人工智能的智能分级问题，通过建立标准化标杆衡量人工智能的智能化程度，并按智能程度对人工智能进行分级，解决不同应用场景下对智能等级评价的需求。[6]

---

〔1〕 从另一个角度看，弱人工智能靠人类给机器输入大量的数据就某一特定客体进行特定目的的训练，得出关于该特定客体的详细数据模型。强人工智能则意味着训练机器识别某特定客体 A，机器可以通过前述的训练来识别另一种完全不是同一种类的客体 B。

〔2〕 参见郭少飞："'电子人'法律主体论"，载《东方法学》2018 年第 3 期。

〔3〕 参见郭少飞："'电子人'法律主体论"，载《东方法学》2018 年第 3 期。

〔4〕 参见孙占利："智能机器人法律人格问题论析"，载《东方法学》2018 年第 3 期。

〔5〕 参见李俊丰、姚志伟："论人工智能的法律人格：一种法哲学思考"，载《华侨大学学报（哲学社会科学版）》2018 年第 6 期；詹可："人工智能法律人格问题研究"，载《信息安全研究》2018 年第 3 期；孙占利："智能机器人法律人格问题论析"，载《东方法学》2018 年第 3 期；郭剑平："制度变迁史视域下人工智能法律主体地位的法理诠释"，载《北方法学》2020 年第 6 期；吴高臣："人工智能法律主体资格研究"，载《自然辩证法通讯》2020 年第 6 期。

〔6〕 参见国家标准化管理委员会工业二部指导，中国电子技术标准化研究院主编：《中国人工智能标准白皮书（2018 版）》。

二、有限法律人格说与法律人格扩展说

在人工智能法律主体肯定说中，又可以细分出两类学说：有限法律人格说与法律人格扩展说。

有限法律人格说通过法律赋权的形式有限地赋予人工智能法律主体地位，为人工智能的法律主体制度设计提供了可行性。在哲学层面，尤其站在马克思主义哲学的分析视角上，人工智能具有特定的感知能力、能够模拟和延展人体机能、拓展新的社会生产关系等主体特性，但自我意识、自由意志、公共性关系等的缺失致使人工智能只具备有限的"准主体地位"，即拟制主体地位。[1]在责任能力层面，由于人工智能仅具有有限的法律责任能力，所以只能承认人工智能的有限法律主体资格，适用特殊的法律规范体系。[2]在立法技术层面，法律赋予人工智能体法律主体资格，是对赋予法人或其他组织的拟制主体地位的立法技术的借鉴。[3]有学者对主体地位拟制的立法技术进一步细化，提出在商事活动领域，对自主运行程序或大部分依赖于算法规则的交易行为，可以通过既有的制度资源 LLC[4]这一主体形式来解决人工智能的法律主体问题。[5]

法律人格扩展说即通过法律规定的形式拓展性拟制法律人格，为人工智能法律主体提供了法理依据。凯尔森认为[6]，法律主体不过是法学上对相关法律规范综合体的人格化：自然人概念系对规制其本人行为的规范综合体的人格化；法人概念系对规制团体内个体行为之秩序的人格化。前者系国家整体法律秩序直接为个人设定权利与义务；后者则是国家整体法律秩序通过委任法律章程这样的局部法律秩序间接为法人成员设定权利与义务。近现代以来，奴隶解

---

[1] 参见孙迎光、汪大本："人工智能拟制主体地位的马克思主义审视"，载《甘肃社会科学》2021年第2期。

[2] 参见刘晓纯、达亚冲："智能机器人的法律人格审视"，载《前沿》2018年第3期；袁曾："人工智能有限法律人格审视"，载《东方法学》2017年第5期。

[3] 参见陈吉栋："论机器人的法律人格——基于法释义学的讨论"，载《上海大学学报（社会科学版）》2018年第3期；杨清望、张磊："论人工智能的拟制法律人格"，载《湖南科技大学学报（社会科学版）》2018年第6期。

[4] 美国的 LLC（limited liability company）既非公司，也非合伙，是将股东有限责任与合伙税收豁免结合得最为完美的商事组织模式，可谓是在公司与合伙之间开辟的第三条道路。

[5] 参见林少伟："人工智能法律主体资格实现路径：以商事主体为视角"，载《中国政法大学学报》2021年第3期。

[6] 参见王晖："论凯尔森的归责观"，载《浙江社会科学》2018年第3期。

放、女权主义、劳工组织、公司法人制度、股份融资证券的发明，还有当代关于尸体、植物人、胚胎、基因的法律争议，均表明法律主体乃是具体历史性语境中的建构性概念。从部分人到所有人，从自然人到法人，再到其他组织或存在物，从身份到契约的法律现代化过程伴随着法律主体范围的不断拓展与更新，背后都是法律规范所调整社会关系本身的不断扩张。法律主体作为法律关系归属节点，与生活中的个体自然人是两个层面的不同概念。从本质上来说，无论是自然人还是其他法律主体，均系罗马法上的人格拟制技术（the doctrine of persona ficta）的产物，效力和界定都来源于法律规范，不存在脱离法律的自然法律主体，试图脱离具体的法律秩序来谈论法律主体只会不可避免地陷入循环论证的明希豪森困境。由此可见，法律上"人"的概念并非一成不变。随着时代的变革与理念的转变，法律上"人"的内涵与外延经历了不断的演进与变化。正如同"法人"这一概念的确立扩大了法律上"人"的概念与范畴，出于维护国家整体法律秩序与调整不断扩张的社会关系的需要，人工智能时代智能机器人法律人格的创设也可依迹而循。因此，将智能机器人作为法律上的"人"似乎是契合时代潮流的。[1]法律人格扩展说表明法律人格具有开放性，为赋予人工智能法律主体提供了法理依据。

三、人工智能主体地位肯定说的相关立法

从法史的角度考察，赋予无生命之物以主体地位古已有之，古罗马时期的寺庙、中世纪的宗教建筑都曾被国家赋予权利主体地位。古希腊法和普通法曾经甚至把物体如船只作为义务主体。[2]及至现代，这种赋予无生命之物主体地位的事件也时有发生。例如，2010 年 11 月 7 日，日本政府赋予宠物机器人帕罗日本户籍。[3]

在正式官方法律文件之中，2016 年欧盟法律事务委员会《机器人民事法律规则》、2017 年《俄罗斯格里申法案》以及 2018 年《韩国人工智能法案》等立法建议均呼吁赋予人工智能法律主体地位。我国 2017 年印发的《新一代人工智能发展规划》明确要求"明确人工智能法律主体以及相关权利、义务和责任等"。

此外，《美国统一计算机信息交易法》以及《美国统一电子交易法》中均

---

〔1〕 参见刘宪权："人工智能时代机器人行为道德伦理与刑法规制"，载《比较法研究》2018 年第 4 期。

〔2〕 参见郭少飞："'电子人'法律主体论"，载《东方法学》2018 年第 3 期。

〔3〕 参见郭少飞："'电子人'法律主体论"，载《东方法学》2018 年第 3 期。

规定了电子代理人，即一种能够独立自主地完成具体工作并且不用经过人为的指令或干预的智能技术。欧盟《机器人民事法律规则》亦将人工智能视作人类的代理人。根据大陆法系通说，虽然代理人行为结果由被代理人承担，但电子代理人作为意定代理人的一类不等于自然人也不同于工具，而成为意定代理人的前提是具备法律主体资格，所以此种规定必然预设了人工智能的法律主体地位，是对人工智能法律主体地位的一种法律拟制。[1]

■ 要点

1. 人工智能主体肯定说往往区分强人工智能和弱人工智能，并分别进行研究。

2. 在人工智能法律主体肯定说中，又可以细分出两类学说：有限法律人格说与法律人格扩展说。

3. 欧盟《机器人民事法律规则》、2017 年《俄罗斯格里申法案》、2018 年《韩国人工智能法案》以及我国于 2017 年印发的《新一代人工智能发展规划》等文件均呼吁明确人工智能的法律主体地位。

■ 思考题

3.1 赋予人工智能法律主体地位需要其达到何种程度的自主性？当前人工智能是否具备此种程度的自主性？

3.2 肯定人工智能法律主体地位相较于否定其主体地位，是否更有利于人工智能技术的创新发展？

3.3 赋予人工智能法律主体地位有何积极意义？具体法律制度应当如何构建？

3.4 你认为影响人工智能法律主体地位的因素有哪些？

第二节　人工智能法律主体否定说

一、主体否定说的哲学与法理学视角

否定人工智能法律主体地位的观点并不在少数，同样从诸多研究视角展

---

[1] 参见唐林垚："人工智能时代的算法规制：责任分层与义务合规"，载《现代法学》2020 年第 1 期。

开。在哲学和法理学层面，有观点认为法学意义上的人系以哲学意义上对人的界定为基础，机器人是不是具有主体地位，首先要看其是否构成哲学意义上的人。哲学上的人应当是具有自然属性的组织体，还应当具有社会属性、意识属性、思维能力以及文化属性。机器人虽然具备一定程度的意识属性与思维能力，但距离哲学对人的界定仍然相去甚远，不具备哲学上的主体地位。康德通过对"我思"的探索，在两方面确立了人的主体地位：其一，在人与大自然的关系上，证成人是认知主体，具有为自然立法的能力；其二，在人与社会的关系上，证成人是伦理主体，具有为自己立法的能力，最终构建了"人是目的"的哲学理论，而成为作为"目的"的人的核心在于人有理性，具备为自然立法和为自己立法的实践理性（自由意志）。[1]目前，人工智能所拥有的自主决策、自主判断、自我认知能力相对有限，仅能通过人类为其设定的算法或通过海量数据训练自主生成算法认识事物。建立在思维模拟基础上的人工智能，限于当前的人工智能技术短板与图灵机所固有的技术"天花板"，对人类思维的模拟尚不完全，无论是对逻辑思维的模拟还是对直觉思维的模拟都是不完整的。加之当前思维科学未穷尽对思维世界的全部认识，人类思维的运行是一个极其庞杂的系统，某个思维认知结果往往是形象思维、逻辑思维、直觉思维阶段性、部分性、交错性、偶发性综合作用的结果，人工智能思维模拟建立在不充分思维科学认知的基础上，其认知结果也必然难以尽善尽美。对不具备人类理性能力的人工智能体赋予其类似人类的法律主体地位缺乏充分的哲学基础。

从作为人类创造物的角度看，人工智能体虽然具有类人性的特征，但作为人类的创造物亦可以被人类毁灭，始终处于人类的操纵之下，不具有法律地位，只能作为人类的附属品。[2]

在法理逻辑上，有学者认为，人作为唯一主体是法律存在的前提和基础，人工智能不具备独立意思的表示能力，法律伦理的要求也决定了人工智能的非主体性。[3]还有观点认为，法律主体制度的法理根据可归纳为目的性根据和工具性根据，主体资格的根据并不限于理性，法律鉴于团体之法人需集独立意志和独立财产于一身以发挥其社会价值，从而授予团体法人资格作为实现自然

---

〔1〕　参见刘洪华："论人工智能的法律地位"，载《政治与法律》2019年第1期。

〔2〕　参见尹卫民："论人工智能作品的权利主体——兼评人工智能的法律人格"，载《科技与出版》2018年第10期。

〔3〕　参见付其运："人工智能非主体性前提下侵权责任承担机制研究"，载《法学杂志》2021年第4期。

人目的之工具。目前，人工智能的法律地位问题主要针对人工智能创造物的归属与人工智能所引起的损害赔偿责任承担问题的解决而提出，然而，赋予人工智能主体地位对上述两个问题的解决并无实际益处。人工智能不具备法律赋予其主体地位的实益性基础。[1]另有学者提出，人工智能属于缺乏人格特征的法律客体，其不具有心理认知意义上的意志，属于非目的性存在，且自身不具有自律性。人工智能的所有动作都不是法律意义上的行为，它们都是基于大数据和算法程序得出的结果，人工智能对其法律意义一无所知。缺乏基本的法律认知能力的存在物，都只能是法律上的客体，而不可能获得法律上的主体地位。[2]

二、主体否定说的制度实践视角

在传统法律制度包容性层面，以王利明教授为代表的一些观点认为，目前人工智能的发展尚未对传统民事法律主体理论提出颠覆性的挑战，在短时期内仍然应当坚守传统民事主体理论，而不宜将人工智能规定为民事主体；但不排除将来人工智能的思维能力会进一步发展，具备与人类相当甚至超越人类的意识和思考能力，并可以在一定范围内独立地享有权利、承担义务。[3]虽然目前人工智能在某些特定领域具有开创性，形成了新的亟待解决的法律问题，但评价人工智能体所作出的行为是否具有法律效力，并不需要赋予其法律主体资格。[4]不过有更保守的观点认为，即使未来的强人工智能机器人甚至超人工智能机器人具备强大的学习能力，但其作出的意思表示在本质上也并不独立，仍依赖于人类工程师的原始数据输入，因其"物"的属性仍未改变，产品责任法等相关法律仍然适用。[5]法律主体否定说还单独从人工智能体不具备独立责任能力的角度来否定人工智能的法律主体资格。[6]

在实践层面，如果过早地赋予人工智能体以法律主体资格，预先对其进行法律规制，试图用经验性的法律来进行预测性的规制，可能会阻碍相关领域研发创新的积极性。当前人工智能主体性构成要件尚不完备，如果法律允许人工

---

〔1〕 参见刘洪华："论人工智能的法律地位"，载《政治与法律》2019年第1期。
〔2〕 参见刘练军："人工智能法律主体论的法理反思"，载《现代法学》2021年第4期。
〔3〕 参见王利明："人工智能时代对民法学的新挑战"，载《东方法学》2018年第3期。
〔4〕 参见吴习彧："论人工智能的法律主体资格"，载《浙江社会科学》2018年第6期。
〔5〕 参见孙宏涛、郭莹莹："人工智能机器人民事法律责任制度的反思与重构"，载《广西社会科学》2020年第1期。
〔6〕 参见郑戈："如何为人工智能立法"，载《检察风云》2018年第7期。

智能作为侵权责任的承担者，必然导致人工智能的设计者和管理者对于避免侵权行为的注意力降低，从而大大增加相关侵权行为产生的可能性。[1]人工智能非主体性更有利于强化设计、管理等人员的谨慎义务。同时，人工智能的设计者往往属于财产雄厚的大型企业集团，其财产充沛能够对人工智能侵权对象提供充分的补偿，有利于保护受害人的合法权益。人工智能自身作为人工智能侵权行为责任承担主体的想法在理论上很难自洽，在实践上也存在诸多不便。[2]

在主体否定说的立法实践中，中国民用航空局印发的《轻小型民用无人机飞行动态数据管理规定》中明确，"本规定适用于在中华人民共和国领域内以及根据中华人民共和国缔结或者参加的国际条约规定的，由中华人民共和国提供空中交通服务的空域内运行轻、小型民用无人机及植保无人机的相关单位、个人。""从事轻、小型民用无人机及植保无人机飞行活动的单位、个人……违反国家治安管理相关法律法规的，由有关部门按照治安管理有关规定处罚"，其涵义阐明了运行无人机之相关单位、个人是权利、义务与责任主体，从反面否定了无人机的法律主体地位。

司法实践中，在全国首例人工智能生成文章作品纠纷案——腾讯诉盈讯科技侵害著作权案中，[3]深圳市南山区人民法院认为，由腾讯机器人 Dreamwriter 自动撰写的财经文章是由腾讯公司主持的多团队、多人分工形成的整体智力创作完成的作品，整体体现了腾讯公司对于发布股评综述类文章的需求和意图，是腾讯公司主持创作的法人作品。该判决承认了对于人工智能生成作品应当予以著作权保护，但认为生成作品著作权归腾讯公司所有，否定了人工智能的著作权主体资格。此外，2019 年 5 月，北京互联网法院一审公开宣判北京菲林律师事务所诉北京百度网讯科技有限公司侵害署名权、保护作品完整权、信息网络传播权纠纷案，[4]法院认定计算机软件智能生成的涉案文章内容不构成作品，但同时指出其相关内容亦不能自由使用。其理由是，根据现行法律规定，文字作品应由自然人创作完成。该判决也在一定程度上否定了人工智能的著作权主体资格。

---

〔1〕　参见付其运："人工智能非主体性前提下侵权责任承担机制研究"，载《法学杂志》2021 年第 4 期。

〔2〕　参见付其运："人工智能非主体性前提下侵权责任承担机制研究"，载《法学杂志》2021 年第 4 期。

〔3〕　参见"2020 年度人民法院十大案件"，载《人民法院报》2021 年 1 月 9 日，第 4 版。

〔4〕　北京互联网法院民事判决书，(2018) 京 0491 民初 239 号。

■ 要点

1. 人工智能主体否定说分别从哲学、法理学、制度实践等层面展开论证。

2. 从哲学层面看，由于人工智能对人类思维的模拟尚不完全，无论是对逻辑思维的模拟还是对直觉思维的模拟都是不完整的。因此，赋予其类似人类的法律主体地位缺乏充分的哲学基础。

3. 从法理层面看，法律主体制度的法理根据可归纳为目的性根据和工具性根据，但当前赋予人工智能的主体地位不具备充分的法理根据。

4. 从实践层面看，如果过早赋予人工智能体以法律主体资格，预先对其进行法律规制，可能会阻碍相关领域研发创新的积极性。人工智能非主体性更有利于强化设计、管理等人员的谨慎义务。

■ 思考题

3.5 当前人工智能体是否具备充分的目的性根据或工具性根据？

3.6 从功能主义的角度看，人工智能所带来的侵权责任承担、知识产权归属等法律问题能否为现行法律制度与既有法律理论所涵盖？

3.7 人工智能非主体性是否更有利于强化设计、管理等人员的谨慎义务？是否会打击技术创新的积极性？

3.8 在弱人工智能走向强人工智能的趋势下，你认为对人工智能进行主体性规制是否面临科林格里奇困境？[1]如果面临，该困境应当如何纾解？

第三节 人工智能主体地位问题的反思

基于上述分析可以发现，人工智能主体地位肯定说认为，人工智能具备了一定的自主意识，或多或少可不受外部控制进行自主决策、自主行动。如果将其视为客体，由其设计者、制造者、经营者等承担责任，会降低技术创新积极性。因此，传统的法律主体理论已经不再能够适应时代的发展，从社会需求与社会认可的角度，需要赋予人工智能体法律主体资格。人工智能主体地位否定说则认为，人工智能体的自主性尚付阙如，仍处于人类的强控制之下，意思表

---

〔1〕 英国技术哲学家大卫·科林格里奇（David Collingridge）发现，一项技术的社会后果不能在技术生命的早期被预料到。然而，当不希望的后果被发现时，技术往往已经成为整个经济和社会结构的一部分，以至于对它的控制十分困难。这就是控制的困境，也就是所谓科林格里奇困境。参见李训虎："刑事司法人工智能的包容性规制"，载《中国社会科学》2021年第2期。

示并不独立，"物"的属性仍未改变，产品责任法等相关法律仍然可以适用，赋予其主体地位的目的性根据和工具性根据皆不充分。

以上两种对立观点主要在三个层面展开论争。第一个层面，人工智能是否具备了充分自主性；第二个层面，当前法理论与法律制度是否能够充分规制人工智能；第三个层面，赋予人工智能主体地位是否有利于其长远发展。

在第一个层面，当前仍处于"弱人工智能"时代，人工智能体尚不具备充分的自主意识与表意能力，在这一层面肯定说的部分观点与否定说的观点并不矛盾。肯定说的多数观点主张区分"强人工智能"与"弱人工智能"，弱人工智能不具备完全的自主意识，仍受限于人类控制，不具备自主意识与独立意思表示能力，不应赋予其主体地位。而人工智能的当前发展阶段正处于弱人工智能时期，并没有出现具备充分完备自主性的强人工智能体，未脱离"物"之属性，缺乏赋予主体地位的法理根据，确无主体性赋权之必要。而强人工智能的主体性问题则是一个未来命题，尚不具备解答的必要性与充分性，不具备现实根基，只能基于学术想象进行理论探讨。

在第二个层面，当前的法理论与法律制度能够较为妥善地解决人工智能所衍生的法律问题。虽然人工智能衍生了诸多新型法律问题，但并不需要赋予人工智能法律主体资格来解决，人工智能的出现并未对传统法律主体理论与相关法律制度提出颠覆性挑战，相关法律仍可适用，对于新法律问题的解决只需现行法律规范小修小补即可。在当前突破性地赋予人工智能主体地位以解决新兴法律问题的做法过于超前，并无多大实益，既是对立法资源的浪费，也可能导致难以预知与规制的社会效应相继出现。

在第三个层面，不赋予人工智能主体地位反而有利于促进人工智能发展行稳致远。有观点认为，如果视人工智能为客体，而由设计者、生产者承担法律责任，则会降低技术创新的积极性。[1]赋予人工智能主体地位确实可以为相关企业解绑，但却可能导致人工智能的研发如脱缰之马，后果难以预估，在新生事物的孕育阶段对其孕育者予以规制往往是防范风险的第一"抓手"。同时，如前所述，人工智能非主体性更有利于强化设计、管理等人员的谨慎义务，国家可以通过政策和资金扶持为相关设计者、管理者减负以维护科技创新积极性，通过放管结合保证人工智能发展真正做到行稳致远。

我国于 2017 年印发的《新一代人工智能发展规划》和《促进新一代人工

---

[1]　参见付其运："人工智能非主体性前提下侵权责任承担机制研究"，载《法学杂志》2021 年第 4 期。

智能产业发展三年行动计划（2018—2020 年）》虽然要求"明确人工智能法律主体以及相关权利、义务和责任等"，但仍带有"规划性""发展性""前瞻性"特点，与欧美各国的相关立法意图大体一致，多为未来法律规制与国际法律监管话语权的提前布局，以求有备无患。

当前国家之间、行业之间、企业之间人工智能研发进度不一，各类产品智能化程度差异巨大，市场普及率与造成的具体法律问题各有不同，在法律层面赋予人工智能体以主体地位显得过于激进，在当前法律制度尚能应对的情况下，谨守法律保守性则更显妥当。

■ 要点

1. 人工智能主体肯定说与否定说主要在现实性、规制必要性与促进性三个层面展开交锋。

2. 人工智能正处于弱人工智能时期，当前的法理论与法律制度能够较为妥善地解决人工智能所衍生的法律问题。

■ 思考题

3.9　如坚持人工智能主体否定说，当前法律制度是否需要做出相应修改？如需要，应如何进行修改？

3.10　如何从法律层面平衡人工智能研发主体的积极性与谨慎性，以实现人工智能发展的行稳致远？

3.11　为掌握未来强人工智能时代的国际话语权，当前应如何在法律层面进行提前布局？

■ 本章阅读文献

1. 余成峰："从老鼠审判到人工智能之法"，载《读书》2017 年第 7 期。
2. 刘洪华："论人工智能的法律地位"，载《政治与法律》2019 年第 1 期。
3. 刘练军："人工智能法律主体论的法理反思"，载《现代法学》2021 年第 4 期。
4. 吴习彧："论人工智能的法律主体资格"，载《浙江社会科学》2018 年第 6 期。
5. 郭少飞："'电子人'法律主体论"，载《东方法学》2018 年第 3 期。
6. 孙占利："智能机器人法律人格问题论析"，载《东方法学》2018 年第 3 期。
7. 郭剑平："制度变迁史视域下人工智能法律主体地位的法理诠释"，载《北方法学》2020 年第 6 期。
8. 吴高臣："人工智能法律主体资格研究"，载《自然辩证法通讯》2020 年第 6 期。
9. 袁曾："人工智能有限法律人格审视"，载《东方法学》2017 年第 5 期。

第四章
人工智能与权利保障

【导读】

对人工智能与权利保障的探讨需要明确人工智能的法律主体地位，因此需要根据强人工智能和弱人工智能进行不同的理解。强人工智能拥有法律主体地位，但是这种法律主体地位与自然人、法人的主体地位是存在差异的，所以强人工智能不得损害其他主体的权利。弱人工智能是当前所处的阶段，弱人工智能不具备法律主体地位，因此对弱人工智能的权利保障可以转化为对"人"的权利保障来理解，即在"人"与"人"之间形成权利保障的关系。

第一节　人工智能与权利保障概述

一、强人工智能与弱人工智能的权利保障之别

弱人工智能与强人工智能的区分，既是对人工智能技术发展阶段的区分，也是对人工智能所处定位的总结。从权利保障的角度来看，人工智能的"弱"和"强"在权利保障上是不同的，因此需要理解弱人工智能和强人工智能权利保障的差异。

谈到弱人工智能，我们很自然地想到生活中已经普遍出现的扫地机器人、导航机器人等，在司法实务中也应用了合同机器人、"智能辅助系统"等。当前人工智能依靠设计者设置的程序和内部的计算逻辑来发挥其功能作用，人工智能技术尚未发展到可以独立运行的程度，即人工智能在现阶段不具有法律主体地位，不能拥有自主意识，也不能承担法律责任。因此，对于弱人工智能的权利保障应当以当前技术发展水平和社会规范的样态作为界限，弱人工智能的权利保障的对象是"人"，包括人工智能创造者、所有者以及被人工智能所侵犯的第三人等。对"人"的权利保障来源于法律规范的要求和社会发展到一定阶段对主体价值的关注。例如，人工智能创造者在设计出人工智能产品时投

入了大量的时间和资金，形成了自己的智力成果，可以从知识产权（著作权）的角度对其进行保障；所有者是占有、使用、收益、处分人工智能的权利人，这里需要强调的是人工智能作为技术，需要通过一定的载体才能体现其价值，可以按照现行法律规范对所有者的权利进行保障。同样，如果人工智能在使用过程中因人的故意、重大过失或者技术本身的设计缺陷导致第三人人身权利、财产权利受到损害，则第三人可以根据民事或刑事法律规范追究生产方、销售方或者直接侵权人责任，以维护自身合法的权利。因此，弱人工智能权利保障的实质还是"人"与"人"之间的权利保障关系。

强人工智能与弱人工智能有根本性区别，如前所述，当前学界大多认为强人工智能应当拥有法律主体地位。因此，强人工智能的权利保障范围相较弱人工智能更大；强人工智能拥有法律主体地位，那么相应地要对其权利进行保障。

二、人工智能权利保障的基本立场

随着人工智能的广泛应用，学者们逐渐关注到人工智能与权利保障的问题，例如，机器人的归属问题、人工智能技术的权属转让、人工智能侵犯隐私、利用人工智能犯罪等。总体而言，现阶段对于人工智能权利保障问题应持以下立场。

第一，现阶段人工智能不应当具备法律主体地位。本书第三章已对此问题进行了详述，在此不再赘述。

第二，现阶段人工智能权利保障问题主要是关于"人"的权利保障。生物学意义上的"人"完全拥有法律主体地位，应当对其进行权利保障。

第三，既有立法和主观想象还不足以支撑人工智能权利保障的发展和研究。[1]作为新兴事物，在不远的将来人工智能也许会以不同的样态出现。目前，技术的发展还不够成熟，对人工智能权利保障需要从现有权利延伸转化，不宜赋予新的权利。尽管当前研究对弱人工智能有了基本统一的认识，但是仍然不乏研究人员靠着主观想象描述未来不可预知的场景，然后呼吁法律修改。我们认为法学是注重实际的学科，不仅发挥想象去创新，还依然需要严密的思考和论证。在研究权利保障过程中不能人云亦云，要充分论证考察在现阶段人工智能朝着何种方向发展，能发挥何种作用等。如果对社会进步有价值，那么值得进一步探索。否则，其探讨价值将大打折扣。

---

〔1〕 参见栗峥："人工智能与事实认定"，载《法学研究》2020 年第 1 期。

■ **要点**

1. 当前人工智能依靠设计者设置的程序和内部的计算逻辑来发挥作用，人工智能技术尚未发展到可以独立运行的程度，即人工智能在现阶段不具有法律主体地位，不能拥有自主意识，也不能承担责任。

2. 当前技术的发展水平和成熟程度还远远未达到人工智能可以发挥自由意志成为权利主体的程度，因此，对人工智能自身权利保障需要从现有权利延伸转化，不宜赋予新的权利。

■ **思考题**

4.1　人工智能权利保障的出发点是什么？

4.2　如何平衡好人工智能应用与权利保障之间的关系？

第二节　弱人工智能时代的权利保障

对人工智能的权利保障应当形成"主体—权利—责任（义务）"的主线，即在弱人工智能时代应当将对人工智能权利保障转化为对"人"的权利保障。

一、弱人工智能时代的主要权利

宪法被称为公民权利的保障书，随着民主政治的发展，权利能否得到保障是一个国家、社会文明的标志。[1]公民是国家政治生活和社会生活中的主体，因此弱人工智能时代的权利保障就是对公民权利的保障：[2]

第一，政治权利保障。我国《宪法》[3]中规定的公民政治权利主要有选举权和被选举权以及表现权（言论、出版、集会、结社、游行、示威权）。现阶段人工智能可能在公民政治生活中发挥作用，例如，在选举中通过人工智能投票、计票等，这时要事先对人工智能的技术安全性、稳定性作出检测、把关，避免人工智能被操控，影响正常的选举活动。

第二，经济权利保障。人工智能与经济权利联系最密切的是公民的财产

---

〔1〕　参见陈端洪："论宪法作为国家的根本法与高级法"，载《中外法学》2008 年第 4 期。

〔2〕　参见张翔："基本权利的体系思维"，载《清华法学》2012 年第 4 期。

〔3〕　为了行文方便，本书中提及的我国法律法规等均省略"中华人民共和国"字样，如《中华人民共和国宪法》简称为《宪法》。

权，人工智能无论是作为技术专利还是流通产品，都必然是具有价值的，有价值的事物才会有保护的必要性。人工智能是社会生产的产物，其研发和产出需要巨大的投入，往往凭借一个人的力量无法实现。因此，在生产人工智能的过程中会产生权属问题，在人工智能按照应用功能完成生产后会在市场交易中对市场主体产生影响。对经济权利的保障既要依靠主体的自觉自律，也要根据相关规范及时保障公民的权利。

第三，人身权利保障。生命权、健康权都是公民人身权利的重要内容。当前人工智能在社会生活中广泛运用难免会造成人身权利的损害，例如机器人的设计生产缺陷导致使用人受到伤害。在此种情况下，可以根据相关法律对生产主体归责。但是这在一定程度上可能会损害生产主体的创新积极性，因为任何产品都不能保证100%的安全性，有些潜在的风险在生产过程中未被发现，在实际运行过程中也难以发现。所以，为了保证公民的人身权利和企业生产创新的平衡，可以在一定范围内的特定的人群和场景中测试，待技术成熟或者人们普遍接受风险存在的时候再逐步扩大使用。

第四，数字权利保障。数字权利是网络技术、信息技术和人工智能技术相互作用而产生的新型权利，有学者称之为"第四代人权"。[1]以智能手机为例，现在的智能手机已经不仅仅具有通话的功能，还具备了办公、工作、生活等多种功能，形成了智能生态圈。在智能生态圈中，虚拟社交软件的财产权、所有权等便成为需要关注的权利。数字权利的保障尤其要关注对数字弱势群体的保障。[2]数字权利的匮乏性和不平衡性会导致部分群体难以享受其带来的普惠，因此数字权利也应当构成弱人工智能时代权利保障的一部分。[3]

二、弱人工智能的权利边界

弱人工智能时代的权利保障同样需要边界，具体体现为"人"的权利边界。这种边界的实质也是对权利的保障，把伤害降到最低程度。弱人工智能的权利边界需要考虑三个方面的问题。

第一，权利自身的边界。每一个人在社会中都是独立的个体，同等地享有权利，但是在享受权利的同时，很自然地也要履行义务，而对他人权利的尊重

---

〔1〕 参见马长山："智慧社会背景下的'第四代人权'及其保障"，载《中国法学（文摘）》2019年第5期。

〔2〕 参见宋保振："'数字弱势群体'权利及其法治化保障"，载《法律科学（西北政法大学学报）》2020年第6期。

〔3〕 参见龚向和："人的'数字属性'及其法律保障"，载《华东政法大学学报》2021年第3期。

就构成了权利自身的边界。这里面包括对个人存在价值的承认、个体的平等和对他人权利的尊重、包容。[1]如果在实际生活中，不尊重其他主体的权利，会导致权利发生越界和冲突。弱人工智能时代，其他个体也享有各种权利，如果缺乏了安全、自由、道德的保障，则权利是无法实现的。

第二，法律规定的边界。法律作为一种特殊的契约形式，其绝大多数的规定都是尽可能地保障每一个人的基本道德权利，受法律保障的道德权利也被称为法定权利。[2]权利的行使应当以法律规定为边界，一旦超越了法律边界，必然会损害法律权威和尊严。那么权利与法律发生冲突时应当如何平衡呢？我们认为，法律保障权利的行使，但在权利实际行使的过程中超越法律边界的现象时有发生，因此应当在法律规定中设置惩罚性的责任机制：一旦超过了法律规定的边界，那么行为人就要受到相应的惩罚。通过这种方式既可以维护法律的尊严，也可以保证个体在行使权利时服从法律的规定。

第三，公共利益的边界。人是独立存在的个体，同时人具有社会性，社会性决定了人与社会中的利益、秩序存在必然的联系。[3]弱人工智能时代的权利应当以公共利益为边界进行保障，具体包括四点要求：首先，公共利益的收益要明显大于个体的损失；其次，公共利益必须是正当合法的；再次，个体的基本权利不应当被限制或剥夺；最后，给个体造成损失应当给予适当的补偿。

■ 要点

1. 从现有的法律规范和技术水平来看，弱人工智能还不具有法律主体地位，技术上也没有达到可以独立思考的水平。

2. 数字权利的保障尤其要关注对数字弱势群体的保障。数字权利的匮乏性和不平衡性会导致部分群体难以享受其带来的普惠，因此数字权利也应当构成弱人工智能时代权利保障的一部分。

■ 思考题

4.3　弱人工智能是否具有权利，为什么？

4.4　如何理解数字权利？

4.5　如何理解人工智能的权利边界？

---

[1]　参见田广兰："权利的边界"，载《哲学动态》2014 年第 5 期。

[2]　参见田广兰："权利的边界"，载《哲学动态》2014 年第 5 期。

[3]　参见张翔："公共利益限制基本权利的逻辑"，载《法学论坛》2005 年第 1 期。

第三节　强人工智能时代的权利保障

虽然强人工智能时代尚未到来，但随着社会的发展、文明的进步，人工智能在未来可能实现自主意识，成为与自然人、法人并列的法律主体，由此可能引发强人工智能的权利保障问题。

一、强人工智能时代的主要权利

强人工智能时代的主要权利应关注以下内容。

第一，被正当使用的权利。人工智能尽管有了计算机视觉、自然语言的理解，但是依旧离不开"人"的操作和控制。那么人工智能在辅助或者处理外界事务的时候应当受到最基本的尊重，即不得被用于不当途径，不能奴役、滥用人工智能，否则就是对人工智能权利的侵害。如果人工智能被不当使用，损害社会安全稳定，那么人工智能的权利将无法得到保障，同样人工智能被过度消耗，被使用者任意拆卸、毁损，也会给人工智能带来损伤和痛苦。

第二，身份专属的权利。强人工智能时代的场景运用呈现多样化，在每个单元中人工智能以个体的形式单独存在。对人工智能赋予专属的身份标记，类似于自然人的"公民身份证"、法人组织的"统一社会信用代码"。以这种方式保持人工智能的个体差异，把人工智能的群体保护延伸到个体保护。一旦人工智能的权利遭受损害，可以根据专属的身份标记及时启动相应的反馈保障机制。[1]考虑到人工智能还具有较强的人身附属性，确立身份专属的权利可以对人工智能其他利益相关主体的权利予以保障。

第三，数据共享的权利。逻辑算法和大数据等是人工智能的保障，同时也是人工智能数据共享的基础。[2]现阶段"数据共享"的概念已经被广泛应用，在未来的强人工智能时代，数据海量性的特性将更加凸显，人工智能将在不同或者相同场景中的数据共享，彼此信息获得交换。因此，首先要确立人工智能数据共享的权利，以司法人工智能应用为例，人工智能的数据在证据收集、审查判断过程中要实现数据共享，以便司法机关准确认定事实、正确适用法律。数据共享并不意味着数据无条件地被获取使用，要确立一定的规则和程序，防

---

〔1〕　参见张玉洁："论人工智能时代的机器人权利及其风险规制"，载《东方法学》2017年第6期。

〔2〕　参见席建林："人工智能时代机器人权利及其风险规制"，载搜狐网，https://www.sohu.com/a/324503537_100017141，最后访问时间：2021年9月25日。

止数据泄露损害人工智能和其他主体的权利。

第四，获得救济的权利。在英美法系国家有条著名的法谚"救济先于权利"，如果不能对人工智能的权利进行救济，那么人工智能的权利则成了无法兑现的支票，因此人工智能也应当拥有获得救济的权利。既然强人工智能时代承认人工智能法律主体地位，那么任何主体只要损害了人工智能的权利就要受到相应的惩罚。

以上只是概括列举了人工智能的几项权利，随着人工智能技术的发展和法学研究的进一步深入，强人工智能时代可能会形成新的权利，在此不再作具体列举。

二、强人工智能的权利边界

对于强人工智能时代的权利保障，一方面我们要强调人工智能的权利，赋予人工智能正当使用、身份专属、数据共享、获得救济等权利；另一方面也要考虑人工智能的权利对其他权利主体的影响，能否被社会的价值所认可、被伦理道德所包容。因此无论人工智能如何发展，其权利必然有边界。

第一，不能有悖于社会伦理的要求。人工智能融入"人"的生活集体当中就可能与"人"的价值观念产生冲突。这便要求人工智能的权利保障不能超出社会大多数人的认知范围，否则就有悖于社会伦理。谈到社会伦理还要注意人工智能与"人"的生物学意义是不同的，比如人工智能不能替代"人"成立婚姻关系，也不能替代"人"受到处罚。

第二，不能违反法律保留的原则。德国联邦宪法法院在20世纪70年代的一系列判决中提出了重要性保留，该理论认为不仅干涉人民自由和财产的行政领域，应由法律保留地适用，而且在给付行政中，凡涉及人民的基本权利的实现与行使，以及涉及公共利益尤其是影响共同生活的重要基本决定，应由具有直接民主基础的国会自行以法律来规定。[1]人工智能同样也应当适用法律保留的规定，凡是涉及人身自由的、人民财产权利的、基本权利实现的，均应予以保留。

第三，不得损害其他主体行使权利的自由。人工智能的权利与其他主体的权利之间存在差异性，这种差异性体现在两者权利上的不完全重合，即人工智能享有的权利其他主体可能没有，反之，其他主体享有的权利人工智能可能也没有。自由是相对的，人工智能运用的过程也可以理解为行使权利的过程，该

---

〔1〕 参见黄学贤："行政法中的法律保留原则研究"，载《中国法学》2004年第5期。

过程与"人"联系最为密切的权利是数据共享。这里所谓的"数据"包含了"人"的基本信息，一旦数据共享导致"人"的基本信息泄露，将会导致不可估量的损失。基于不得损害其他主体权利自由的要求，在人工智能数据共享权利当中建构反馈预警机制能够极大地缓解两者之间的矛盾，也可以防止人工智能权利滥用带来的弊病。

■ 要点

1. 在强人工智能时代，应重点关注人工智能被正当使用的权利、身份专属的权利、数据共享的权利。

2. 自由是相对的，人工智能运用的过程也可以理解为行使权利的过程。

■ 思考题

4.6 强人工智能的权利内容是什么？

4.7 如何理解强人工智能的权利边界？

■ 本章阅读文献

1. 魏斌："智慧司法的法理反思与应对"，载《政治与法律》2021 年第 8 期。
2. 王利明："论个人信息权的法律保护——以个人信息权与隐私权的界分为中心"，载《现代法学》2013 年第 4 期。
3. 皮勇："人工智能刑事法治的基本问题"，载《比较法研究》2018 年第 5 期。
4. 马长山："智慧社会背景下的'第四代人权'及其保障"，载《中国法学》2019 年第 5 期。
5. 宋保振："'数字弱势群体'权利及其法治化保障"，载《法律科学（西北政法大学学报）》2020 年第 6 期。
6. 龚向和："人的'数字属性'及其法律保障"，载《华东政法大学学报》2021 年第 3 期。

第五章
人工智能的法律责任

【导读】

随着人工智能日益深入社会日常生活，人工智能产生的法律问题、引发的法律风险也越来越多。就人工智能的刑事法律责任而言，人工智能能否成为承担刑事责任的主体仍存在争议，需要完善对涉人工智能犯罪的刑法规制的策略。就人工智能的民事法律责任而言，多数学者认为对当前发展程度下的弱人工智能可以用现行法律解决相关民事责任问题，而不必赋予人工智能民事法律责任主体地位。对于强人工智能的民事责任问题，则倾向于通过革新既有的法律主体制度来解决人工智能民事责任规制的真空问题。就人工智能的行政法律责任而言，域内外均存在通过出台相关人工智能治理新规以加强对人工智能行政责任规制的趋势。就人工智能的违宪法律责任而言，国家应重构其与公民及社会的关系，确立适应人工智能社会的宪法基本原则，以控制由人工智能发展所带来的不确定和风险，履行宪法对自由与尊严的守护之责。人工智能的其他法律责任，主要包括人工智能的审判责任和人工智能的国家赔偿责任。

第一节　人工智能的刑事法律责任

在人工智能的医疗事故、自动驾驶的交通事故、无人机误判恐怖分子错杀平民等问题上，人工智能能否作为犯罪主体，承担法律责任，越来越引发争议。关于人工智能主体问题的讨论详见本书第三章，本章主要解决法律责任问题。

一、人工智能犯罪行为的归责原则

刑事责任归责原则是在犯罪成立的基础上进行刑事法律责任判定的基本准则。传统的刑事责任归责原则以主观上存在过错为前提条件，行为人的主观过错是承担刑事责任的起点。但面对技术进步带来的众多复杂难控的社会风险，传统的过错责任原则受到了冲击。因此有主张认为，应针对人工智能的强弱之分以及人工智能和自然人的结合程度，确立以过错责任原则为主、以相对严格责任原则为补充的刑事归责原则。[1] 当人工智能实施法律行为时具有刑法所要求的辨认能力和控制能力，就可以认为它是刑事责任主体，这是归责的前提和基础。从人工智能的"进化"史来看，人工智能本身的辨认能力与控制能力逐步增强，而人之意识与意志对"行为"的作用逐渐减弱。此种此消彼长的变化在根本上影响着刑事责任的分配。

就弱人工智能而言，因无法律主体资格而无刑事责任，其只能在人类设计和编制的程序范围内实施行为，其行为本质上是人工智能的研发者或者使用者行为的延伸，实现的是研发者或使用者的意志，因而其行为所产生的后果应当视为其背后相关责任主体行为的组成部分，并结合其"背后"相关责任主体的主观罪过予以分别归责处理。弱人工智能产品致人损害构成犯罪可以大致分为以下几种情形：一是自然人故意利用弱人工智能产品实施犯罪活动；二是弱人工智能产品使用者过失操作和管理导致弱人工智能产品致人损害，构成犯罪；三是弱人工智能产品因质量或者缺陷问题致人损害，构成犯罪。针对故意犯罪的情形，行为人故意利用弱人工智能产品的活动实施犯罪，构成直接实行犯，相应予以科处刑责；针对过失犯罪的情形，应当由弱人工智能产品的所有者或者使用者承担弱人工智能产品致人损害的刑事责任。第三种情形属于产品质量责任问题，又可具体分为产品质量不合格引发的问题和产品设计缺陷引发的问题。不同于一般产品，弱人工智能产品具有模拟人类部分智能的特点，安全风险和损害程度存在极大的不确定性，因此应当赋予生产设计者和销售者更高的责任和义务。[2] 简而言之，对于弱人工智能所带来的绝大部分刑事风险所涉及的犯罪行为，刑法及相关司法解释可以进行有效的规制。但是，我们也应看到，人工智能技术的井喷式发展和法律的滞后性也形成了不和谐的局面，"无法可依"的危害在某些领域已显露端倪。故而，应为弱人工智能的研发者和使用者设定相应义务，并明晰二者的刑事责任承担路径。[3]

就强人工智能而言，其在独立的自主意志支配下实施了预先设计和编制的程序之外的行为，且此行为具有严重的社会危害性，侵害了刑法所保护的社会

---

[1] 参见夏陈婷："人工智能时代的刑事归责路径探析"，载《法治社会》2019 年第 1 期。

[2] 参见刘宪权主编：《人工智能：刑法的时代挑战》，上海人民出版社 2018 年版，第 161-165 页。

[3] 参见刘宪权："人工智能时代刑事责任的演变"，载《人民法院报》2021 年 1 月 14 日，第 6 版。

关系，已经完全超出工具的范畴，应由人工智能承担刑事责任。因为此时的强人工智能已具有独立的意识和意志，其行为不再是研发者或使用者行为的延伸，甚至从根本上违背研发者或使用者的目的，行为所产生的后果也不能当然地归责于研发者或使用者。此时，强人工智能的刑事责任大体可以分为单独责任和共同责任两类责任形态，即责任可以区分时，强人工智能应独立承担刑事责任；责任难以区分时，强人工智能与人类应共同承担刑事责任。[1]尽管现行刑法尚无相关规定，对于人工智能科处刑罚在当前的刑法体系也尚属新鲜，但从维护社会秩序稳定的角度考量，惩处人工智能犯罪有其客观必要性。虽然现有的刑罚种类无法直接适用于人工智能，但为更好地达到刑罚的目的，刑事立法可以增设专门针对人工智能自身所具有的特点的新的刑罚方式。

二、人工智能犯罪行为的归责路径

对于人工智能犯罪行为的归责路径，主要有以下几种主张：其一，主张从过失犯的构造，研发者、生产者与使用者的注意义务、风险防控以及增设新的罪名等角度进行研究。[2]其二，主张遵循从客观要素到主观要素的推定逻辑，以积极要件肯定的同时，通过消极要件否定行为人刑事责任的"综合归责路径"，其中积极要件是指追究人工智能的研发、生产、销售与使用者刑事责任必须具备的构成要件，消极要件是指能够否定人工智能的研发者、生产者与使用者刑事责任的构成要件。现行刑事立法缺少消极要件的规定，因而有增设相关条款之必要。[3]其三，赋予人工智能独立的刑事责任主体地位，通过增设删除数据、修改程序、永久销毁等新型刑罚方法，妥善解决人工智能体脱离人类控制、侵害法益的风险中的刑事责任归属问题。例如，有学者在遵循"利益优先和风险管控原则""协调和效益原则"等人工智能刑事立法基本原则之下，提出人工智能刑事立法的基本构想，即普通机器相当于无刑事行为能力人，不应承担刑事责任；弱人工智能相当于已满 12 周岁，不满 14 周岁的人，应有选择地负刑事责任，例如可以给予删除程序、规定年限内不得在市面上出售也不允许使用、改进、完善等"刑罚"；强人工智能相当于完全刑事行为能力人，应当承担刑事责任，并根据其造成他人伤亡的不同情况判处不同的刑

---

〔1〕 参见刘宪权主编：《人工智能：刑法的时代挑战》，上海人民出版社 2018 年版，第 167-169 页。

〔2〕 参见储陈城："人工智能时代刑法归责的走向——以过失的归责间隙为中心的讨论"，载《东方法学》2018 年第 3 期。

〔3〕 参见周振杰："人工智能领域的刑事责任主体与归责路径"，载《刑法论丛》2019 年第 4 期。

罚，如删除其数据、永久销毁、永远不得上市销售和使用等。[1]还可以借鉴单位犯罪的规定对人工智能及其研发单位、制作单位、销售平台、使用人等采取双罚制和代罚制相结合的立法模式。

人工智能犯罪行为的归责路径选择取决于对人工智能犯罪行为的犯罪性质认定和归责原则确定。对于涉人工智能产品犯罪刑事责任的犯罪性质认定和归责问题，刘宪权教授认为存在以下"尴尬"处境：以产品生产领域为基准确定人工智能产品生产者过失犯罪的性质时，刑法分则中生产伪劣产品罪等罪名显然无法准确、合理地评价生产者所实施的犯罪行为侵犯的法益（客体）与生产者的主观罪过；以产品使用领域为基准确定人工智能产品生产者过失犯罪的性质时，许多罪名构成要件中的主体要件可能无法将人工智能产品生产者涵括其中。因此，其主张现阶段应当以重大责任事故罪来认定上述人工智能产品生产者的过失犯罪行为，这样既解决了适用生产伪劣产品罪等罪名无法准确评价生产者犯罪行为所侵犯法益（客体）、生产者主观罪过的问题，也解决了相关罪名构成要件中的主体要件无法将人工智能产品生产者涵括其中的问题。[2]未来强人工智能可能在设计和编制的程序范围外并在自主意识和意志的支配下实施行为，因此应对其实施的严重危害社会的行为予以刑罚处罚，这是强人工智能时代规制强人工智能行为的必由之路。进而言之，在人工智能时代，需要完善对涉人工智能犯罪的刑法规制的策略并重构刑法理论体系。在促进人工智能技术发展，当好技术的"护航者"的同时，又时刻警惕人工智能技术可能给人类社会带来的威胁，从源头上遏止技术风险，发挥刑法的保障功能。[3]

【案例 5.1】AI 无人机杀人案[4]

据俄罗斯卫星新闻网报道，联合国安理会的一份报告描述了一起"AI无人机杀人案例"。报告显示，事发在利比亚首都郊外，当时一支国民军武装小队正按照计划撤退。突然，一架无人机出现在小队上空，在一阵机枪扫射过后，一名武装人员倒在血泊中。事后，联合国安理会利比亚问题专家小组

---

〔1〕 参见唐亚南："如何从刑法的维度对人工智能进行规制"，载《法律适用》2021年第4期。

〔2〕 参见刘宪权："涉人工智能产品犯罪刑事责任的归属与性质认定"，载《华东政法大学学报》2021年第1期。

〔3〕 参见刘宪权："人工智能时代刑事责任的演变"，载《人民法院报》2021年1月14日，第6版。

〔4〕 参见王宏泽："俄媒：无需指令！无人机被曝首次'自主杀人'"，载光明网，http://mil.gmw.cn/2021-06/03/content_34896956.htm，最后访问时间：2022年10月3日。

调查发现，这台由土耳其生产的无人机并没有后台人员操控，完全是凭着预先编制好的程序进行跟踪并攻击。也就是说，这架无人机是在没有人为命令的情况下擅自作主将人杀死。报告被披露后引发广泛争议，有人认为这是"AI 杀人第一案"，更有媒体称"潘多拉的盒子已经打开"，一些业内人士分析，可能是 AI 系统出现故障导致悲剧发生。不过也有专家认为，报告存在模糊之处，尚不能拍板定案。

■ 要点

1. 弱人工智能产品不具有认识和辨认能力，其具有工具属性，这类人工智能产品不可能作为犯罪主体而承担刑事责任。因此，现阶段以重大责任事故罪来认定上述人工智能产品生产者的过失犯罪行为更为合理。

2. 强人工智能产品因具有很强的自主意识可以将其行为分为两种：一种是在设计之初就已包含在数据程序范围之内的行为；另一种是超出设计和编制的程序，自主决策所实施的行为。对于前种行为，强人工智能体的法律责任与弱人工智能体无异。而后种行为，完全是人工智能为了实现自己的意志、自主决策并自主实施的行为。从这个层面上讲，人工智能应当具有犯罪主体资格，可以借鉴单位犯罪的规定对人工智能及其研发单位、制作单位、销售平台、使用人等采取双罚制和代罚制相结合的立法模式。

■ 思考题

5.1　如果弱人工智能拥有了法律主体地位，其刑事责任应由谁承担？

5.2　如果强人工智能拥有了法律主体地位，其刑事责任应由谁承担？

第二节　人工智能的民事法律责任

一、人工智能不法行为的归责难题

人工智能的民事法律责任问题是人工智能发展过程中一个不容回避的法律问题：当人工智能造成人身或者财产损害时，应如何分配并承担法律责任？当前以人类行为者为中心的侵权责任和以产品生产者为中心的产品责任在应对这一问题时，暴露出了一定的局限性。就侵权责任而言，人工智能在实际运作过程中脱离人类的控制，缺乏对其进行直接操作或者控制的特定个人。因此，以人类行为者的注意义务为前提的过错侵权责任难以适用于因人工智能的使用而产生的加害行为。[1]就产品责任而言，人工智能产品具有一定程度的复杂性、自主性和难以预测性，当其发生致人损害的事故时，将会导致现行侵权责任制度面临严峻挑战。例如，在产品责任的法律框架下，智能软件的产品属性存在争议、人工智能产品缺陷的认定异常复杂、产品责任主体范围不易确定等难题也会接踵而至。[2]

二、人工智能的民事法律责任归责原则

如本书第三章所介绍的那样，人工智能本身能否作为民事法律责任主体，学界目前对此仍存在争议，由此，对于民事法律责任的归责原则也存在一定争议。其中，基于人工智能不能成为民事法律责任主体的否定观点，人工智能不法行为的民事法律责任归责原则主要考虑过错责任原则和无过错责任原则。过错原则体现了民法的公平原则，对个人主观方面作出要求；无过错原则是从整个社会利益之均衡、不同社会群体力量之强弱对比，以及作为过错原则之补充以维护社会稳定的角度来体现民法的公平原则。同时应当考虑可以直接分清责任与不能直接分清责任两个方面的情形，对于前者，应适用产品责任归责原则和人工智能产品操作者或使用者责任的归责原则；对于后者，应高度增强相关主体的注意义务，使无过错责任归责原则得到一定程度的适用，尽可能地保护受害者的利益。[3]

三、人工智能不法行为的民事法律责任规制

从学理角度分析，责任能力是指"对于自己行为之结果，有识别之精神能力"。[4]弱人工智能虽然具有直接致人损害的客观事实，但因为缺乏人类思维的识别能力，为此不具备责任能力——"无责任能力者之行为因而不得使负义务"。[5]因此，对当前发展程度下的弱人工智能可以用现行法律解决相关

---

〔1〕 参见司晓、曹建峰："论人工智能的民事责任：以自动驾驶汽车和智能机器人为切入点"，载《法律科学（西北政法大学学报）》2017年第5期。

〔2〕 参见高完成、宁卓名："人工智能产品致害风险及其侵权责任规制"，载《河南社会科学》2021年第4期。

〔3〕 参见环建芬："人工智能工作物致人损害民事责任探析"，载《上海师范大学学报（哲学社会科学版）》2019年第2期。

〔4〕 参见史尚宽：《债法总论》，中国政法大学出版社2000年版，第113页。

〔5〕 参见史尚宽：《债法总论》，中国政法大学出版社2000年版，第113页。

责任问题，而不必通过赋予人工智能民事责任主体地位解决其责任规制难题。现行法律责任体系可以基于异常危险活动的法理学基础，借鉴侵权法领域关于危险责任的规定，对人工智能致害引起的责任分配适用严格责任原则。在人工智能造成他人损害时，可以借助雇主责任来论证人工智能控制者责任承担的合理性，"刺破公司面纱"的例外规则可在人工智能主体中变为"刺破人工智能面纱原则"。归责原则应主要结合责任主体对人工智能系统的掌控水平，参考过错程度、预见与预防能力、风险分配的具体情形，对控制能力最强的生产者适用严格责任，控制能力稍弱的销售者、使用者适用过错责任。人工智能的使用者不应或不能承担责任的，其创造者和销售者均应承担连带责任。人工智能作为潜在的未知危险来源，对其管理、控制的人应当承担无过错责任。根据"深口袋理论"（the deep pocket theory），从事危害活动并从社会中获益的人应从所获利润中弥补对社会造成的损害。无论是创造者还是使用者，拥有"深口袋"的人都必须采取预防措施，并强制其购买保险，作为其危险活动的保证。[1]另外，应在协调理顺现有的法律责任体系、健全完善适应智能时代的法律体系的基础上，积极探索算法侵权公益诉讼路径。受制于算法侵权中主体、行为、因果关系以及过错责任难以认定的事实，特别是消费者被侵权后不知维权、不会维权、举证能力有限等现状，亟须引入公益诉讼这一救济渠道，通过要求算法侵权责任人承担民事责任或者行政管理部门依法履行监管职责，切实维护公民个人隐私、公平交易等基本权利。

对于强人工智能的民事法律责任问题，学界仍存在较大争议。有学者认为，可以从论证人工智能系统是否存在局限性以及这种局限性是否被认识和向消费者传达的角度和方式，判断人工智能本身是否应当承认民事法律责任。[2]也有学者从民法法教义学维度，认为对人工智能不法行为进行规制的关键问题不只是在于如何应对责任真空，更为重要的是提供合理的解释理由与衡量多方利益。[3]近年来，人们倾向于通过革新既有的法律主体性制度来解决人工智能民事责任规制的真空问题。欧盟法律事务委员会于 2016 年 5 月提交动议，主张将最先进的自动化机器人工人认定为电子工人，赋予其劳动权并开设资金

〔1〕 参见张建文、贾章范："《侵权责任法》视野下无人驾驶汽车的法律挑战与规则完善"，载《南京邮电大学学报（社会科学版）》2018 年第 4 期。

〔2〕 参见［英］约翰·金斯顿："人工智能与法律责任"，魏翔译，载《地方立法研究》2019 年第 1 期。

〔3〕 参见宋宗宇、林传琳："自动驾驶交通事故责任的民法教义学解释进路"，载《政治与法律》2020 年第 11 期。

账户，以应对以后可能出现的机器人引发损害的责任，但在最终责任如何承担的问题上却没有给出具体执行方案。在这种情况下，如果人工智能体的行为对人造成了损害须承担民事赔偿责任，它的创造者和所有者仍将成为最终的责任承担者，因为人工智能体本身并没有独立的财产且不具备独立担责的能力。[1] 2017 年 2 月，欧盟表决通过的《机器人民事法律规则》提出了"非人类的代理人"的概念。[2]这一概念的实质是将人工智能作为一个有目的性的系统，并在实质上将工人智能体作为民事主体。[3]我国制定的《新一代人工智能发展规划》也提出，"明确人工智能法律主体以及相关权利、义务和责任"。这些制度构想和法律实践的核心就是要运用现代法律主体制度，通过赋予作为算法载体而存在的人工智能体相应的法律主体资格来解决财产权利归属、法律责任承担等问题。这种法律主体性制度构想体现了进一步捍卫现代社会主体性伦理基础的努力，但是，它难以适应人工智能算法运行的基本逻辑，也难以在法学理论上实现逻辑自洽。2020 年 10 月，欧洲议会发布了《人工智能和民事责任》的法律研究报告。该报告指出，规制技术的法律法规应当依据不同的技术分类制定，而不是寻求制定一部统一的、规制所有人工智能技术的法律，我们可称之为"分类规制原则"。同时，该报告还提出了"风险管理模式"来确立人工智能的民事责任，即最有能力控制和管理某项技术风险的一方，应当承担严格责任，并且应被推定为可以启动诉讼的单一被告。再者，应以保障受害人得到充分赔偿为原则，设定单一诉讼被告人，再通过价格机制、保险、合同约定、追偿诉讼或者无过错赔偿基金，将赔偿责任延伸、分摊到该产品价值链上的其他各方，我们可以称之为"充分赔偿原则"。此外，在涉及多方共同参与提供的人工智能产品时，更难区分哪一方需要承担什么责任，而创设一个法律的或者电子的人格就可以简化这个难题。

除革新既有法律主体性制度外，还可通过增设、创新责任规制形式对人工智能不法行为进行规制。代码与脱胎于其中的社会经济生产状况以及价值生产方式剥离开来，以貌似中立的无害身份出现，同时获得强大的控制力和自主性。实证性代码理论指出了代码作为新型社会权力的功能。[4]当人工智能的

---

〔1〕 参见袁曾："人工智能有限法律人格审视"，载《东方法学》2017 年第 5 期。

〔2〕 The European Parliament, With Recommendations to the Commission on Civil Law Rules on Robotics, 2015/2103（INL）, http://www. europarleuropa. eu/sides/getDoc. do? Language = ENaereference = A8 - 2017 - 0005&type = REPORT, last visited on 29 December 2021.

〔3〕 参见骁克："人工智能体法律人格化拟制路径之探究"，载《法律方法》2021 年第 2 期。

〔4〕 参见胡凌："平台视角中的人工智能法律责任"，载《交大法学》2019 年第 3 期。

行为更加自主化，人工智能的创造者抑或所有者的责任可能会有相当程度的减轻，并且给人工智能拟定了一份强制性的保险来保障责任的承担。保险公司应为人工智能创造特殊的保险方案，例如，针对无人驾驶的普及，可以规定新类型的"无人驾驶强制责任保险制度"，有效分配事故成本，为受害人提供必要的权利救济。赔偿基金（compensation fund）可以发挥维护社会稳定的功能，填补了保险与侵权法之间存在的空白。美国还建立了存在侵害风险的自动驾驶汽车召回制度，剥夺肇事车辆上路行驶的资格，以避免有瑕疵的人工智能系统成为公共交通安全隐患。

【案例5.2】Uber无人驾驶汽车致死案[1]

2018年3月18日晚上10点，美国亚利桑那州坦佩市一名女子被Uber自动驾驶汽车撞伤，之后不幸身亡。这是全球首例自动驾驶车辆致行人死亡的事件。经查明，Uber自动驾驶汽车感知到行人却没有及时刹车，后撞上并致人死亡。[2]

这起事故将无人驾驶安全性推到了风口浪尖，也引发学界对责任追究的讨论。由于自动驾驶汽车本质上是基于数据的机器学习算法的智能化系统，外界传输数据错误、自动分析数据偏差、遭受黑客攻击等都可能引起无人驾驶汽车决策错误，这给事故的因果关系认定和责任划分带来困难。特别是当汽车运行全然由自动驾驶系统操控时，使用人无法被界定为驾驶者，在现行技术遇到特殊情况无法判断的情况下，人身财产损害的过错原因和责任判定往往不能做到泾渭分明，如何确定侵权主体，如何划分算法提供商、汽车生产者、销售者、软件开发者、网络服务平台等多方主体的损害赔偿责任，需要法律予以明确。

■ 要点

1. 人工智能带来的挑战主要是来自算法编码的挑战。在民事侵权责任的

---

〔1〕参见韩旭至："自动驾驶事故的侵权责任构造——兼论自动驾驶的三层保险结构"，载《上海大学学报（社会科学版）》2019年第2期。

〔2〕需要指出的是，目前无人驾驶系统识别也存在一定障碍，依照目前水平的感知设备，其在黑夜、雨雪天气识别的难度确实很大。因此，事故的发生有两种可能，一是感知设备功能不齐全，二是算法出现问题。

认定上，传统侵权责任二要素主观过错与因果关系很难应用于算法决策所造成的损害。由于算法自身的技术性和商业秘密性，大大增加了法律因果关系的界定难度，极大地提高了用户维权的门槛和成本。

2. 法律责任体系可以基于异常危险活动的法理学基础，在人工智能致害引起的责任分配中适用严格责任原则。在人工智能造成他人损害时，可以借助雇主责任来论证人工智能控制者责任承担的合理性，"刺破公司面纱"的例外规则可在人工智能主体中变为"刺破人工智能面纱原则"。归责原则应主要结合责任主体对人工智能系统的掌控水平，参考过错程度、预见与预防能力、风险分配的具体情形，对控制能力最强的生产者适用严格责任，控制能力稍弱的销售者、使用者适用过错责任。人工智能的使用者不应或不能承担责任的，其创造者和销售者均应承担连带责任。

■ 思考题

5.3 "刺破公司面纱"的例外原则与"刺破人工智能面纱原则"有何区别？

5.4 人工智能对民事法律责任问题的挑战有哪些？

第三节 人工智能的行政法律责任

一、人工智能的行政法律责任规制

人工智能的发展和应用牵涉公共利益，除对其加以私法规制外，亦应加强对人工智能的行政法律责任规制。从域外实践来看，许多国家相继出台人工智能治理新规，加强对人工智能的技术监管，严格限制甚至禁用相关人工智能技术在某些场景的发展和应用。欧盟数据保护委员会（EDPB）和欧盟数据保护监督局（EDPS）已经就欧盟委员会关于制定人工智能统一规则的条例提案通过了一项联合意见。其中，就人脸识别等远程生物识别技术而言，因考虑到在公共场所对个人进行识别所带来的极高风险，EDPB 和 EDPS 呼吁全面禁止在公共场所使用人工智能自动识别个人特征，例如，在任何情况下识别人脸、步态、指纹、DNA、声音、击键和其他生物识别或行为信号。同时，建议禁止人工智能系统使用生物识别技术将个人分为不同的群组，依据是种族、性别、政治或性取向，或《欧盟基本权利宪章》第 21 条禁止歧视的其他理由。[1]此外，使用人工智能来推断个人的情绪是非常不可取的，应当被禁止，除非是基于某些病人健康而识别其情绪等特殊情况，还应当禁止使用人工智能进行任何类型的社会评分。2020 年 11 月，韩国发布《国家人工智能伦理标准》，提出理想的人工智能开发和运用方向，指出人工智能需以人为中心。在开发和运用人工智能的过程中，需遵守维护人的尊严、社会公益和技术合乎目的这三大原则。此外，美国波士顿还通过了禁止面部识别技术用于市政用途的投票。早在 2019 年 5 月，旧金山就已经颁布此项禁令，目的在于阻止城市使用面部识别技术或获得使用该技术进行监视的软件。此后，俄勒冈州波特兰、缅因州波特兰均通过了类似禁令以限制该技术在政府部门的应用。

在立法上，人工智能违法行为的行政责任规制可从现行法律规范中寻求借鉴。例如，可以参照侵权法等规范明确人工智能的责任划分及责任承担方式，即在责任承担方式上，根据违法行为的程度确定责任种类，相应完善《行政处罚法》等规范中行政法律责任承担的部分。具体而言，首先，需结合人工智能违法行为致人损害的特殊性，分别在行政法律法规中增加新的责任承担方式。其次，对按照程序代码运行得出相应决策或行为结果的执行算法内容的过程进行规制。再次，需要通过相关行政法律规范的形式强化程序规则，特别是将公开、参与的思想贯穿在整个流程中，提升人工智能行为的透明度，保障相对人知情权。现阶段重中之重应当是制定适宜的行政法准则和规范，除市场准入许可、违法行为行政处罚等传统规制手段以外，针对人工智能行为所引发的风险，还可采取对技术应用模式与应用程度进行行政指导、对算法内容与编制过程进行强制公开等规制方式。值得关注的是，对人工智能违法行为的行政责任规制，除了依靠国家强制力来保证行政法规范的实施，还可结合具体事项的性质、涉及主体的范围以及社会影响程度的大小等因素，发掘现有法律制度的规制空白，兼用具有指导性、号召性、激励性、宣示性的非强制性规范，即"软法"。[2]

---

〔1〕《欧盟基本权利宪章》第 21 条："1. 任何基于性别、种族、肤色、血缘或社会背景、面容外貌、政治或任何其他意见、少数民族成员、财产、出生、残障、年龄或性倾向之歧视，均应被禁止。2. 在适用欧洲共同体条约与欧洲联盟条约的范围内，在不影响这些条约特别条款的情况下，任何基于国籍之歧视均应被禁止。"

〔2〕参见李师："人工智能的风险预测与行政法规制——一个功能论与本体论相结合的视角"，载《行政管理改革》2019 年第 10 期。

二、网络平台企业的行政法律责任

人工智能法律问题是广义网络法问题不可或缺的一部分。[1]随着互联网的兴起，新的购物模式、经济形式依托于互联网和电子商务蓬勃发展，互联网平台则是其中的主力军。在平台经济时代，平台企业是价值的整合者、多边群体的连接者，更是生态圈的主导者。平台充分利用信息技术优势、传播优势、规模优势，将相互依赖的不同群体集合在一起，通过促进群体之间的互动创造独有的价值。而随着人工智能的发展和应用，在平台主导的网络空间里，算法的加持更让平台有恃无恐。例如，2021 年 3 月 2 日，上海复旦大学管理学院副教授孙金云公开了"2020 打车软件调研报告"，通过对 5 个城市 821 次打车的数据及体验研究，发现了苹果机主更容易被专车、优享等更贵车型接单。[2]因此，网络平台企业已经成为网络治理的关键节点。

从发展趋势上看，网络平台承担的行政责任逐渐加重。例如，《网络安全法》第 47 条规定，"网络运营者应当加强对其用户发布的信息的管理，发现法律、行政法规禁止发布或者传输的信息的，应当立即停止传输该信息，采取消除等处置措施，防止信息扩散，保存有关记录，并向有关主管部门报告"。就责任的范围而言，网络平台从信息管理扩展到行为管理，还要求网络平台审核平台上的经营者的身份和资质信息的真实性，对平台经营者的违法行为进行管理和及时处理，否则将被处以包括吊销许可证在内的行政处罚。在严格的现行行政法律法规下，付诸实践的人工智能必然需要针对不良信息和运行风险设置一定的事先过滤机制和事后审查反馈机制，否则将面临行政追责。

【案例 5.3】商业运行中的人脸识别技术[3]

据外媒消息，IBM 将不再提供、开发或研究面部识别技术，并表示"IBM 坚决反对并且不会容忍将任何面部识别技术用于大规模监视、侵犯基本人权和自由或与我们的宗旨不符的任何行为"。此外，亚马逊、微软也均表态要支持种族平等，叫停人脸识别：亚马逊声明暂停向警方提供人脸识别

〔1〕参见胡凌："平台视角中的人工智能法律责任"，载《交大法学》2019 年第 3 期。
〔2〕参见陈彦霏："复旦教授 5 个城市打车 821 次 发现苹果手机更易被延误 滴滴出行：不存在这样的情况"，载东方网，https://j.eastday.com/p/161485397277017510，最后访问时间：2022 年 5 月 20 日。
〔3〕参见"微软、亚马逊、IBM 主动禁售人脸识别，为什么？"，载 https://baijiahao.baidu.com/s？id=1676889963918810888&wfr=spider&for=pc，最后访问时间：2022 年 3 月 30 日。

技术一年；微软也表态停止向警方销售人脸识别软件，直到有相关国家法律出台。Google 启动了 800 多名员工的初始"技术道德"培训，并针对 AI 原则问题进行了新的培训。Google 最近发布了此培训的一个版本，作为面向客户的 Cloud 团队的必修课程，已有 5000 名 Cloud 员工参加了该培训。这些员工提出了一些关键问题来发现潜在的道德问题，例如，AI 应用程序是否会导致经济或教育上的排斥或造成身体、心理、社会或环境伤害。

我们需要思考 AI 与企业治理的关系，AI 伦理如何嵌入商业运行之中。谁来做企业开发 AI 算法时的最后判断者？我们应从哪个环节切入，思考人工智能所导致的结果？从防卫意义上讲，Google 提供"技术道德培训"是很重要的，Google 的培训能否应对 AI 对道德伦理的挑战，力度够不够、能否完成，这都是争论点。算法在某种意义上会提升商业利益，但也要注意它所带来的歧视问题。我们需要思考，如何判断当人工智能以明确的目标制定出来，为最大化实现这个目标时所导致的歧视问题。

■ 要点

1. 人工智能的发展和应用牵涉公共利益，除了对其加以私法规制，亦应加强对人工智能的行政责任规制。

2. 在严格的现行行政法律法规下，付诸实践的人工智能必然需要针对不良信息和运行风险设置一定的事先过滤机制和事后审查反馈机制，否则将面临行政追责。

■ 思考题

5.5　人工智能体能否承担行政违法责任？

5.6　网络平台企业的行政法律责任包括哪些？

第四节　人工智能的违宪法律责任

一、人工智能与隐私保护

从现代宪法学的角度来看，人工智能给我们的生活、生产带来了便利，但便利的代价主要是泄露隐私。人工智能的运用涉及大量数据，尤其是人工智能训练时使用的数据集以及运作后产生的大量数据。这些数据可能是结构化或非结构化的数据,若需要对这些数据加以利用,必然涉及采集、处理及存储等环节,面临着跨境数据流通、数据泄露等风险。尤其是更多的数据位于传统 IT 的边界之外,或存储于混合云和多云环境中,或是分布式存储,加大了数据保护的难度。这也意味着机器越智能就越需要海量的个人信息作支撑,也意味着其处理个人信息的能力越强,由此引发的隐私危机越严重。目前学界主要将隐私分为信息隐私、空间隐私、自决隐私等领域。[1]上述三种隐私均存在被人工智能侵犯的风险,人工智能对隐私的直接监控能力的增强使其完全可以在当事人不知情的情况下进行空间监控、信息截留、收集、处理、利用与披露。

违宪法律责任是指国家机关及其工作人员、各政党、社会团体、企事业单位和公民的言论或行为违背宪法的原则、精神和具体内容而承担由专门国家机关依法确认由其承担的合理的负担。[2]人工智能是技术属性和社会属性的高度融合,人工智能及其创造者、使用者对于用户隐私权的大规模侵犯、违反宪法相关规定的,理应承担违宪法律责任。

二、基本权利保障与人工智能发展的平衡

现代宪法精神强调隐私权和个人信息保护,或会引起虚拟空间的割据和碎片化,妨碍数据的大规模收集和应用,从而妨碍以数据为养料的人工智能系统以及智慧网络化社会的快速成长。在这种情形下,如何平衡人工智能等新技术产业的发展和个人隐私安全问题则具有重要的理论和现实意义。站在公共利益或者社会福利的立场,收集更多的数据、进一步加强人工智能的预测力显然是合乎理性的选项,有助于大幅度提高经济增长的效率。但若是接受这样的观点,那就意味着现代宪法体制的退让,有可能损害个人自由。若试图在现代宪法体制下的人权保障与数字经济的迅猛发展之间寻找适当的平衡点,就需要深入探讨某种更适应人工智能时代需要的宪法体制,进行法治的范式创新,而不是简单地按照个人自由主义的标准来限定智慧网络化社会的变迁。现实中各种问题表明,若不能切实保障个人信息安全,人工智能的发展就很有可能误入歧途,侵犯个体的自由和安全。

考察宪法秩序演化的基本方向,不难发现,宪法对于人工智能等新技术和产业发展的态度,早已从启蒙时代那种充满自信、以鼓励态度发展科技,再到

---

[1] 参见王利明:"隐私权概念的再界定",载《法学家》2012 年第 1 期。
[2] 参见肖北庚:"违宪责任论略",载《福建政法管理干部学院学报》2001 年第 3 期。

百年前以富强、竞争、增强国力为目标、国家主导大力发展科技，逐步转变为今天考量科技的宪法界限，将法治理念融入科技发展，以审慎的态度对待科技发展，并积极回应文明社会维护人性尊严的关切。实际上，现代宪法体制也是产业革命的结果。应把我国宪法中"国家尊重和保障人权"的原理嵌入智慧网络之中，达成效率与公正、理性与温情之间的适当平衡。[1]

> **【案例5.4】不用开口，AI将大脑活动转化为文本，单句错词仅3%**[2]
>
> 加州大学 Joseph Makin 博士在《自然神经科学》杂志上发表了研究成果，其开发了一个系统，可以将大脑活动转化为文本数据，单句错词仅3%。实验参与者被要求多次朗读50个固定句子，研究者们跟踪了他们讲话时的神经活动。这些数据随后被输入机器学习算法中，系统能将每个口述句子的大脑活动数据转换为数字字符串。不过，由于通过脑机接口翻译大脑想法并将大脑信号转化为文本数据的技术对人们的隐私构成了强大的威胁，因此也一直伴随着不小的争议。对人类大脑运行机制的解析，一方面有助于人对自身的深入认知，另一方面有助于人们生活的便捷化与智慧化。上述技术的改进及成熟化应用，也许有助于聋哑人等残疾人士的交流，方便他们的生活。但是，假如相应技术被滥用或误用，也可能导致人们大脑中的想法无任何隐私可言；人类大脑这一"潘多拉盒子"被打开的程度与方式是全社会需要思考的问题。

■ **要点**

1. 从现代宪法学的角度来看，人工智能在给我们的生活、生产带来便利的同时，也对隐私保护构成了威胁。人工智能是技术属性和社会属性的高度融合，人工智能及其创造者、使用者对于用户隐私权的大规模侵犯违反宪法相关规定的，理应承担违宪法律责任。

2. 人工智能时代，需要在现代宪法体制下的人权保障原理与数字经济的迅猛发展之间寻找适当的平衡点。应把我国宪法中"国家尊重和保障人权"的原理嵌入智慧网络之中，达成效率与公正、理性与温情之间的适当平衡。

---

〔1〕　参见季卫东："数据、隐私以及人工智能时代的宪法创新"，载《南大法学》2020年第1期。

〔2〕　参见张大笔茹编译："不用开口，AI将大脑活动转化为文本，单句错词仅3%"，载 https://baijiahao.baidu.com/s？id=1663479179249055372&wfr=spider&for=pc，最后访问时间：2020年4月9日。

■ **思考题**

5.7 人工智能在何种情况下可能承担违宪法律责任？

5.8 除隐私权外，人工智能还可能承担哪些违宪法律责任？

第五节　人工智能的其他法律责任

一、人工智能的审判责任

（一）司法审判中人工智能应用的障碍

司法裁判是超越形式合理性的，司法裁判关于是非好坏善恶的判断本身就含有价值评判的内容。面对抽象规则和纷繁复杂个案之间可能发生的矛盾、具体案件中可能存在的法理与人情的冲突，尊重法官的独立审判权，是实现实质正义的必然要求，也符合司法基本原理。然而，当秉持技术逻辑、具有形式合理性品格的人工智能技术被运用于司法裁判时，难免会干预独立审判权。于是一个很现实的问题摆在我们面前：如果人工智能得出的结论与法官的裁判出现明显差别时，以何者为准？法官若接受人工智能得出的结论，一旦发生错案，责任是否归为人工智能？人工智能能否应用到司法审判中？在法律领域，若智能机器因操作失灵或其自身算法不足导致对案件提出了错误的法律意见，责任的归属问题更需要谨慎对待，因为不公或错误的裁判会导致司法权威的丧失。

在我国，何谓审判责任？无论是在学理上还是在实践中，审判责任的概念并不清晰，长期以来对此亦未给予足够关注。简而言之，审判责任就是审判主体对案件的审理与判决所应承担的法律责任。人工智能裁判将对司法改革造成一定程度上的消解，造成司法责任制的失焦。"让审理者裁判，让裁判者负责"是围绕审判中心主义展开的司法改革的重要举措，与其相配套的是被称为"司法改革的牛鼻子"的司法责任制改革。无论是弱人工智能裁判还是强人工智能裁判，都可能对上述改革带来冲击。检察机关的相关改革也有共性，例如最高人民检察院 2013 年印发的《检察官办案责任制改革试点方案》同样是为了消除"审者不定、定者不审"的弊端。人工智能裁判必然会部分或者全部占据人作为司法裁判的主体性地位，并带来责任的转移。如同自动驾驶对侵权责任分配带来的主体权责变更一样，司法责任追究制度在面对人工智能裁判可能存在的司法错误时，如何进行追责亦是一个新的问题。[1]

具体而言，如果引入人工智能辅助审判，在机器算法不合理或不正当的情况下导致案件出现错判，审判者将面临以下三方面问题：（1）错案是由机器提供的错误信息导致时（简称"机器责任"），审判者通常难以审查机器算法的合理性和正当性，即便获得计算机专家的帮助，也有可能受制于当时的科技水平而不能及时查证；（2）审判者仅凭一般认知即可识别机器提供的信息存在偏差，但仍以此为据作出裁判时，是否应被认定为重大过失；（3）若审判者依据人工智能提供的信息作出裁判，但随着科技的进步发现该信息有误时，审判者能否以"机器责任"为由免责。由此可见，当人工智能辅助审判普遍推行时，将会对现行审判责任认定规则产生一定的冲击。"机器责任"将作为一个新的概念，它的内涵有三种：（1）"机器责任"是审判者免责的专有名词；（2）机器成为责任主体中的一类，由立法机构在相关法律中进行规定；（3）机器获得完整的法律拟制人格，独自承担审判责任。

（二）人工智能的审判责任规制

确定人工智能技术在司法裁判中的定位和适用范围，是对人工智能的审判责任进行规制的前提。现阶段，司法裁判中运用人工智能技术时，首先应当明确地将人工智能技术定位为司法辅助工具，对其运用领域作出划定，令其"有所为有所不为"。[2]例如，在刑事案件审理过程中，对人工智能技术的运用一般应限于辅助量刑。其次，人工智能在司法裁判作出决策时，是由法官、立法者还是系统开发者来负责？智能机器失灵时又由谁来负责？法官承担枉法裁判责任毋庸讳言，也符合"让审理者裁判，由裁判者负责"的司法责任制要求。人工智能的司法审判责任主要包括使用人责任、开发人责任。在人工智能参与司法裁判的场景下，使用人责任应是法官责任；开发人责任，主要为算法设计人员责任。[3]事实上，将自动化因素纳入司法决策过程时，司法权力间接授予了作为开发者的技术公司。所以，必须明确这样做的法理依据何在，即赋予开发者部分参与司法决策的正当性支撑。此外，还需要在加强人工智能司法系统的可解释性以避免技术黑箱的基础上，加强人工智能司法系统的可问

---

〔1〕　参见胡铭、张传玺："人工智能裁判与审判中心主义的冲突及其消解"，载《东南学术》2020年第1期。

〔2〕　参见郑曦："人工智能技术在司法裁判中的运用及规制"，载《中外法学》2020年第3期。

〔3〕　参见［美］约翰·弗兰克·韦弗：《机器人也是人：人工智能时代的法律》，郑志峰译，元照出版集团2018年版，第29-35页。

责性，保证在人工智能系统中从设计到应用的所有流程里都有法律专家的参与，并且有明确的风险负责主体。尤其是当这些算法是由私人公司开发时，我们应当在知识产权与公众的信息知情权之间做好平衡，并且明确相关的法律责任主体，以此减少产生的风险。但是，在具体责任承担上，不能简单地将责任归于某一主体，以免打压创新。在此可以借鉴有研究者提出的差异化责任承担方式，即区分司法人工智能各个主体之间的职责，作为应用者的司法机关首先提供救济渠道，再追究研发者与审核者的相关责任。[1]

在责任的性质上，法官的责任随着人工智能功能的不断完善，可能最终转化为监督责任。换言之，当人工智能具备独立处理案件的能力时，法官可能就会仅仅扮演监督者的角色。这意味着，当法官对人工智能错误裁判结果造成当事人损害没有过错时，不需要承担责任。但是，在监督的内容和标准上，应当结合人工智能的技术实现能力、案件的复杂程度、对当事人权利影响情况等综合确定。通常来讲，AI 的智能化程度越高、案件越简单、处理结果偏差对当事人影响越小，法官监督内容就越少，监督必要性就越小，责任就越轻。算法设计人员的责任，主要表现为若因设计原因导致人工智能出现偏差，对法官形成误导，损害当事人权益的，算法设计人员应当承担责任。在具体义务的设定上，应为算法人员设定与法律专家充分沟通、充分的测试和代码自查义务，充分提示和披露人工智能算法的固有缺陷、使用风险、法律推理的主要逻辑等义务。建立适用于司法活动的人工智能设计准则，既为设计人员提供行为指引，约束算法设计过程中的不当行为，又为追责提供参照标准。[2]除此之外，还应当考虑人工智能介入轻微刑事案件等案件审判的可能性。为了实现这种可能性，可以考虑根据人工智能技术发展的程度，确定人工智能介入司法审判的具体阶段，[3]并据此分别确定责任主体与责任承担形式。

二、人工智能的国家赔偿责任

人工智能的国家赔偿责任，是指公权力机关及其工作人员在行使职权的过程中使用人工智能技术或者设施，或者在人工智能技术研发应用的监管过程中，出现违法或者其他过错，造成关系人合法权益损害而承担的国家赔偿责

---

〔1〕 参见左卫民："AI 法官的时代会到来吗——基于中外司法人工智能的对比与展望"，载《政法论坛》2021 年第 5 期。

〔2〕 参见李晓楠："可信赖 AI 司法：意义、挑战及治理应对"，载《法学论坛》2020 年第 4 期。

〔3〕 参见王烁："论人工智能深度介入司法的态度、途径和阶段——以轻微刑事案件为契机的分析"，载《科技与法律》2020 年第 3 期。

任。这主要包括人工智能公权力行为侵权赔偿责任、人工智能研发应用监管侵权赔偿责任和人工智能公共设施侵权赔偿责任三种情形。

人工智能的国家赔偿责任存在责任界定的难题，即责任主体与归责原则的确定困难。以人工智能技术应用领域的自动化行政处罚系统为例，从国内外实践来看，利用人工智能算法作出决策参考的情况已经逐渐出现，例如利用人工智能算法协助特定地区交通管制措施的确定。但人工智能算法决策具有自动性、高度的复杂性和模糊性特征，给依法行政原则、正当程序原则、行政公开原则和行政公平原则等现代行政法治原理带来严峻挑战，由此也引发行政责任主体与归责原则的确定等难题。[1]具体而言，在以人工智能技术为基础的自动化行政处罚领域中，如果因为自动化系统的原因产生处罚错误，责任界定就可能出现两个尚待解决的难题。一是外部技术主体介入所产生的责任主体问题，即技术主体将会通过自动化系统对行政程序产生一定的潜在影响，其并非行政机关的一部分，一旦自动化系统故障导致了行政处罚错误，责任该如何界定？对此，有学者认为，行政主体作为一种法律拟制，解决的就是行政法律关系中公权力方的主体问题。因此不管行政行为的方式如何改变，无论行政行为的具体承担者是个人、集体还是自动化系统，从法律意义上，作为行政法律关系一方的始终是行政主体。[2]因此在不断变化的自动化行政方式中，行政主体仍然是责任界定不变的基点。二是责任类型之辨与归责原则的确定，即自动化系统出现错误所导致的责任形式属于行政赔偿责任中公务员违法侵权的"人的行为"责任还是公共设施设置和管理有欠缺所产生的"物的瑕疵"责任？确定这一点至关重要，因为这两种责任类型的构成要件与救济程序并不完全相同。由"人的行为"导致的赔偿，其归责原则为违法责任，需要行政过程中有行为违法性的存在，通常还要求存在故意或过失。"物之瑕疵"导致的赔偿则属于无过失责任（也就是危险责任），其成立不需要过失或违法性。现阶段的行政处罚中，自动化系统出现错误所导致的责任形式还难以与"人的行为"作类比，而更多地接近于"物的瑕疵"。因此，在自动化行政处罚的赔偿责任中采用无过错责任原则更为恰当。但需要注意的是，与一般的公共设施致害的"物的瑕疵"责任不纳入国家赔偿而按照民事程序处理相比，自动化系统错误所导致的行政赔偿责任应当纳入国家赔偿责任，应对其责任予以单独

---

[1] 参见张恩典："人工智能算法决策对行政法治的挑战及制度因应"，载《行政法学研究》2020 年第 4 期。

[2] 参见马颜昕："自动化行政方式下的行政处罚：挑战与回应"，载《政治与法律》2020 年第 4 期。

类型化，确定专门的责任构成要件。

■ 要点

1. 引入人工智能辅助审判，在机器算法不合理或不正当的情况下导致案件出现错判，审判者将面临以下三方面问题：（1）错案是由机器提供的错误信息导致时（简称"机器责任"），审判者通常难以审查机器算法的合理性和正当性，即便获得计算机专家的帮助，也有可能受制于当时的科技水平而不能及时查证；（2）审判者仅凭一般认知即可识别机器提供的信息存在偏差，但仍以此为据作出裁判时，是否应被认定为重大过失；（3）若审判者依据人工智能提供的信息作出裁判，但随着科技的进步发现该信息有误，审判者能否以"机器责任"为由免责。

2. 人工智能的司法审判责任主要包括使用人责任和开发人责任。在人工智能参与司法裁判的场景下，使用人责任应是法官责任；开发人责任，主要为算法设计人员的责任。

3. 人工智能的国家赔偿责任，是指公权力机关及其工作人员在行使职权的过程中使用人工智能技术或者设施，或者在人工智能技术研发应用的监管过程中，出现违法或者其他过错，造成关系人合法权益损害而承担的国家赔偿责任，主要包括人工智能公权力行为侵权赔偿责任、人工智能研发应用监管侵权赔偿责任和人工智能公共设施侵权赔偿责任三种情形。

■ 思考题

5.9 人工智能对现有审判责任体系造成了哪些挑战？

5.10 人工智能自动化系统在作出行政决定过程中出现错误，应由谁承担责任？

5.11 人工智能的国家赔偿责任具体包括哪些内容？

■ 本章阅读文献

1. 刘宪权、胡荷佳："论人工智能时代智能机器人的刑事责任能力"，载《法学》2018年第1期。

2. 刘宪权："涉人工智能产品犯罪刑事责任的归属与性质认定"，载《华东政法大学学报》2021年第1期。

3. 储陈城："人工智能时代刑法归责的走向——以过失的归责间隙为中心的讨论"，载《东方法学》2018年第3期。

4. 高完成、宁卓名："人工智能产品致害风险及其侵权责任规制"，载《河南社会科学》

2021 年第 4 期。

5. 杨立新："民事责任在人工智能发展风险管控中的作用"，载《法学杂志》2019 年第 2 期。

6. 杨立新："论智能机器人的民法地位及其致人损害的民事责任"，载《人工智能法学研究》2018 年第 2 期。

7. 余成峰："法律的'死亡'：人工智能时代的法律功能危机"，载《华东政法大学学报》2018 年第 2 期。

第六章
人工智能的法律伦理

【导读】

近年来，随着人工智能技术深入生活的各个领域，关于人工智能伦理的探讨也逐渐成为法学研究的热点问题。人工智能技术的应用存在诸多伦理问题，如隐私保护问题、责任归属问题、道德判断问题等。从世界范围来看，各个国家和国际组织，以及科研机构和私营企业都在积极开展人工智能伦理标准的制定工作。为了回应时代发展的需要，我国也制定了一系列人工智能法律伦理的相关规范。我们应在梳理比较国内外人工智能法律伦理的基础上，提炼人工智能法律伦理的核心原则，为我国人工智能法律伦理的完善提供参考。

第一节　人工智能伦理概述

人工智能利用机器学习算法拟合从海量数据中筛选出的有用经验，以此获得"近似于人"的决策方式。这种独特的运行逻辑导致法律赖以生存和发展的物质生活条件发生了翻天覆地的变化，有关人工智能的伦理规制问题日渐凸显。

一、伦理的概念界定

"伦理"一词，内涵较为丰富，既与道德的起源与发展有关，也涉及人的行为准则和人与人之间的义务，其能够对社会关系、社会行为产生约束作用。[1]在西方，"伦理"一词概指人的品格以及社会风俗习惯。剑桥大学哲学词典（The Cambridge Dictionary of Philosophy）指出，"伦理"（Ethics）一词，广义上

---

〔1〕 参见赵磊磊、姜蓓佳、李凯："教育人工智能伦理的困境及治理路径"，载《当代教育科学》2020 年第 5 期。

指"道德"，狭义上常被用来表示某一特定传统、群体或个人的道德原则。[1]在我国，"伦理"往往指的是人与人之间的关系，以及与此相关的标准、规范。伦理一词在中国最早出现于《礼记·乐记》："凡音者，生于人心者也；乐者，通伦理者也"，译为一切音乐都产生于人的内心，乐与事物的伦理相同。乐与礼的关系，在《礼记》中指的也就是文艺与社会伦理道德的关系。[2]综上所述，伦理主要是指人与人之间交往的法则，是处理人与人、人与社会之间关系时所应依据的道理和准则，用以指导人们的行为。

在不同的地域、不同的社会制度下往往存在不同的伦理问题和不同的社会伦理现象，因此出现了不尽相同的伦理准则和规范。随着人工智能技术的飞速发展，我们需要进一步审视人工智能技术应用所引发的伦理问题。

二、人工智能伦理

在阐释什么是人工智能伦理之前，须先了解其上位概念——科技伦理。科技伦理最初是在克隆技术产生之后提出的。[3]科技伦理是对科技活动的道德引导，是调节科技工作者相互之间、科技共同体与社会之间诸种关系的道德原则、道德规范等的总和。[4]科技伦理并非科学技术自身所固有的，而是作为科学技术的一种外部控制手段，与其他伦理一样，依靠主体的自律性发挥其规范作用，即科技伦理最终要通过科技工作者得以实现。换言之，科技工作者的伦理观念很大程度上会影响科技活动的动机和目的，对科技活动产生重大影响，因此在科技活动中必须重视伦理规范，发挥科技的正面效益，避免其负面影响。

如前所述，人工智能技术是能够感知环境、自主学习，进而采取合理行动的与人类行为相似的计算机程序。无论是当前阶段的人工智能，还是未来的人工智能，必然对传统的伦理、法律提出挑战。有学者提出人工智能伦理是指人工智能开发、应用等方面所应遵循的道理及准则，其聚焦人工智能的道德发展和部署。[5]也有学者指出，在人工智能时代，其伦理是指一定社会历史条件

---

〔1〕 See Robert Audi, *The Cambridge Dictionary of Philosophy*, Cambridge University Press, 1999, p. 284.

〔2〕 参见张恩普："《礼记·乐记》文学批评思想探讨"，载《古籍整理研究学刊》2006 年第 1 期。

〔3〕 参见吕耀怀："科技伦理：真与善的价值融合"，载《道德与文明》2001 年第 1 期。

〔4〕 参见吕耀怀："科技伦理：真与善的价值融合"，载《道德与文明》2001 年第 1 期。

〔5〕 参见赵磊磊、姜蓓佳、李凯："教育人工智能伦理的困境及治理路径"，载《当代教育科学》2020 年第 5 期。

下，为解决人、社会、自然与智能机器的和谐共处问题，通过制定相关原则、标准和制度，促进人、社会、自然和智能机器人的和谐共处，涉及道德、社会制度、法律等领域。[1]尽管现在没有统一的人工智能伦理概念，但是对人工智能伦理的探究已势在必行。

■ 要点

1. "伦理"一词，广义上指"道德"，狭义上常被用来表示某一特定传统、群体或个人的道德原则。在我国，"伦理"往往指的是人与人之间的关系，以及与此相关的标准、规范。

2. 科技伦理是对科技活动的道德引导，是调节科技工作者相互之间、科技共同体与社会之间诸种关系的道德原则、道德规范等的总和。

3. 虽然人工智能伦理的具体含义尚未有标准的界定，但是，应当看到，人工智能伦理讨论的范围不仅仅局限于人与人之间的关系，也不仅仅是人与自然界之间的关系，还包括人类与自己所发明创造的产品之间的关系。

■ 思考题

6.1 简述人工智能伦理与科技伦理、伦理的关系。

6.2 你认为人工智能伦理的含义是什么？

第二节 人工智能的伦理问题

当今时代，人工智能技术逐渐成熟，并且广泛应用于各个领域，如医疗领域、教育领域、军事领域等。人工智能技术给我们的生活带来了巨大的便利，同时也对传统法律伦理道德提出了严峻的考验。

一、人工智能伦理问题产生的原因

随着人工智能技术与生物学、脑科学等的融合开发，人工智能产品逐渐深入人类生活的各个领域，但由于人工智能技术的自身特性，相伴而生的还有一系列伦理道德问题，下文就人工智能伦理问题产生的原因进行分析。

---

[1] 参见杜静等："智能教育时代下人工智能伦理的内涵与建构原则"，载《电化教育研究》2019年第7期。

（一）人工智能技术的独特性

相较于其他技术，人工智能技术具有一定的特殊性。其一，从人工智能技术功能的实现和应用上看，一方面，人工智能高度依赖内部的算法设计，而算法本质上是一系列指令，其难以转换为通俗易懂的语言，这也导致人工智能技术背后的决策逻辑难以被理解、预测和评估，尤其在其与大数据、脑神经、生物学等结合之后，该技术应用下潜在的伦理风险是不可预测的。[1]另一方面，人工智能应用是通过代码和算法植入实现的，程序员都是构建主义者，他们建立、测试和改进模型。[2]大多数的智能系统是不透明的，对于其中的规则用户是无法认清的，也不能参与决策，只能被动接受其运行的结果。[3]一旦算法设计者把过度逐利的追求、不平等的价值偏好装入"黑箱"，将会对道德伦理秩序产生巨大的冲击。

其二，人工智能技术自身也存在局限性。例如，人工智能技术在模拟情感方面存在很多缺陷。目前，它们还无法如人类那样拥有属于自己的思想及情感，它们根本无法判断自己行为的对错，也无法自动停止自己的某项行为，所以人工智能技术一旦被不法分子利用，后果不堪设想。此外，人类还没有一套针对人工智能技术在操作中一旦失控时该如何制止该项操作的技术方案，所以一旦发生操作失误，后果也很难想象。人工智能技术自身的局限性是人工智能技术带来伦理问题的内在因素之一。

（二）人工智能伦理制度的不完善

从科技发展规律来看，当社会伦理责任规制与法律政策的要求能够与技术的发展齐头并进，并且能够对科学技术的发展作出合乎伦理的价值判断，才能指导科学技术的良性发展。然而，人工智能伦理制度存在两方面问题：一方面，政策制定者仅着眼于眼前的经济利益，没有理性地制定长期的发展政策；另一方面，人工智能技术发展仅仅历经60年，技术诞生时间较短，可能产生诸多超出现有政策规范的伦理风险，而目前我国乃至全世界尚没有一套完善的法律制度。

---

〔1〕　参见谭九生、杨建武："人工智能技术的伦理风险及其协同治理"，载《中国行政管理》2019年第10期。

〔2〕　参见［美］George F. Luger：《人工智能——复杂问题求解的结构和策略》，郭茂祖等译，机械工业出版社2017年版，第86页。

〔3〕　参见［美］卢克·多梅尔：《算法时代——新经济的新引擎》，胡小锐、钟毅译，中信出版集团2016年版，第13页。

二、人工智能存在的伦理问题

（一）隐私问题

人工智能的发展依托于大数据和云计算的发展，数据挖掘和收集是其主要动力来源，其借助各种媒介与端口，几乎"随时随地"都在获取信息，尤其在人工智能技术与智能家居、智能医疗设备结合后，这些设备在打开开关的那一刻便全面侵入了人们的生活：通过外围的红外线传感器、摄像头等装置采集到一定范围的个人隐私数据，该数据一旦外泄或滥用都将对公民隐私安全造成威胁。[1]

事实上，在当前人工智能的应用场景中，侵犯隐私权的现象并不罕见。例如，人脸识别能提取人脸的几何特征，换言之，人的面部信息通过人脸识别记录并且存储下来。当需要找到这个人时，可以在茫茫人海中一下子识别出来。然而，面部信息对于每个人都是独特的，人脸识别技术采集到的信息会使个人对隐私信息的控制大大削弱。又如，自动驾驶汽车在行驶过程中的数据记载行为同样可能侵害驾驶人或乘客的个人隐私。就车辆行驶所记录的数据来看，可能会被侵害的个人隐私信息主要包括：一是乘客的姓名、肖像、声音、住址、通信信息；二是乘客在车内的个人活动；三是自然人不愿意公开的出行轨迹；四是乘客的财产类信息，如交易记录、支付账号等；五是驾驶员或其他乘客的健康类数据。车内人员的健康类数据与交通数据一起被续记和保存，通过大数据分析，可以精准地识别特定主体，甚至可以知晓驾驶员健康状况的变化趋势。[2]一旦这些数据被智能系统加工、利用，就可能侵犯个人隐私。再如，智能护理型机器人等医疗产品在使用过程中会采集大量的生理信息，通过对这些信息的分析和挖掘，可以得到使用者的身体状况、饮食习惯、生活规律等信息，这些信息一旦被不法分子获取，将产生比一般的人工智能应用更为突出的个人隐私问题。[3]

（二）道德认定困境

现有研究将人工智能的道德问题区分为以下两个方面：一是人工智能本身

---

〔1〕　参见许天颖："人工智能时代的隐私困境与救济路径"，载《西南民族大学学报（人文社会科学版）》2018 年第 6 期。

〔2〕　参见杜明强："无人驾驶汽车运行中隐私权保护困境与进路"，载《河南财经政法大学学报》2021 年第 4 期。

〔3〕　参见罗定生、吴玺宏："浅谈智能护理机器人的伦理问题"，载《科学与社会》2018 年第 1 期。

的道德评价问题；二是人工智能研发与应用后果的善恶评价问题。[1]就人工智能存在的道德评价与道德认定问题，学术界存在不同的看法[2]：乐观主义立场认为，人工智能技术只是一种手段与工具，本身并不存在"善与恶"，其反映的道德取向关键在于制造它的人与使用它的人本身。持该立场的学者对人工智能技术的发展前景持积极乐观的态度，认为人工智能技术对人类社会的发展利大于弊。持中立主义立场的学者在一定程度上承认人工智能本身有"作恶"的可能性，但是，一方面，由于人工智能技术能够给人类社会带来巨大的经济效益；另一方面，人工智能不可能超过人，而且人类可以通过设定诸多标准限制人工智能的发展，因此中立主义者认为人工智能技术带来的利大于弊。悲观主义立场的学者认为人工智能不只是一种工具，其具有生命意识与学习能力，存在作恶的可能性，而且对于该种威胁人类无法有效应对，最终会使人类走向毁灭。[3]总的来看，无论是乐观主义、中立主义还是悲观主义，都呈现出人工智能技术的发展会带来道德认定和评价的困境，只是在规制的对象究竟是该人工智能体还是背后设计的人上存在争议。

就具体的应用场景而言，学者们讨论较多的问题是自动驾驶汽车应用下的"电车难题"[4]和"隧道难题"[5]，如何处理这些进退两难的伦理问题成为自动驾驶汽车技术发展必须面临的问题。有学者提出两种理论上的解决方案：一是无人驾驶汽车实现零碰撞；二是无人驾驶在碰撞前将选择权交还给驾驶人。但是实践中，无人驾驶技术存在局限性，无法完全避免碰撞的发生，而且及时地完成人机切换也是相当困难的。[6]因此，无人驾驶汽车的到来将人们

---

〔1〕　参见王银春："人工智能的道德判断及其伦理建议"，载《南京师大学报（社会科学版）》2018年第4期。

〔2〕　参见王银春："人工智能的道德判断及其伦理建议"，载《南京师大学报（社会科学版）》2018年第4期。

〔3〕　参见王银春："人工智能的道德判断及其伦理建议"，载《南京师大学报（社会科学版）》2018年第4期。

〔4〕　"电车难题"是指当无人驾驶汽车在面临不得不发生碰撞时，如何选择碰撞目标。具体含义解释见和鸿鹏："无人驾驶汽车的伦理困境、成因及对策分析"，载《自然辩证法研究》2017年第11期。

〔5〕　"隧道难题"是"电车难题"的变种，具体而言：在一个山间的单行路上，无人驾驶汽车正准备快速进入隧道，这时一个儿童跑到路中央，正好堵住隧道入口，无人驾驶汽车只有两个选择，一个是向儿童撞去，导致儿童死亡，另一个选择是向隧道入口的墙壁撞击，导致驾驶员死亡。See Martin Cunneen, Martin Mullins, Finbarr Murphy, Autonomous Vehicles and Embedded Artificial Intelligence: The Challenges of Framing Machine Driving Decisions, *Applied Artificial Intelligence*, Vol. 33, No. 8.

〔6〕　参见和鸿鹏："无人驾驶汽车的伦理困境、成因及对策分析"，载《自然辩证法研究》2017年第11期。

带入了比以往还要复杂的道德判断的困境中。但需要指出的是，"电车难题"和"隧道难题"讨论的都是非常极端的情况，即使该问题未能得到有效解决，也不能成为在法律上禁止无人驾驶汽车的理由。[1]

（三）偏见问题

当我们开始运用人工智能技术时，会发现虽然人工智能技术可以减少技术流程中偶然性的人为因素，但是却难以避免算法带来的偏见和歧视。事实上，算法和数据带来的偏见更为隐蔽，也更难克服和消除。

算法之所以会产生偏见，源于以下三方面内容：算法设计者的偏见、训练数据的偏见和后天学习产生的偏见。[2]为消除算法偏见，诸多学者提出了不同的解决方案。有学者提出算法偏见规制的四大原则，即公平、透明、可责、规则。就公平原则而言，该学者主张算法应该具有道德性，其背后的算法设计者应该秉持公正的设计理念，遵守道德底线，防止算法异化，强化政府与技术人员的社会责任。透明性是指算法内部的设计规则应该提高透明度，一方面，要做到数据透明，操作可查；另一方面，应通过设立专门的审查机构和提高可解释性降低算法"黑箱"程度。算法设计者和算法使用者对于算法运行下暴露的问题和隐患应该承担相应的责任，即所谓的可问责性。最后，要设计相应的规则加强对算法设计的监管和审查，即为规则原则。[3]

■ 要点

1. 人工智能技术产生道德、伦理风险的原因，一方面在于人工智能技术的独特性；另一方面在于法律、政策和伦理规范的滞后性。

2. 人工智能时代的道德、伦理风险包括个人隐私安全、道德认定困境及偏见问题等。

■ 思考题

6.3 你认为人工智能还存在哪些伦理道德风险？

6.4 你如何看待人工智能技术的局限性？

6.5 你认为人工智能技术带来的道德伦理风险还有哪些应对方案？

---

[1] 参见朱振："生命的衡量——自动驾驶汽车如何破解'电车难题'"，载《华东政法大学学报》2020年第6期。

[2] 参见刘友华："算法偏见及其规制路径研究"，载《法学杂志》2019年第6期。

[3] 参见刘友华："算法偏见及其规制路径研究"，载《法学杂志》2019年第6期。

第三节　人工智能伦理准则

一、人工智能伦理政策概况

当前，诸多国家、地区和国际组织，甚至科研机构都成立了专门的部门，制定相应的政策以应对人工智能技术带来的伦理问题。

在国家层面，中国自 2015 年就开始探索人工智能伦理规制路径，出台了一系列政策以应对人工智能技术带来的数据安全和隐私保护问题，限定数据共享范围和使用方法，明确相关主体的权利义务，加强安全保障和隐私保护。[1]2017 年国务院印发的《新一代人工智能发展规划》重申人工智能技术发展的不确定性将会给社会带来新的挑战，其中包括对伦理道德的冲击。

2018 年，国家标准化管理委员会宣布成立国家人工智能标准化总体组、专家咨询组，负责全面统筹规划和协调管理我国人工智能标准化工作。在国家标准化管理委员会的指导下，中国电子技术标准化研究院编写了《人工智能标准化白皮书（2018）》。该白皮书提出人工智能应当遵循的原则包括人类利益原则和责任原则，并据此规范未来人工智能技术的进一步发展。此外，该白皮书还专章规定了安全、伦理、隐私问题。2020 年，由中国信息通信研究院和中国人工智能产业发展联盟编制的《人工智能治理白皮书》提出，人工智能治理需要"柔性的伦理"和"硬性的法律"，以伦理为导向建立社会规范体系，为人工智能技术开发和应用提供了价值判断标准。2021 年 9 月 25 日，国家新一代人工智能治理专业委员会发布了《新一代人工智能伦理规范》，旨在将伦理道德规范融入人工智能全生命周期，为从事相关活动的自然人、法人及其他相关机构等提供伦理指引。该规范提出人工智能活动应当遵循的基本规则包括：增进人类福祉、促进公平公正、保护隐私安全、确保可控可信、强化责任担当和提升伦理素养，从宏观上为人工智能活动的开展划定了边界。此外，该规范还分章对开展人工智能伦理活动的管理规范、研发规范、供应规范、使用规范以及组织规范进行了规定，为支持人工智能事业的发展奠定了基础。（相关文件信息参见表 6-1）

国外致力于探究人工智能伦理问题治理的国家众多，例如，英国已出版 4 份战略文件来阐述未来将会如何规范机器人技术与人工智能系统的发展，以及

---

〔1〕参见《国务院关于积极推进"互联网+"行动的指导意见》。

如何应对其发展带来的伦理道德、法律及社会问题；美国于 2016 年连续发布 3 份报告，为美国的人工智能伦理战略奠定了基础。此外，2021 年 9 月 8 日，美国商务部（DOC）宣布成立一个高级别委员会——国家人工智能咨询委员会（NAIAC）。该委员会将就人工智能相关问题向美国总统和其他联邦机构提出建议。[1]德国成立了数据伦理委员会；欧盟也开始积极关注人工智能伦理问题。（相关文件详见表 6-2）[2]

表 6-1　中国人工智能伦理相关政策和规范

时间	政策名称	制定或通过单位
2015 年 5 月	《中国制造 2025》	国务院
2016 年 3 月	《中华人民共和国国民经济和社会发展第十三个五年规划纲要》	全国人民代表大会
2016 年 5 月	《"互联网+"人工智能三年行动实施方案》	国家发展和改革委员会、科学技术部、工业和信息化部、中央网络安全和信息化委员会办公室
2016 年 8 月	《"十三五"国家科技创新规划的通知》	国务院
2016 年 11 月	《"十三五"国家战略性新兴产业发展规划》	国务院
2017 年 3 月	《2017 年国务院政府工作报告》	国务院
2017 年 7 月	《新一代人工智能发展规划》	国务院
2017 年 12 月	《促进新一代人工智能产业发展三年行动计划（2018—2020 年）》	工业和信息化部
2018 年 11 月	《新一代人工智能产业创新重点任务揭榜工作方案》	工业和信息化部
2019 年 3 月	《关于促进人工智能和实体经济深度融合的指导意见》	工业和信息化部、国家发展改革委、科技部、财政部

〔1〕　"美国商务部宣布成立国家人工智能咨询委员会"，载中科院网信工作网，http://www.ecas. cas. cn/xxkw/kbcd/201115_ 128847/ml/xxhzlyzc/202110/t20211019_ 4564571. html，最后访问时间：2022 年 5 月 7 日。

〔2〕　See Anna Jobin, Marcello Ienca, Effy Vayena, Artificial Intelligence: The Global Landscape of AI Ethics Guidelines, *Nature Machine Intelligence*, Vol. 1, No. 9.

时间	政策名称	制定或通过单位
2019 年 8 月	《国家新一代人工智能创新发展试验区建设工作指引》	科学技术部
2020 年 9 月	《人工智能治理白皮书》	中国信息通信研究院、中国人工智能产业发展联盟
2021 年 9 月	《新一代人工智能伦理规范》	国家新一代人工智能治理专业委员会

表 6-2　国外政府和国际组织的人工智能伦理相关文件

Name of Document （文件名称）	Issuer （机构）	Country （国家）
Artificial Intelligence：Australia's Ethics Framework（《人工智能：澳大利亚的伦理框架》）	Department of Industry Innovation and Science（工业创新与科学部）	Australia（澳大利亚）
Work in The Age of Artificial Intelligence：Four Perspectives on The Economy，Employment，Skills and Ethics（《在人工智能时代的工作：经济、就业、技能和道德的四种视角》）	Ministry of Economic Affairs and Employment（经济事务和就业部）	Finland（芬兰）
How Can Humans Keep The Upper Hand? Report on The Ethical Matters Raised by AI Algorithms（《人类如何才能保持上风？由人工智能算法引发的道德问题的报告》）	French Data Protection Authority（CNIL）［法国数据保护局（CNIL）］	France（法国）
For A Meaningful Artificial Intelligence：Towards A French and European Strategy（《为了获得有意义的人工智能：法国和欧洲的战略》）	Mission Villani（维拉尼特派团）	
Automated and Connected Driving：Report（《自动和连接驾驶：报告》）	Federal Ministry of Transport and Digital Infrastructure，Ethics Commission（联邦交通与数字基础设施部，伦理委员会）	Germany（德国）

Name of Document （文件名称）	Issuer （机构）	Country （国家）
Discussion Paper：National Strategy for Artificial Intelligence（《讨论论文：人工智能的国家战略》）	National Institution for Transforming India（Niti Aayog）［印度国家转型机构（Niti Aayog）］	India（印度）
L'intelligenzia Artificiale Intelligence Servizio del Cittadino（《为公民服务的人工智能》）	Agenzia Per l'Italia Digitale（AGID）（意大利数字机构）	Italy（意大利）
Report on Artificial Intelligence and Human Society（Unofficial Translation）（《人工智能与人类社会研究报告（非官方翻译）》）	Advisory Board on Artificial Intelligence and Human Society（Initiative of The Minister of State for Science and Technology Policy）［人工智能和人类社会顾问委员会（科学和技术政策国务部长的倡议）］	Japan（日本）
Draft AI R&D Guidelines for International Discussions（《针对国际讨论的人工智能研发指南草案》）	Institute for Information and Communications Policy（IICP），The Conference toward AI Network Society［信息与通信政策研究所（IICP），人工智能网络协会会议］	
Artificial Intelligence and Privacy（《人工智能和隐私保护》）	The Norwegian Data Protection Authority（挪威数据保护局）	Norway（挪威）
Discussion Paper on Artificial Intelligence（AI）and Personal Data - Fostering Responsible Development and Adoption of AI（《关于人工智能（AI）和个人智能的讨论论文——促进负责任的发展数据采集和人工智能》）	Personal Data Protection Commission Singapore（新加坡的个人资料保护委员会）	Singapore（新加坡）
Mid-to Long-Term Master Plan in Preparation for the Intelligent Information Society（《智能信息社会中长期总体规划》）	Government of the Republic of Korea（韩国政府）	Korea（韩国）
AI Principles of Telefónica（《西班牙电信的人工智能原则》）	Telefonica（电信机构）	Spain（西班牙）
AI Principles & Ethics（《人工智能原则与伦理》）	Smart Dubai（智能迪拜）	UAE（阿拉伯联合酋长国）

续表

Name of Document （文件名称）	Issuer （机构）	Country （国家）
Big Data, Artificial Intelligence, Machine Learning and Data Protection（《大数据、人工智能、机器学习和数据保护》）	Information Commissioner's Office（信息专员的办公室）	UK（英国）
AI in the UK: Ready, Willing and Able?（《英国的人工智能：准备好了吗？愿意吗？有能力吗?》）	UK House of Lords, Select Committee on Artificial Intelligence（英国上议院，人工智能特别委员会）	
Initial Code of Conduct for Data-driven Health and Care Technology（《以数据为驱动的卫生和保健技术的初步行为准则》）	UK Department of Health & Social Care（英国卫生和社会保健部）	
Report with Recommendations to the Commission on Civil Law Rules on Robotics（《就机器人民事法律规则向欧盟委员会提出立法建议的报告》）	European Parliament（欧洲议会）	EU（欧盟）
Ethics Guidelines for Trustworthy AI（《可信赖的人工智能道德准则》）	High-Level Expert Group on Artificial Intelligence（人工智能高级专家组）	
European Ethical Charter on the Use of Artificial Intelligence in Judicial Systems and Their Environment（《关于在司法系统及其环境中使用人工智能的欧洲伦理宪章》）	Council of Europe: European Commission for the Efficiency of Justice（CEPEJ）［欧洲司法委员会：欧洲司法效率委员会（CEPEJ）］	
Statement on Artificial Intelligence, Robotics and "Autonomous" Systems（《关于人工智能、机器人技术和"自主"系统的声明》）	European Commission, European Group on Ethics in Science and New Technologies（欧洲委员会，欧洲科学和新技术伦理小组）	
Preparing for The Future of Artificial Intelligence（《为人工智能的未来做准备》）	Executive Office of The President; National Scienceand Technology Council; Committee on Technology（总统执行办公室；国家科学技术委员会；技术委员会）	
The National Artificial Intelligence Researchand Development Strategic Plan（《国家人工智能研究与发展战略计划》）	National Scienceand Technology Council; Networking and Information Technology Research and Development Subcommittee（国家科学技术委员会；网络和信息技术研究与发展小组委员会）	

Name of Document（文件名称）	Issuer（机构）	Country（国家）
Report of COMEST on Robotics Ethics（《COMEST 的机器人伦理报告》）	COMEST/UNESCO（COMEST/联合国教科文组织）	USA（美国）
Charlevoix Common Vision for the Future of Artificial Intelligence（《我们对人工智能未来的共同愿景》）	Leaders of the G7（七国集团领导人）	
Artificial Intelligence: Open Questions about Gender Inclusion（《人工智能：关于性别包容的开放性问题》）	W20（20 国集团妇女会议）	
Declaration on Ethics and Data Protection in Artificial Intelligence（《关于人工智能中的道德和数据保护的宣言》）	ICDPPC（数据保护与隐私专员国际大会）	
Recommendation on the Ethics of Artificial Intelligence（《人工智能伦理建议书》）	UNESCO（联合国科教文组织）	

　　除了国家层面关注人工智能伦理问题研究，一些国际组织、高校和网络公司也在开展关于人工智能伦理规范的研究。例如，标准制定组织 IEEE（Institute of Electrical and Electronic Engineers，美国电气和电子工程师协会）发布《合伦理设计（第一版）》和《合伦理设计（第二版）》，并首次在报告中考虑人类生存幸福感（Well-being）的问题。UNESCO（United Nations Educational, Scientific, and Cultural Organization，联合国教科文组织）和 COMEST（World Commission on the Ethics of Scientific Knowledge and Technology，世界科学知识与技术伦理委员会）多年来连续多次联合发布报告，就机器人应用过程中的伦理问题展开了讨论，包括伦理困境、如何保证创新是符合伦理的等内容。谷歌、因特尔、IBM 等大型互联网公司也相继发布了有关人工智能伦理的规范和标准。（详见表 6-3）[1]

----

　　[1] See Anna Jobin, Marcello Ienca, Effy Vayena, Artificial Intelligence: The Global Landscape of AI Ethics Guidelines, *Nature Machine Intelligence*, Vol. 1, No. 9.

表6-3 研究联盟、私营公司、组织和高校对于人工智能伦理问题的研究

Name of Document (文件名称)	Issuer (机构)	Country (国家)
Montréal Declaration：Responsible AI（《蒙特利尔宣言：负责任的人工智能》）	Université de Montréal（蒙特利尔大学）	Canada （加拿大）
Tieto's AI Ethics Guidelines（《Tieto 的人工智能伦理指南》）	Tieto	Finland （芬兰）
Commitments and Principles（《承诺和原则》）	OP Group	
Ethics Policy（《道德政策》）	Icelandic Institute for Intelligent Machines（IIIM）［冰岛智能机器研究所（IIIM）］	Iceland （冰岛）
The Japanese Society for Artificial Intelligence Ethical Guidelines（《日本人工智能学会伦理指南》）	Japanese Society for Artificial Intelligence（日本人工智能学会）	Japan （日本）
Sony Group AI Ethics Guidelines（《索尼集团的人工智能伦理指南》）	SONY（索尼公司）	
Human Rights in the Robot Age Report（《机器人时代的人权报告》）	The Rathenau Institute（拉特瑙研究所）	Netherlands （荷兰）
Dutch Artificial Intelligence Manifesto（《荷兰人工智能宣言》）	Special Interest Group on Artificial Intelligence（SIGAI），ICT Platform Netherlands（IPN）［人工智能特别利益集团（SIGAI），荷兰智能和通信技术平台（IPN）］	
The AI Now Report：The Social and Economic Implications of Artificial Intelligence Technologies in the Near-Term（《AI Now 人工智能相关报告：人工智能技术在近期内的社会和经济影响》）	AI Now Institute（AI Now 人工智能研究所）	
Business Ethicsand Artificial Intelligence（《商业道德和人工智能》）	Institute of Business Ethics（商业伦理研究所）	
Deep Mind Ethics & Society Principles（《伦理和社会原则》）	Deep Mind Ethics & Society（伦理和社会组织）	
Statement on Algorithmic Transparency and Accountability（《关于算法的透明度和问责制的声明》）	Association for Computing Machinery（ACM）［国际计算机协会（ACM）］	
AI Principles（《人工智能原则》）	Future of Life Institute（生命未来研究所）	

Name of Document （文件名称）	Issuer （机构）	Country （国家）
AI–Our approach （《人工智能——我们的方法》）	Microsoft （微软公司）	USA （美国）
Artificial Intelligence：The Public Policy Opportunity （《人工智能：公共政策机会》）	Intel Corporation （因特尔公司）	
From Internet to Roboties：A Roadmap for US Robotics （《从互联网到机器人：美国机器人技术的路线图》）	Carnegie Mellon University and Many Other Universities Jointly Released （卡内基梅隆大学等多所大学）	
IBM's Principles for Trust and Transparency （《IBM 的信任和透明度原则》）	IBM （美国国际商用机器公司）	
Artificial Intelligence and Life in 2030 （《2030 人工智能与生活前景》）	Stanford University （斯坦福大学）	
OpenAI Charter （《OpenAI 的开发宪章》）	OpenAI	
Our Principles （《我们的原则》）	Google （谷歌）	
Policy Recommendations on Augmented Intelligence in Health Care H–480.940 （《关于在健康领域增强智力的政策建议护理 H–480.940》）	American Medical Association （AMA）［美国医学协会（AMA）］	
Everyday Ethics for Artificial Intelligence：A practical guide for Designers & Developers （《人工智能的日常伦理学：为设计师和开发人员提供的实用指南》）	IBM （美国国际商用机器公司）	
Governing Artificial Intelligence：Upholding Human Rights & Dignity （《管理人工智能：维护人权和尊严》）	Data & Society （数据和社会）	
Intel's AI Privacy Policy White Paper （《因特尔的人工智能隐私政策白皮书》）	Intel Corporation （因特尔公司）	
Introducing Unity's Guiding Principles for Ethical AI （《介绍 Unity 的道德人工智能指导原则》）	Unity Technologies （联合科技）	
Digital Decisions （《数字决策》）	Center for Democracy & Technology （民主与技术中心）	

Name of Document （文件名称）	Issuer （机构）	Country （国家）
Science，Law and Society（SLS）Initiative（《科学、法律和社会（SLS）倡议》）	The Future Society（未来社会）	USA （美国）
AI Now 2018 Report（《人工智能的报告：2018 年》）	AI Now Institute（AI NOW 研究所）	
Responsible Bots：10 Guidelines for Developers of Conversational AI（《负责任的机器人：针对对话式人工智能开发人员的 10 个指导方针》）	Microsoft（微软公司）	
AI Now 2017 Report（《人工智能报告：2017 年》）	AI Now Institute（AI NOW 研究所）	
An Ethical Framework for A Good AI Society：Opportunities，Risks，Principles，and Recommendations（《一个良好的人工智能社会的道德框架：机会、风险、原则和建议》）	AI 4 People（AI 4 人论坛）	

二、人工智能伦理准则的核心原则

从世界范围来看，似乎还没有形成一个统一的人工智能伦理应对策略。但是透明、公平和公正、非恶意、责任和隐私等内容，被一半以上的文件所引用，其中透明是最为普遍的原则。[1]（参见表 6-4）

表 6-4　各国文件中的人工智能伦理规制的原则

道德原则 （Ethical Principle）	具体准则 （Include Codes）
透明（Transparency）	透明（Transparency）、可解释性（Explainability）、可说明性（Explicability）、可理解性（Understandability）、可解释性（Interpretability）、沟通（Communication）、披露（Disclosure）、展示（Showing）

---

〔1〕　See Anna Jobin，Marcello Ienca，Effy Vayena，Artificial Intelligence：The Global Landscape of AI Ethics Guidelines，*Nature Machine Intelligence*，Vol. 1，No. 9.

道德原则 （Ethical Principle）	具体准则 （Include Codes）
公平与公正（Justice & Fairness）	公正（Justice）、公平（Fairness）、认同感（Inclusion）、平等（Equality）、一致性（Consistency）、平等（Equity）、（非）偏见［（Non-）Bias］、（非）歧视［（Non-）Discrimination］、多样性（Diversity）、多元性（Plurality）、可及性（Accessibility）、可逆性（Reversibility）、补救（Remedy）、质疑（Redress）、挑战（Challenge）、获取和分配（Access and Distribution）
无害（Non-Maleficence）	无害（Non-Maleficence）、安全（Security）、安全（Safety）、伤害（Harm）、保护（Protection）、预防（Precaution），防范（Prevention）、完整性（身体或精神）［Integrity（Bodily or Mental）］、非颠覆性（Non-Subversion）
责任（Responsibility）	责任（Responsibility）、责任（Accountability）、义务（Liability）、正直行事（Acting with Integrity）
隐私（Privacy）	隐私（Privacy）、个人或私人信息（Personal or Private Information）
慈善（Beneficence）	福利（Benefits）、慈善（Beneficence）、幸福（Well-being）、和平（Peace）、社会福利（Social Good）、共同福利（Common Good）
自由与自治（Freedom & Autonomy）	自由（Freedom）、自治（Autonomy）、同意（Consent）、选择（Choice）、自决（Self-determination）、自由（Liberty）、授权（Empowerment）
信任（Trust）	信任（Trust）
可持续性（Sustainability）	可持续性（Sustainability）、环境（自然）［Environment（nature）］、能源（Energy）、资源（能源）［Resources（Energy）］
尊严（Dignity）	尊严（Dignity）
团结（Solidarity）	团结（Solidarity）、社会保障（Social Security）、凝聚力（Cohesion）

　　国内有部分学者提出了规范人工智能伦理的相关原则，综合来看大致有以下原则：问责原则、隐私原则、平等原则、透明原则、不伤害原则、预警原则、稳定原则。其中，"问责原则"要求明确责任主体，建立具体的法律规则，并明确说明为什么以及采取何种方式让智能系统的设计者和部署者承担应有的义务与责任。"隐私原则"强调人们应该有权利存取、管理和控制智能机器产生的数据，以确保机器不会向任何未经授权的个人或企业提供用户信息。

"平等原则"要求杜绝算法设计产生的歧视与偏见。"透明原则"要求人工智能设计明确说明其使用的算法、参数以及运作的规则等，并让所有人可以简明地理解。"不伤害原则"要求人工智能在任何时候不得伤害人类，不能因为技术的使用给人类带来毁灭性的破坏。"预警原则"强调人类需要开发相应的预警技术对机器的行为进行监督，当机器出现危害人类的行为时，人类应采取行动避免伤害。"稳定原则"要求算法的运行稳定且安全，不得出现非正常的行为造成不必要的伤害。[1]

■ 要点

1. 2018 年，在国家标准化管理委员会的指导下，中国电子技术标准化研究院编写的《人工智能标准化白皮书（2018）》提出了人工智能发展的三项基本原则，并专章规定了安全、伦理、隐私问题。

2. 世界各个国家和国际组织通过建立委员会、专家组等方式，联合私营企业制定了大量法律伦理规则。

■ 思考题

6.6　我国人工智能法律伦理规范性文件有什么特点？

6.7　域外人工智能法律伦理规范有什么特点？与我国的规范有何区别？

■ 本章阅读文献

1. 谭九生、杨建武："人工智能技术的伦理风险及其协同治理"，载《中国行政管理》2019年第 10 期。

2. 罗定生、吴玺宏："浅谈智能护理机器人的伦理问题"，载《科学与社会》2018 年第 1 期。

3. 王银春："人工智能的道德判断及其伦理建议"，载《南京师大学报（社会科学版）》2018 年第 4 期。

4. 和鸿鹏："无人驾驶汽车的伦理困境、成因及对策分析"，载《自然辩证法研究》2017年第 11 期。

5. 朱振："生命的衡量——自动驾驶汽车如何破解'电车难题'"，载《华东政法大学学报》2020 年第 6 期。

6. 闫坤如、马少卿："人工智能伦理问题及其规约之径"，载《东北大学学报（社会科学版）》2018 年第 4 期。

---

〔1〕　参见杜静等："智能教育时代下人工智能伦理的内涵与建构原则"，载《电化教育研究》2019年第 7 期。

第七章
数据及其法律规制

【导读】

随着信息技术的快速发展，数据、算法与人工智能正在改变着人们的日常生活和社会治理活动。现今，人们拥有规模庞大的数据存量和数据来源，数字传感器和行为追踪器分布在世界的各个角落。数据处理技术的发展，给人们带来了相当的便利，同时也带来了一定的风险。为了更好地发挥数据的效用，必须有效地规避其潜在风险。针对数据处理技术的法律规制，便是一种至为重要的风险防范路径。概而言之，关于数据及其法律规制的探讨主要围绕两个方面的问题展开：一是数据权属问题；二是数据流转问题。随着数据的经济价值日益凸显，数据归属主体的界定以及数据权权能架构成为重要议题。一言以蔽之，数据权属是前提，数据流转是手段；数据权属具有内在性，数据流转则具有外在性；数据权属问题是静态的，数据流转问题则是动态的。在很大程度上，数据权属设定决定了数据流转模式。如果我们将这两个问题视为一级问题，那么在这两个一级问题之下，还存在若干二级问题。既然数据被视为人工智能的核心驱动力，那么数据及其法律规制实际上就对人工智能设定了第一道规制性门槛，数据权属和流转机制决定了数据权利享有者事实上成为一种规制人工智能的主体力量。

第一节　数据权属

"大数据产业发展、文化传承和社会记忆的留存均亟待大数据权属的立法界定。"[1]数据的资源化、价值化决定了数据权属设定的重要意义。数据权

---

〔1〕　参见冯惠玲："大数据的权属亟需立法界定"，载《中国高等教育》2017 年第 6 期。

属，主要涉及数据的权利性质、内容和归属。[1]数据权属所要解决的核心问题是"数据（权）归谁"。要回答这一核心问题，就必须研究数据权的性质以及数据的内容（类型）。概而言之，关于数据权属问题的研究存在两种基本路径。第一种路径侧重于探讨数据权的权利性质或权能；第二种路径侧重于研究数据的内容或类型。就早期研究来看，这两种路径存在一定程度的分野。随着研究的深入，这两种路径逐渐聚拢，呈现出一种综合性特点。在很大程度上，数据权属取决于数据性质或内容。从规范层面讲，不同性质或类型的数据理应归属于不同主体。

一、数据权性质或权能

数据权性质或权能问题是当下急需解决的前置性问题。甚至可以说，这是数据法治的根基问题。通常来讲，针对不同性质的权利，法律制度往往采用不同的规制或保护手段。就数据的权利性质而言，目前主要存在五种不同学说：财产权说、人格权说（隐私权说）、知识产权说、数据权说、区别说。

（一）财产权说

财产权说强调数据的经济价值，将数据视为一种财产类型或样态。例如，齐爱民教授认为，数据实际上是一种新的财产客体，具备确定性、可控制性、独立性、价值性和稀缺性等五个法律特征。"数据财产权是权利人直接支配特定的数据财产并排除他人干涉的权利，它是大数据时代诞生的一种新类型的财产权型态。"[2]"数据具有财产属性，应受到法律保护。"[3]在很大程度上，财产权说符合数据经济发展的时代要求。将数据权界定为财产权有利于最大限度地促进数据在市场中的交换和流通，进而充分发挥数据服务于经济社会的价值。正是在这个意义上，有学者指出，"数据权利保护的要旨并不是要让数据永远停留在个人层面，而是要在保护数据权人的前提下去促进数据的流通与增值"。[4]作为一种财产的数据，其核心价值在于实现交换。反过来讲，数据之所以具有交换价值，进而成为一种财产，概因其具有"效用"。

---

〔1〕　参见周林彬、马恩斯："大数据确权的法律经济学分析"，载《东北师大学报（哲学社会科学版）》2018 年第 2 期。

〔2〕　参见齐爱民、盘佳："数据权、数据主权的确立与大数据保护的基本原则"，载《苏州大学学报（哲学社会科学版）》2015 年第 1 期。

〔3〕　参见冯晓青："数据财产化及其法律规制的理论阐释与构建"，载《政法论丛》2021 年第 4 期。

〔4〕　参见郑智航："数字资本运作逻辑下的数据权利保护"，载《求是学刊》2021 年第 4 期。

(二) 人格权说或隐私权说

人格权说或隐私权说更多指向个人信息，强调对个人信息的权利保护。《个人信息保护法》将个人信息界定为"以电子或者其他方式记录的与已识别或者可识别的自然人有关的各种信息，不包括匿名化处理后的信息"。就此而言，《个人信息保护法》内在地区分了个人信息与其他个人数据，其区分标准为"能否识别特定自然人"。实际上，在以往的立法或研究中，个人数据与个人信息常被等同使用。例如，在美国与欧盟达成的安全港（Safe Harbor）协议中，个人数据与个人信息被交替使用。[1]从某种意义上讲，我们可以将广义的个人数据划分为个人信息和狭义个人数据。个人信息是一种特定的个人数据，根据这类个人数据，我们能够识别出特定的自然人。当然，我们还必须结合特定语境来分析个人数据或个人信息的内涵。杨宏玲博士指出，个人数据的利用虽然可以产生一定的经济利益，但个人数据权本身实际上是包含在隐私权中的。因此，它是人格权，而非财产权。[2]周斯佳博士也认为，"个人数据权是人格权，而不是财产权，并且，个人数据权主要是在公法领域发生作用，因此，个人数据权主要是一项宪法权利"。[3]这些学者在使用"个人数据"这一术语时，实际是指"个人信息"。

大体来讲，我们可以从两个层面理解人格权说或隐私权说：第一，相比于对数据经济价值的追求，人格权说或隐私权说更加强调对个人信息的保护；第二，针对个人数据而言，人格权说或隐私权说将决定数据流通或利用的权利主要交给了个人。如此，数据商或其他组织所面对的不再是数据库的控制者，而是数据所依附的每一个个体。例如，商业银行若要查询客户的征信情况，通常必须征得相关信息所归属之个体的同意，而不能直接向数据控制者或供应商申请或购买。值得注意的是，有学者以体系解释之方法分析了我国现行立法，并认为，《民法典》等相关法律已认可"数据"与"信息"的二分模式，即"数据"更强调形式或载体价值，"信息"更看重内容。[4]事实上，个人数据与个人信息在内容上存在一定交叉，难以全然独立地讨论二者。针对个人数据或个人信息，究竟是以人格权、隐私权模式，还是以财产权或其他权利模式来

---

〔1〕 参见"欧盟与美国构建'欧盟—美国隐私卫士'的新框架"，载《电子知识产权》2016年第2期。

〔2〕 参见杨宏玲、黄瑞华："个人数据财产权保护探讨"，载《软科学》2004年第5期。

〔3〕 参见周斯佳："个人数据权的宪法性分析"，载《重庆大学学报（社会科学版）》2021年第1期。

〔4〕 参见雷震文："民法典视野下的数据财产权续造"，载《中国应用法学》2021年第1期。

进行保护，应当结合特定适用场景确立若干实质性判断标准。

（三）知识产权说

知识产权说强调基于数据生产过程来界定数据权属。这一学说的支持者通常认为数据是被创造出来的，因而与静态的个人信息存在本质区别。例如，司马航认为，"用户数据基于其非物质性等独特属性，与知识产权存在多维度的性质共通，知识产权也因此成为规制用户数据最便捷、最现实的选择方案"。[1]王镭博士则从信息内容（语义层面）、符号（句法层面）以及实体等三个层面对数据进行了解构性分析，进而认为不宜轻易突破现有知识产权规则所确立的保护框架。[2]知识产权说立足于一个隐含前提，即数据的生成或存储形态本身凝结了新的智力劳动，进而与那些未经数据化的原始信息存在重要区别。知识产权说面临的一个困境在于，现有知识产权保护框架难以为数据本身提供稳妥、全面的保护方案，因而需要调整现有知识产权架构和基础概念，方能将数据纳入保护对象。当前，一些学者试图仅仅通过对数据概念的学理解释来架构知识产权保护模式，多少显得有些缺乏说服力。

（四）数据权说

数据权说的主张者认为有必要在财产权、人格权等基础权利之外新设一种独立的数据权，从而避免争论并更好地保障权利人的利益。例如，龚子秋指出，"公民'数据权'是一项新兴的基本人权，它是信息化时代的产物，是公民个人的基本权利"。[3]邓刚宏也主张，"有必要脱离我国学界主流的以财产权说、知识产权说为逻辑起点的数据权属定位，将其直接定位为数据权"。[4]肖建华教授亦持数据权肯定论。[5]显而易见，数据权说的主张者试图以创制新权利类型的方式来重构数据权权能。当前，数据权说的拥护者还需为"数据权"作进一步合法性、正当性论证：数据权是否能够与其他权利类型相区别？更为重要的是，独立的数据权应当采取何种保护模式？这些都是数据权说需要攻克的难题。

---

〔1〕　参见司马航："用户数据的知识产权属性之辩"，载《科技与法律》2019年第6期。

〔2〕　参见王镭："'拷问'数据财产权——以信息与数据的层面划分为视角"，载《华中科技大学学报（社会科学版）》2019年第4期。

〔3〕　参见龚子秋："公民'数据权'：一项新兴的基本人权"，载《江海学刊（南京）》2018年第6期。

〔4〕　参见邓刚宏："大数据权利属性的法律逻辑分析：兼论个人数据权的保护路径"，载《江海学刊（南京）》2018年第6期。

〔5〕　参见肖建华、柴芳墨："论数据权利与交易规制"，载《中国高校社会科学》2019年第1期。

（五）区别说

除以上四种学说之外，越来越多的学者倾向于支持"区别说"。"区别说"本身实际上建立于前四种学说基础之上。"区别说"的支持者通常认为，数据本身具有多样性和复杂性，不能一概而论。无论是财产权、人格权，还是知识产权，都不能为数据权利性质提供排他性、唯一性解释。与此同时，该学说试图创设一种独立的数据权来定分止争的做法，实际上很容易掩盖问题本身。一言以蔽之，"区别说"主张应根据数据内容或类型来分别说明其权利性质。对于"区别说"的支持者而言，首要任务是对不同数据进行甄别，通过划定相应标准，将多样的数据类型化。在此基础上，对每一类数据权利的性质展开进一步说明。例如，安柯颖指出，个人数据权益的多元性，决定了个人数据在不同场景中的权属不同。对此，应当通过商业秘密保护模式拓宽数据财产权的保护路径，利用个人数据场景化保护模式弥补人格权保护模式的虚置等。[1]类似地，包晓丽指出，数据权是一个开放的权利束，单一的公法规制或私权保护、财产规则或责任规则都有其局限性，而应当建立多元共治的规则体系。[2]

本书认同区别说的基本理念。数据类型、内容非常复杂多元。有些数据本身由于其特殊性，无法在市场中流通，仅能用于特定用途，例如军事数据。有些数据由于涉及较为敏感的个人信息，因而其财产属性较弱，人格属性更强。除此之外，还有一些公共数据是社会大众所共享的，属于公共资源，通常与商业数据存在明显区别。在一些特定的应用场景中，即便是个人信息，也可能基于信息主体同意或签订合同等方式，使得个人信息具备更强的财产属性。因此，对于数据权性质不能一概而言，而应当有所区分地进行具体分析。简而言之，数据来源于不同的生活场景，应用于不同的生活场景，也应当根据场景之不同，有针对性地对其属性作出判断。

二、数据类型

根据不同的标准，可以将数据划分为不同的类型。部分学者将数据划分为政府数据、企业数据和个人数据。[3]政府数据主要是指国家机关、法律法规

---

[1] 参见安柯颖："个人数据安全的法律保护模式——从数据确权的视角切入"，载《法学论坛》2021年第2期。

[2] 参见包晓丽："数据产权保护的法律路径"，载《中国政法大学学报》2021年第3期。

[3] 石丹博士就将数据区分为个人数据、企业数据和政府数据。参见石丹："大数据时代数据权属及其保护路径研究"，载《西安交通大学学报（社会科学版）》2018年第3期。吕廷君教授持相似观点，参见吕廷君："数据权体系及其法治意义"，载《中共中央党校学报》2017年第5期。

授权的具有管理公共事务职能的组织以及其他公共管理和服务机构（例如，供应水电气的公共服务运营单位）在履行法定职责过程中所产生并保存下来的数据。有学者认为，政府数据归公民所有，是一项基本的公民权利。[1]概因政府管理的公共数据是公共财政资助之产物。[2]企业数据通常由企业所掌握，由企业在商业活动中收集而来，主要用于进行商业活动分析和判断。尽管企业数据往往包含着大量的个人数据，但企业在进行数据分析时更看重的并非其中的个人身份信息，而是相关市场行为和效果之间的因果关系，因此企业数据的财产属性更为明显。从这个意义上讲，企业数据权是一种财产权。李晓阳博士持此观点。[3]管洪博的观点与此类似。他认为，企业数据的商业价值在于其数据规模达到了一定量级，属于一种新型的无形财产权。[4]相比政府数据和企业数据，个人数据则更显复杂性。一般而言，个人数据权利既包括人格权，也包括财产权。刘新宇博士概括道："用户基于个人信息所产生的数据权利应包括数据人身权和数据财产权，两者在配置上相互分立，同时扮演着不同的角色。"[5]李勇坚认为，应当按照数据指向性不同，将个人数据划分为原始数据、信息和隐私。[6]三者之间在很大程度上构成一种递进关系。邢会强教授主张，从权利属性来讲，个人数据权同时包含了人格权和财产权。其中，人格权当然归个人享有，但财产权应有所区别。根据个人信息的不同分类，他指出，"基本个人信息的财产权为个人所独有，伴生个人信息和预测个人信息的财产权为个人与信息企业所共有"。同时，根据不同情况，个人与企业对共有部分财产权享有不同的份额。[7]武长海教授从数据安全的角度将其划分为底层数据、匿名化数据和衍生数据。[8]

　　总体而言，上述几类关于数据权属的观点代表了对数据进行规制的不同思

---

〔1〕　参见程同顺、史猛："公共数据权和政治民主"，载《江海学刊》2018年第4期。

〔2〕　参见国务院发展研究中心创新发展研究部：《数字化转型：发展与政策》，中国发展出版社2019年版，第131页。

〔3〕　参见李晓阳："大数据背景下商业数据的财产性"，载《江苏社会科学》2019年第5期。

〔4〕　参见管洪博："大数据时代企业数据权的构建"，载《社会科学战线》2019年第12期。

〔5〕　刘新宇："大数据时代数据权属分析及其体系构建"，载《上海大学学报（社会科学版）》2019年第6期。

〔6〕　参见李勇坚："个人数据权利体系的理论建构"，载《中国社会科学院研究生院学报》2019年第5期。

〔7〕　参见邢会强："大数据交易背景下个人信息财产权的分配与实现机制"，载《法学评论》2019年第6期。

〔8〕　参见武长海、常铮："论我国数据权法律制度的构建与完善"，载《河北法学》2018年第2期。

路。确权本身的用意和目的是规制。通常来讲，在权利属性及权利归属明确的情况下，才能够有针对性地制定相应规范。从不同数据权属的观点中，可以看到不同的规制倾向或价值选择。例如，财产权说的支持者更侧重数据流通价值；人格权说的主张者更侧重数据安全。这些不同倾向决定了规制的大致思路。此外，也有学者认为，数据确权不宜操之过急。例如，张阳认为，数据财产权难以证成，在数据无法权利化的情形下，应从事前"权利范式"规制转向事后"关系范式"调整，逐步构建以契约为核心的规制模式。[1] 这固然是一种数据治理思路，但其成本效益还有待进一步验证。

■ 要点

1. 就数据权属与数据流转的相互关系来看，数据权属是前提，数据流转是手段；数据权属具有内在性，数据流转则具有外在性；数据权属问题是静态的，数据流转问题则是动态的。在很大程度上，数据权属设定决定了数据流转模式。

2. 就数据的权利性质而言，目前主要存在五种不同学说：财产权说、人格权说（隐私权说）、知识产权说、数据权说、区别说。

3. 根据不同的标准，可以将数据划分为不同的类型。数据类型具有多样性。

■ 思考题

7.1　就现有知识产权概念体系与立法框架而言，将数据权界定为一种知识产权，面临着哪些困境？

7.2　除政府数据外，公共数据还包括哪些类型的数据？

7.3　个人数据与个人信息之间的关系是什么？

第二节　数据流转

既然数据被视为一种新型资源，那么数据流转机制就决定了这种资源将以何种方式进行汇集，同时也影响着数据控制者的数据质量。根据数据归属主体之不同，我们将数据划分为政府数据、企业数据和个人数据。这三类数据本身

---

〔1〕　参见张阳："数据的权利化困境与契约式规制"，载《科技与法律》2016 年第 6 期。

可能存在交叉重叠的部分。本节将分别讨论这三类数据的流转问题。值得一提的是，由于公共数据的概念相对比较模糊，立法上更多地指代政府数据。随着数据资源利用的拓展以及数据资源的进一步开放共享，公共数据的内涵已然超越了政府数据的范围。有学者认为，"公共数据概念作为技术型概念，从其创制的目的出发，当以'公共利益'确定公共数据的内涵，以公共管理与服务的目标划定公共数据的外延"。[1] 根据这一界定，公共数据不等同于政府数据。对公共数据的判断，要结合相关数据的应用目的、功能等实质性标准。由于公共数据具有概念模糊性、外延不确定性等特征，此处不将其作为数据流转的对象纳入讨论。

一、政府数据流转

就政府数据流转方向来看，大致可分为外向流转和内部流转。前者主要指基于数据公开等机制将部分政府数据向特定或不特定社会公众进行开放；后者主要涉及不同层级政府之间、不同政府部门之间数据的流转。

就政府数据开放来讲，应当建立起政府数据开放的相应程序规则、开放标准、侵权救济机制等。梁玥指出，政府数据开放及其利用主要存在个别性、任意性和利益勾连性等问题，相关立法较为滞后。[2] 孟鸿志、张运昊等主张，政府信息公开应当积极回应和利用大数据发展的趋势，实现政府信息公开范围从政府信息向政府数据的转变。[3] "在国家层面进行统一的政府数据开放立法，是加快政府数据开放进程、保障数据开放规范性、减少数据开放地方分散立法弊端的客观需要。中国政府数据开放中央立法不仅具有必要性，而且具有可行性。"[4] 总体上讲，一套规范的政府数据开放机制，不仅有助于推动政府信息公开，而且能够服务于市场主体或普通公民的各项决策。就政府数据开放行为本身来讲，邢会强教授认为，其不同于传统的行政行为，政府数据开放并不赋予相对人以主观公权利，至多是保障相对人的发展权。因此，政府数据开放法多属于促进型立法，并不规定政府违反数据开放义务的法律责任。[5] 就数据开放模式而言，李海敏认为，当下政府数据开放研究的重要任务是厘清政

〔1〕　参见郑春燕、唐俊麒："论公共数据的规范含义"，载《法治研究》2021 年第 6 期。

〔2〕　参见梁玥："政府数据开放与公共数据治理的法律机制"，载《江汉论坛》2021 年第 8 期。

〔3〕　参见孟鸿志、张运昊："大数据时代政府信息公开制度的变革与走向"，载《法学论坛》2021 年第 4 期。

〔4〕　参见刘权："政府数据开放的立法路径"，载《暨南学报（哲学社会科学版）》2021 年第 1 期。

〔5〕　参见邢会强："政府数据开放的法律责任与救济机制"，载《行政法学研究》2021 年第 4 期。

府数据的法律属性与权属、在精细化区分的基础上确定"服务"与"经营"相容的开放模式。简单来讲,根据使用场景不同,政府数据分为供内部公务使用时的"公用物"、公共开放时的"公共用物"以及商业化经营时的"国有私产"。[1]还有学者研究了政府数据开放中数据收益权分配问题,收益权的分配显然内在地决定了数据流转的方向和效率。[2]概而言之,政府数据流转的一个重要前提是数据开放。唯有构建合理、有效的数据开放制度,政府数据才能在流转中释放其效能。

就不同政府部门之间的数据整合而言,核心问题在于数据整合的合法性。有学者指出,"数字政府建设的核心基础是政务数据资源的整合利用"。[3]政府不同部门之间的数据整合对于国家或区域治理都是极为重要的。然而,大量政府数据都是相关部门在履行法定职责过程中收集而来的。这些数据的收集本质上是政府为了履行特定的法定职责。就此而言,政府是否具备充分的法律依据将这些为特定目的而收集的数据转移给其他相关部门使用仍需讨论。就其实质而言,数据整合就是数据共享利用,而数据共享利用必然伴随着数据流转。就合法性层面来看,哪些数据是政府职能部门可以依法共享的?哪些数据限于其收集目的而无法共享?合法性问题是政府数据整合与共享所面临的一个基础性难题。

二、个人数据流转

随着《个人信息保护法》的施行,国家机关为履行法定职责处理个人信息的活动受到了更为严格的规制。这里,我们主要关注民商事活动中的个人数据流转问题。对此,学者们将目光更多地聚焦在同意机制上。通常而言,数据主体同意,则数据处理行为便具有正当性。大体上,学者们主要在两个关键维度上对"同意"规则的设定展开了探索。第一,"同意"的强度或地位问题;第二,个人数据的概念或范围问题。通过赋予"同意"在个人数据流转中不同的强度,从而或强化数据保护,或强化数据利用;通过对个人数据概念或范围进行调整,将部分个人数据的利用从相关约束条件中"解放"出来。

关于"同意"的强度或地位,存在三种基本态度。第一,将"同意"作

---

〔1〕 参见李海敏:"我国政府数据的法律属性与开放之道",载《行政法学研究》2020 年第 6 期。

〔2〕 参见商希雪:"政府数据开放中数据收益权制度的建构",载《华东政法大学学报》2021 年第 4 期。

〔3〕 参见袁刚等:"政务数据资源整合共享:需求、困境与关键进路",载《电子政务》2020 年第 10 期。

为相关行为具备合法性或正当性的必要条件，甚至是充要条件。这种态度多体现在法律规范或司法实践中。在《个人信息保护法》出台之前，相关法律规范相对较为原则和抽象，为了（部分目的）保证司法裁判的可操作性和稳定性，"同意"往往成为判断一种行为、一次交易是否合法的必要性指标。例如，《网络安全法》第41条原则性规定，网络运营者收集、使用个人信息，应当遵循合法、正当、必要的原则，公开收集、使用规则，明示收集、使用信息的目的、方式和范围，并经被收集者同意。《个人信息保护法》的出台，将"同意"原则提升到一个更为显著的地位。根据《个人信息保护法》第13条至第16条的规定，除特殊情况外，处理个人信息原则上应取得个人同意。不仅如此，基于个人同意处理个人信息的，该同意应当由个人在充分知情的前提下自愿、明确作出。

第二，将"同意"作为相关行为具备合法性或正当性的原则性要求，在"同意"之外，创设相应的限制性例外条款。例如，张新宝教授主张，"告知同意原则要受通信自由和通信秘密宪法权利的限制，还要受目的原则与必要原则的限制"。[1]蔡星月博士提出，应当弱化"同意"在个人数据保护中的体系性地位，"在数据处理行为违反了同意原则之时，不能直接推导出数据主体的具体权利受到侵犯，而需结合其他合法性基础予以综合考量"。[2]

第三，认为"同意"并非个人数据处理的正当性基础。例如，任龙龙博士主张，"个人信息保护策略的制定应基于改善人类福祉的目的，侧重于对个人信息的充分利用"，"即使事先取得了信息主体的同意，其个人信息处理行为也非理所当然具有正当性"。[3]刘权认为，个人信息保护的告知同意机制日益流于形式，在个人信息权利化存在困境的现实情境下，"合法、正当、必要原则"可以实现个人信息保护与合理利用的平衡。[4]宋烁特别讨论了政府数据开放中的个人信息保护问题。在他看来，知情同意规则、目的限制原则等个人信息保护核心规制手段无法适用于证据数据开放场景。[5]

关于个人数据概念或范围的调整，大致存在两种路径。第一，从数据权属和权利性质角度，将个人数据权与一般数据权划归进两种不同性质的权利范

---

[1] 参见张新宝："个人信息收集：告知同意原则适用的限制"，载《比较法研究》2019年第6期。

[2] 参见蔡星月："数据主体的'弱同意'及其规范结构"，载《比较法研究》2019年第4期。

[3] 参见任龙龙："论同意不是个人信息处理的正当性基础"，载《政治与法律》2016年第1期。

[4] 参见刘权："论个人信息处理的合法、正当、必要原则"，载《法学家》2021年第5期。

[5] 参见宋烁："论政府数据开放中个人信息保护的制度构建"，载《行政法学研究》2021年第6期。

畴，前者属于人格权，后者属于财产权。由此，对于同一个数据集，可能存在两个权利主体，一个享有人格权，而另一个享有财产权。在这种情况下，数据处理就转换成两种权利之间的平衡。一般情况下，人格权优先于财产权，因此财产权的行使以人格权主体"同意"为前提。从消极意义上讲，只要人格利益不受实质性损害，则相关数据主体可在合理范围内且在未经"同意"的前提下，进行数据处理。许可博士持此观点。[1]第二，按照一定标准，将数据细分为不同类型，进而分别设定"同意"规则。例如，将数据划分为个人数据和非个人数据、基础数据和增值数据、原生数据和衍生数据等。徐伟教授认为，获取可识别的原生数据应当征得用户"同意"；获取非可识别的衍生数据无须征得用户"同意"；获取可识别的衍生数据需同时征得用户和企业同意；获取非可识别的原生数据无须用户同意，是否需要企业同意应视数据是否公开而定。[2]这里"可识别性"，是指能够切实可行地单独或通过与其他信息结合识别特定用户身份的信息或信息集合。[3]

综上所述，在数据流转过程中，"同意"规则如同卡尺上的"游标"，研究者试图通过调整"同意"规则的适用范围，进而在数据保护和数据利用之间确定平衡点。但"同意"规则本身并不决定平衡点落在哪个刻度上，真正发挥决定作用的实则是争论背后的利益博弈与价值考量。

三、企业数据流转

现如今数据交易已经成为企业之间、企业与其他主体之间转移数据资源、实现数据共享的重要方式。相比企业自身收集数据的成本，数据交易往往更具有效益。从数据交易的形式来看，具体包括大数据交易公司、数据交易所、API 模式等。例如，上海数据交易所等数据交易平台的陆续建立，将为数据流转提供规范渠道和机制。从微观层面来看，数据交易法律关系主要涉及数据服务合同、中介或委托合同以及平台服务合同等。[4]在不同层级的具体法律关系维度上，企业数据流转遵循着不同的交易及监管法则。例如，针对数据交易

---

〔1〕 参见许可："数据保护的三重进路——评新浪微博诉脉脉不正当竞争案"，载《上海大学学报（社会科学版）》2017 年第 6 期。

〔2〕 参见徐伟："企业数据获取'三重授权原则'反思及类型化构建"，载《交大法学》2019 年第 4 期。

〔3〕《互联网企业个人信息保护测评标准》等规范性文件对"可识别性"都作了具体规定。

〔4〕 参见钟晓雯："数据交易的权利规制路径：窠臼、转向与展开"，载《科技与法律（中英文）》2021 年第 5 期。

中的数据许可合同，许可范围、使用目的等要素决定了数据交易的具体形态，进而决定了合同目的的实现，也决定了监管规则的设立。

总体来看，企业数据交易尚处于起步探索阶段。有学者指出，当前我国的数据交易存在如下几个问题：相关法律规定滞后；监管机构不明确；数据质量及数据定价标准缺失；交易平台可交易数据量及数据需求不足；数据交易平台分散；数据交易专业人才缺乏等。[1]可见，健全数据交易立法、完善数据交易机制，成为促进企业数据流转、激发数据经济活力的重中之重。

■ 要点

1. 就政府数据流转问题而言，主要包含两个方面：第一，政府数据开放；第二，不同政府部门之间的数据整合。政府数据开放是面向社会公众的，政府数据整合则是不同政府部门之间的行为。

2. 在个人数据流转过程中，关于同意的强度或地位存在三种基本态度：第一，将"同意"作为必要条件，甚至是充要条件；第二，将"同意"作为原则，以例外条款作为补充；第三，认为"同意"并非个人数据处理的正当基础。

■ 思考题

7.4　政府部门之间的数据整合应当满足哪些合法性条件？

7.5　政府数据公开与传统的其他行政行为之间存在何种区别？

7.6　在个人数据流转过程中，"同意"机制应当扮演何种角色？

第三节　数据跨境流动

一、数据跨境流动立法

大体来讲，我们可以从两个层面理解数据跨境流动的含义：第一，在物理层面上，数据跨越了国界，被传输、储存和处理；第二，在逻辑层面上，虽然数据没有跨越国界，但能够在第三国被访问。[2]我国多部法律已经针对数据跨境流动作出了明确规定。《数据安全法》第 36 条规定，中华人民共和国主

---

[1]　参见崔学敬："我国大数据交易存在的主要问题及其应对"，载《学习月刊》2021 年第 4 期。

[2]　参见谢永江、李欲晓主编：《网络安全法学》，北京邮电大学出版社 2017 年版，第 113 页。

管机关根据有关法律和中华人民共和国缔结或者参加的国际条约、协定，或者按照平等互惠原则，处理外国司法或者执法机构关于提供数据的请求。非经中华人民共和国主管机关批准，境内的组织、个人不得向外国司法或者执法机构提供存储于中华人民共和国境内的数据。不仅如此，《数据安全法》还建立了数据分级保护机制、数据安全应急处置机制、数据安全审查制度等，为数据跨境流动提供了较为充分的制度保障。针对个人数据跨境流动，《个人信息保护法》第三章专门规定了个人信息跨境提供的规则。其中，第38条第1款规定，个人信息处理者因业务需要，确需向中华人民共和国境外提供个人信息的，应当具备下列条件之一：（1）依照《个人信息保护法》第40条的规定通过国家网信部门组织的安全评估；（2）按照国家网信部门的规定经专业机构进行个人信息保护认证；（3）按照国家网信部门制定的标准合同与境外接收方订立合同，约定双方的权利和义务；（4）法律、行政法规或者国家网信部门规定的其他条件。此外，《海南自由贸易港法》第42条第2款规定，国家支持海南自由贸易港探索实施区域性国际数据跨境流动制度安排。

综上所述，在立法层面，我国已经开始探索有条件的、区域性的数据跨境流动方案。然而，数据跨境流动涉及更为复杂的国际环境。各国在数据产业发展、数据安全保护、国际关系战略等方面存在显著差异。这便导致国家在制定数据跨境流动规制方案时必须考虑诸多国际因素。正如许可所言，数据自由流动与数据安全流动的冲突并不会自然消解，其有赖于不同数据跨境类型下的原则权衡。[1]

二、数据跨境流动的规制路径

就发生场景而言，数据跨境流动涉及多种具体场景。在商业贸易领域，数据跨境流动是一种最为常见且频繁发生的活动。此外，在国际或跨国犯罪治理领域，数据跨境流动也时常发生。打击国际或跨国犯罪需要各国司法部门或执法部门协同配合，特别是涉及域外取证时，作为证据的数据跨境流动对于案件办理具有决定性影响。随着全球经济一体化的深化，国际商事活动中数据跨境流动监管成为当前亟待解决的一大难题。我们主要讨论商事活动中数据跨境流动规制问题。

从数据跨境流动规制路径来看，存在两种基本规制路径：数据规制与贸易规制。彭岳指出，数据规制围绕跨境数据流动展开，具有多元性和灵活性；贸

---

[1] 参见许可："自由与安全：数据跨境流动的中国方案"，载《环球法律评论》2021年第1期。

易规制以推进贸易自由化为目标，具有主权性和互惠性。[1]学者们分别从这两个基本路径出发，提出了相应的规制设想。就数据规制而言，罗文华主张将生命周期思想融入数据跨境流动监管策略制定，选取数据收集、交换、销毁三个环节实施监管措施，以功能检查、技术测试等实质性审查措施为主。[2]就贸易规制而言，杨署东、谢卓君指出，全球层面的跨境数据流动贸易规制，面临良好数据保护与数据自由流动两个规制目标之间的平衡难题。中国应当充分利用例外条款的制度功能提升我国制度话语权的对外输出能力。[3]据此，例外条款的选择成为一部分学者的研究重点。例如，马光研究了 FTA 数据跨境流动规制的三种例外选择适用问题。[4]张倩雯指出，在完善国际投资协定例外条款时，应当兼顾数据跨境流动中的安全因素，做好我国数据安全立法与国际投资协定例外条款的对接。[5]除此之外，有学者指出，数据跨境流动过程中的国际贸易规则应当受到重视。中国在参与跨境数据流动的规则制定过程中应秉持兼容与发展的态度。[6]

　　整体来讲，数据跨境流动的中国方案构建是理论界关注的重点。一些学者从比较法视角出发研究了国外数据跨境流动的具体规制方案，并从中总结出一些具有启发性的思路。马其家、李晓楠对相关域外规制方案进行了分析，例如《美墨加协议》（USMCA）数字贸易一章、欧盟《通用数据保护条例》等，并指出我国应当对国际上数据跨境流动管控的成熟机制进行研究，从建立数据分类审核制度、强化技术安全建设、完善数据主体权利和相关主体责任、丰富合法渠道、加强国际合作等多个维度出发，构建数据跨境流动监管方案。[7]洪延

---

　　〔1〕　参见彭岳："数字贸易治理及其规制路径"，载《比较法研究》2021 年第 4 期。

　　〔2〕　参见罗文华："基于生命周期的数据跨境流动程序性与实质性监管"，载《中国政法大学学报》2021 年第 5 期。

　　〔3〕　参见杨署东、谢卓君："跨境数据流动贸易规制之例外条款：定位、范式与反思"，载《重庆大学学报（社会科学版）》，https://kns. cnki. net/kcms/detail/detail. aspx? dbcode = CAPJ&dbname = CAPJLAST&filename = CDSK20210826000&uniplatform = NZKPT&v = tq_ pSMDZi_ _ I62AIMJBS9JFlTlePhkdt DIiKI5tNXTge-CERTSNJo9IoQHdevYvG，最后访问时间：2022 年 4 月 28 日。

　　〔4〕　《超大型自由贸易协定》（Free Trade Agreement）。参见马光："FTA 数据跨境流动规制的三种例外选择适用"，载《政法论坛》2021 年第 5 期。

　　〔5〕　参见张倩雯："数据跨境流动之国际投资协定例外条款的规制"，载《法学》2021 年第 5 期。

　　〔6〕　参见时业伟："跨境数据流动中的国际贸易规则：规制、兼容与发展"，载《比较法研究》2020 年第 4 期。

　　〔7〕　参见马其家、李晓楠："论我国数据跨境流动监管规则的构建"，载《法治研究》2021 年第 1 期。

青以欧美范式为背景,提出了推进"一带一路"数据跨境流动的中国方案。[1]张生也主张,中国作为世界上最大的发展中国家,可以引导有关规则向更加公平的方向发展,并可以积极推动形成一个多边的跨境数据流动协定。[2]除构建数据跨境流动的宏观方案外,部分学者还研究了一些具体问题。例如,许多奇指出,在数据跨境问题上,企业可能面临必须满足国内外公权力机关依本国法提出的数据收集、传输和使用等要求,即实现双向合规。因此,应当从立法保障、制度创新、协同共治等层面为解决双向合规难题提供助益。[3]

综上可知,数据跨境流动是全球治理、国际经济贸易中的重要环节。无论是出于保护国家数据安全的考虑,还是为了推进数据经济的繁荣发展,我国都必须及时制订科学、有效的数据跨境流动方案。

■ 要点

1. 在立法层面,我国已经开始探索有条件的、区域性的数据跨境流动方案。然而,数据跨境流动涉及更为复杂的国际环境,这便导致国家在制定数据跨境流动规制方案时必须考虑诸多国际因素。

2. 从数据跨境流动规制路径来看,存在两种基本规制路径:数据规制与贸易规制。

■ 思考题

7.7 如果数据跨境流动可能影响个人数据安全,是否需要经过该个人主体的单独同意和明确授权?

7.8 数据跨境流动的监管主体有哪些?

7.9 在商业活动中,数据跨境流动应当实现哪些价值之间的平衡?

■ 本章阅读文献

1. 齐爱民:《数据法原理》,高等教育出版社 2022 年版。
2. 何渊主编:《数据法学》,北京大学出版社 2020 年版。

---

[1] 参见洪延青:"推进'一带一路'数据跨境流动的中国方案——以美欧范式为背景的展开",载《中国法律评论》2021 年第 2 期。

[2] 参见张生:"国际投资法制框架下的跨境数据流动:保护、例外和挑战",载《当代法学》2019 年第 5 期。

[3] 参见许多奇:"论跨境数据流动规制企业双向合规的法治保障",载《东方法学》2020 年第 2 期。

3. 武长海主编：《国际数据法学》，法律出版社 2021 年版。

4. 武长海主编：《数据法学》，法律出版社 2022 年版。

5. 李爱君主编：《中国大数据法治发展报告（2019）》，法律出版社 2020 年版。

6. ［荷］玛农·奥斯特芬：《数据的边界——隐私与个人数据保护》，曹博译，上海人民出版社 2020 年版。

7. 刘红：《大数据时代数据保护法律研究》，中国政法大学出版社 2018 年版。

第八章
算法及其法律规制

【导读】

尽管数据现今被人们视为宝贵财富，但离开了算法的数据必将丧失其核心价值。算法是数据分析的有力工具，其本身具有极其重要的价值和功能。就此而言，对算法的治理应当成为一项值得重点关注的议题。一些学者认为，我国目前针对算法法律保护模式的理论研究尚属空白，而相关保护性制度则更显贫乏。毋庸置疑，通过法律对算法进行保护，是鼓励算法开发、促进科技创新的重要手段，具有十分重要的意义。离开了法律保障，算法"市场"必然失序，数据经济的发展也会面临极高风险。与此同时，在带给我们一定利益的同时，算法应用也带来了较大的潜在风险。从风险管理的视角来看，风险规制往往决定了对算法进行保护的限度以及保护路径。如果我们将算法视为一种工具，那么在我们尚无法对这种工具的风险进行有效评估和管控的情况下，贸然去设定保护机制，显然是一种不够谨慎的做法。从这个意义上讲，算法应用规制实际是一个更优先且应当占据核心地位的事项。在很大程度上，算法规制决定了算法保护。换句话说，对算法应用，我们理应采取一种规制性保护策略。

鉴于算法本身具有极强的技术性和复杂性，针对算法的法律规制往往不得不深入其技术层面。不仅如此，不同领域中的算法应用实际上各有其特殊性，这些特殊性决定了算法规制的层次性或多样性。大体来讲，我们可以从四个层面来讨论算法的法律规制问题。第一个层面，主要涉及算法规制的宏观视角，包括权力视角、治理视角和法律视角；第二个层面，主要涉及算法中所内含的双重危险，即算法黑箱和算法偏见；第三个层面，涉及在司法场景下算法应用的规制问题；第四个层面，涉及其他一些具体应用场景中的算法规制问题。

第一节　宏观视角下的算法规制

针对算法应用风险的规制可以从多个角度切入。不同视角下，算法应用中的风险性质存在显著差异。这种性质差异决定了规制路径的差异性。目前而言，存在三种主流视角，即权力视角、治理视角和法律视角。

一、权力视角下的算法规制

在权力视角下，算法的大规模和深度应用被视为一种新型权力的诞生，即算法权力。"算法基于海量数据运算配置社会资源，直接作为行为规范影响人的行为，辅助甚至取代公权力决策，从而发展为一支新兴的技术权力。"[1]有学者认为，算法权力属于一种新型的权力形态，是一种技术权力、资本权力，可能演化成人工智能对人类的霸权。[2]汝绪华教授甚至直言："算法即权力。"[3]正是由于算法在公共行政、经济交往中扮演着越来越重要的角色，算法治理使得传统的由"人类"作为公共管理者或市场管理者的秩序逐渐演变为一种机器秩序，"人"的"在场"不再必要，"人"的"缺席"成为常态。[4]当然，在强人工智能真正实现之前，作为主体的"人"并不会完全"离场"，而是逐渐退居幕后。与此同时，一直隐于幕后的算法开发者或控制者在某种意义上分享了原来作为公共管理者或市场管理者的那部分人的权力。

简单来讲，在权力视角下存在三方主体。传统的公权力主体主要指政府。作为权利主体，个人往往仅拥有有限能力与公权力形成抗衡。社会则处于政府与个人之间。在传统政治权力架构中，社会以宗族、企业、行业团体等利益集团形式存在。政府、个人和社会是政治秩序中的三个核心主体。通常，这三者在社会运行及政治决策中所扮演的角色以及话语权决定了一个国家的基本政治形态和生态。算法的兴起，使得越来越多的政府决策或公共政策必须依赖于算法或算法结果。算法通常由技术专家所掌握。在多数情况下，公权力代理人并非技术专家。由此，从本质上讲，掌握算法技术的专家拥有了影响政府决策或

---

〔1〕　参见张凌寒："算法权力的兴起、异化及法律规制"，载《法商研究》2019 年第 4 期。

〔2〕　参见陈鹏："算法的权力：应用与规制"，载《浙江社会科学》2019 年第 4 期。

〔3〕　参见汝绪华："算法政治：风险、发生逻辑与治理"，载《厦门大学学报（哲学社会科学版）》2018 年第 6 期。

〔4〕　参见王张华、颜佳华："人工智能时代算法行政的公共性审视——基于'人机关系'的视野"，载《探索》2021 年第 4 期。

公共政策的权力。从某种意义上讲，由资本所驱动、技术专家所掌握的算法权力代表着社会权力的增长。通常而言，这些技术专家多数是从社会中产生。尽管其中部分人群会被吸收到政府中去，但社会在源源不断地培育新的技术专家。总体来讲，算法权力意味着社会权力的增长。当然，政府也在不断培育和吸收技术专家，并且为基于算法的行政治理投入大量财政支持。因此，政府也分享了一部分算法权力。相比之下，作为权利主体的个人在算法权力的增长过程中基本被排除在外。蔡星月指出，算法决策权强力扩张和权力制衡机制的失灵，有可能导致个人自由与权利受到侵蚀。[1]除此之外，算法权力的扩张也加剧了政府与社会之间的紧张关系。有学者直言，算法权力正演变成一种"准公权力"。[2]这种"准公权力"，不仅存在侵蚀个体权利的潜在风险，也对政府权力构成了不可小觑的挑战。

综上所述，算法权力的产生与增长意味着不同权力主体之间需要寻找新的平衡。张爱军教授用"算法利维坦"来形象地描述算法权力的潜在风险。[3]就此而言，寻求对算法权力的规制就成为权力视角下算法应用规制的核心。对此，存在两种基本机制，即"内部融合机制"与"外部监管机制"。"内部融合机制"主张，政府权力应将算法权力吸收进去，由政府掌握这种算法权力或制定算法权力行使的基本规则。简单来讲，应当尽可能减少算法权力与政府权力之间的博弈，政府应当积极寻求掌控这种算法权力，例如，政府应主导智能政务系统核心算法的标准制定和研发等。[4]"外部监管机制"主张，由政府利用法律、伦理等手段，从外部对算法应用进行引导和管控。综上，在权力视角下，算法应用背后是算法权力的扩张。因此，对算法应用的规制侧重于防止算法权力异化。

二、治理视角下的算法规制

相较于权力视角，治理视角更加侧重于算法治理的整体效能，而不仅仅关注权力平衡问题。简单来讲，无论由哪一方主体主导算法权力行使，算法治理本身应当遵循基本的规范。孙庆春和贾焕银指出，算法决策存在三个技术性特点，即数据化、精准化和智能化。一方面，算法决策有助于提升治理能力；另一方面，算法治理也可能对公民基本权利、法治框架和行政伦理构成挑战。因

---

〔1〕 参见蔡星月："算法决策权的异化及其矫正"，载《政法论坛》2021 年第 5 期。

〔2〕 参见郭哲："反思算法权力"，载《法学评论》2020 年第 6 期。

〔3〕 参见张爱军："'算法利维坦'的风险及其规制"，载《探索与争鸣》2021 年第 1 期。

〔4〕 参见陈鹏："算法的权力和权力的算法"，载《探索》2019 年第 4 期。

此，其认为应当对算法本身进行"治理"。他们提出了治理算法的基本框架，包括公开算法相关记录、解释算法规则、建构问责机制等。根据《关于加强互联网信息服务算法综合治理的指导意见》，算法安全综合治理格局具体包括：有法可依、多元协同、多方参与的治理机制，多维一体的监管体系，算法生态规范。简而言之，以"治理"算法为手段进而提升算法治理的效能与质量，成为治理视角下算法规制的核心。对此，学者们提出了多种方案。例如，王聪博士以"共同善"作为算法规制的哲学基础，主张通过提高算法透明度并赋予相关主体算法解释请求权，从而克制算法的技术偏私。[1]杜小奇博士建议采用一种多元协作规制模式，即个人、算法部署者和监管机构三方参与，实现事前预防、事中控制和事后矫正。[2]张欣教授提出，一方面应当设计场景化、精细化的算法监管机制；另一方面要强化算法治理、数据治理以及平台治理的有效联结。[3]总体上，针对算法的治理存在如下几个主要目标：第一，在法律允许限度内提高算法透明度或公开性；第二，推动建立具备充分正当性的技术标准，防止算法侵权；第三，建立事后归责机制，将责任落实到特定主体。

整体来讲，治理视角下的算法规制侧重于多元主体的参与，主要被视为一种公共治理问题。因此，治理的科学性和效能是关键。与权力视角不同，治理视角下的算法规制所寻求的是一种"正当理由"，算法应用必须建立在相应的正当理由之上，而这些正当理由同时必须处于多元主体所能接受的共同底线之上。从某种意义上讲，治理视角强调算法治理的"去主体化"，不再将关注重心放在由算法权力引发的权力博弈问题上，而是重视法律规范或标准的构建。

三、法律视角下的算法规制

在法律视角下，算法规制主要涉及算法应用中各方权利义务分配问题。法律本身所追求的是一种分配正义。通过设定法律规则进行事先权利义务分配，进而将算法应用中的风险进行合理控制。就此而言，学者们提出了多样化的权利义务分配方案。例如，唐林垚博士认为，人工智能时代的责任和义务框架是以变应变，因此从合同相对性出发，算法社会的责任主体识别，应遵循信息优

---

〔1〕　参见王聪："'共同善'维度下的算法规制"，载《法学》2019 年第 12 期。
〔2〕　参见杜小奇："多元协作框架下算法的规制"，载《河北法学》2019 年第 12 期。
〔3〕　参见张欣："从算法危机到算法信任：算法治理的多元方案和本土化路径"，载《华东政法大学学报》2019 年第 6 期。

势方承担更大责任的基本原则。[1]于冲教授从刑法的视角指出,对算法的规制应当以行为人和行为为核心。尽管有些深度学习算法具有一定的独立性和自动性,但从根本上讲不能否认作为算法设计者和开发者的主导性地位。[2]林洹民博士认为,对算法进行法律规制应当找准切入点。在他看来,深入企业内部、承载特殊法律义务的数据活动顾问就是一个有效的切入点。他主张建立以数据活动顾问为主、以数据活动监管为辅的二元算法监管机制,主要从内部对算法应用进行法律控制。因此,法律应为数据活动顾问设定相应权利义务。[3]程莹博士分析认为,我国当前的立法倾向侧重于责任追究,应当予以纠正,尽可能重视过程规范和综合治理。一方面,法律应当明确数据控制者的义务,促使其积极开展事先、事后审查以及人工干预;另一方面,合理设定相关监督机构的监管义务。[4]张凌寒教授还提出应当平台责任和技术责任双规并用。[5]袁康也指出,从算法关系维度,通过明确算法权利、强化算法问责和拓展监管体系等制度,约束算法相关主体的行为。[6]

综上可知,相较于其他两种视角,法律视角更显具体,并且特别强调通过设定法律义务和责任来规范算法应用主体的行为。当然,在法律视角下,有些学者还探讨了一些更为基础的问题。例如,蒋舸教授指出,透过算法的视角观察法律,可以在结构层面为我们反思法律提供启示。[7]陈姿含博士认为,算法治理的复杂性涉及一种人对自我的重新定位,法律主体性危机应当引起重视。[8]事实上,由于算法具有复杂的技术性特征,法律仅能通过分配算法关系参与者的权利、义务和责任来规制算法应用行为,因而法律视角下的算法治理更为具象。

---

〔1〕 参见唐林垚:"人工智能时代的算法规制:责任分层与义务合规",载《现代法学》2020 年第 1 期。

〔2〕 参见于冲:"人工智能的刑法评价路径:从机器规制向算法规制",载《人民法治》2019 年第 17 期。

〔3〕 参见林洹民:"自动决策算法的法律规制:以数据活动顾问为核心的二元监管路径",载《法律科学(西北政法大学学报)》2019 年第 3 期。

〔4〕 参见程莹:"元规制模式下的数据保护与算法规制——以欧盟《通用数据保护条例》为研究样本",载《法律科学(西北政法大学学报)》2019 年第 4 期。

〔5〕 参见张凌寒:"算法规制的迭代与革新",载《法学论坛》2019 年第 2 期。

〔6〕 参见袁康:"可信算法的法律规制",载《东方法学》2021 年第 3 期。

〔7〕 参见蒋舸:"作为算法的法律",载《清华法学》2019 年第 1 期。

〔8〕 参见陈姿含:"人工智能算法中的法律主体性危机",载《法律科学(西北政法大学学报)》2019 年第 4 期。

■ 要点

1. 在权力视角下，算法的大规模和深度应用被视为一种新型权力的诞生，即算法权力。

2. 关于算法研究的治理视角更加侧重于算法治理的整体效能，而不仅仅关注权力平衡问题。简单来讲，无论由哪一方主体主导算法权力行使，算法治理本身应当遵循基本的规范。

3. 在法律视角下，算法规制主要涉及算法应用中各方权利义务分配问题。

■ 思考题

8.1　作为一种新兴权力，算法权力不仅仅停留在理论层面，它还会对实践造成何种影响？

8.2　除前述三种视角外，针对算法的研究，你认为还可以采取哪种视角？

第二节　双重危险：算法黑箱与算法偏见

从技术层面来讲，算法具有两种潜在风险：算法黑箱与算法偏见。算法黑箱，是指与算法技术复杂性相伴而生的不透明性。简而言之，"在人工智能系统输入的数据和其输出的结果之间，存在着人们无法洞悉的'隐层'，这就是算法'黑箱'"。[1]算法黑箱有可能导致算法偏见，但算法偏见也可能来自算法开发者及其开发过程。整体而言，算法黑箱与算法偏见都是算法应用中需要认真对待的重要风险。

一、算法黑箱及其规制

根据所采取的视角不同，关于算法黑箱规制的研究可以分为两类：一类主要关注算法的不透明性本身；另一类则侧重于这种不透明性所带来的后果。对于前者，解决不透明性才是关键。换句话说，唯有提高算法的透明度，才能有效控制相关风险。部分学者认为，算法解释权是解决算法黑箱的关键。通过赋予个人算法解释权，使其能够在适当的时候提出异议，要求相对人对其算法作出解释，进而评估算法决策的公正性，这被认为是一项解决问题的有效措施。

---

[1] 参见徐凤："人工智能算法黑箱的法律规制——以智能投顾为例展开"，载《东方法学》2019年第6期。

解正山教授就认为，人类具有自我纠错和反省的能力，但算法则不然。因此，应当赋予个人对一项于己不利的算法决策的解释请求权，并围绕算法解释权构建知情、参与、异议等新型的数据权利束以及其他多元规制手段。[1]在朱俊看来，算法解释请求权既是一项公法权利，也是一项私法权利。算法的可解释性是指针对算法功能、逻辑、决策规则等的解释。[2]张凌寒教授具体探究了算法解释权的内在构造，分别从权利主体（自动化决策使用者与相对人）、解释标准（相关性与可理解性）、解释权内容（具体解释与更新解释）等层面对算法解释权进行了探索。[3]张恩典博士对算法解释权的构造提出了另一种主张，他认为，"依据解释标准和解释时机的不同，算法解释权可以界分为以算法系统功能为中心的解释权模式与以具体决策为中心的解释权模式"，两种模式之间是一种并存关系。[4]简而言之，这些学者将解决算法黑箱问题的希望寄托于算法解释权。李婕博士从另一种维度来审视这个问题。她关注的议题是算法垄断。她认为算法垄断侵犯了公民的知情权，乃至救济权。然而，助推算法垄断的因素是算法的不透明性。为了防止算法垄断，法律应当介入。在她看来，算法运算的"商业秘密"不能对抗公共利益，政府应当重视公共领域中算法的透明性，通过立法要求相关主体公开源代码，使其接受公众监督。[5]尽管推动算法透明性被认为是解决算法黑箱的一个有效手段，但算法本身凝结了一定的智力成果，其内含的知识产权同样值得关注且应当得到保护。就此而言，算法解释权具体如何行使，以及算法解释权的边界应当如何设定，这些问题都值得认真对待。

有关算法黑箱的规制还存在另外一种视角，即后果主义。沈伟伟教授明确指出，算法透明原则既不可行，也无必要。对算法黑箱的规制，算法透明原则应处于一种非普适性、辅助性的位置，更为有效的措施是以实用主义为导向、以算法问责为代表的事后规制。[6]可以说，沈伟伟教授所提出的事后规制代表了算法黑箱规制的另外一种方向。算法透明原则及其实现路径相对成本较

---

[1] 参见解正山："算法决策规制——以算法'解释权'为中心"，载《现代法学》2020年第1期。

[2] 参见朱俊："论大数据时代的算法解释请求权"，载《宁夏社会科学》2021年第4期。

[3] 参见张凌寒："商业自动化决策的算法解释权研究"，载《法律科学（西北政法大学学报）》2018年第3期。

[4] 参见张恩典："大数据时代的算法解释权：背景、逻辑与构造"，载《法学论坛》2019年第4期。

[5] 参见李婕："垄断抑或公开：算法规制的法经济学分析"，载《理论视野》2019年第1期。

[6] 参见沈伟伟："算法透明原则的迷思——算法规制理论的批判"，载《环球法律评论》2019年第6期。

高，需要找到最佳平衡点，否则很可能不利于算法开发和数据经济发展。因此，后果主义思路实际上采取的是一种倒逼机制，通过设定严格的事后问责机制，推动算法开发者在设计算法的时候尽可能做到科学、合理和公平。总体上，无论是关注不透明性本身，还是侧重后果主义，都为算法黑箱的规制提供了良好思路。

二、算法偏见及其规制

从一定意义上讲，算法偏见是一个无可避免的问题。张玉宏、秦志光、肖乐等从文化、技术哲学和心理学等角度阐述了大数据算法存在偏见或歧视的必然性。[1]类似地，刘培、池忠军探究了算法偏见的具体成因，包括：数据中预先就存有偏见、算法本身构成一种歧视、数据抽样偏差及其权重设置差异等。[2]算法偏见所导致的直接后果就是平等权保护危机。崔靖梓认为，平等权保护危机包括平等理念危机、歧视识别危机和平等权保护模式危机。[3]对此，丁晓东教授也认为，算法总是隐含了价值判断，因而并非一种完全价值中立的活动。他主张发展一种基于技艺的法律解释方法，通过这种方法反思算法的伦理基础，避免盲目信任或依赖某种算法。[4]杨成越、罗先觉指出，应当充分利用制定个人信息保护法的契机，采用《个人信息保护法》与合理算法标准相结合的综合治理路径。[5]刘友华教授从偏见形成的不同阶段出发，认为算法偏见萌生于数据收集步骤，成熟于模型完善步骤，强化于应用阶段。就此而言，首先应从社会减少偏见入手，确保数据可查性与算法可审计性，在法律上对算法使用者与设计者设定相应义务。[6]郑智航教授和徐昭曦博士具体分析了有关算法偏见规制的不同措施，包括原则性规制与特定性规制、事后性规制和预防性规制、自律性规制和他律性规制等。在司法审查层面，存在不同待遇审查和差异性审查两种基本模式。总体上，他们主张应以平衡"数字鸿

---

〔1〕 参见张玉宏、秦志光、肖乐："大数据算法的歧视本质"，载《自然辩证法研究》2017年第5期。

〔2〕 参见刘培、池忠军："算法歧视的伦理反思"，载《自然辩证法通讯》2019年第10期。

〔3〕 参见崔靖梓："算法歧视挑战下平等权保护的危机与应对"，载《法律科学（西北政法大学学报）》2019年第3期。

〔4〕 参见丁晓东："算法与歧视 从美国教育平权案看算法伦理与法律解释"，载《中外法学》2017年第6期。

〔5〕 参见杨成越、罗先觉："算法歧视的综合治理初探"，载《科学与社会》2018年第4期。

〔6〕 参见刘友华："算法偏见及其规制路径研究"，载《法学杂志》2019年第6期。

沟"、抑制算法权力为重点，综合运用多种手段克服算法偏见问题。[1]章小彬博士提出，应当从算法理念、算法技术、算法审查和算法问责四个方面完善算法偏见规制法律框架。[2]除此之外，卜素博士还主张建立对人工智能算法的伦理审查标准体系。[3]

总体而言，偏见无处不在。通常来讲，偏见仅仅停留于人们的头脑中，不会对人们产生直接的利益影响。然而，由于算法偏见直接影响了算法结果，这种结果又很可能成为某项政策、某个决策的依据。通过相关政策或决策，算法偏见很可能对一些正当权益造成侵害。就此而言，算法偏见应该被克服。实际上，算法偏见仍属于一种偏见。因此，算法偏见规制的关键不在于判断某一种算法偏见是否属于偏见，而更多在于如何从大量数据和计算程序中确定偏见之存在。

■ 要点

1. 根据所采取的视角不同，关于算法黑箱规制的研究可以分为两类：一类主要关注算法的不透明性本身；另一类则侧重于这种不透明性所带来的后果。对于前者，解决不透明性才是关键；对于后者，更强调以实用主义为导向、以算法问责为代表的事后规制。

2. 由于算法偏见直接影响了算法结果，这种结果又很可能成为某项政策、某个决策的依据。通过相关政策或决策，算法偏见很可能对一些正当权益造成侵害。就此而言，算法偏见必须被克服。

■ 思考题

8.3 算法黑箱一定会带来算法偏见吗？

8.4 算法偏见一定会带来权利侵害后果吗？

〔1〕参见郑智航、徐昭曦："大数据时代算法歧视的法律规制与司法审查——以美国法律实践为例"，载《比较法研究》2019年第4期。

〔2〕参见章小彬："人工智能算法歧视的法律规制：欧美经验与中国路径"，载《华东理工大学学报（社会科学版）》2019年第6期。

〔3〕参见卜素："人工智能中的'算法歧视'问题及其审查标准"，载《山西大学学报（哲学社会科学版）》2019年第4期。

第三节　应用场景下的算法规制问题

一、算法司法的规制问题

算法司法是指将算法应用到司法场域，辅助司法决策，在特定情况下，甚至可以直接依据算法作出司法决策。例如，通过设计特定的算法，智能量刑系统能够根据输入的量刑证据、既往案例、量刑规则等自动输出刑罚建议或方案。传统司法裁判机制限于人力、物力资源以及自然人有限的信息处理能力，往往效率较低。相比之下，算法司法则具有明显优势。基于算法，司法裁判机制获得了处理海量证据信息的能力，同时有助于提高案件裁决效率。就此而言，算法司法受到大量司法工作人员的欢迎。然而，算法司法本身也存在风险。杜宴林教授指出，算法司法在增强办案能力、提高司法效率的同时，也带来了一系列问题，包括算法隐蔽性与司法公开性之间的冲突、算法司法的商业化、过度重视专家系统经验等。[1]除此之外，马靖云博士还提出了算法司法的一些现实困难，包括数据采样的有限性、司法要素抽取的高难度等。[2]张玉洁教授认为，算法司法过程中的最大难题不是暗箱裁判、算法歧视等，而是公众的可接受性、经验归纳的周延性以及"系统性偏差"等。[3]

事实上，司法裁判涉及非常复杂的认知判断过程。在这个过程中，大量非结构化要素需要处理。以证人证言的审查判断为例，法庭质证环节中，证人的遣词语调、神情举止等都会影响事实认定者对该证人证言的判断。这些要素信息往往是算法无法捕捉或分析的。不仅如此，司法裁判本质上应当遵循个案最优原则，即针对某个特定案件的裁判，应当在可能的限度内追求裁判结果的最优化。换句话说，以实现个案正义为目标取向。尽管不同案件之间可能存在相似性，但差异性是主要的。从这个意义上讲，司法裁判并不存在万能公式。虽然人们可以设计一些算法用以辅助司法裁判，但算法一旦成型，便难以应对可能的新情况、新经验。案件之间最为细小的差异，都可能成为影响裁判结论的重要因素。从这个意义上讲，算法司法难以适应变化多端的司法场景。

---

〔1〕　参见杜宴林、杨学科："论人工智能时代的算法司法与算法司法正义"，载《湘湘论坛》2019 年第 5 期。

〔2〕　参见马靖云："智慧司法的难题及其破解"，载《华东政法大学学报》2019 年第 4 期。

〔3〕　参见张玉洁："智能量刑算法的司法适用：逻辑、难题与程序法回应"，载《东方法学》2021 年第 3 期。

就目前来看，算法司法只能在相当有限的范围内发挥效用。即便如此，对算法司法的规制仍然十分重要。中立、公正等价值对于司法而言具有根本性意义。将算法引入司法活动，必须将中立、公正等价值作为衡量的核心标准。否则，算法的司法应用就缺乏正当性。从这个意义上讲，我们要发挥算法司法的优势，就必须对其潜在风险进行有效规制。对此，学者们提出了多种算法司法规制路径。高学强教授从五个方面提出了规制建议：第一，制定人工智能健康发展的法律法规和伦理规范；第二，建立健全公开透明的人工智能监管体系；第三，制定《个人信息保护法》和合理算法标准以消除算法歧视；第四，制定专门的算法问责监管法，以增强智能算法的透明性；第五，树立以个人能动性为主、算法裁判等人工智能技术为辅的理念，最终实现智能司法。[1]周尚君教授也提出了三个方面的建议，包括建立一套维系良好人机关系的伦理规则、建构符合人类正义观的司法决策模型以及对算法黑箱进行有限度规制。[2]除这些相对宏观的规制思路外，部分学者还聚焦于算法司法的特定场景，对一些具体问题展开了研究。例如，何邦武教授对网络电子数据的算法取证进行了研究，探讨了这种取证路径的可行性及困难。[3]周慕涵对算法在证明力评价中的应用进行了研究，并认为将算法引入证明力评判具有一定可行性。[4]

本书认为，司法过程，尤其当涉及事实认定时，所需要的是一种综合性思维方式。这种综合性思维方式在结构上依赖于裁判者的知识和经验。尽管我们可以从既往案件裁判结论中抽取一些经验法则或裁判规律，并将其写入算法程序，但是司法裁判中的经验法则是流动变化的，且覆盖范围极为广泛。我们能够将所有的经验法则或认知依据都写入算法吗？这显然是一项难以完成的任务。就此而言，算法司法有助于辅助司法人员高效处理一些简单问题，或者为司法人员提供一些参考建议，但在现有技术水平下，司法裁判绝非算法所能取代的。即便不考虑算法司法的正当性问题，单就算法本身的应用效能就无法满足司法裁判之需要。因此，算法裁判只能处于一种辅助性地位，算法裁判结果

---

〔1〕 参见高学强："人工智能时代的算法裁判及其规制"，载《陕西师范大学学报（哲学社会科学版）》2019年第3期。

〔2〕 参见周尚君、伍茜："人工智能司法决策的可能与限度"，载《华东政法大学学报》2019年第1期。

〔3〕 参见何邦武："网络刑事电子数据算法取证难题及其破解"，载《环球法律评论》2019年第5期。

〔4〕 参见周慕涵："证明力评判方式新论——基于算法的视角"，载《法律科学（西北政法大学学报）》2020年第1期。

必须经由司法人员审查、矫正后才能作为正式裁判结果予以使用。

二、其他应用场景下算法规制问题

随着人工智能技术的发展，算法在越来越多的场景中得到适用，例如，广告推送、商品定价、路线导航等。在不同的应用场景中，算法规制具有其特殊性。大体来讲，针对算法的规制，不仅应当在基础层面确立一些共通性标准，还需要在特定应用场域中分析相应算法存在的具体问题，进而制定更为详细且针对性强的规制措施。除算法的司法应用问题外，理论界还研究了一些其他应用场景下的算法规制问题。例如，李飞博士探究了无人驾驶碰撞算法的规制问题。碰撞算法是无人驾驶技术的核心，这种算法预先决定了在紧急情况下的利益取舍，并且这种利益取舍多数时候涉及生命健康权。李飞博士主张，政府和法律既要鼓励和支持算法伦理的产生，又应当加以引导和介入。算法伦理不仅是自治规范，还是法律渊源。[1]与此类似，吕方园、马昕妍探讨了无人船舶碰撞中相关算法的法律规制。[2]张凌寒教授则讨论了搜索引擎自动补足算法的问题。算法联想可能侵害个人名誉、隐私、著作权、商标权乃至公共利益等。因此，应将"基于算法的信息发布者"作为规制搜索引擎算法损害的原点，对其设置算法看门人的注意义务。[3]文铭、莫殷针对性地分析了大数据杀熟定价算法的问题。[4]谢尧雯同样对算法差别化定价问题给予了关注，她提出，在差别化定价场景中，应当规制价格推荐算法，设置价格算法解释规则。[5]

在多样性的算法应用活动中，信息服务算法推荐引发了大量关注。根据国家互联网信息办公室出台的《互联网信息服务算法推荐管理规定》，应用算法

---

〔1〕 参见李飞："无人驾驶碰撞算法的伦理立场与法律治理"，载《法制与社会发展》2019年第5期。

〔2〕 参见吕方园、马昕妍："无人船舶碰撞法律责任规制研究"，载《大连海事大学学报（社会科学版）》2019年第4期。

〔3〕 参见张凌寒："搜索引擎自动补足算法的损害及规制"，载《华东政法大学学报》2019年第6期。

〔4〕 参见文铭、莫殷："大数据杀熟定价算法的法律规制"，载《北京航空航天大学学报（社会科学版）》，https://kns.cnki.net/kcms/detail/detail.aspx?dbcode=CAPJ&dbname=CAPJLAST&filename=BHDS2021091700C&uniplatform=NZKPT&v=9al9Jqgv_ZgaoLoQuIJ7w73vVz6TbbJFHuA9FzvaUUhQge6hHbSbEWxhBeDHbZz6，最后访问时间：2022年3月1日。

〔5〕 参见谢尧雯："网络平台差别化定价的规制路径选择——以数字信任维系为核心"，载《行政学研究》2021年第5期。

推荐技术包含生成合成类、个性化推送类、排序精选类、检索过滤类、调度决策类等。算法推荐服务本身不仅影响人们的具体决策，而且在某种意义上具有价值导向性。[1]例如，在不加规制的前提下，通过算法推荐服务，青少年有可能接触大量不良信息，进而形成扭曲的价值观。从这个意义上讲，对算法推荐服务进行必要规制是极具意义的。然而，对算法推荐服务的规制也应当平衡好多元价值追求。对于数据经济发展而言，算法推荐服务是一剂重要的催化剂。如何在发挥这剂催化剂效用的同时防范其风险，值得深入研究。从一定意义上讲，《互联网信息服务算法推荐管理规定》仅提供了一个基础框架。

总体而言，具体应用场景下算法的规制问题值得我们重点关注。随着信息技术的发展，算法在社会治理、商业推广等领域的应用越来越广泛。可以说，在不同的应用场景中，算法所引发的风险各不相同。在这种情况下，传统的法律纠纷将更多地涉及算法技术层面。从法律规制层面来看，应当从一般性层面制定算法规制的基本框架，而通过在具体场景下分析算法应用中存在的问题，能够为算法应用的一般性规制提供更多有益的思路。在构建一般性规制框架的基础上，根据特定领域的具体情况，我们再探究更具有针对性的规制方案。

■ 要点

1. 虽然人们可以设计一些算法用以辅助司法裁判，但算法一旦成型，便难以应对可能的新情况、新经验。案件之间最为细小的差异，都可能成为影响裁判结论的重要因素。从这个意义上讲，算法司法难以适应变化多端的司法场景。

2. 从法律规制层面来看，应当从一般性层面制定算法规制的基本框架。通过在具体场景下分析算法应用中存在的问题，能够为算法应用的一般性规制提供更多有益的思路。

■ 思考题

8.5 你认为算法司法在事实认定中能够发挥怎样的作用？

8.6 司法裁判本质上应当遵循个案最优原则，据此，你认为算法司法与这个原则之间存在冲突吗？

---

[1] 参见邓杭："试论算法推荐对网络空间价值引导的重塑"，载《传媒评论》2019年第1期。

■ 本章阅读文献

1. 张凌寒：《权力之治：人工智能时代的算法规制》，上海人民出版社 2021 年版。

2. 陈敏光：《极限与基线：司法人工智能的应用之路》，中国政法大学出版社 2021 年版。

3. 袁康："可信算法的法律规制"，载《东方法学》2021 年第 3 期。

4. 郑智航："人工智能算法的伦理危机与法律规制"，载《法律科学（西北政法大学学报）》2021 年第 1 期。

5. 丁晓东："论算法的法律规制"，载《中国社会科学》2020 年第 12 期。

6. 韩旭至：《人工智能的法律回应：从权利法理到致害责任》，法律出版社 2021 年版。

7. 冯子轩：《人工智能与法律》，法律出版社 2020 年版。

第九章
平台及其法律规制

【导读】

在人工智能技术背景下，网络平台已经发展成为连接双边或多边市场主体产生交互，利用算法、大数据、云计算、区块链等人工智能技术构建信息网络系统，形成的一种新型商业组织形态。网络平台是大数据和算法技术的融合，其具有外部效应、中立性与非中立性并存，且具有企业与市场双重属性。在规制网络平台时，应遵循安全保障、信用保护、平台自治、包容审慎四大原则。在遵循基本原则的前提下，可从法律行为、生产性资源、公私合作、算法问责等不同的角度完善规制路径，进行多元协同治理，达到创新与竞争共同发展的目的。具体而言，可从网络平台的私权力、公平竞争、个人信息保护与数据安全保障以及新型劳动用工四个方面细化对平台的法律规制。

随着信息技术的演进，网络平台的规模和形态也在不断创新。在大数据和算法的加持下，互联网平台逐渐智能化，平台经济的发展尽管存在有利于民生福祉和经济效率的优势，但也带来了一系列需要法律加以应对的风险。在"3Q大战"（奇虎360和腾讯之间关于业务垄断和不正当竞争的诉讼案）爆发之后，互联网平台治理受到高度关注。2019年8月，国务院办公厅发布《关于促进平台经济规范健康发展的指导意见》，首次从国家层面对发展平台经济作出全方位部署。2022年4月，习近平总书记在中央财经委员会第十一次会议中进一步强调，"要加强信息、科技、物流等产业升级基础设施建设，布局建设新一代超算、云计算、人工智能平台、宽带基础网络等设施，推进重大科技基础设施布局建设，加强综合交通枢纽及集疏运体系建设，布局建设一批支线机场、通用机场和货运机场"。

在平台经济快速发展的过程中，也暴露出数据竞争、算法歧视、新型劳动用工、商业垄断等在现有规范体系下难以解决的各类现实问题。为更好地保障平台经济的健康发展，我们需要从平台的运行逻辑出发，围绕上述现实问题从法律层面进行精准的规制和完善。

第一节　平台概述

一、平台的发展演进

从平台的发展变化来看，早期的集市、交易所都是以物理载体呈现的平台。随着互联网、信息技术的发展，在 Web1.0 时代，网络平台主要表现为以谷歌、百度、雅虎、新浪等门户网站为代表的单纯信息提供者。随着用户的多样化、个性化需求以及信息技术的进步，在 Web2.0 时代，网络平台逐渐由单纯的信息通道发展为具有交互性的场所，如以微博、微信为代表的社交网络平台以及以淘宝、京东为代表的网络交易平台。[1] 在 Web3.0 时代，网络平台在区块链、边缘计算、去中心化、人工智能等信息技术创新下，不仅提供信息传播或交易互动的技术支持，而且制定平台内部规则、维护平台秩序，还会设计自动化决策等智能技术针对不同用户推荐不同产品等。可以说，Web3.0 世界将充分开放化，用户在其中的行为将不受生态隔离的限制，甚至可以认为，用户可以（基于基础逻辑）自由畅游在 Web3.0 世界；用户数据隐私将通过加密算法和分布式存储等手段得到保护；在 Web3.0 世界，内容和应用将由用户创造和主导，充分实现用户共建、共治（DAO，去中心化治理），同时用户将分享平台（协议）的价值。[2]

从立法视角来看，立法者主要将平台纳入市场经营者、企业法人等社会主体，并对其在不同领域的法律行为、责任等进行规制。我国立法中，一般对"平台"及平台经营主体分别定义，并且法律行为规制、责任承担主体等均落实到平台经营主体身上。在 2007 年商务部《关于网上交易的指导意见（暂行）》中，对"网上交易平台"及"网上交易平台服务提供者"分别进行了定义，将"网上交易平台"定义为"平台服务提供者为开展网上交易提供的计算机信息系统，该系统包括互联网、计算机、相关硬件和软件等"，"网上交易平台服务提供者"即从事网上交易平台运营并为买卖双方提供交易服务的主体。在 2014 年出台的《网络交易管理办法》（已失效）中分别使用"第三方交易平台"与"第三方交易平台经营者"的概念，并在第 22 条中将第三方交易平台定义为，"在网络商品交易活动中为交易双方或者多方提供网页空间、

---

〔1〕　参见尚海涛：《网络平台私权力的法律规制》，社会科学文献出版社 2021 年版，第 24 页。

〔2〕　参见"一文看懂 Web3.0：元宇宙的基础设施，三大标签颠覆互联网"，载 CSDN，https://blog.csdn.net/CECBC/article/details/124698549，最后访问时间：2022 年 5 月 20 日。

虚拟经营场所、交易规制、交易撮合、信息发布等服务，供交易双方或者多方独立开展交易活动的信息网络系统"，将第三方交易平台经营者定义为"经工商行政管理部门登记注册并领取营业执照的企业法人"。2021 年 2 月 7 日国务院反垄断委员会印发的《国务院反垄断委员会关于平台经济领域的反垄断指南》以及 2021 年 10 月 29 日国家市场监督管理总局发布的《互联网平台落实主体责任指南（征求意见稿）》，均对互联网平台、平台经营者分别进行了定义，并具体规定了平台经营者、平台内经营者、超大型平台的主体法律责任。

综上可见，网络平台实质是一种为连接双边或多边市场主体产生交互，利用信息技术构建信息网络系统，形成的一种新型商业组织形态，平台经营者是网络平台的法律责任承担者。而人工智能平台或智能化平台主要是在网络平台的基础上，应用算法、大数据、云计算、区块链等技术形成的智能化、自动化的信息网络系统。对于平台的法律规制，应具体落实在平台经营者（平台企业）、平台领域内经营者及各经营者之间的法律行为上。

二、平台的分类

对平台的分类存在多重标准，任何一种类型的划分都是基于一定目的而作出的。随着网络信息技术的发展演进，网络平台的商业形态也在不断创新，对于网络平台的分类也在不断变化。从法律规制的角度出发，不同类型的网络平台具有不同的商业形态、服务内容和技术特点，因而各自的法律义务和法律责任也应区别对待。但各种网络平台之间在技术特征、商业模式和服务内容上存在差异，有些可能对其法律责任产生显著影响，有些则可能在法律规制方面可以忽略。对于不同的平台类型，其所涉的法律上关切的利益类型、考量因素有所不同。[1]故在人工智能这一背景下，需要对平台的分类保持一定的开放性，尽量适应网络平台的发展带来的新商业形态，以维护法律规制的前瞻性。

关于网络平台或网络经营者类型划分的立法例，我国《关于办理非法利用信息网络、帮助信息网络犯罪活动等刑事案件适用法律若干问题的解释》第 1 条，就《刑法》第 286 条之一第 1 款规定的"网络服务提供者"进行类型细化，包括提供信息网络接入、计算、存储、传输服务者；信息发布、搜索引擎、即时通讯、网络支付、网络购物、网络游戏、网络直播、广告推广、应用商店等提供信息网络应用服务者；利用信息网络提供电子政务、通信、能

---

〔1〕 参见周学峰、李平主编：《网络平台治理与法律责任》，中国法制出版社 2018 年版，第 11 页。

源、交通、水利、金融、教育、医疗等公共服务的信息网络公共服务提供者。可见，该规则从技术、应用、公共服务三个层面对网络服务提供者进行区分，判断不同类型的服务提供者承担责任的构成要件、后果等有所差别。另外，中央网络安全和信息化委员会办公室等监管机构亦通过规章针对特定类型的网络平台服务采取特别的规制措施。[1]2021年10月，国家市场监督管理总局专门就互联网平台的分类分级发布《互联网平台分类分级指南（征求意见稿）》，依据平台的连接属性和主要功能将平台分为网络销售类、生活服务类、社交娱乐类、信息资讯类、金融服务类、计算应用类六大类；同时，还根据用户规模、业务种类以及限制能力将互联网平台分为超级平台、大型平台、中小平台三级。

除立法上对平台进行分类外，学理上基于不同的标准也存在多种分类方式。在实践中，同一平台企业可能同时提供多种类型的平台服务，故对平台的分类指对平台服务的分类，而非对平台企业的分类。从功能角度看，平台可划分为网络媒介平台、网络交易平台、网络金融平台、网络技术平台等。[2]随着平台功能的演进，按照功能或服务分类已无法应对市场的动态变化，规制平台的前提需清晰界定平台的法律行为，基于此可将平台分为三类。第一类是仅提供技术、不参与网络内容制作，也不参与利润分成；第二类是提供技术和市场条件、部分介入经营活动，对其他主体的直接经营行为提供帮助和支持；第三类是既提供技术、市场条件和商品服务，又直接参与经营活动。[3]从平台所涉及主体的关系来看，平台还可分为第三方平台、自营平台和混合型平台。[4]从平台的规模大小来看，可将其分为超大型互联网平台、一般互联网平台、小型互联网平台。[5]

三、平台的特征与性质

对于平台的特征研究将有利于对其实施特殊的法律规制。具体而言，其特征主要可以归结为以下四点。

第一，网络平台是大数据和算法技术的融合。作为信息聚合和流散的中

〔1〕 参见《互联网论坛社区服务管理规定》《互联网跟帖评论服务管理规定》《互联网新闻信息服务管理规定》等行政规范性文件。
〔2〕 参见尚海涛：《网络平台私权力的法律规制》，社会科学文献出版社2021年版，第30-34页。
〔3〕 参见杨乐：《网络平台法律责任探究》，中国工信出版集团、电子工业出版社2020年版，第17-26页。
〔4〕 参见中国信息通信研究院：《互联网平台治理白皮书（2017年）》。
〔5〕 参见中国信息通信研究院：《互联网平台治理研究报告（2019年）》。

心，网络平台凭借大数据和算法技术的信息梳理、供需匹配、撮合交易等优势，有效降低了平台商家和消费者的搜寻匹配成本。一方面，网络平台通过大数据进行市场分析，可以更加精准地掌握用户的偏好，为用户提供专业化、个性化、定制化的服务，增强用户黏性。另一方面，网络平台不仅为双方或者多方用户提供了互动空间，还通过收集用户的信息，再采用人工智能的分析过滤机制，在对海量数据进行深度分析后以算法推荐技术为用户提供个性化内容推送。目前，算法推荐技术已深入信息、社交、电子商务、短视频、搜索引擎等网络平台。当然，这在方便平台用户获取信息的同时，也引发了一些"大数据杀熟""算法歧视""信息茧房"等问题。

第二，网络平台具有外部效应。首先，网络平台具有外部性。网络平台用户是外部的消费者和平台内经营者，而非平台企业内部职员。其次，网络平台具有多边性。其连接的用户是不同的群体，不同的用户群体在网络平台上进行各种互动。最后，网络平台具有网络效应。网络效应的存在使得用户群的数量能够突破规模限制，使网络平台市场占有率不断提高，很容易导致垄断的局面。

第三，网络平台具有企业与市场的双重属性。一方面，网络平台作为一个商事主体，它是为网络用户提供交易平台和网络交易辅助服务的营利法人。另一方面，网络平台还具有市场属性。网络平台既可以促进多元主体信息交互，也可以通过设置制定交易规则和流程、违规活动甄别处置、协助解决纠纷、交易安全保护等一系列平台内部规则对交互行为进行控制或干预；网络平台也会产生垄断，包括行业垄断和数据垄断。

第四，网络平台的中立性与非中立性并存。网络平台的中立性主要体现在：一方面，网络平台的作用主要是传递信息，而非改变信息的内容或形式。另一方面，网络平台是为不同用户群体互动提供便利的虚拟交易空间，并不参与用户的实质经营活动。但网络平台在发展过程中也出现了交易的非中立性特征。随着网络外部性的增强，部分已经成为巨头的平台会依靠自己巨大的用户规模以及广泛的影响范围滥用市场支配地位，操控用户选择，甚至是整个市场的运营。比如，某些平台企业为了驱逐竞争者，采取的掠夺式定价；某些平台的"二选一"行为等。

关于平台的性质，大多数观点均认为其既是市场参与者，亦是市场组织者。平台作为市场主体、中介服务提供者的性质几乎不可否认，其作为市场参与者本质属性为私利性。除此之外，有的学者认为平台是新的生产力组织者，是海量关键生产要素的掌控者，具有一定的公共属性。[1]

■ 要点

1. 智能化平台实质是一种为连接双边或多边市场主体产生交互，利用信息技术构建信息网络系统，形成的一种新型商业组织形态。

2. 基于不同的研究立场，网络平台可以划分为不同类型，但在人工智能这一背景下，需要对平台的分类保持一定的开放性，尽量适应网络平台的发展带来的新的商业形态。

3. 平台是大数据和算法技术的融合，具有外部效应，中立性与非中立性并存，且具有企业与市场的双重属性。

■ 思考题

9.1 基于何种角度的分类，对研究平台给法律带来的挑战及规制最有现实意义？

第二节 平台的法律规制原则及规制路径

一、平台的法律规制原则

人工智能时代的平台监管，既应符合平台底层的技术逻辑，也应符合主客观相一致、责罚相适应的法律原则。技术原理是中立的，但是技术的应用是包含主观意图的，应将平台算法设计部署的主观过错作为问责依据。有关平台的法律规制原则已有比较多的研究。总结来看，平台的规制应遵循安全保障、信用保护、平台自治、包容审慎四大原则。安全保障是首要原则，是指从个人隐私、人身安全、交易安全多项基本义务全方面保障用户和平台的安全，既包括用户的人身、财产、信息安全，还包括社会公共安全、平台系统安全。信用保护是关键原则，是指通过运用大数据建立现代信用体系、声誉评价机制、信用查询机制等措施，加强平台的可靠可信度，信用是虚拟环境中交易、交流的基础，离开信用，任何交易、交流都无法形成，无法持续。平台自治原则要求平台制定一系列内部规则以加强对平台内各主体的权利义务的规制，从而维护平

---

〔1〕 参见刘权："网络平台的公共性及其实现——以电商平台的法律规制为视角"，载《法学研究》2020 年第 2 期。

台自身生态系统。该原则是实现安全保障和信用保护的路径，更是保障平台系统健康、促进平台经济发展之必需。[1]未来对互联网平台的治理仍应坚持包容审慎的原则，积极塑造和优化平台企业发展的市场生态环境，合理界定平台责任，构建多元主体参与的协同治理体系，并将这一理念贯彻到很多争议性治理问题的价值导向中，在坚持底线监管的原则下，为平台经济的成长留足空间。[2]

二、平台的法律规制路径

从平台法律规制的正当性基础来看，应始终坚持从法律行为出发，回归到具体场景中去探究网络平台具体应承担的法律责任。平台是应用程序的拥有者和管理者，是互联网上信息传播的枢纽，对信息流动有事实上的管理能力，扮演着"守门人"的角色，应当承担相应的管理责任，负外部性理论为平台责任正当性论证提供了重要的规制路径。[3]也有观点主张，应当从为特殊主体设计法律制度的拟制思路转向生产性思路，即理解人工智能在多大程度上帮助平台企业变得更智能（或者平台本身就是一个人工智能体），从而不断要求将平台基础服务、交易流程、终端设备、连接网络等核心要素与其调动的生产性资源相分离，在形式上看成是这些生产性资源"自愿"进入交易网络的过程。从网络连接、基础设施服务和控制力三个角度设置平台责任。[4]同时，有必要跳出单纯的责任理论来讨论围绕资源流动和基础服务能力开展的对平台的监管。[5]

从平台法律规制的立法模式来看，就人工智能技术发展水平及其当下应用而言，采取"传统法律修正"的模式是一种可行的进路。规制需要具体化和场景化，在不同领域的规制的方法、手段、强度和密度应该存在差异。[6]法律规制的力度越大，平台企业的创新空间就越小。相反，平台企业法律规避越多，自生性规则越多，那么就越有可能创新，从而激发经济发展活力和动力。此时，国家法律的规制就需以市场经济发展为导向，针对不同类型的平台企业

〔1〕 参见王坤：《平台企业法通论》，知识产权出版社 2020 年版，第 48 页。

〔2〕 参见中国信息通信研究院：《互联网平台治理研究报告（2019 年）》。

〔3〕 参见杨乐：《网络平台法律责任探究》，中国工信出版集团、电子工业出版社 2020 年版，第 151-152 页。

〔4〕 参见胡凌："平台视角中的人工智能法律责任"，载《交大法学》2019 年第 3 期。

〔5〕 参见胡凌："从开放资源到基础服务：平台监管的新视角"，载《学术月刊》2019 年第 2 期。

〔6〕 参见汪庆华："人工智能的法律规制路径：一个框架性讨论"，载《现代法学》2019 年第 2 期。

进行分类规制。[1]因此，有必要对平台企业的组织设立、运行和责任进行专门规范，形成一个特有的平台企业法律部门，并以平台企业法作为该法律部门的基本法，以《电子商务法》等法律为特别法，构建一个有机的平台企业法律体系。[2]

从公私合作治理的角度看，应以公权力规制为主要规制路径，私权规制（自我规制）应起到配合和自治的作用，从而形成以公权力规制与私权力自治相结合的治理方式。[3]有学者指出，在公私合作治理中，政府与企业产生了过于紧密的合作关系，[4]这将使得本该在企业和消费者之间充当中立监管角色的政府失去其中立地位和公允品质，无法有效监管企业滥用个人数据及利用智能算法误导和操控消费者的行为，该现象应在对人工智能平台规制中引起警惕。[5]基于平台的公共性，通过科学合理地设置平台的公共责任而由平台行使其私权力，形成多元的网络合作治理模式与规制格局，实现规制与创新、发展与安全、公平与效率的动态平衡。[6]应将平台视为一个整体的生态系统进行规制，强化平台自我规制与准公共规制的联合；畅通社会多元主体共治渠道，积极推进"数据治理"建设，建立健全数据分类共享机制，激励"平台竞争与创新"。[7]

从技术角度来看，算法的广泛应用使得平台运行日益自动化，加剧了网络平台事前主观过错认定机制的困境，导致现有平台监管追责机理模糊化、治理节点滞后、责任设置不符合比例原则。如前所述，人工智能时代的平台监管，既应符合平台底层的技术逻辑，也应符合主客观相一致、责罚相适应的法律原则。因此，应穿透网络平台运行的技术面纱，将平台监管的触角和追责视角直接指向背后的算法责任，将平台算法设计部署的主观过错作为问责依据。[8]

---

〔1〕　参见蒋大兴、王首杰："共享经济的法律规制"，载《中国社会科学》2017年第9期。

〔2〕　参见王坤：《平台企业法通论》，知识产权出版社2020年版，第42页。

〔3〕　参见吴伟光主编：《网络、电子商务与数据法》，清华大学出版社2020年版，第209页。

〔4〕　政府在建设智慧政府、智慧城市、智慧法院等过程中，需要向非公立性平台采购人脸识别、智能安防系统、预测算法等智能化数据产品。

〔5〕　参见季卫东编著：《AI时代的法制变迁》，上海三联书店2020年版，第367页。

〔6〕　参见刘权："网络平台的公共性及其实现——以电商平台的法律规制为视角"，载《法学研究》2020年第2期。

〔7〕　参见陈兵："因应超级平台对反垄断法规制的挑战"，载《法学》2020年第2期。

〔8〕　参见张凌寒："网络平台监管的算法问责制构建"，载《东方法学》2021年第3期。

■ 要点

1. 对平台的法律规制应以包容审慎、有限干预、鼓励创新的态度，在遵循安全、信用、公私共治、公开透明的原则下，加以法律规制。

2. 对平台的法律规制路径可从法律行为、法律责任角度通过对现有法律修正的方式加以规制；也可考虑将平台视为整体加以单独立法规制；还可从算法问责的技术逻辑视角加以规制。

■ 思考题

9.2　你认为，专门就平台企业进行立法与在不同部门法体系下对其进行规制哪一种更好？请说明理由。

第三节　平台的具体法律规制

一、对网络平台私权力的法律规制

权力是一种不对称的控制，私权力是相较于公权力而言的，通常是指国家政权机关之外的社会组织对他人的支配力和控制力。[1]网络平台具有制定平台架构和平台规则的私权力，其对平台内用户具有一定的支配力和控制力，平台与平台用户之间实质上存在管理与被管理的关系。在事前、事中、事后规制中，平台能够基于其数据及算法、技术等优势，通过改变技术架构，把握平台准入门槛，高效、低成本地识别不合规的用户，建立声誉机制，采取数据智能监管，完善惩戒机制等对平台内经济运行加以自我规制。

有些学者认为，去中心化是互联网组织发展过程中形成的社会关系形态，由平等的全体公民共同创造、超越国界的适用范围、技术的高超性都表明网络平台非常适合自我规制。[2]但是，也有学者认为，网络平台可能因为自我规制造成权力膨胀，也可能因为自我规制产生的风险被问责，以及平台私权力的滥用可能侵害其他社会主体的合法权益，故而需要在法律层面对平台及平台的自我规制进行适当的规制。因此，有学者主张在事前、事中应以自我规制为主，事后阶段应结合两种规制手段，在具体案件中有所选择和偏

---

〔1〕　参见尚海涛：《网络平台私权力的法律规制》，社会科学文献出版社2021年版，第40页。

〔2〕　See G. P. Mifsud Bonnici, *Self-Regulation in Cyberspace*, Asser Press, 2007, pp. 2-14.

重。[1]

对平台自我规制的规制并非针对实体判断的个别错误，而是组织上和系统上的失灵。[2]平台自我治理也是有效平台规制的关键。良好的平台规制遵循透明度和参与度的原则，运行良好的平台会规制自身的行为活动。使用法律规范良好行为时，反馈要及时开放；使用法律来约束不良行为时，反馈要缓慢而透明。在法律规制层面，应以事后透明性和问责制的监管形式来取代市场准入的监管形式。[3]

在具体措施上，对平台私权力的规制路径包括：（1）网络平台行使私权力应符合基本的程序正义标准，无论是制定规则还是实施具体管控措施，平台都应遵循基本的程序正义标准。具体来说，平台需要抵制暗箱操作的冲动，不断增强平台私权力运行的透明度，选择能够切实发挥作用的信息披露渠道，将自己的规则制定程序、裁决程序暴露在公众视野中，接受公众一定程度的参与和监督。平台对用户进行处罚，应当履行告知、说明理由、听取陈述申辩等基本程序，这是自然正义的基本要求。（2）网络平台行使私权力应符合基本的实体正义标准。实体正义标准要求平台在行使私权力时遵循比例原则、平等原则、信赖利益保护原则，不得利用服务协议和交易规则对网络交易进行不合理限制或附加不合理交易条件。（3）以适度的司法审查确保平台行使私权力的可问责性。法院不应仅以尊重契约自由与意思自治为由，对大量明显不当的平台行为持消极不审查的态度，而应当对于违反公法基本价值的平台行为积极进行评判。（4）科学合理地设置平台公共责任。在智能科技日益发达的新背景下，传统的"避风港规则""红旗规则"已不足以有效保障用户权益，平台或有必要负担更高的注意义务，设法"利用更先进的侵权内容识别技术更有效地发现和制止侵权"，平台的管控能力和管控措施"应随着技术进步而不断提升"。

对平台的自我规制规则应加以司法规制。自治规则是除法律、法规等规范外的平台自我运作的重要规则。但出于商业价值最大化的追求，自治规则很有可能违反法律法规、侵犯他人权益，故应对平台自治规则进行司法审查，审查要点包括：（1）有无突破法律保留原则，即平台自制规则不能对用户的基本

---

〔1〕　参见尚海涛：《网络平台私权力的法律规制》，社会科学文献出版社 2021 年版，第 9 页、第 49-56 页。

〔2〕　参见北京航空航天大学法学院、腾讯研究院：《网络空间法治化的全球视野与中国实践（2019）》，法律出版社 2019 年版，第 73 页。

〔3〕　参见［美］杰奥夫雷 G. 帕克等：《平台革命：改变世界的商业模式》，志鹏译，机械工业出版社 2017 年版。

权利进行限制，不得损害用户的合法权益。（2）有无违反法律、行政法规的强制性规定。（3）有无违反公序良俗，损害公共利益。平台规则在司法中适用的前提条件是，首先，现行法律没有明文规定；其次，平台规则应属于交易习惯的范畴；再次，平台规则应为公众所认可；最后，平台规则不得违反法律规定。平台规则在司法中的适用主要体现为四个方面：一是平台规则的解释；二是平台规则作为漏洞填补规范；三是平台规则作为利益衡量基础；四是平台规则帮助案件事实的认定。[1]

二、对网络平台公平竞争的规制

（一）对网络平台垄断行为的规制

从全球监管实践来看，数字平台的特殊性引发了一系列反垄断监管的新议题，包括数字平台的非中立行为、早期并购、对数据的使用等都引起了反垄断执法机构高度关注。如何提升数字平台规则的公平性和透明度，探索并购审查新标准与竞争损害新理论，创新数据影响的评估方法等已经成为各国数字平台反垄断监管创新的重点。2019年8月，国务院办公厅发布《关于促进平台经济规范健康发展的指导意见》，首次从国家层面对发展平台经济作出全方位部署。明确应依法查处互联网领域滥用市场支配地位限制交易、不正当竞争等违法行为，严禁平台单边签订排他性服务提供合同，同时针对互联网领域价格违法行为特点制定监管措施。2021年12月，国家发展改革委等部门发布的《关于推动平台经济规范健康持续发展的若干意见》提出，对人民群众反映强烈的重点行业和领域，加强全链条竞争监管执法。依法查处平台经济领域垄断和不正当竞争等行为。

在垄断规制上，中国信息通信研究院在《互联网平台治理研究报告（2019年）》中建议我国应结合产业发展实际，采取包容审慎的反垄断态度，将促进创新作为反垄断的主要价值导向，以应对超大型平台企业的崛起。同时，充分利用其他法律手段，对涉嫌"垄断"的争议行为进行综合约束。

从理论上看，传统的需求替代分析方法和供给替代分析方法已无法充分反映双边或多边市场的特点，应该拓展相关市场界定的新思路。当前有一种比较激进的建议是放弃对相关市场的界定，弱化价格分析在经营者市场优势地位或支配地位认定上的作用，注重"黏性"体验，包括多边市场上的其他经营者

---

［1］ 参见尚海涛：《网络平台私权力的法律规制》，社会科学文献出版社2021年版，第49-92页。

与消费者之间的"黏性"通过平台予以强化，以及将他们分别对平台本身的"黏性"不断强化的事实作为认定平台具有竞争优势，甚至是支配地位的重要依据。[1]

此外，随着数字经济的发展，数据已经成为平台的重要生产要素，其对平台经营者参与市场竞争也起到越来越重要的作用。因此，也有学者提出对企业为数据集中而实施的投资、并购以及数据垄断等行为加以规制。[2]数据垄断是以数据作为竞争资源的排他性独占形式，是一种数据被网络平台操控而影响公平竞争的现象。随着数据垄断的形成，平台的控制力越来越强，同时也使用户权益遭到挤压，还会阻碍整个市场的发展创新等。对此，目前的反垄断规制体系略显滞后。我国相关立法、监管机构已经开始加强规制。有学者指出，应从完善数据垄断的法律识别与认定方法，强化数据动态安全和滥用风险防范，建立算法解释权和算法场景化监管，构建多主体、多维度、多层级、多场域、多价值、多要素的多元共治理念与模式多元协调机制等方面对数据垄断加以规制。[3]

（二）对网络平台不正当竞争行为的规制

在人工智能时代背景下，网络平台涌现出滥用数据、算法技术手段，施行流量劫持、恶意不兼容等新型不正当经营模式、业态、行为，也被称为"数据、算法驱动型不正当竞争行为"。传统的反不正当竞争法律规制在数据算法驱动下的不正当竞争行为层面呈现出滞后、僵化、不匹配等问题。对此，我国已经开始从制度层面加强规制。例如，市场监督管理总局于 2021 年 8 月 17 日发布《禁止网络不正当竞争行为规定（公开征求意见稿）》，最高人民法院于2021 年 8 月 18 日发布《最高人民法院关于适用〈中华人民共和国反不正当竞争法〉若干问题的解释（征求意见稿）》。

总的来说，要对新型的数据、算法驱动型的竞争行为持包容、审慎、科学的规制态度，通过动态观察、类案汇总与延后判断的方式逐步厘定这类新型竞争行为的后果。

可在《反不正当竞争法》中增设检察公益诉讼条款，将检察机关设定为反不正当竞争公益诉讼的起诉人，使其可以依据法定权限向数据、算法驱动型

---

〔1〕 参见陈兵："因应超级平台对反垄断法规制的挑战"，载《法学》2020 年第 2 期。

〔2〕 参见吴伟光主编：《网络、电子商务与数据法》，清华大学出版社 2020 年版，第 130–156 页。

〔3〕 参见陈兵、林思宇："'数据+算法'双轮驱动下互联网平台生态型垄断的规制"，载《知识产权》2021 年第 8 期。

不正当竞争行为涉及的各当事方搜集案件材料并固定案件证据，有效化解受到这类不正当竞争行为侵害的广大消费者、经营者难以举证的实践困境。[1]

值得注意的是，在传统法律框架内，对平台利用数据、算法等技术手段实施的竞争行为是否具有"不正当性"，是否"违反法律和商业道德"的界定存在实践困境。从方法论的角度来看，规制网络平台利用数据及算法技术手段实施的竞争行为的关键问题在于分析"数据驱动竞争给消费者和竞争者带来的福利变化"与"竞争者所遭受的损失"之间的量化关系，进而判断被诉行为是否会导致社会整体福利的减损。[2]判断网络平台的行为是否具有"不正当性"时，需要以可持续发展的社会整体效益为基点，在个案中对市场竞争秩序、其他经营者合法权益、消费者合法权益这三项并列法益予以衡量。《反不正当竞争法》所保护的竞争秩序应当具有时代性与国际性，所保护的合法权益应为合同性权益与财产性权益。要确定互联网不正当竞争行为违法，应当重点分析企业的合同性权益或财产性权益是否受到侵害，例如，企业的商业信誉是否受到侵害；消费者是否受到了欺骗或刻意误导，避免以技术创新带来的消费者不便或短期利益受损为标准。[3]

三、对个人信息保护与数据安全保障的规制

在人工智能发展背景下，平台处理个人信息时个人意图的边界以及相应的主观过错概念变得模糊不清。从平台对个人信息的处理程序中辨别个人是否同意、是否明知个人信息会被用于某一特定用途变得越来越困难。个人信息在平台的大数据分析中的最终使用情况已经远远超出个人的意图范围，甚至超出个人的认知范围。因此，由《民法典》、《产品责任法》、《个人信息保护法》等传统私法来承担保护个人数据权的任务也显得捉襟见肘。[4]

对于上述问题，根据我国现有《数据安全法》《个人信息保护法》《网络安全法》等法律法规，应从设立数据安全管理制度、履行个人信息保护义务、配合监管三个维度构建平台数据安全保障义务。人工智能时代，平台是数据生

---

〔1〕 参见翟巍："数据、算法驱动型不正当竞争行为的规制路径——兼评《禁止网络不正当竞争行为规定（公开征求意见稿）》"，载《法治研究》2021年第6期。

〔2〕 参见杨明："数据驱动竞争规制的基本认知与方法论"，载《上海交通大学学报（哲学社会科学版）》2021年第3期。

〔3〕 参见丁晓东："互联网反不正当竞争的法理思考与制度重构——以合同性与财产性权益保护为中心"，载《法学杂志》2021年第2期。

〔4〕 参见季卫东编著：《AI时代的法制变迁》，上海三联书店2020年版，第362页。

产的核心经济组织，但并不意味着平台应承担无限的法律责任。具体而言，首先，不宜为平台的数据安全保障设置严格责任；其次，不宜"一刀切"地划定平台注意义务的标准，而应根据平台在数字生产中承担的角色对平台法律责任予以场景化划分；最后，合理的平台责任水平设置需考虑到对市场竞争的影响，应鼓励大型平台企业共建共营数字化转型的通用性基础软硬件和应用平台，降低中小企业数字化转型成本。[1]

在具体要求上，平台作为数据生产要素提取加工者，应将加工数据的算法作为规制的重点，为了避免平台算法自动化运行带来的自动化决策风险，平台应重视数据收集的准确性、算法设计、算法运行情况，以保证数据生产利用生态的健康。此外，平台应在投放自动运行的算法之前进行算法影响评估，包括算法应用对人权、隐私和数据保护的影响等，并对其算法加工技术产生的自动化决策结果负责。

四、对网络平台新型劳动用工的规制

人工智能时代的劳动就业市场呈现出强从属性劳动萎缩、灵活就业常态化的特征，这使建立在强从属性劳动基础上的传统劳动就业市场法律规制模式难以满足人工智能时代的规制需求，亟须作出调整。为顺应劳动就业市场的发展趋势，学者们提出将"类雇员""准从属性劳动者""类似劳动者型劳务提供人"纳入劳动法保护范围。[2]同样，随着人工智能的深度发展，未来甚至有必要将自雇就业者、人工智能也纳入劳动法的调整范围。对此，可针对各种类型的就业者制定多层次、多侧面的劳动保护规范。[3]

面向人工智能时代，我们现行的劳动法需要进行一次全面的"检修"，[4]人工智能时代劳动就业市场的法律规制应从四个方面进行调整：一是完善配套保障措施，缓和劳动保护规制；二是优化职业培训制度，构建适应时代发展需求的职业培训体系；三是重构社会保障制度，实现从以劳动为核心的社会保障模式向以公民身份为核心的社会保障模式的转变；四是转变理念，扩张劳动法

---

〔1〕 参见张凌寒："数据生产论下的平台数据安全保障义务"，载《法学论坛》2021年第2期。

〔2〕 参见王全兴、刘琦："我国新经济下灵活用工的特点、挑战和法律规制"，载《法学评论》2019年第4期；王天玉："互联网平台用工的'类雇员'解释路径及其规范体系"，载《环球法律评论》2020年第3期。

〔3〕 参见田思路："工业4.0时代的从属劳动论"，载《法学评论》2019年第1期。

〔4〕 参见田野："劳动法遭遇人工智能：挑战与因应"，载《苏州大学学报（哲学社会科学版）》2018年第6期。

适用范围。

为适应网络平台用工的新特点，还应改进劳动关系的判定方法。对网络平台用工劳动关系的认定，应考虑不同平台以及同一平台不同类型平台工人的具体用工特点，综合考虑个案全部事实进行具体分析。在劳动关系认定上，应更加注重实质从属性，考虑平台工人工作时间和收入来源，以及社会保护的必要性等因素。

■ 要点

目前，对于平台的法律规制主要体现在对其私权力的规制和保护市场公平竞争的规制以及保护新型就业形态下劳动关系及劳动者社会保障的规制。

■ 思考题

9.3　你认为，平台的私权力与国家的公权力之间应如何配合，才能更好地保障平台经济的健康发展？

■ 本章阅读文献

1. 杨乐：《网络平台法律责任探究》，中国工信出版集团、电子工业出版社 2020 年版。
2. 周学峰、李平主编：《网络平台治理与法律责任》，中国法制出版社 2018 年版。
3. 尚海涛：《网络平台私权力的法律规制》，社会科学文献出版社 2021 年版。
4. 北京航空航天大学法学院、腾讯研究院：《网络空间法治化的全球视野与中国实践（2019）》，法律出版社 2019 年版。
5. 熊丙万：《平台责任：网络平台的治理机制研究》，法律出版社 2021 年版。
6. 王坤：《平台企业法通论》，知识产权出版社 2020 年版。
7. 刘权：“网络平台的公共性及其实现——以电商平台的法律规制为视角”，载《法学研究》2020 年第 2 期。
8. 胡凌：“平台视角中的人工智能法律责任”，载《交大法学》2019 年第 3 期。
9. 胡凌：“从开放资源到基础服务：平台监管的新视角”，载《学术月刊》2019 年第 2 期。
10. 陈兵：“因应超级平台对反垄断法规制的挑战”，载《法学》2020 年第 2 期。
11. 孙晋、钟瑛嫦：“互联网平台型产业相关产品市场界定新解”，载《现代法学》2015 年第 6 期。
12. 王天玉：“互联网平台用工的‘类雇员’解释路径及其规范体系”，载《环球法律评论》2020 年第 3 期。

第二编

人工智能法的规则论

人工智能法的规则论是其理论体系的一个重要分支。人工智能法的规则论主要关注对于人工智能的法律规制。从规制思路上讲，主要有两种分类依据，一种是以法律部门为依据进行规制。主要包括以下问题：（1）人工智能对宪法主体资格、基本权利和权力限制带来的挑战及其规制方法；（2）人工智能对行政法的挑战及其规制方法；（3）人工智能及其生成物成为受刑法保护的新对象，产生了需要由刑法规制的新行为，以及对犯罪构成要件提出的新要求等问题；（4）人工智能对民事主体地位、侵权责任的冲击及其民商法规制；（5）人工智能给产品质量法、数据竞争、税收制度等经济法规则带来的挑战及应对；（6）人工智能给著作权法和专利法等知识产权规则带来的挑战及规制方法。

另一种则是以应用场景为依据进行规制，主要包括以下问题：（1）自动驾驶汽车法律规制的现状、问题和未来；（2）无人机法律规制的现状、问题和未来；（3）智能投资顾问法律规制的现状、问题和未来；（4）人脸识别技术法律规制的现状、问题和未来；（5）深度伪造与生成式人工智能的法律规制。当然，随着人工智能的应用场景不断增多，其需要规制的问题也应适当增加。

第十章
人工智能与宪法行政法

【导读】

人工智能作为一种新兴的技术，不仅引发了一场新的技术革命，同时也为现行宪法和行政法的运行带来了新的挑战。一方面，数据滥用、黑箱风险的存在直接威胁到基本权利的行使；另一方面，人工智能在辅助提升公权力运行效率的同时也增加了权力滥用的风险。因而宪法应该及时介入，通过合理的宪法解释防范对权利的侵犯，保障对权力的限制。行政法作为动态的宪法在应对人工智能带来的挑战时，应以宪法价值为导向，充分发挥平衡作用，在完善规范的同时推动向服务型政府的深度转变。

第一节　人工智能对宪法的挑战

一、人工智能与公民基本权利保护

宪法意义上的公民身份是一个人在国家法定身份上的延伸。人工智能如何"作为公民"享有权利、履行义务，才是丰富主体身份，摆脱"象征性"的重点。目前，人工智能技术尚未突破情感认知难题，因而还无法成为"完全的道德主体"，加之学界关于主体定位的争议尚未有定论，所以人工智能还无法被当作具有完整"人格"的"人"来看待。赋予人工智能特别权利将牵涉整个社会结构以及法律制度的变革，其具体操作将会是一个复杂的系统工程，目前仍处于不断探索中。

宪法除需要关注人工智能带来的新体系的构建之外，也需要考虑人工智能发展对于原有秩序的冲击与挑战。从当前人工智能发展的现状和领域来看，公民的基本权利受到人工智能的直接影响，而个人信息保护与言论自由则是其中受到冲击最大的两个基本权利。下文将主要以这两个领域为重点，阐述人工智能对宪法基本权利带来的影响以及可能的应对之法。

（一）人工智能与个人信息保护

大数据是人工智能发展的基础，但用户作为数据的产生者并不是数据的所有者。在当前的大数据时代，海量的信息搜索、痕迹跟踪使得个人信息面临广泛暴露与滥用的风险。然而，我国在个人数据保护立法方面尚不完善。

1. 个人信息保护的宪法基础

我国在《个人信息保护法》中明确了"个人信息"的含义，其核心在于具有相关性并"能够识别特定的个人"。个人信息包括但不限于个人隐私的范畴，因而对其产生保护的一部分基础来源于对隐私权的保护。

早在十余年前，我国就有学者提出个人信息保护"体现人性尊严与人格独立"。[1]《宪法》第38条规定的"人格尊严"最适合直接作为个人信息保护法的立法目的。[2]我国《宪法》第38条规定："中华人民共和国公民的人格尊严不受侵犯。禁止用任何方法对公民进行侮辱、诽谤和诬告陷害。"这一规定确认了"人格尊严"的法律地位，是我国个人信息保护的宪法基础。对于人的尊严的保护核心是强调个体的理性与自由，个体具有自主处置和管理与自身相关事务的权利。个人信息作为与个体具有相关性的事务，对于其本身的管理和处置关乎"人的尊严"。除此之外，人工智能时代科技快速发展，逐渐具有自主意识的人工智能面临着异化的危险。当工具异化成人类的主人时，个体的自由与独立将成为空谈，因而通过现代宪政国家的基本理念和法律手段对个人信息保护进行干预与限制势在必行。

2. 人工智能与个人信息保护

大数据时代下的个人信息保护主要有以下几方面的要求：首先，应当重视鼓励创新与保障人权之间的平衡关系，以此为视角进一步展开个人信息保护的构建。其次，应该认识到"个人本位"的数据保护模式已很难适应人工智能时代中数据保护的要求。通过"征求—同意"的方式获得利用权的模式难以适应大数据快速、海量、类型化的特征。一旦"大数据掌控者"想针对某个具体的个人进行数据分析时，这个具体的人就会变得非常危险。因而，法律规制的主要面向应该聚焦于防止具体化、个人化，即在个人不知情、不同意的情况下，防止个人数据被"大数据掌控者"不当利用。最后，必须明确单以《个人信息保护法》来进行规制的作用是有限的，必须从源头上强调技术发展

---

〔1〕 参见王锡锌、彭錞："个人信息保护法律体系的宪法基础"，载《清华法学》2021年第3期。

〔2〕 参见孙平："政府巨型数据库时代的公民隐私权保护"，载《法学》2007年第7期。

信息的利用符合宪法精神。[1]

具体而言，从保护的概念范围来看，"数据财产权"的概念在全球范围内引发了激烈的争论。龙卫球和林洹民认为，目前人工智能数据保护的立法问题主要集中于以下几点：是否该通过设立数据所有权的方式，通过财产权的路径保护个人数据，并以此实现数据使用和数据保护之间的平衡？在智能制造背景下，哪些数据属于个人数据？数据财产权的边界在哪里？[2]而张建文、潘林青认为，人工智能中的数据保护应该更多地聚焦于"匿名化处理"。[3]

从保护的方式来看，宁立志、傅显扬认为，数据权力化与非权力化的争论无益于我国当前数据发展的立法实践。[4]他们将当前关于数据规制的模式归纳为"立法赋权模式"和"行为规制模式"，认为应当通过立法的方式进行选择。无论是作为立法方法的归纳法，还是作为立法价值考量的效益原则和适配原则，都以立法规制对象自身的实证分析为起点。当前采用立法赋权模式不符合科技立法的适配原则和效益原则。立法赋权模式设想的以数据赋权为基础的私权保护无法成为，也不应当成为数据权益救济的主要渠道。

总的来说，人工智能的挑战是根本性的、深层次的、颠覆性的，传统的权利保护、权力制衡等核心价值都面临着挑战，解决之法仍在探索之中。对于应对方法的选择应该以确保作为主体的人享受宪法和法律赋予的权利与自由为前提，这样才能有效构建基于宪法精神的人工智能发展方案。

（二）人工智能与言论自由

1. 宪法意义上的言论自由

言论自由是指公民享有宪法赋予的通过口头、书面及电影、戏剧、音乐、广播、电视等方式发表自己意见的权利。[5]由于言论是公民表达意愿、相互交流思想、传播信息的必要手段和基本工具，是形成人民意志的基础，因而言论自由在公民的各项政治自由中居于首要地位，在政治体系中处于核心地位，是民主政治的基础。言论自由在一定程度上也能够反映这个国家的民主化程

---

〔1〕　参见郑戈："在鼓励创新与保护人权之间——法律如何回应大数据技术革新的挑战"，载《探索与争鸣》2016年第7期。

〔2〕　参见龙卫球、林洹民："我国智能制造的法律挑战与基本对策研究"，载《法学评论》2016年第6期。

〔3〕　参见张建文、潘林青："人工智能法律治理的'修昔底德困局'及其破解"，载《科技与法律》2019年第5期。

〔4〕　参见宁立志、傅显扬："论数据的法律规制模式选择"，载《知识产权》2019年第12期。

〔5〕　参见焦洪昌主编：《宪法学》，北京大学出版社2020年版，第342页。

度。同时，言论自由还具有政治监督以及协调国家权力与公民权利的功能，从而保障公权力行使的合理性与科学性。言论自由的权利在行使时具有法定界限，必须受到宪法和法律的合理限制。具体来说，行使言论自由不能侵犯他人的名誉权，否则构成诽谤；不能侵犯他人的隐私权，否则构成侵权；带有一定程度以及一定方式的威胁性、淫秽性的言论应该受到限制或者禁止；此外，言论自由不能煽动或者教唆他人实施违法行为，不得泄露国家机密、危害国家安全。

2. 人工智能时代下的言论自由

数据和算法是人工智能的基础要素。在当前的人工智能时代，数据与算法的运用广受关注。数据与算法的运用规则该如何制定？其是否具有使用的限制？回答这些问题首先需要明确数据和算法是否属于言论。

（1）数据。

对于数据能否构成宪法上的言论，学界目前主要提出了三个标准：第一标准是表达性的标准，即通过判断表达性来确认是否属于言论。如黄韬认为言论具有表达性或者沟通性。[1]而单纯意义上的数据难以保证其全部含有有用的信息。第二个标准是"事实"与"观点"的标准。有学者认为言论自由作为一国公民按照自己的意愿自由发表言论以及听取他人陈述意见的权利。[2]这一标准的核心强调言论自由保护的是"观点"而不是"事实"。第三个标准是"表达性加目的性"的标准，认为考察某一活动是否是言论，应当综合考虑该活动的主要目的是否传递某个信息，该信息能否被受众所接收以及该项活动是否有利于实现宪法文本中规定的言论自由条款制定的目的。[3]该观点综合了前面两个标准，并将宪法制定者的立法目的考虑在内，对言论自由认定的合宪性进行适当的限缩。

但是上述判断标准在新科技飞速发展的背景下，就言论自由保护来说都存在很大的问题。首先，强调表达性的标准忽视了"原始数据"存在的保护意义；其次，"事实"与"观点"的标准带有很强的主观性，很难在数据体量极大的背景下提供一种更为客观的区分标准；最后，"机器"与"人工"的标准则忽视了"机器"背后编程的人工性。

---

[1] 参见黄韬："信息中心主义的表达自由"，载《华东政法大学学报》2020年第5期。

[2] 参见令倩、王晓培："尊严、言论与隐私：网络时代'被遗忘权'的多重维度"，载《新闻界》2019年第7期。

[3] 参见陈道英："人工智能中的算法是言论吗？——对人工智能中的算法与言论关系的理论探讨"，载《深圳社会科学》2020年第2期。

（2）算法。

美国宪法学通过判例层面的"排序即意见论""编辑论"以及理论层面的实用主义的进路将搜索结果认定为言论，进而认为算法即为言论，受到美国宪法第一修正案言论自由的保护。[1]

①"排序即意见论"。

2003 年搜索王（Search King, Inc.）将谷歌（Google Tech.）告上法庭，搜索王诉称谷歌恶意降低了搜索王网站的网页排名并彻底删除了搜索王子业务 PRAN 的网页排名，而网页排名的降序和删除则给自己的生意带来了"无法估量的损失"。谷歌则以"言论自由"为由进行抗辩，认为网页排名属于谷歌言论，应该受到言论自由的保护。俄克拉荷马州地区法院支持了谷歌的主张，认为网页排序作为一种算法结果是主观的，反映了谷歌对于某一网页相对于用户搜索要求的相关性的观点，搜索结果体现了与用户实际需要相关度之间的建议，因而可以称之为言论。[2]

②"编辑论"。

2006 年，在克里斯多夫·兰登诉谷歌案（Christopher Langdon v. Google Inc.）中，兰登提出谷歌不允许他在自己的网站刊登广告，同时将他的网站从相关关键词的检索结果中移除。谷歌再一次以言论自由为由进行了反驳，主张其展示的搜索结果经过了公司的筛选、编辑以及加工，属于言论。特拉华州地区法院支持了谷歌的主张。法院认为谷歌通过"编辑行为"获得了"发言者"的身份，因而可以对其编辑过的内容即"言论"承担相应的责任。[3]

③实用主义进路。

根据思想市场理论，"观点"和"真理"——而不是人——才是思想市场理论的关键词。思想市场理论因此具有"言论不论出处"的倾向，不要求观点或者言论来自于自然人或公民。[4]在实践中，美国法官在面对一系列与算法有关的诉讼时，都认同了将"算法视为言论"的做法，并且由于言论自由这个宪法上的绝对权利拥有不可剥夺的性质，所以被放弃的就只能是被算法操纵所侵害的那些利益。[5]虽然"算法即言论"在美国宪法学界已成定论，但

---

〔1〕　参见陈道英："人工智能中的算法是言论吗？——对人工智能中的算法与言论关系的理论探讨"，载《深圳社会科学》2020 年第 2 期。

〔2〕　参见左亦鲁："算法与言论——美国的理论与实践"，载《环球法律评论》2018 年第 5 期。

〔3〕　参见左亦鲁："算法与言论——美国的理论与实践"，载《环球法律评论》2018 年第 5 期。

〔4〕　参见左亦鲁："算法与言论——美国的理论与实践"，载《环球法律评论》2018 年第 5 期。

〔5〕　参见陈景辉："比例原则的普遍化与基本权利的性质"，载《中国法学》2017 年第 5 期。

是上述三种逻辑以及分析进路仍然存在混淆"算法"与"算法结果""模糊编辑概念"等瑕疵，究其原因在于，其对于"言论是什么"的回答本身是存在问题的。因为"在人类的每一项行为中都有可能发现某种表达的核心（some kernel of expression）"。[1]

综上，人工智能时代下，从概念角度对言论进行判断的传统方式已经无法解决新型技术带来的各种现实问题。如何判断言论自由的内涵，这不仅涉及如何在技术创新与权利保护之间进行平衡的问题，也与宪法价值的实现息息相关。

3. 人工智能时代下的言论自由保护

（1）主体要件与客体要件。

对于主体要件的判断，有一种观点是从"主体适格"的角度出发，基于"言论自由是属于人的权利"，通过判断数据和算法是否属于"人"的范畴，来决定数据或算法是否受到言论自由的保护。哥伦比亚大学法学院教授吴修铭（Tim Wu）赞同这一观点。他认为算法就是玛丽·雪莱（Mary Shelley）的科幻小说中弗兰肯斯坦创造的怪物，"弗兰肯斯坦的怪物可以走路和说话，但它并没有资格去投票，程序员拥有编程的第一修正案权利，并不等于它所编的程序因此也被赋予这一宪法权利"[2]，不管弗兰肯斯坦创造的怪物多么像人，也不论程序员写出的算法多么智能，由于怪物和算法不是人，它们就永远不能主张弗兰肯斯坦拥有和程序员一样的权利。

左亦鲁则从主体要件背景下的自主理论角度分析认为，数据和算法不是自然人，所谓的"言论"和"表达"目的并不是自我实现和自我满足，从而不受言论自由保护。然而主体论的观点并非绝对，在以"观点"和"真理"为核心的思想市场理论下，算法和数据成为言论并不存在障碍。只要数据和算法能够产出观点，思想市场理论都认为应该允许它们加入竞争。[3]

在"客体要件"的理论之下，类比报纸以及电子游戏，左亦鲁认为涵括有编辑以及自动化因素的数据和算法属于言论。言论的判断核心在于表达，这种理论正如前所述，具有很明显的模糊性以及逻辑的不完整性。然而，因为实践中已经有大量非传统、非典型的表达或行为被视作"言论"，言论的边界以及形式被大范围地扩展，使得算法以及数据被认定为言论很难被阻挡。[4]

---

〔1〕 City of Dallas v. Stanglin, 490 U. S. 19, 25 (1989).

〔2〕 Tim Wu, "Free Speech for Computers", New York Times, http://www.nytimes.com/2012/06/20/opinion/free-speech-for-computers.htm, llast visited on 29 December 2021.

〔3〕 参见左亦鲁："算法与言论——美国的理论与实践"，载《环球法律评论》2018 年第 5 期。

〔4〕 参见左亦鲁："算法与言论——美国的理论与实践"，载《环球法律评论》2018 年第 5 期。

（2）价值论。

有学者提出对言论自由的判断可以从言论自由的保护价值出发进行分析，当算法和数据的内容符合保护价值的内涵与外延时，其应该被定性为言论，受到言论自由的保护。[1]

就人工智能而言，搜索引擎搭建了信息搜集的平台，汇集了体量级的不同言论内容，尽管其本身不发表言论，但是言论的汇集以及处理本身即体现了对"真理的探寻"，因而也属于言论。就开源软件而言，其源代码如果被开放，软件的运行以及适用能够被广泛关注，从而有助于实现更深度的监督，避免算法歧视和黑箱风险，所以这一类算法因为满足了言论自由的价值保护，也应该被认定为言论。

在如何判断算法或者数据是否具有言论自由所保护的价值的问题上，"听者本位论"是大数据时代下的主流观点。如齐延平、何晓斌提出，传统媒介下的言论表达以言说者为核心，言说者在知识储备、资源占有等方面的优势决定了言论的影响力，因此形成言论表达的卖方市场；但算法社会言论的功能发挥则更多取决于言论的受众，言论的影响取决于多少人会关注该言论，由此形成了言论的买方市场。[2]"听者本位论"聚焦于言论本身的质量与内容，不再纠结于言论的表达者。当算法和数据所传达的内容具有"价值"，且作为听众可以接受到价值传递的意义，此时算法和数据即可被认为是言论，应该受到言论自由的保护。

关于人工智能时代下言论自由的保护，是以何种标准进行判断、以何种模式进行保护的问题尚未有定论。但是通过分析可以发现，无论从何种视角出发，言论自由都离不开法律的规制，离不开对宪法价值中平等自由、独立尊严等价值的衡量和判断。只有以宪法精神和价值为核心来构建人工智能时代下的基本权利保障模式、以宪法学来实现对技术的合理有效控制，才能使人工智能更好地服务人类。

二、人工智能与权力限制

保障权利和限制权力是宪法精神之本。人工智能时代下宪法学的应对不仅要着眼于基本权利的保障，同时也应该警惕新时代下新型权力结构以及权力形

---

〔1〕　参见闫斌："网络言论自由权宪政价值初探"，载《理论月刊》2013 年第 4 期。

〔2〕　参见齐延平、何晓斌："算法社会言论自由保护中的国家角色"，载《华东政法大学学报》2019 年第 6 期。

式可能带来的威胁。

（一）人工智能时代下新型权力形式与结构

人工智能时代，网络权力、数据权力、算法权力等新型权力随着新技术的发展应运而生。互联网的普遍运用使人们在物质世界之外还享受着由网络空间构成的虚拟世界。在虚拟世界中，人们可以自由地表达个人的观点，并且与他人形成互动关联，自由地构建个人的虚拟形象，寻求另一番存在的价值和意义。卡斯特（Castells）最先提出真正意义上的网络权力，他指出普通网民联合起来的网民群体成为网络权力的主体。[1]有学者通过对比社会权力与网络权力的不同特点，揭示网络权力的特殊之处，认为网络权力主要是指社会公众，特别是知识精英，以知识、技术、资本等资源为优势，通过网络、论坛、微博等新媒介交互参与的虚拟政治实践，对他人、群体以及社会产生影响、制约与控制的能力与场域，从而迂回达到利益的合理化与合法化。[2]也有学者指出，网络权力受到结构因素、知识因素、资源因素以及能力因素的影响，其中"结构决定网络权力大小"是学术界现存的主流观点。[3]网络主体拥有越多的知识和资源，在网络中享有的权力就会越大。在网络结点中，主体对技术及文化等核心能力的掌握越充分，对潜在能力的开发越充分，其所拥有的网络权力就会越大。

大数据是现代权力的信息性整合，信息就是权力，数据权力则意味着信息成为权力的中枢。有学者从数据权力的能力逻辑及结构逻辑两个方面分析数据权力对人们生活的影响：在能力逻辑上，不同的权力主体基于不同的目的享有不同范围的数据权力；在结构逻辑上，大数据参与人们的政治、经济及文化生活中，对政治社会结构、经济演化结构和观念生活结构产生重要影响。[4]

算法权力是一种人工智能技术平台的研发者和控制者在人工智能应用过程中，利用自身在数据处理和深度学习算法上的技术优势而生成的对政府、公民、社会组织等对象拥有的影响力和控制力。[5]也有学者指出，算法黑箱易导致算法权力异化，因此，应当加强对算法权力的监督。在算法设计阶段，构

---

〔1〕 参见宋辰婷："5G 数字技术赋能下网络权力的拓展"，载《社会科学辑刊》2021 年第 2 期。

〔2〕 参见宋红岩："网络权力的生成、冲突与道义"，载《江淮论坛》2013 年第 3 期。

〔3〕 参见孙国强、窦捷、吉迎东："网络权力决定论研究回顾与展望"，载《科技管理研究》2018 年第 1 期。

〔4〕 参见林奇富、贺竞超："大数据权力：一种现代权力逻辑及其经验反思"，载《东北大学学报（社会科学版）》2016 年第 5 期。

〔5〕 参见陈鹏："算法的权力：应用与规制"，载《浙江社会科学》2019 年第 4 期。

建算法伦理评估，依据不同的利益主体的反馈结果对算法设计可能造成的伦理风险进行分析论证。在算法权力运行阶段，加强对算法的监督，引入第三方制约机制。在事后救济阶段，则引入算法可解释权与算法权力的问责机制。[1]在算法社会，算法作为私权力的新基础、公权力的新能量，它的强化会扩大公权力主体和私权力主体的权利边界以及执行能力，加大公民空间被侵蚀的风险。[2]因此，我们应当对算法权力保持清醒，并保持一定的警惕。

人工智能技术不仅通过改变人们的生活方式形成了新的权力形式，同时还作为一项国家治理的技术手段和工具，直接影响着权力结构。具体而言，人工智能具有效率高、黑箱化、情境化等特征，将人工智能技术应用于治理手段将直接影响权力的作用范围、作用范式以及作用效果等内容，容易形成"数字集权"或者走向"数字民主"。在"政治精英"与"技术精英"相结合的背景下，极易形成权力主体寡头化的倾向。同时，人工智能的应用将直接使权力"力臂"得到延伸，权力作用的范围在人工智能的促进下实现前所未有的扩展。一方面，科学化的手段使得全样本统计和分析成为可能，这有利于提升公共决策的科学性；另一方面，精英化的运作方式将对权力的集中和扩大化起到推波助澜的作用。此外，人工智能带来的权力的集中将可能产生侵犯公民隐私权的风险。人工智能黑箱化特征会使民众很难知晓和掌握权力的运作过程，因而权力侵入私人领域难以被公民觉知，对公民信息权特别是隐私权的侵犯成为潜在的风险。[3]

（二）人工智能时代下的权力限制

1. 公权力主体的立场与态度

公权力主体对于人工智能技术的立场和态度将直接影响对公民权利的保护以及社会基本结构的维持。目前，人工智能技术在我国公权力运行过程中发挥着不可忽视的重要作用。电子政府的基本目标或者特征是平面分散、互联互通、公开透明、数据安全，在价值体系上体现为平等、共享、协同、过程等偏好或者思想取向。[4]政府部门大量运用人工智能实现社会公共管理，在提高服务能力的同时也使得公权力存在过度扩张的风险，公民的基本权利可能受到

〔1〕　参见赵一丁、陈亮："算法权力异化及法律规制"，载《云南社会科学》2021年第5期。

〔2〕　参见周辉："算法权力及其规制"，载《法制与社会发展》2019年第6期。

〔3〕　参见徐琳、徐超："人工智能时代政治权力的双重面相"，载《兰州大学学报（社会科学版）》2020年第1期。

〔4〕　参见季卫东："数据、隐私以及人工智能时代的宪法创新"，载《南大法学》2020年第1期。

侵害。如司法机关与芝麻信用等第三方征信机构合作形成的联合惩戒失信行为的机制，对失信行为人进行精准的打击，但是也可能导致社会上的人被划分为三六九等，公民的"被遗忘权"难以得到保障。因此，过于积极的态度将会扩大和强化人工智能本身具有的风险。同时，过度控制的态度也可能会限制人工智能的发展，抑制技术发展的创造力，使得人工智能本身的优势难以发挥。世界上很多国家都在占据人工智能的高地，如爱沙尼亚政府构建了"X-road"数据共享系统，建设智慧城市，减少行政成本，提高公共服务水平。[1]过度控制人工智能不符合时代发展的潮流，反而会抑制社会的发展。对此，韩大元认为政府在科学技术面前应当保持中立，运用宪法解释防范因技术发展引发的公权力对基本权利的侵犯，不能在拥抱技术的同时将人的尊严边缘化。[2]在人工智能技术发展与人权保障的宪法规范之间，应当寻求一个适当的平衡点，既不简单地否定人工智能技术，也不过于依赖人工智能，以宪法中的基本原则和基本价值为底线，对人工智能保持客观中立的态度。

2. 宪法价值下的制度构建

宪法价值是法律价值的最高形态和集中体现。宪法的根本价值是宪治正义，宪法的基本价值是公民自由与国家秩序。[3]宪治正义是一个国家在一定时期的公民权利与国家权力之间关系的最佳张力，是自由、民主、权力分工制约、社会自治、地方分权和法治的整合与升华，是法律的根本价值——正义在宪法上的最根本、最集中、最高的体现。[4]公民自由与国家秩序之间相辅相成，二者有机统一。

通过上述分析我们可以发现，权力风险出现的根本原因在于人工智能技术存在被轻易滥用的风险。这种风险因为存在技术隐蔽性、黑箱化等特征，人们一般难以察觉。国家机关运用人工智能技术能够建立良好的国家秩序，但也有可能会侵犯公民自由的宪法价值。因此，在宪法价值的要求下，应当避免技术的滥用，保障公权力的正常运行，实现对权力的限制。即将"权力关进制度的笼子"，构建以自由、平等、独立的宪法精神为核心的人工智能监督、保障制度，保障人工智能的有效利用，实现宪法的根本价值和基本价值。

---

〔1〕 参见"数字化的全球典范：一文看清爱沙尼亚的'数字化国度'之路"，载网易网，https://www.163.com/dy/article/F6ACOAS20511ROM2.html，最后访问时间：2021年12月14日。

〔2〕 参见"韩大元、张翔、丁晓东做客我院第21期当代法学名家讲座"，载吉林大学法学院官网，http://law.jlu.edu.cn/info/1082/2219.htm，最后访问时间：2020年5月18日。

〔3〕 参见宁凯惠："宪法价值发生论"，载《政法论坛》2020年第4期。

〔4〕 参见宁凯惠："论宪法价值的实现"，载《法学评论》2019年第3期。

■ 要点

1. 人工智能时代下，用户作为数据的产生者，却并不是数据的所有者，个人信息被广泛暴露，面临被滥用的风险，以个人尊严为基础的宪法保护势在必行。

2. 言论自由保护的内涵体现着对于技术创新与权利保护的平衡态度，如何判断言论自由的内涵对于实现宪法价值至关重要。

3. 权力风险出现的根本原因是人工智能技术存在被轻易滥用的风险。

4. 人工智能时代，网络权力、数据权力、算法权力随着新技术的发展应运而生，高风险的权力结构需要宪法规制的及时介入。

■ 思考题

10.1 如何看待人工智能时代下宪法应该发挥的作用？

10.2 人工智能时代下的个人信息保护体系应该如何构建？

10.3 宪法价值如何在权力内容以及权力形式发生变化的情况下实现？

第二节 人工智能对行政法的挑战

人工智能的蓬勃发展促成了电子政务的出现和繁荣。[1] 自 2016 年 12 月国务院办公厅出台《"互联网+政务服务"技术体系建设指南》以来，"互联网+政务"在全国范围内全面开展。但是，理论界与实务界对于"互联网+政务"背景下技术日渐成熟的电子政务关注不足，相应的立法和理论方面均呈现滞后的情况。就电子政务而言，学者一般将其归入特别行政法的范畴，高家伟将其分为电子政府组织法、电子政务技术法、电子政务财政法、电子行政行为法、电子

---

〔1〕 "电子政府"属于学术界基于研究给定的研究术语，在官方层面上尚未使用过。所谓电子政府，是指将工业化模型的大政府（特点是集中管理、分层结构在物理经济中运行）转变为新型的管理体系，以适应全球性、虚拟的、以知识为基础的数字经济，这种新型的管理体系就是电子政府。从定义可知，电子政府依附于现实政府而存在，电子政府是现实政府的一个组成部分。电子政务实质上是构建一个电子政府，利用信息技术和通信技术，有效地实现行政、服务及内部管理等功能。通过对电子政府与电子政务之间基础关系的厘定发现，电子政务是电子政府建设的过程性项目，而电子政府是电子政务所追求的基础目标结果。即电子政府是电子政务进行到一定阶段才能达到的目标，电子政务是实现电子政府的基础过程。参见刘学涛："数字经济视野下数字政府发展与实践图景"，载《南海法学》2022 年第 2 期。

政务监督法等基本门类。[1]以这些门类为基础进行观察可以发现，立法方面总体表现为软法多、硬法少，学术研究方面呈现行政管理学研究多、法学研究少的特征。[2]在电子政务下，"公众由过去的数据接受者成为数据的提供者，政府通过高度细分、数据挖掘等为公众配送个性化信息，实行信息公开、在线服务和互动服务。"[3]新的行政模式具有便捷化、电子化的特征，但也对传统行政法学形成了挑战，如对于传统行政法原理周延性的挑战、对于公民程序权利的潜在压缩，以及对于行政救济可行性的质疑等。行政法在人工智能时代下发挥着重要的平衡作用，在实现政务创新的同时能够有效保障公民权利。

一、自动化行政的内涵及分类

"人工智能在行政领域的应用"就是所谓的"自动化行政"。自动化行政"行政程序中特定环节或所有环节由人工智能代为处理，而无须人工的个别介入，从而实现部分或全部无人化的行政活动。在具体的自动化行政过程中，可以将承担相应功能的人工智能统称为自动化系统。"[4]"自动化行政并非规范意义上的概念范畴，而是一种描述性用语，意味着行政决定、程序等内容的图示化以及智能化，借此来指通过人工智能、大数据等展开的行政活动。"[5]例如，中国（云南）自由贸易试验区昆明片区聚焦政府职能转变，以企业需求、群众满意为导向，以营商环境国际化、法治化、便利化为目标，以自贸大厅为载体，坚持"一切为了企业，为了企业一切"的服务理念，全方位降低企业注册成本，全流程打造智慧政务2.0服务平台，全天候拓展"24小时"自助区功能，通过做优申报减法、做好数据加法、做精改革乘法、做细门槛除法，构建起"三免一限+智慧政务"新模式。[6]

根据人工智能技术应用领域和适用程度的不同，自动化行政一般可以分为两类，即半自动行政与全自动行政。其中，半自动行政又称为"自动化辅助行政"，是指行政机关借助电子技术和设备但在行政程序过程中仍需人工介入的行政行为；全自动行政又称为"真正意义上的机器行政行为""狭义上的电

---

〔1〕 参见高家伟："论电子政务法"，载《中国法学》2003年第4期。
〔2〕 参见查云飞："人工智能时代全自动具体行政行为研究"，载《比较法研究》2018年第5期。
〔3〕 参加胡敏洁："自动化行政的法律控制"，载《行政法学研究》2019年第2期。
〔4〕 参加马颜昕："自动化行政的分级与法律控制变革"，载《行政法学研究》2019年第1期。
〔5〕 参加胡敏洁："自动化行政的法律控制"，载《行政法学研究》2019年第2期。
〔6〕 参见 "打造政务服务2.0升级版！自贸区昆明片区发布第二批制度创新案例"，载搜狐网，https://www.sohu.com/a/453501007_100109654，最后访问时间：2022年5月20日。

子行政行为"，[1]其主要指行政机关借助电子技术和设备并且在行政程序过程中不需人工介入的行政行为。[2]

另外，根据人工智能自我学习能力的强弱，自动化行政还可以分为三个阶段："信息收集的自动化——流程或手续的自动化——智能流程的自动化。在第一个阶段，人工智能可以自动收集获取某种数据，形成一定的结构化；第二个阶段，按照预先确定好的流程进行复杂计算，访问基本知识存储库，集成至流程中以优化结果，遵照算法以及复杂的流程进行判断；最后一个阶段，人工智能拥有自主决策以及自我修复能力，可以使用人工智能对流程进行重新设计、重组，实现人机互动。"[3]

总体而言，不管是"行政领域的人工智能"，还是"人工智能在行政领域的应用"，人工智能为行政管理带来的便捷化和高效率显而易见。随着人工智能技术的发展，"自动化"本身的含义不断拓展，从简单的机械替代到智能分析再到深度学习后的自主决策，均成为可能。然而，制度设计以及理论分析并没有伴随科学技术的发展形成体系化和规模化，虽然新技术的出现引发了一定的讨论，但是对于自动化行政的理论建构仍然处于初步阶段。

二、人工智能时代下行政法的发展

人工智能技术在行政管理方面的广泛应用显著提升了行政效率，同时也使行政程序变得日渐高效和透明。但是其与传统的行政活动在主体、活动原则、裁量标准、运行程序方面都有着显著的不同。基于这些差异，自动化行政将带来很多潜藏的法律风险，如"信息、数据收集以及处理的错误风险、对个人隐私和数据保护的侵扰风险、算法不透明所引发的风险等"。[4]如何对这些风险进行完整、周延、及时的规制？如何使电子政府满足学者所期盼的"现代信息技术、政府再造和法治国家等三个核心要素交融的产物"的完美形象？这些都是人工智能对行政法学发展所提出的挑战。[5]

---

[1] 参见马颜昕："自动化行政的分级与法律控制变革"，载《行政法学研究》2019年第1期。
[2] 参见查云飞："人工智能时代全自动具体行政行为研究"，载《比较法研究》2018年第5期。
[3] 参见胡敏洁："自动化行政的法律控制"，载《行政法学研究》2019年第2期。
[4] 参见胡敏洁："自动化行政的法律控制"，载《行政法学研究》2019年第2期。
[5] 参见高家伟："论电子政务法"，载《中国法学》2003年第4期。

（一）人工智能与传统行政法原理

1. 自动化行政行为的定性

根据前述分类，半自动化行政需要人工的介入，因而人工智能辅助并不会影响其自身的法律定性。具体而言，根据我国现有的关于半自动化行政的相关法律规定，[1]半自动化行政可以细分为三类，分别是电子沟通类、电子告知和送达类以及电子申请和申报类，[2]这三类半自动化行政行为的法律性质也较为明晰。第一类是作为说明、告知咨询方式的电子沟通类行政行为，其在行政法上被认定为行政事实行为。第二类是电子告知和送达类行政行为。根据相关法律的规定，当数据电文与书面形式具有同等效力时，电子告知和送达类的行为与一般的送达行为无异，但是法律另有特别规定的除外。第三类是电子申请和申报类的行政行为，其法律定性同样应该以法律的明文规定为认可的前提，法律已有相关规定的电子申请和申报产生一般的申请和申报效果。[3]

对于全自动化行政行为的定性目前虽然存在争议，但是主流观点认为，全自动化人工智能的介入并不影响行政行为的成立。学者们借助传统行政法理论框架从两个角度出发来证成这一观点。

从行政主体论的角度来看，"行政行为概念的主体构建始终围绕着行政主体（或者行政机关）来进行。"[4]一般来说，行政行为的具体载体是作为自然人的公务员，但是行政行为的载体并不仅以自然人为限，还包括将特定的组织或者结构作为载体的方式，如"集体决定"的方式。正因为这种与自然人相区别的载体的存在，由人工智能进行"收集、分析、决定"的全自动行政行为并不存在理论障碍，可以通过行政法对其进行规制。[5]

从意思表示的角度来看，行政法上的意思表示不同于民法上的意思表示，其仅从客观的是否对相对人权利产生影响的视角予以判断。[6]基于此，行政机关作为行政程序的事先设计者，其意思由行政机关自己形成，人工智能机器作为其表达工具可以被看作是行政机关的延伸。尽管在使用自我感知、思考决定的人工智能机器时可能存在不可预知的风险，但根据行政行为意思表示的客

〔1〕 参见《食品安全法》第 115 条；《商标法实施条例》第 10 条；《行政许可法》第 29 条、第 33 条；《商标法》第 22 条等。
〔2〕 参见查云飞："人工智能时代全自动具体行政行为研究"，载《比较法研究》2018 年第 5 期。
〔3〕 参见查云飞："人工智能时代全自动具体行政行为研究"，载《比较法研究》2018 年第 5 期。
〔4〕 参见应松年主编：《当代中国行政法》（第三卷），人民出版社 2018 年版，第 752—776 页。
〔5〕 参见马颜昕："自动化行政的分级与法律控制变革"，载《行政法学研究》2019 年第 1 期。
〔6〕 参见余军："行政处分概念与具体行政行为概念的比较分析"，载《公法研究》2005 年第 1 期。

观推定原理，此时行政机关的意思将从机器对相对人权利义务是否直接产生影响的角度予以推定。从客观权利影响的角度来看，该行政行为仍然成立。[1]

2. 特殊原则的拓展

行政法中存在实体性基本原则及程序性基本原则。实体性基本原则主要包括依法行政原则、尊重和保障人权原则、越权无效原则、信赖保护原则和比例原则。程序性基本原则主要体现为正当法律程序原则、行政公开原则、行政公正原则及行政公平原则。[2]上述原则为行政法中的一般原则，形成历史久远且适用普遍。相较于传统行政行为领域，人工智能领域具有新的特征，因此，其应当有自己特殊的内在规律和体系，除应当满足一般原则之外，还应当遵循特殊原则。特殊原则的拓展无疑是行政法应对人工智能的前期重要手段。作为行政法的一个特殊领域，对自动化行政的规制目前尚未作出详细的规定。高家伟认为现有的行政法基本原则无法完全实现对于自动化行政行为的法律规制，因此应当对特殊原则进行适当的拓展。他主要提出了三个原则：（1）政府中立原则。在利益多元化的社会当中作为利益协调者的政府保持中立性是其要遵守的基本原则之一，在自动化行政下政府中立性表现为技术中立和文化中立。（2）透明度原则。该原则主要是为了避免人工智能技术滥用带来的难以预估的风险。（3）弹性化原则。自动化行政的特征在于通过固定化的算法作出具体的行政行为。因而自动化行政面对的将不是一般行政下特定的相对人，而是算法构建下的特定场景。这种模式难免忽视相对人的特殊性以及特殊需要，所以应当通过弹性化的原则，增强公共组织的灵活性，实现自动化行政与一般行政的衔接。[3]

3. 政府"监管者"角色的重新定位

目前互联网以及与互联网直接关联的企业比政府掌握了更多的关于公民（作为消费者）的信息。强调构建"智慧化""信息化"的政府部门，有时需要求助于掌握大量信息数据的企业。这将模糊公权力与私权力之间的边界，使政府本来应该监管的对象成为政府的合作伙伴乃至实际控制者。[4]

政府与被监管者之间的角色关系由原来的"自上而下"的针对性监管，逐渐转变为"平等化"的现实处境。如何保障和实现市场主体一定程度上的"公共性"以及"社会性"是接下来人工智能行政治理的重中之重。在这样的

〔1〕 参见查云飞："人工智能时代全自动具体行政行为研究"，载《比较法研究》2018年第5期。
〔2〕 参见姜明安：《行政法》，北京大学出版社2017年版，第115-133页。
〔3〕 参见高家伟："论电子政务法"，载《中国法学》2003年第4期。
〔4〕 参见郑戈："人工智能与法律的未来"，载《探索与争鸣》2017年第10期。

情况下，如何通过行政法维持政府的监管者角色，以及如何实现政府的有效监管，是值得深思的问题。

4. 人工智能时代行政裁量的局限性

人工智能应用于自动化行政的过程中，个案衡量的局限性是不可回避的。宋华琳、孟李晃认为人工智能系统在行政活动中的引入，可能使行政执法人员将复杂现实空间中遭遇到的案件案情，归约为输入计算机的若干指标或参数，然后利用人工智能系统像"自动售货机"式输出决定。但是个案的判断是需要进行利益权衡的，甚至需要对未来进行预测和判断，这需要十分严谨和审慎的考虑。[1] 自动化输出与行政裁量之间的张力无疑为自动化行政埋下了隐患。针对这种挑战，目前很少有立法例可供参考。有学者提出从人工智能适用的源头来进行解决的方式：进一步细分不同的行政领域，研判不同状态下所要求的行政裁量情况。针对羁束行政行为，应该关注不确定法律关系的定性和标准；针对裁量行政行为，应该强调行政人工智能的辅助作用，将其适用于行政决定的准备过程，并不将其适用于实质性的决定制作过程。[2]

同时在"国际人工智能与法律会议"（International Conference on Artificial Intelligence and Law）上，有学者认为，人工智能在未来的法律适用中主要可能被用于具有重复性的法律任务，如电子取证、法律推理论证等。[3] 对于行政法来说，由于行政权力有诸多不可让渡的空间以及涉及国家的众多基本概念，在当下以及未来很长一段时间内，人工智能将不适宜被用于作出直接的行政决定。[4]

总的来说，在行政领域，人工智能的引入应更多地集中于事实认定环节、更多地适用于羁束行为，其形式也应主要呈现为半自动化行政。尽管具有中立性和独立性的人工智能技术有可能介入行政裁量，而且可以带来更高效、更精确、更合理的裁量期待，但是不可操之过急。在黑箱风险、公共性保持等问题得到解决之前，对人工智能在自由裁量领域的适用还是应该保持更为审慎的态

---

〔1〕 参见宋华琳、孟李晃："人工智能在行政治理中的作用及其法律控制"，载《湖南科技大学学报（社会科学版）》2018年第6期。

〔2〕 参见宋华琳、孟李晃："人工智能在行政治理中的作用及其法律控制"，载《湖南科技大学学报（社会科学版）》2018年第6期。

〔3〕 参见腾讯研究院等：《人工智能：国家人工智能战略行动抓手》，中国人民大学出版社2017年版，第230页。

〔4〕 参见〔日〕松尾丰、盐野诚：《大智能时代：智能科技如何改变人类的经济、社会与生活》，陆贝旎译，机械工业出版社2016年版，第59页。

度，避免出现风险难以控制的局面。

5. 人工智能与相对人实体权利

在人工智能应用于行政治理之后，个人信息的收集更为迅捷，处理信息以及传播信息的效率与科学性进一步提升。同时，公众的角色也发生了转变，从过去的数据接收者变成了数据提供者。与此对应的对个人数据隐私权的保护逐渐进入了行政法规制的视野。如何定义个人数据隐私？如何确认数据隐私在自动化行政不同阶段的表现以及存在的保护风险？如何实现行政法下数据隐私权的保护？这些问题成为行政法在保护相对人实体权利时面临的新挑战。

对此问题，有学者提出，要针对不同阶段的不同行为对相对人的权利进行保护，"首先考察数据收集、处理的合法性以及合理性；进而考虑数据的合法、合理利用，最终落实到数据赋权，尤其是以数据隐私权为核心的保障之上"。[1]还有学者表示，数据开放是人工智能治理过程中的重要方面，也是隐私权侵犯的重点区域，明确政府数据开放的范围与标准，探索数据匿名化等新型数据保护工具，是保护相对人隐私的重要方式。[2]

（二）人工智能时代行政程序权利的实质性收缩

任何公权力的行使都需要受到正当程序的限制。自动化行政所做出的行为较一般的行政行为来说，其决策、决定的过程具有隐蔽性、电子性、数据性的特征，听证、说明理由等行政程序因此被省略，同时还伴随着算法错误、算法歧视、数据歧视、黑箱风险等缺陷，所以正当程序的控制在自动化行政当中极为重要。自动化形式的行政行为也对传统的正当程序提出了挑战。如何通过正当程序避免数据歧视？如何提升其透明化程度？如何实现数据化依据对于公众的可识别化以及可视化、避免相对人程序权利的收缩？这些都是未来我国行政程序法需要面临的人工智能带来的新挑战。

1. 对公开性的挑战

根据传统的对于行政公开的要求，自动化行政公开算法即可满足程序公开的要求。但这样的公开没有实质意义，因为普通民众无法理解复杂的程序和专业的算法。从这个角度来说，传统的对于公开透明性的要求已经难以满足对人工智能时代自动化行政中相对人程序权利保护的需要。

针对透明度提升的挑战，提高算法等技术的可理解性是学界目前较为统一

---

[1]　参见胡敏洁："自动化行政的法律控制"，载《行政法学研究》2019 年第 2 期。

[2]　参见宋华琳、孟李冕："人工智能在行政治理中的作用及其法律控制"，载《湖南科技大学学报（社会科学版）》2018 年第 6 期。

的观点。此外还有学者提出"技术上的透明度"的概念，包括事先透明度和事后透明度。在适用自动化行政之前对决策的程序进行解释即所谓的事先透明度。作出决定前决策程序尚不明确，但是通过对人工智能绩效的监测，可以确证出决策程序即所谓的事后透明度。[1]数据的定期公开以及建立完善的数据追踪和评估制度、引入专业性的技术官员也是提升透明度的有效方式。[2]

但是也有学者指出，由于存在算法黑箱，导致了以正当程序规制算法时，并不能按如上的方式进行，也就是说，算法黑箱的存在导致正当程序并不要求算法的透明化。[3]上述观点虽然具有一定的合理性，但是"公开、透明的追求长久以来已经在公法领域形成了独立的法律价值。提高透明度不仅可以让自动化决策在一定程度上融入现有法律体系，让一部分现有的法律控制手段继续发挥作用，另外也可以从心理上增强公众的安全感，提高新技术的可接受度"。[4]

2. 对程序权利的挑战

有学者认为，从信息论的角度看，行政正当程序的本质是行政机关向行政相对人发送信息的工具。[5]而自动化行政过程中省略了听证、说明理由的环节，相当于在一定程度上打断了这种信息沟通的机制。另外，在行政正当程序中，行政公开和公众参与均是重要的原则，听证和说明理由的环节在传统行政程序法中发挥着公开行政信息和保证公正参与的功能，这样一方面可以降低行政决定的错误率，另一方面也是保障相对人权利的重要程序制度。自动化行政省略了听证及说明理由的环节，无疑对行政正当程序提出了挑战。

立法在该领域尚没有具体的规定。有学者认为，不能忽视对这两种程序的保障，但是需要通过更加特殊以及更为贴近人工智能特征的方式来进行程序的构建。具体而言，首先是确定程序使用的范围，当自动化行政有可能给行政相对人带来不利影响，涉及行政相对人实体权利、程序权利及救济权利，以及涉

---

〔1〕 参见宋华琳、孟李冕："人工智能在行政治理中的作用及其法律控制"，载《湖南科技大学学报（社会科学版）》2018年第6期。

〔2〕 参见宋华琳、孟李冕："人工智能在行政治理中的作用及其法律控制"，载《湖南科技大学学报（社会科学版）》2018年第6期；胡敏洁："自动化行政的法律控制"，载《行政法学研究》2019年第2期。

〔3〕 参见陈景辉："算法的法律性质：言论、商业秘密还是正当程序？"，载《比较法研究》2020年第2期。

〔4〕 参见马颜昕："自动化行政的分级与法律控制变革"，载《行政法学研究》2019年第1期。

〔5〕 参见张凌寒："算法自动化决策与行政正当程序制度的冲突与调和"，载《东方法学》2020年第6期。

及"最低限度的公正"时，应就人工智能及其决策的有关信息进行说明。[1]其次是关于说明的内容，除对算法进行前述透明化的解释之外，还应该包括人工智能系统的运营过程、运营结果、作出行为的推理等内容。[2]最后是相关的权利影响，当自动化行政过程当中正当程序未实现时，相应的行政决定应当被确认无效或被撤销，相对人具有要求其被确认无效和撤销的救济权利。[3]

　　总而言之，人工智能对传统行政程序的限缩是必然的，黑箱化的本质特征使得权力的运行处在"算法"身后，提升程序运行透明度、拓展程序保障范围、精确化程序设计或许是规避这一风险的有效方法。

　　(三) 人工智能与行政权利救济

　　自动化行政中需要完善的权利救济，只有这样才能更好地保障相对人的权利。权利的救济包括行政主体的确认、规则方式的确定等内容，其中人工智能带来的最大挑战即责任主体的认定。一般的行政行为当中责任追踪比较清晰，但是自动化行政中却较难确定具体的责任主体。一方面，算法主体中必然包括技术的设计者。另一方面，这些技术人员有时需要对技术进行运作、监督等操作，在一定程度上也可以成为技术的控制者。以实践中的技术运营商为例，他们是技术的设计者，通常以政府外包的方式存在。那么，当自动化系统出现故障造成相对人的损失时，责任主体应当如何确定呢? 我国《行政诉讼法》第2条规定:"公民、法人或者其他组织认为行政机关和行政机关工作人员的行政行为侵犯其合法权益，有权依照本法向人民法院提起诉讼。前款所称行政行为，包括法律、法规、规章授权的组织作出的行政行为。"根据这一条款，将技术运营商视为责任主体似乎不妥当，因为他们不能被认定为行政诉讼法的责任主体——行政机关的一部分;将分配外包任务的政府视为责任主体似乎也不妥当，因为自动化系统的运行不涉及行政机关和行政机关工作人员的行政行为。这是自动化行政对行政诉讼法的新挑战。

　　有学者认为，从本质上看，自动化行政行为真正的主体是行政机关，人工智能可以看作是行政行为的载体，并不会影响真正意义上的行政法律关系。类比公务员，技术主体的错误同样需要由行政机关承担，也正因如此，行政机关需要对技术主体进行及时和长期的监管，自觉承担起相应的责任。[4]还有学

[1] 参见宋华琳:"英国行政决定说明理由研究"，载《行政法学研究》2010年第2期。
[2] 参见宋华琳:"英国行政决定说明理由研究"，载《行政法学研究》2010年第2期。
[3] 参见宋华琳:"英国行政决定说明理由研究"，载《行政法学研究》2010年第2期。
[4] 参见马颜昕:"自动化行政的分级与法律控制变革"，载《行政法学研究》2019年第1期。

者认为，"在很多旨在以搜集信息为目的的自动化行政中，法律关系上主要围绕数据实际的拥有者以及数据主体展开，其中可存在彼此基于合同关系再或经过利益衡量，进而到私主体的自我同意而认可数据使用的正当性。进而，应当赋予单纯依靠自动化的违法决定撤销或者无效的法律后果。此外，技术上，可以通过设定一定的参数等，来补入特定情形下人工的裁量情形。或是探求出措施，使得决定结构能够根据该行政领域的特殊性弹性地进行。"[1]

（四）人工智能与行政监管

人工智能的行政监管包括两方面内容，一方面强调行政机关利用人工智能技术来实现更为全面科学、合理合法的行政监管模式，另一方面则要求政府介入对人工智能的监管。就前者而言，在行政政策制定方面，可以借助人工智能系统来检索信息，听取公众意见，改进规则的审查和备案工作。[2]政府运用人工智能系统对公民的信息和数据进行收集和处理，对公民的行为进行预测，应对不同的社会需求，制定精准的战略决策。在行政执法领域运用人工智能技术，能够节约执法资源，实现高效准确执法，减少行政负累。

关于对人工智能的监管，学界普遍认为政府介入人工智能监管是明智之举。有学者提出人工智能的行政法监管应该完整地包括三个方面：事前监管、事中授权、事后惩处。在事前监管方面要进行行政备案，即要求相关的设计者以及开发人进行原则性的申报。申报和备案一方面赋予了人工智能一定的法律人格，同时也是人工智能投入商用的前提。事中授权的核心目的是对人工智能的应用风险进行评估，在评估的基础上开放人工智能的适用领域。这一评估的权力由政府授权给有资质的相关专业机构。他认为进行形式评估即可达到约束行为的目的。因而，只要具备相应的备案登记材料，主管机关即可作出准予公用的授权。事后惩处则需要行政机关结合具体情况，以"以人为本"为根本原则进行违法性的判断。此外，主管行政机关还可以在总结现有发生事件的基础上构建和完善人工智能安全监测预警机制。[3]张建文、潘林青认为，人工智能的行政法监管应该形成一个体系化的制度。[4]具体而言，"应从国家层面加快理顺人工智能的监管体制，构建政府监管和行业自律机制，通过国家主

---

〔1〕 参见胡敏洁："自动化行政的法律控制"，载《行政法学研究》2019 年第 2 期。

〔2〕 参见宋华琳、孟李冕："人工智能在行政治理中的作用及其法律控制"，载《湖南科技大学学报（社会科学版）》2018 年第 6 期。

〔3〕 参见袁曾："人工智能有限法律人格审视"，载《东方法学》2017 年第 5 期。

〔4〕 参见张建文、潘林青："人工智能法律治理的'修昔底德困局'及其破解"，载《科技与法律》2019 年第 5 期。

导、行业自律、大型企业引领、社会舆论监督等多管齐下，建立高效联动、动态的人工智能安全发展体制机制"。[1]

总之，在人工智能与行政法的问题上，学界的讨论热度并不及其他部门法。虽然已经有一些学者尝试性地提出了问题，但仍有不少理论尚未梳理清楚。特别是在行政法领域本身尚未解决的问题上，人工智能的出现将进一步增加一些理论问题的复杂性。

■ 要点

1. 行政法在人工智能时代发挥着重要的平衡作用，在实现政务创新的同时能够有效保障公民权利。

2. 自动化行政行为属于行政行为，人工智能的介入不影响行政行为的成立。

3. 自动化行政中个案衡量的局限性不可避免，人工智能尚不适宜被用于作出直接的行政决定。

4. 自动化行政下行政程序权利被限缩，正当程序的控制在自动化行政当中极为重要。

■ 思考题

10.4 自动化行政下政府如何更好地实现"监管者"的职责定位？

10.5 如何定义数据隐私在自动化行政不同阶段的表现以及存在的保护风险，如何实现行政法下对数据隐私权的保护？

10.6 自动化行政下的相对人权利救济体系应该如何构建？应该遵循哪些原则？

■ 本章阅读文献

1. 陈道英："人工智能中的算法是言论吗？——对人工智能中的算法与言论关系的理论探讨"，载《深圳社会科学》2020年第2期。
2. 左亦鲁："算法与言论——美国的理论与实践"，载《环球法律评论》2018年第5期。
3. 叶娟丽、徐琴："移动互联网·大数据·智能化：人工智能时代权力的规训路径"，载《兰州大学学报（社会科学版）》2020年第1期。
4. 徐琳、徐超："人工智能时代政治权力的双重面相"，载《兰州大学学报（社会科学

---

[1] 参见张建文、潘林青："人工智能法律治理的'修昔底德困局'及其破解"，载《科技与法律》2019年第5期。

版）》2020 年第 1 期。

5. 高家伟："论电子政务法"，载《中国法学》2003 年第 4 期。

6. 查云飞："人工智能时代全自动具体行政行为研究"，载《比较法研究》2018 年第 5 期。

7. 胡敏洁："自动化行政的法律控制"，载《行政法学研究》2019 年第 2 期。

8. 马颜昕："自动化行政的分级与法律控制变革"，载《行政法学研究》2019 年第 1 期。

第十一章
人工智能与刑法

【导读】

人工智能技术对刑法的影响包括多个方面：首先，人工智能数据的安全性及其生成物成为刑法保护的新对象，其重点是规制侵犯人工智能数据安全以及人工智能生成物著作权的行为。其次，人工智能产生了需要由刑法规制的新行为，如利用"深度伪造"技术制作的"换脸视频"、利用智能手术机器人实施的医疗活动、利用人工智能进行的证券期货市场交易以及无人驾驶等。最后，人工智能对犯罪论产生了系统性的影响，特别是对犯罪构成要件的认定提出了新的挑战，例如使犯罪主体难以认定、因果关系错综复杂等。

人工智能运用场景十分广泛，深度参与并影响了互联网时代社会经济的发展。国务院于 2017 年 7 月印发了《新一代人工智能发展规划》，规划中提出开展与人工智能应用相关的民事与刑事责任确认等法律问题研究，建立追溯和问责制度，明确人工智能法律主体以及相关权利、义务和责任等。由此可见，我国刑事政策对于人工智能相关的法律体系建设持积极态度。周光权指出，在刑法观念逐步转向功能主义、刑法与政策考虑紧密关联的今天，刑法的谦抑性并不反对及时增设一定数量的新罪。[1]劳东燕也指出，功能主义的刑法立法观能够适应风险社会的规范性需求。在考虑是否入罪及如何惩罚时，刑法立法应当从单纯的控制思维中走出来，在整合权利保障思维的基础上，进行全面的、综合性的利益衡量。[2]刑法在对人工智能技术作出适当回应的过程中，一方面，需要保护人工智能技术的发展；另一方面，需要对人工智能导致的或与人工智能相关的犯罪作出规制。

---

〔1〕 参见周光权："积极刑法立法观在中国的确立"，载《法学研究》2016 年第 4 期。

〔2〕 参见劳东燕："风险社会与功能主义的刑法立法观"，载《法学评论》2017 年第 6 期。

第一节　人工智能及其生成物成为受刑法保护的新对象

一、人工智能数据安全的刑法保护

人工智能是建立在现代算法基础上，以历史数据为支撑，从而形成的具有感知、推理、学习、决策等思维活动并能够按照一定目标完成相应行为的计算系统。尽管机器可以不断自我优化以提升学习能力，且原则上可以学习任何东西，但评估的方法和原则以及用以评估的数据都是人为决定的，数据的缺失和预设条件的不合理将直接影响机器学习的输出。[1]因此要保证人工智能的正常运行，就需要强调数据处理全流程及依赖规则的安全。同时，要坚持刑法的谦抑性和后盾法地位，积极发挥前置法规制风险的功能，避免刑法的不适当介入影响人工智能领域的创新。从实际情况来看，侵犯人工智能数据安全行为主要有如下类型。

（一）非法获取数据

非法获取数据行为是为了获取训练数据或主题数据，利用模型缺陷、学习框架漏洞或制作其他攻击工具实施模型逆向工程或特征学习，以概率模拟猜测破解模型自身、防御系统或应用系统（常见包括存储系统、文件系统等）等侵犯数据安全的行为。[2]此类行为侵犯了人工智能数据安全的机密性，行为利用当前模型的缺陷和学习框架漏洞，以概率算法猜测和碰撞模型结构、防御系统或应用系统，改变了数据不被他人知悉的状态，侵犯了人工智能数据安全法益的机密性要求。以上行为可能触犯非法侵入计算机信息系统罪、非法获取计算机信息系统数据、非法控制计算机信息系统罪等罪名。

（二）恶意损毁数据

恶意损毁数据行为是为了改变算法模型功能的有序规则表达，借助于错误表达致使人工智能决策出现问题，从而产生现实性的实害结果。[3]此类侵犯数据安全行为的特点是：可直接改变数据结构本身，如增减训练数据的内容、

---

〔1〕　参见贾开、蒋余浩："人工智能治理的三个基本问题：技术逻辑、风险挑战与公共政策选择"，载《中国行政管理》2017 年第 10 期。

〔2〕　参见赵帅、杨力："侵犯人工智能数据安全的刑法规制——以《刑法》第 286 条为分析对象"，载《学习与探索》2021 年第 2 期。

〔3〕　参见赵帅、杨力："侵犯人工智能数据安全的刑法规制——以《刑法》第 286 条为分析对象"，载《学习与探索》2021 年第 2 期。

数量、结构形式等；亦可修改模型算法处理的逻辑规则，如改变数据训练与测试比例等。模型及功能通过数据训练予以实现，任何改变训练数据结构和信息可识别性、建模规则的行为都可能致使结果的输出偏离预期设定。改变数据自身结构和信息内容识别的具体侵犯行为，实质上影响了人工智能数据的正常功效，影响了模型的训练结果并致使决策发生偏离。例如，在生物特征识别应用场景中，增加恶意的对抗性人脸图像数据来源（即与真实身份不符或不在数据库中的人脸图像），可致使现实中的人脸识别错误，逃避了真正的身份验证，进而实施其他犯罪行为。如司法实践中，李某等冒用购物网站买家身份进入网站内部评价系统删改购物评价，其侵入性行为破坏了数据安全的机密性，删改数据的操作行为破坏了数据安全的完整性，删改评价信息致使原有系统的数据采集、客户流量、服务检索受到实质影响和损失，破坏了数据安全的可用性，应当被认定为破坏计算机信息系统罪。[1]

（三）数据过度采集和数据偏见歧视

人工智能场景应用的优劣与训练数据量存在正相关性，带有明显标签性质的数据更能提升人工智能应用系统的可利用性。为实现更好的应用效果，应用系统开发者设计的程序通常表现为主动利用各种手段获取训练数据，这可能导致数据过度采集；同时，模型构建时亦无法排除设计者的价值倾向性，深度学习、神经元多层嵌套也会产生算法黑箱以及某些决策结果不可解释性弊端，这可能导致数据偏见歧视。数据过度采集和数据偏见歧视行为并不能改变数据自身结构，但此类基于数据的关联行为可能导致其他不利后果。从行为内容看，基于数据的关联行为集中在积极采集数据方面，依托于自有信息系统和公开数据来源，但过度采集训练数据也可能对个人信息安全带来隐患，而是否构成对非自有系统的侵犯，需结合采集方式及其后果综合判断。[2]

二、人工智能生成物的刑法保护

人工智能的发展可分为弱人工智能与强人工智能两个阶段，由于弱人工智能所有的行为都是由程序研发者预先编写好的，我国学术界普遍认为其属于一种工具。强人工智能是指具有自控性、自我意识和思维的智能机器。强人工智

---

〔1〕 浙江省杭州市中级人民法院刑事裁定书，（2015）浙杭刑终字第 311 号。

〔2〕 参见赵帅、杨力："侵犯人工智能数据安全的刑法规制——以《刑法》第 286 条为分析对象"，载《学习与探索》2021 年第 2 期。

能具有"深度学习"后"自主"决定的能力。[1]

目前，关于人工智能生成物的刑法保护的主要问题是：弱人工智能时代下的人工智能生成物是否在形式上和实质上都具备了著作权法中对"作品"的要求，是否应赋予其在著作权法意义上的排他性保护？所谓满足形式上对作品的要求，是指人工智能生成物在形式上无法与自然人创作的作品相区分。而实质上对作品的要求，是指作品符合"独创性"要求。相关问题本书将在"人工智能与知识产权法"一章进行讨论，此处不再赘述。

■ 要点

1. 人工智能对社会经济具有重要作用，所以有必要保护其数据安全。破坏数据安全的行为主要是非法获取数据、恶意损毁数据以及数据过度采集和数据偏见歧视等基于数据的关联行为。

2. 弱人工智能生成物形式上难以与自然人作品区分，但关于其作品是否具有独创性存在争议。即使肯定作品独创性，能否适用侵犯著作权罪也存在争议。

■ 思考题

11.1　刑法是否应该主动适应社会变迁？如认为不应该，请说明理由，如认为应该，请思考有哪些适应模式。

11.2　破坏人工智能数据安全有关犯罪行为与普通财产类犯罪行为有何区别与联系？

第二节　人工智能引发的需要由刑法规制的新行为

一、人工智能"深度伪造"的刑法规制

"深度伪造"（Deepfakes）是英文"深度学习"和"伪造"的合成词。[2]它实质上是一种声音、图像与视频的智能处理技术，能够以极度逼真的方式模

---

〔1〕　参见刘宪权："人工智能时代的'内忧''外患'与刑事责任"，载《东方法学》2018年第1期。

〔2〕　"深度伪造"是一种以人工智能深度学习为基础的非真实音视频合成技术。基于"生成对抗网络"之技术内核，"深度伪造"技术所合成的非真实音视频作品具有高逼真度。参见姜瀛："人工智能'深度伪造'技术风险刑法规制的向度与限度"，载《南京社会科学》2021年第9期。

仿特定人物或者让特定人物看起来在做特定的事件，以至于未经过训练的观看者通常无法辨别其真伪。深度伪造技术广为人知的应用是"换脸视频"。

从技术逻辑来看，"深度伪造"依托于"深度学习"技术，它是由相互联系节点组成的多层神经网络，可以根据输入的数据进行自动计算并完成特定的任务。"深度伪造"的过程就是将图片、视频等数据"喂"给"换脸算法"，然后由算法在训练的基础上自动完成换脸操作。具体而言，就是通过深度学习的算法，去识别目标人物（如明星、政治家等）不同角度、姿态与表情的照片，然后不断训练从而自动生成伪造的图片，并将其覆盖到原有视频人物的脸部，形成"换脸视频"。其实质可以简单理解为从现有"源数据"（目标人物）中通过算法生成"新数据"（伪造视频）的过程。理论上，在足够训练数据和训练时间的基础上，"深度伪造"技术可以把任何人的脸"交换"成制作者想要的任何视频。

"深度伪造"技术具有高度真实性、泛在普适性、快速演化性：第一，高度真实性是指视频伪造非常逼真以至于极难被发觉。瑞士科学家尝试用最前沿的人脸识别系统去识别"换脸视频"，结果错误率高达95%。德国和意大利科学家的联合研究小组测试了1000段"换脸术"视频后发现，普通人必须通过特殊训练，才能鉴别真伪。[1]第二，泛在普适性是指该技术开始向一般公众普及，"深度伪造"采用的是"无监督学习"。无监督学习是指不需要预先学习出模型，并且输入数据没有类别标签，而是通过推测输入数据中蕴含的结构来构造模型，适用于样本没有标记且人工标记成本过高的情况。[2]相较于"有监督学习"和"半监督学习"而言，"无监督学习"的训练数据不需要标注，这大大降低了技术的使用门槛。[3]另外，"深度伪造"的"源数据"具有获取便捷性、无须安装编程语言和开源软件库就能运行等特点，使得大众使用该技术的成本不断降低。第三，该技术具有快速演化性，换言之，"深度伪造"技术虽然处于早期阶段，但其却包含着巨大的潜力，我们很可能立刻面对无法区分真假的"换脸视频"。

深度伪造技术可能触犯多项罪名。如果将"伪造"和"传播"作为核心要素，在现有的刑事法律体系之下，"换脸视频"的行为可能构成但不仅限于以下五大类的犯罪：第一，利用"深度伪造"技术传播虚假信息的，涉及险

---

〔1〕　参见王禄生："论'深度伪造'智能技术的一体化规制"，载《东方法学》2019年第6期。

〔2〕　参见吴立金等："基于深度学习的故障预测技术研究"，载《计算机测量与控制》2018年第2期。

〔3〕　参见王禄生："论'深度伪造'智能技术的一体化规制"，载《东方法学》2019年第6期。

情、疫情、灾情、警情、军情、敌情、恐情，根据情节不同可能构成编造、故意传播虚假信息罪，编造、故意传播虚假恐怖信息罪，编造并传播证券、期货交易虚假信息罪，战时故意提供虚假敌情罪。第二，无论"换脸"的受害人是名人还是普通公众，都可能因为"换脸视频"所故意捏造和散布的虚构事实导致人格贬损与名誉损失。因此，该行为还可能构成诽谤罪。第三，利用"换脸视频"进行威胁、要挟行为，可能构成敲诈勒索犯罪。第四，利用"换脸视频"进行人脸识别进而秘密获得或骗取公私财物，可能构成诈骗类罪或者盗窃罪。第五，利用"换脸视频"编造虚假信息，在网络散布或者组织、指使他人在网上散布，造成公共秩序严重混乱的，还可能构成寻衅滋事罪。如果不考虑"伪造"而只关注视频"信息"本身，"换脸视频"的传播可能构成其他更多的罪名，诸如因为传播的内容是色情视频而构成传播淫秽物品罪、组织播放淫秽物品罪，因为传播内容是极端主义的言论而构成宣扬恐怖主义、极端主义、煽动实施恐怖活动罪等。如果我们将视角关注到视频的制作本身，还可能构成制作、复制、出版、贩卖、传播淫秽物品牟利罪。[1]

在关于深度伪造技术的定位上，目前关于以《网络音视频信息服务管理规定》为基础的"深度伪造"技术规制立法采取了以标识义务为中心的开放性治理对策，大体上是将"深度伪造"定位为一种需要适度控制的中立技术。因此，刑法对于"深度伪造"技术应当相应地采取间接规制——通过对网络服务提供者的刑法规制来间接实现对"深度伪造"技术的规制效果。将来，针对"深度伪造"技术，法律规制的重点应当放在标识义务的实现上，也即围绕着"履行标识义务的具体方式、履行标识义务的监管模式以及违反标识义务的补救措施与法律后果"等内容寻求科学的制度建构。只有将标识义务落到实处，才能克服刑法规制的局限性，在科技创新与风险规制之间达到最佳平衡点。[2]

二、人工智能手术机器人医疗事故的刑法规制

在人工智能背景参与医学发展的大背景下，有学者将手术机器人分为以下几类：第一，非自主型手术机器人，即由主刀医生全程控制手术机器人进行手术操作，后者处于辅助地位，不具有任何自主性，因此此类手术机器人仅为一

---

〔1〕 参见刘宪权："人工智能生成物刑法保护的基础和限度"，载《华东政法大学学报》2019 年第 6 期。

〔2〕 参见姜瀛："人工智能'深度伪造'技术风险刑法规制的向度与限度"，载《南京社会科学》2021 年第 9 期。

种智能工具，就本质而言，其与传统手术器具（手术刀、手术钳等）并无区别。第二，半自主型手术机器人，即由手术机器人自主完成手术过程中的绝大部分操作，主刀医生只需为其提供路径规划并监督手术机器人的运行，在必要时医生可以接管或停止手术机器人的工作。在此类情形中，手术机器人占据主导地位，而医生则下降为规划、监督性角色，但其作用仍然必不可少，因此此类手术机器人仅具有一定的自主性。第三，全自主无意识型手术机器人，即手术机器人在主刀医生的监督下完全自主进行手术的全过程，无须主刀医生对运行路径进行规划，但其仍然需要依据研发者所编写的程序运行，尚不具有自主意识，无法突破编程进行程序以外的行为。第四，全自主有意识型手术机器人，即手术机器人不仅可以实现行动上的完全自主，而且能够在其研发者设定的源代码基础上进行自主学习与深化，产生自主意识并超出编程范围实施行为，达到相关学者所提出的强人工智能水平，进而完全在其自主意识支配之下为患者实施手术，且无须主刀医生进行监督。由于第一类与普通工具没有区别、第四类强人工智能手术机器人尚未在实践中出现，故以下主要讨论第二类、第三类手术机器人造成医疗事故的刑法规制问题。[1]

在第二类、第三类手术机器人技术的语境下，人工智能医疗是现代医疗活动的一种新发展，人工智能应用是实现更优质医疗服务的新技术手段，其并未改变医疗行为的根本性质。佩莱格里诺（Pellegrino）医学哲学通过医学现象分析医学本质和医学目的，认为生病事实（the fact of illness）、职业行为（the act of profession）和医疗行为（the act of medicine）是医学的三种独特现象，"从医学现象可推出使医学成为独特的人类活动的根本性质。我们将这种独特性置于人类关系——治愈关系中。在治愈关系中，病人寻求治愈，医生承诺治愈，医疗行为将病人和医生连接起来。在此，医疗行为仍然是连接医生和病人，将病人的治愈需求和医生的治愈承诺现实化，实现治愈目的的具体行为。"[2]人工智能应用并不会改变这种模式。在此基础上，刑法所关注的重点有二：一是人工智能技术将对患者知情同意产生何种影响？二是人工智能对医师注意义务与注意能力将产生何种影响？

第一，人工智能技术可能对患者知情同意产生不利影响。医疗行为具有较高的风险，患者的知情同意或推定的知情同意构成了医疗行为正当性的基础。

〔1〕　参见黄陈辰："手术机器人医疗事故中刑事责任的主体、归属与实现"，载《重庆大学学报（社会科学版）》2020年第6期。
〔2〕　参见郭蓉："佩莱格里诺医学伦理学的建构路径"，载《伦理学研究》2016年第2期。

在人工智能技术被运用于手术等场景中时，患者因为"算法黑箱"导致的理解困难，增加了其知情同意的难度。另外，医疗人工智能还处在发展过程中，并没有消除安全风险，医师对这种新诊疗方式的疗效、操作风险缺乏充分的了解。同时存在利益关联等因素，影响了医师向患者充分说明人工智能的风险，而患者的决策障碍将更大。

第二，人工智能对医师注意义务的影响需要结合形式与实质两个方面进行分析。其中，形式方面是指医师对于标准化程序的遵守，实质方面是指医师对于诊疗过程的实质性审查与控制。医师严重不负责任，造成就诊人死亡或者身体健康严重损害后果的，构成医疗事故罪。医疗事故罪是业务过失犯罪，认定该罪必须确认医师是否违反了注意义务和是否具有注意能力。医疗人工智能应用改变了医疗活动的环境和条件，出现了医师难以认识或避免的后果，有必要分析其对医师注意义务和注意能力的影响，合理认定医师的法律责任。在常规医疗活动中，人机协作环境下的医疗一般水准主要受系统的先进性程度影响，医疗人工智能遵循标准化程序，直接处理各环节主要诊疗事务，让医师掌控医疗人工智能的每一步操作既不必要也不可能，医师只需要严格按照操作规程应用，遵循合理的医师标准，就应认为其尽到了医师注意义务。但是，医疗活动不同于自动驾驶汽车应用，它具有高度专业性和医师行为的亲身性，医师与医疗人工智能的关系是使用者与被使用物的关系，后者智能性、完善性、安全性程度再高，也离不开高素质医师的妥善使用。在人机协同"二位一体"的诊疗模式中，医师不能脱离控制者位置，必须对诊疗活动全程进行实质而非形式的审查、验证和监督，警惕系统故障和错误并及时采取补救措施。在应对非常规的、疑难、复杂病情时，更需要医师独立诊断和治疗，亲自处理全过程的诊疗事务。[1]

三、证券期货市场人工智能交易的刑法规制

人工智能参与证券期货交易具有以下特殊性：第一，人工智能交易能够在人类经验的范围外对证券期货市场进行预测、分析。证券期货市场交易中最大的风险来自于市场变化的不确定性，这也正是人工智能在证券期货市场交易中无法克服的局限之处。而人工智能系统能在领域建模和大数据分析的基础上实现短时间内对未来市场变化的预测和分析。第二，人工智能交易能够最大限度地优化投资策略，同时不受人为因素干预。程序化交易的投资策略制定利用的

---

[1] 参见皮勇："论医疗人工智能的刑法问题"，载《法律科学（西北政法大学学报）》2021年第1期。

是人脑智能,而人工智能系统能够在极短时间内深度学习所有已知的历史数据,并在超高速环境下永不停顿地对比、试探各种投资策略,甚至能够实现多个系统同时运作。与此同时,在优化投资策略的过程中,人工智能交易能够摒弃人类在进行利益权衡时作出的不理智、不公正决定,也能防止各类利益输送行为。已有测试和实验表明,利用人工智能技术制定的投资策略模拟参与过去已经发生的证券市场交易,能够实现远高于普通交易策略的收益率。第三,人工智能交易具有敏锐的市场反应能力。一方面,人工智能交易具备超快的交易速度。在证券期货市场交易中,高速交易向来是抢占先机的重要配置。以高频交易为例,虽然高频交易策略每次获利金额较少,但因为其能够在极短时间内实现多次交易,因而可以实现"积少成多",帮助交易者获取高利润。

有学者认为在证券期货市场滥用人工智能技术可能构成操纵证券、期货市场罪。市场操纵犯罪行为的本质是滥用优势非法控制市场,其中"滥用优势"是市场操纵犯罪行为的手段,而"非法控制市场"是市场操纵犯罪行为的目的。对于市场操纵犯罪行为而言,目的是相同的,不同的是行为手段,即滥用的优势不同。有必要根据行为人滥用优势的不同进行分类,构建我国市场操纵犯罪行为类型体系。具体而言,可以将我国市场操纵犯罪行为分为滥用资金优势型、滥用信息优势型、滥用持股优势型和滥用技术优势型。由于滥用人工智能交易从事市场操纵的行为本质上是滥用优势非法控制市场,符合操纵证券、期货市场罪行为要件的本质特征,属于滥用技术优势型市场操纵行为,因此有必要通过完善操纵证券、期货市场罪,将滥用技术优势型市场操纵行为明确纳入刑法规制范围,以有效防范滥用人工智能交易带来的新型金融风险与危机。[1]

有学者提出,人工智能时代证券、期货市场刑事风险的本质内涵是,行为人非法利用包括人工智能技术等所形成的优势地位,操纵金融商品与市场资本,进而影响证券、期货市场的交易价格并从中获利。规制上述刑事风险,需在充分尊重技术发展规律之基础上,在顺应技术发展趋势之前提下,在刑法及相关前置法之框架内,探求最优解决方案。对人工智能时代证券、期货市场刑事风险的规制进路的探究,不能局限在刑法的体系中,而应当塑造行政前置性立法的思维和规则,做好与行政性法规范的衔接工作。完善相关前置法规定,需要在"静态"和"动态"两个层面,确定具体、明确的标准,将静态的法律法规和制度建设与动态的穿透式监管、全过程监管相结合,以实现从整体上

---

〔1〕 参见林雨佳:"证券期货市场人工智能交易的刑法规制",载《证券市场导报》2020年第5期。

防范人工智能时代证券、期货市场刑事风险和规制证券、期货交易中滥用人工智能技术行为的目的。[1]

■ 要点

1. 深度伪造技术具有高度真实性、泛在普适性、快速演化性等特点，以此为基础的"换脸视频"可能围绕"伪造"和"传播"两个核心要素触犯多种罪名。

2. 人工智能手术机器人可能对患者的知情同意造成不利影响，从而破坏医疗行为在刑法意义上被评价为正当性的基础；人工智能对医师的注意义务的影响需要结合形式与实质两个方面进行分析。

3. 证券期货市场的人工智能技术具有预测性、独立性、敏锐性等特点。证券期货市场滥用人工智能技术可能构成操纵证券、期货市场罪。

■ 思考题

11.3　什么是"深度伪造"？如何进行规制？

11.4　以滥用技术优势为由认定利用人工智能进行证券交易构成操纵证券、期货市场罪是否符合罪刑法定原则，为什么？

第三节　人工智能对犯罪构成要件提出新要求

人工智能对犯罪论具有系统性的影响，其影响在构成要件符合性、违法性、有责性三阶层中都有所体现。

首先，在构成要件符合性方面，人工智能对传统的因果关系理论提出了挑战。从人工智能的生成过程来看，产生其"智能"的机器学习方法和原则以及用以学习的数据都是人为决定的。[2]但不可否认机器学习存在"机制黑箱"，亦即由于其本身复杂的算法、微妙的参数、多层的封装以及社会现象和过程的浩瀚与复杂使得单从数据信息无法窥知学习结果得出的途径。[3]这种

---

〔1〕　参见刘宪权："人工智能时代证券期货市场刑事风险的演变"，载《东方法学》2021 年第 2 期。

〔2〕　参见贾开、蒋余浩："人工智能治理的三个基本问题：技术逻辑、风险挑战与公共政策选择"，载《中国行政管理》2017 年第 10 期。

〔3〕　参见陈云松等："社会预测：基于机器学习的研究新范式"，载《社会学研究》2020 年第 3 期。

"机制黑箱"使得人工智能所造成的危害结果因果链条模糊不清，难以认定犯罪行为是由人工智能体在"深度学习"后作出的，还是由人工智能的设计者、生产者、使用者的过失造成的，无法区分犯罪行为由谁实施，因果关系的混杂给认定刑事责任带来困难。[1]对此，陈叙言认为，人工智能犯罪对传统刑法理论的突破在责任划分的方向上体现为：无法判定导致危害结果的过失是由于人工智能的失误还是由于设计者的失误，无法进行正确合理的责任划分。[2]陈结淼、王康辉在其文章中也指出，在无人驾驶汽车交通肇事案件中无法确定造成危害结果的原因，因果关系混杂，限缩了传统交通肇事罪、危险驾驶罪的规制范围，扩大无人驾驶的刑事风险。除此之外，传统交通肇事罪中的量刑情节如"肇事后逃逸"以及"逃逸致人死亡"都无法认定。[3]

其次，在违法性方面，人工智能还赋予了紧急避险等问题以新的时代意义。如有学者提出，任何人选择了自动驾驶汽车，就相当于声明其同意下列事项：在极不可能但无法完全排除其可能性的困境情形（自动驾驶汽车只能履行两个义务中的一个）中，预先编程不能允许编程者为了保护等价利益或乘客的这种利益，而去侵害原本安全的第三人，编程者在紧急避险中可以做的与"电车难题"中的扳道工一样少。[4]但是，如果存在不等价的利益时，是否存在紧急避险的可能性？比如汽车刹车失灵，沿直线行驶必然撞死两名行人，如果打方向紧急处置必然撞死另外一名行人，那么在程序设计时是否能够允许系统执行此种紧急处置？固然生命都是平等而不可权衡的，但是生命的数量是否绝对不可比较？实际上，类似的争论在德国早已有之，2003年德国通过法案允许击落被劫持飞机，[5]但随后德国联邦宪法法院又作出裁决，恐怖分子劫持的飞机也不可被击落。[6]该法院认为，即使发生"9·11"那样的事件，民航飞机上的乘客和乘务人员的人格和生命权也不得受侵犯。该法律草案"以生

---

〔1〕　参见张旭、杨丰一："人工智能时代下刑事风险与刑法应对的'是'与'非'"，载《辽宁大学学报（哲学社会科学版）》2019年第4期。

〔2〕　参见陈叙言："人工智能刑事责任主体问题之初探"，载《社会科学》2019年第3期。

〔3〕　参见陈结淼、王康辉："论无人驾驶汽车交通肇事的刑法规制"，载《安徽大学学报（哲学社会科学版）》2019年第3期。

〔4〕　参见［德］黎安·沃尔娜、王德政："自动驾驶汽车编程者的刑事责任——以规定参数进行紧急避险的角度"，载《上海师范大学学报（哲学社会科学版）》2019年6期。

〔5〕　参见戎昌海："德国通过法案允许击落被劫持飞机"，载《新华每日电讯》，2003年11月7日第5版。

〔6〕　参见盛红生："论对劫持航空器行为的法律规制"，载《法学评论》2014年第4期。

命换生命"的想法违背宪法。[1]在人工智能时代，特别是在自动驾驶技术普及之后，此类权衡将从极端情况延伸入日常生活。

最后，在有责性方面，人工智能的一些独立判断和决定带来了罪过认定的难题。人工智能技术的核心是通过模拟人类的神经网络，利用算法和程序对大数据加以学习并指引其自身行为。从责任划分来看，能否排除人工智能故意犯罪，以及过失犯罪中的失误究竟是机器人自身的失误还是编程和设计者的失误等问题值得探讨。然而，就人工智能犯罪而言，在犯罪主观方面，很难区别人工智能的主观故意和过失；从判定标准来说，对人工智能的考察无法运用主客观相统一的原则。由此可见，人工智能对犯罪论产生了全面而深刻的影响，其中诸多问题有待进一步研讨。[2]

■ 要点

1. 人工智能的发展对于犯罪构成要件提出了诸多新的要求，包括犯罪主体、主观方面、客体、客观方面等内容。

2. 人工智能犯罪中的因果关系错综复杂，一因多果、多因一果等现象并不少见，难以认定犯罪行为是由人工智能体"深度学习"后作出的还是由人工智能的设计者、生产者、使用者的过失造成的，无法区分犯罪行为由谁实施，因果关系的混杂给认定刑事责任带来困难。

■ 思考题

11.5 你认为人工智能犯罪中的因果关系应该如何认定？

11.6 人工智能对犯罪构成要件理论提出了哪些新要求？

■ 本章阅读文献

1. 储陈城："人工智能时代刑法的立场和功能"，载《中国刑事法杂志》2018年第6期。

2. 刘宪权：《人工智能：刑法的时代挑战》，上海人民出版社2018年版。

3. 刘宪权："人工智能时代的刑事责任演变：昨天、今天、明天"，载《法学》2019年第1期。

4. 卢勤忠、何鑫："强人工智能时代的刑事责任与刑罚理论"，载《华南师范大学学报（社会科学版）》2018年第6期。

---

〔1〕 参见王怀成："德国：可击落恐怖分子劫持的客机"，载《光明日报》2007年9月17日，第8版。

〔2〕 参见陈叙言："人工智能刑事责任主体问题之初探"，载《社会科学》2019年第3期。

5. 马治国、田小楚："论人工智能体刑法适用之可能性"，载《华中科技大学学报（社会科学版）》2018 年第 2 期。

6. 彭文华："人工智能的刑法规制"，载《现代法学》2019 年第 5 期。

7. 王燕玲："人工智能时代的刑法问题与应对思路"，载《政治与法律》2019 年第 1 期。

第十二章
人工智能与民商法

【导读】

　　人工智能虽克服了人类情绪化、不甚严谨的缺点，也克服了人类的部分生理缺陷，但其特征也导致难以简单将其归类为物或人，在出现相关纠纷时难以直接适用既有制度。民商法视域中需要解决人工智能的民事、商事主体资格问题、对个人隐私的认识与保护的冲击问题、人工智能创作物与发明的知识产权保护问题等，而受到冲击最大的莫过于侵权法制度。人工智能越来越广泛地投入使用，与人和物的交互愈发频繁，不可避免地会发生侵权行为。若要对这一类问题进行回应，首先要解决的便是"人工智能是否具备民事主体资格"的问题。目前来看，学界认为对人工智能的法律主体资格问题仍应克制，不应赋予其主体地位，应恪守物之底色。这也就导致了在民商法视角下，人工智能是侵权行为的直接行动人，但其作为"物品"又无法承担侵权责任。在人工智能侵权中，有两大问题亟须解决：第一，在平衡损害填补与行为自由的合理限度内，何人应当基于何种归责原则承担赔偿责任不甚明确。第二，人工智能产业链条长、环节杂、主体多，这给侵权行为因果关系的判断造成了困难。产品责任可以提供人工智能侵权的处理框架，在归责原则上以生产者、销售者无过错的中间责任为主，辅以生产者、销售者、其他第三人的最终过错责任。在因果关系的证明上降低被侵权人的举证标准，只需要证明损害由人工智能外在行为所致。而人工智能较于一般产品而言最为特殊的人机交互、记忆学习、深度学习功能，则对产品缺陷的判断、抗辩事由方面提出了更高的要求。

第一节　民商法视域中人工智能问题概述

　　人工智能并非纯粹"人工制造的物"，法律必须对人工智能这一新兴事物进行回应，在法律体系中为其提供安身立命之所。若无法对人工智能进行法律层面的规制，必然会产生诸多乱象，阻碍行业发展与科技进步。在广义的私法领域中，需要解决人工智能的民事、商事主体资格问题、如何规制人工智能的侵权行为问题、如何认定人工智能创作物与发明的知识产权问题、如何应对人工智能对个人隐私的冲击等。对于人工智能的民事主体地位、人工智能对知识产权法的冲击等重点问题，本书另有专章介绍，本章对人工智能在民商法领域需要解决的问题做一概述，并主要介绍人工智能侵权的规制问题。[1]

一、人工智能民事主体资格的有无

在民法领域，是否赋予人工智能以民事主体地位是后续问题的先验问题，对这一问题的不同回答对应着侵权归责原则、责任类型以及其他制度的选择。学界对是否应当赋予人工智能以民事主体资格仍有争端，可以归结为"肯定说"和"否定说"。"肯定说"认为，基于人工智能愈发成熟的深度学习功能：虽然其运转有赖于人类的算法或知识输入，但深度学习功能与强大的人工交互能力又使其得以超越人类输入和指令，具有对环境的适应能力，与人类的自主思考无异。这也就意味着人工智能并非一般的物品。[2]与之相对应，"否定说"则认为，人工智能应当恪守物的属性，理由主要集中于赋予其主体地位有违民事主体地位的法哲学原理与理性人发展的一贯路径，人工智能虽看似具备自我意志与表达，但本质只是依托算法并执行人类指令的结果，本质上不具备思考能力。所谓记忆学习与交互功能也并无特殊之处，只是在不断接受人类指令输入。此外，在民事行为能力上，人工智能不具有自我意识，也就没有内在需求，不会主动产生从事民事活动的动机。并且人工智能若作为主体参与法

---

[1] 近来火热的"智能合约"对传统的合同制度（甚至私法制度）也遭成了极人的冲击，但智能合约的底层逻辑和技术是区块链，并非人工智能，该内容将在随后出版的新技术法学系列教材《区块链法学》中予以介绍。在商法领域中，运用人工智能与大数据技术的"智能投资顾问"对于证券法中的全权委托、信息披露制度、市场准入制度等也会造成冲击。这一部分将在本书第十七章予以介绍。

[2] 参见李俊丰、姚志伟："论人工智能的法律人格：一种法哲学思考"，载《华侨大学学报（哲学社会科学版）》2018年第6期；孙占利："智能机器人法律人格问题论析"，载《东方法学》2018年第3期；郭剑平："制度变迁史视域下人工智能法律主体地位的法理诠释"，载《北方法学》2020年第6期；成素梅、高诗宇："智能机器人应有法律主体资格吗?"，载《西安交通大学学报（社会科学版）》2020年第1期。

律关系，必须承担相应的法律责任，而其又没有独立的责任财产。[1]

在人工智能目前的发展阶段，直接赋予其民事主体资格尚有不妥。第一，目前人工智能发展仍处于起步阶段，人工智能的自主意识只具有类人性，达不到人类标准。第二，目前人工智能对于法律制度所造成的冲击并不需要通过直接赋予其民事主体地位来解决。第三，当前阶段恪守人工智能物的底色更有利于人工智能行业的平稳发展。

二、人工智能商事主体资格的确立路径

人工智能产品对于商事领域同样造成了巨大的冲击。民法和商法关注的焦点和视角不同，所以在是否赋予法人格这一问题上的要求和目的也不同。民法视角下针对人工智能主体资格的探讨更多基于法理层面，但商法视角则更加注重时代性、技术性和政策性。[2]学界对人工智能是否能够具备商事主体资格多持肯定态度：虽然在伦理与意思层面否认了人工智能的自然人属性，但在赋予其法人格上仍具有可期待的空间。[3]生命权、道德、欲望、理性、人格等问题是人工智能位列民事主体的桎梏，但商事主体资格的赋予却不存在这类问题。[4]

在赋予人工智能商事主体资格的可行性问题上，首先需要对商事主体的概念进行释明。商事主体从未仅限于自然人，所有商事主体均以财产独立与意思独立为其法律人格要素。[5]因此，人工智能只要具备独立的财产以及意识即可成为商事主体。此外，商事主体与其经营者在法律上相互分离，我国对一人公司的承认也彰显着我国立法将商事主体理解为资本、劳动、经营等要素的集合体。这意味着对于人工智能能否具备实施商行为的营业能力这一问题，营业判断能力和活动能力才是关键。[6]随着人工智能的发展，机器具有更强的沟

---

〔1〕 参见杨立新："人工类人格：智能机器人的民法地位——兼论智能机器人致人损害的民事责任"，载《求是学刊》2018年第4期；李爱君："人工智能法律行为论"，载《政法论坛》2019年第3期；刘洪华："论人工智能的法律地位"，载《政治与法律》2019年第1期；刘练军："人工智能法律主体论的法理反思"，载《现代法学》2021年第4期；吴习彧："论人工智能的法律主体资格"，载《浙江社会科学》2018年第6期。

〔2〕 参见崔文玉："人工智能商主体地位探析"，载《中国政法大学学报》2020年第1期。

〔3〕 参见林少伟："人工智能法律主体资格实现路径：以商事主体为视角"，载《中国政法大学学报》2021年第3期。

〔4〕 参见林少伟："人工智能法律主体资格实现路径：以商事主体为视角"，载《中国政法大学学报》2021年第3期。

〔5〕 参见范健、王建文："商主体论纲"，载《南京大学法律评论》2003年第19期。

〔6〕 参见崔文玉："人工智能商主体地位探析"，载《中国政法大学学报》2020年第1期。

通和经营能力并非不可能。

在财产方面，赋予人工智能独立的财产不存在法理上的障碍，同时在现实发展中也具有重要意义。是否能够拥有独立财产与是否具有法律主体资格之间并没有绝对联系，在自然人、法人、合伙人之外，完全不具备主体资格的特殊目的载体、资产支持计划等同样可以拥有独立的财产。而人工智能行业的健康发展也对独立财产提出了要求。无论是自动驾驶领域还是人工智能创作物领域，其营利或侵权的发生都不能简单归结至某个主体，往往是多重主体共同作用的结果。[1]若直接将营利与责任分配至背后多重主体，会导致争议频发，故有必要赋予人工智能独立的财产以担责或营利。

在意思方面，人工智能也可以具有独立的意思能力。意思能力并不限于自然人，法人同样具有意思机关，该意思机关符合民事主体理性的预设，从而法律赋予其可以对外为意思表示的能力。人工智能可以借鉴法人制度的设计，二者具有较高的相似性。无论是何种类型的法人，均对外体现着其背后主体的意思。社团法人体现其全体社员共同的意思，财团法人体现设立人的单独意志，而人工智能同样可以体现其背后混合主体的意思，包括设计者、制造者、使用者等。[2]人工智能可独立对外为意思表示，但其自主作出的行为实际上是被多类主体混合意志所影响。

更具体而言，赋予人工智能商事主体资格的具体路径还有待研究，是将其作为与公司、合伙并列的单独一类商事主体，还是扩大既有制度的内涵并加以改造尚且有待论证。有学者认为，人工智能作为商事主体与法人有诸多相似之处，应当借鉴法人制度，将人工智能视为新型的电子法人，与社团、财团法人并列。[3]也有学者认为公司、合伙都需要有自然人的参与，一旦没有股东或合伙人，公司与合伙则无法存续，这无法解决人工智能单独作为一个商事主体的问题，故而可以寻求借鉴美国的 LLC 商事组织模式（Limited Liability Company）。LLC 模式本身比较复杂，人工智能主要借鉴其中两大特征。第一，LLC 允许组织与其成员之间的分离，如纽约州允许 LLC 在无成员的状态下存续 180 天。[4]可以考虑将这一期限延长甚至永续存在。第二，LLC 具有更加灵活的组织结构，并不需要设立"三会"[5]。《美国统一有限责任公司法》就直接指

---

〔1〕 参见张志坚："论人工智能的电子法人地位"，载《现代法学》2019 年第 5 期。

〔2〕 参见张志坚："论人工智能的电子法人地位"，载《现代法学》2019 年第 5 期。

〔3〕 参见张志坚："论人工智能的电子法人地位"，载《现代法学》2019 年第 5 期。

〔4〕 参见美国纽约《有限责任公司法》第 701 条第（a）款第（4）项。

〔5〕 "三会"是指股东会或股东大会、董事会、监事会。

明，LLC 可仅仅依据经营协定进行治理。[1]人工智能完全可以在经营协定里面植入相关的算法或运行程序规则，设置相应的触发条件等，使得 LLC 可在无成员状态下继续运行。[2]

三、对个人隐私的冲击

个人隐私受到冲击并非始于人工智能的出现，但人工智能却大大加剧了隐私风险："如果说工业社会的隐私泄露还属于碎片化、个案化状态，那么智慧社会的隐私泄露则意味着隐私越来越透明化。"[3]理由在于，人工智能的运用导致个人隐私的边界变得模糊。人工智能在互联网之外，也越来越多地应用于政府公共治理，导致个人隐私数据急速向政府部门以及巨型企业集中。人们必须让渡出相当的隐私来换取更好的社会服务以及更便捷的生活。这极大地冲击了传统的公共领域与私人领域的界分，人工智能对个人信息的抓取和分析会导致个人信息与作为大数据的公共资源之间的边界在事实上很难区分清楚。这也导致政府或企业对个人信息的运用极易侵犯个人隐私。对于这一问题的规制不仅要重视智慧治理的顶层设计，还需加强法律规则在系统开发中的嵌入，以技术手段识别违法收集、使用个人信息的行为，进而实现个人信息的技术保护。[4]

■ 要点

1. 在人工智能目前的发展阶段，直接赋予其民事主体资格尚有不妥，仍应将人工智能认定为客体，坚守"物"的底色。

2. 人工智能能够具有独立的财产以及意思能力，应当赋予其商事主体资格，但在具体制度的设计上应将其认定为新型主体还是纳入既有的制度尚无定论。

3. 人工智能在公共治理与商业中的大量运用加剧了个人隐私的泄露风险，同时也影响着传统对个人隐私信息与公共资源的边界判断。

---

[1] See Shawn Bayern, "The Implications of Modern Business Entity Law for the Regulation of Autonomous Systems", *European Journal of Risk Regulation*, Vol. 7, No. 2.

[2] 参见林少伟："人工智能法律主体资格实现路径：以商事主体为视角"，载《中国政法大学学报》2021 年第 3 期。

[3] 参见王锋："私密还是透明：智慧社会的隐私困境及其治理"，载《行政论坛》2021 年第 1 期。

[4] 参见方志伟、王建文："个人信息在智慧治理中的风险与保护——以《民法典》个人信息保护为中心"，载《江西社会科学》2021 年第 5 期。

■ 思考题

12.1 人工智能还冲击着民商事领域中的哪些既有制度?

第二节 人工智能对侵权法律制度的冲击

人工智能作为一种技术,其诞生、研究的最终目的是得以落地于具体行业,从事具体工作,以取代人类,或弥补人类工作生活的不足。由此看来,人工智能的最终目标在于应用。而应用则意味着不断与其他物、与人产生交互,而交互的过程之中必然会出现侵权行为,特别是现阶段人工智能尚未发展到较高水平,还存在较高的故障率与不稳定等问题。人工智能所导致的侵权问题与传统的自然人侵权问题大相径庭,在责任主体、归责原则、构成要件、免责事由等方面都有所不同。

一、人工智能侵权对归责原则的冲击

侵权法承担着侵权行为发生后对受损害人损失填补的功能。但若侵权法提供了过度的保护,则又会侵犯人的行为自由,所以侵权法必须在损失填补与行为自由之间保持微妙的平衡。而这一平衡的核心,便是归责原则。在一般侵权案件中,过错是判断侵权行为成立的核心要件。而在人工智能侵权案件中,情况则发生了变化。人工智能并非人类,所有行为都是算法运算或深度学习后的指令运动,若仍旧坚持将过错作为人工智能侵权的归责原则,则会导致荒谬的结果。

与自然人侵权案件不同,自然人侵权之中侵权人的主观心理能够通过其所为的客观行为进行推断。并且基于人类所具有的理性、常识,以及人类情感的共通,推断出的结果也具有较高的可接受性。而人工智能的行为具有专业性、不透明性与难以预料性的特征。从外观看来,人工智能仅仅是计算机程序与零部件的结合体,常人难以知晓其行为的逻辑,甚至在特殊情况下都无法预测其行为。由此一来,让任何一方证明人工智能的行为具备过错都是不现实的,探讨计算机程序的主观状态本身也是荒谬的。在此情况下,人工智能侵权案件无法适用侵权法中占主流的过错责任原则,适用无过错责任原则更加可取。

此外,无过错责任原则同时也是一种威慑,严格的归责原则使得人工智能技术以及智能机器人的设计者、生产者不得不尽到最大努力,防止在人工智能技术产品以及智能机器人的设计和制造中存在缺陷,避免对人类造成损害。并且，无过错责任原则的适用在现行法律体系下可以以较低的成本解决人工智能的侵权责任问题，双方并不需要就过错问题承担举证责任。且相对于人工智能生产企业而言，受损害的自然人往往属于弱势，在不能直接分清责任的情形下适当适用无过错责任原则，则会尽可能地保护处于弱势地位的受害者的利益。

二、人工智能侵权对因果关系要件的冲击

在人工智能侵权因果关系的判断中存在两个难点。一方面，因果关系认定十分复杂。在一般的侵权行为中因果关系的认定同样是难点，特别是涉及"多因一果""多因多果"的情况。但在一般的侵权行为中，主体确定、行为确定，只是需要对诸多行为与损害结果之间引起与被引起的关系进行判断。而人工智能侵权中，需要认定损害是由人工智能自己行为所致，而非由他人将人工智能用作工具造成的；此外，由于人工智能的运作涉及信息的获取、收集和传输、数据应用等过程，每个阶段都存在发生侵权行为的可能性，且各环节之间互相传导，很难证明哪一环节造成了实际损害，[1]这也增加了因果关系判断的难度。

另一方面，人工智能侵权中，因果关系的举证也十分困难。人工智能的行为机制是复杂且隐晦的，他人的干扰、自身设计的缺陷与使用不当都可能单独或共同导致损害的后果。同时，人工智能还存在算法黑箱的问题，行为逻辑的落点都是晦涩复杂的算法，从这些算法之中进行举证，证明行为人的过错也给当事人及法官造成很大困难。这些都极大地增加了人工智能侵权中因果关系的证明难度。

三、人工智能侵权难以归入现有的责任类型

正如前述，人工智能的主体资格存在争论，人类无法判断人工智能行为过错，难以证明侵权因果关系。因此，人工智能侵权在主体、归责原则与构成要件上，都难以符合一般侵权责任。而在特殊的侵权责任类型中，人工智能侵权可能适用的责任类型包括监护人责任、用人者责任、饲养动物损害责任、产品责任、机动车交通事故责任（主要涉及人工智能中的自动驾驶汽车侵权[2]）。但这些特殊侵权类型的规制又难以与人工智能侵权完全适配。

---

〔1〕 参见王晓锦："人工智能对个人信息侵权法保护的挑战与应对"，载《海南大学学报（人文社会科学版）》2019年第5期。

〔2〕 关于自动驾驶的有关问题可参见本书第十五章。

（一）可能适用的规制路径

1. 监护人责任

监护人责任是指在无民事行为能力人或限制民事行为能力人侵害他人民事权益造成损害时，监护人依法应当承担的侵权责任。在归责原则上，虽有争议，但根据《民法典》第1188条的规定，我国监护人责任为无过错责任。[1] 基于监护人对被监护人具有的监护职责、监护能力，并不需要证明监护人是否履行了监护职责、有无过错，便可以请求被监护人承担损害赔偿责任。人工智能的控制人具有一定的能力管理人工智能，且无过错的归责原则也利于被侵权人弥补损失，在这一维度上，人工智能侵权适用监护人责任有一定可行性。

2. 用人者责任

用人者责任是指用人单位、个人劳务使用人对被使用人（工作人员、个人劳务提供人）在从事职务活动时给他人造成的损害承担侵权责任，我国的用人者责任为无过错责任。[2] 虽然人工智能侵权与用人者责任在主体上存在很大区别——人工智能并非人类，与背后主体之间也不存在特定的关系——但其与用人者责任中责任承担的逻辑相同。用人者责任的理论来源为利益归属、控制力理论以及用人者与被使用人的经济地位差异。[3] 将人工智能带入被使用者的地位，三大理论来源均可适用。按照利益归属理论，人工智能所有行为利益的享用者均为其背后的主体，且主要为其使用人，所以也应由其承担人工智能行为的风险。在控制力理论下，人工智能完全按照设计者、使用者的指令和操作采取行动，受其控制，不具备自我意识，便应当由控制人采取措施防止其可能造成的危害。同样，人工智能与其背后主体在经济地位上的区别更加显著，人工智能为物，完全没有责任财产，无法对损害进行赔偿，只能由其背后主体承担赔偿责任。

3. 饲养动物侵权责任

饲养或管束的宠物造成他人损害的，责任主体应当是动物饲养人或管理人。与用人者责任一样，人工智能侵权同样可以适用饲养动物侵权中归责的底层逻辑。在饲养动物侵权中，动物必须为特定的人所有或占有，并且饲养人或

---

〔1〕 承认过错能力（责任能力）存在的学者认为，监护人责任应当区分被监护人是否具备过错能力，而采取过错责任与无过错责任相结合的归责原则。参见程啸：《侵权责任法》，法律出版社2021年版，第433页。

〔2〕 参见张新宝：《侵权责任法》，中国人民大学出版社2020年版，第141-144页。

〔3〕 利益归属原则即谁获利，谁担责；控制力理论即能够对产品加以控制的主体应当作为责任承担主体；经济地位差异则指向立法的平衡，不应当对弱势群体苟以过高的责任。参见张新宝：《侵权责任法》，中国人民大学出版社2020年版，第143页。

管理人对动物具有适当程度的控制力，以及动物具有一定的自主性，可能做出危险行为。人工智能与动物在性质和特征上都十分接近：其一，二者都不具备人格，不具备法律主体地位；其二，二者都不同于普通的物品，皆具有一定的自主性，能够进行一定的独立"思考"，行为具有一定的不可预测性；其三，人类对人工智能和饲养的动物都有一定的控制能力。域外法中已有判例，将动物侵权与机动车侵权进行类比。[1]类推适用饲养动物侵权责任对人工智能侵权进行规制也并不太牵强。

4. 机动车交通事故责任

目前人工智能最广泛的应用便是自动驾驶。适用交通事故侵权责任规则，是由汽车使用人承担责任。因为机动车致害事故大多是由驾驶者的过错导致的，即便对于自动驾驶汽车而言，目前域外法律适用中大多将自动驾驶汽车的使用人视为驾驶者。例如，美国内华达州、佛罗里达州、加利福尼亚州明确将开启自动驾驶模式的人视为驾驶者。[2]

5. 高度危险责任

高度危险责任适用无过错责任原则，不需要证明加害人具有过错；高度危险责任具有比较完善的赔偿保障机制，如《德国原子能法》中规定从事核能设备的企业必须缴纳巨额保证金，以确保能够履行法定赔偿义务；《日本核责任法》要求核设施必须进行强制投保。在民用航空器损害责任中，我国《国内航空运输承运人赔偿责任限额规定》《民用航空法》则规定了民用航空器对旅客和运输货物的最高赔偿限额。虽然这些领域具有高度危险，但同时又涉及国计民生，是国家发展必不可少的，所以完善的赔偿保障机制和限额可以避免施加给相关设施经营者过重的赔偿责任，以平衡行业发展与可能的损害填平，这种做法值得方兴未艾的人工智能领域借鉴。

（二）对上述路径的评析

1. 主体不适格而无法适用

无论是监护人责任、用人者责任还是饲养动物责任，其规制都难以涵括人工智能侵权责任。最主要的原因在于主体不适用且无法对主体进行扩张性

---

[1] Lewis v. Amorous 案判决就曾有如下经典表述："我们应当害怕的不是汽车这个怪物，而是汽车背后凶猛的人类，汽车不能与疯狗、邪恶的公牛、凶狠的骡子等归为一类。"See Lewis v. Amorous, 59 S. E. 338, 340, Ga. C. App. (1907).

[2] See JohnFrank Weaver, *Robots Are People Too*: *How SiRi, Google Car, and Artificial Intelligence Will Force Us To Change Our Laws*, ABC-CLIO, 2014, p. 1.

解释。

监护人责任与用人者责任虽在归责原则上适用无过错责任原则，便于被侵权人救济，与人工智能侵权具有一定的耦合性，但其适用前提为侵权行为实施人具有民事主体地位。在监护人责任的构成要件中，一方面，造成损害的被监护人必须是无民事行为能力人或限制民事行为能力人。被监护人只是民事行为能力的欠缺，但不应当是民事权利能力的欠缺。换言之，监护人责任适用的前提，是被监护人为自然人。另一方面，使用"监护人"这一法律术语的前提也必须是被监护人为自然人。《民法典》在"自然人"这一章节中构筑了比较完善的监护制度，包括法定监护、意定监护与临时监护，无论是哪种监护，被监护人都为自然人。如此一来，若将人工智能视为被监护人，从而适用监护人责任，有违民法的基本逻辑。在用人者责任的框架之下同样如此：加害人必须是用人单位的工作人员或提供劳务的一方，这一主体构成要件中要求加害人必须是自然人的含义不彰自明。

饲养动物侵权责任虽然不要求加害人是自然人，但却要求致害的必须是"被饲养的宠物"，即便对"饲养的宠物"进行扩张解释，也只能扩张至除"喂食""豢养"之外，为民事主体所有或能够管理控制的动物，无法突破"动物"这一要素。此外，人工智能侵权也无法类推适用动物致害规则：动物致人损害的责任承担通常发生在管理者或所有者与受害人两个主体之间，而人工智能致人损害事件中还存在制造商、销售商等其他主体，不存在类推适用的基础。[1]

2. 程度不适当而无法适用

我国《民法典》对于高度危险作业并没有作出明确定义，只笼统分为核事故损害、民用航空器损害、高度危险物品损害、高度危险活动损害、高度危险区域损害。这也使得学界之中对于何为高度危险作业的判断存在争论。[2]主流观点认为，高度危险作业应至少具备如下三种特征之一：危险现实化的高

---

〔1〕　参见许中缘："论智能汽车侵权责任立法——以工具性人格为中心"，载《法学》2019年第4期。

〔2〕　郭明瑞、房绍坤、於向平认为高度危险作业必须利用了现代科技手段且必须采取特殊的技术安全方法才能进行。参见郭明瑞、房绍坤、於向平：《民事责任论》，中国社会科学出版社1991年版，第256页。王立明认为高度危险作业与一般性的危险作业的区别在于前者具有超过公认的一般危险程度。参见王利明：《侵权责任法研究》，中国人民大学出版社2018年版，第450页；张新宝认为高度危险作业应当是一种合法行为，且由于多种原因局限，对周围环境的高度危险及可能的损害具有不可避免性。参见张新宝：《侵权责任法》，中国人民大学出版社2020年版，第256页。

度可能性、损害结果上的高度可怕性、损害发生的高度不确定性。[1]无论是从大众认知上，还是从人工智能目前运用现实来看，按照这三个尺度进行衡量，人工智能侵权难以纳入高度危险责任的范围之中。贸然适用高度危险责任，极有可能过分加重生产经营者的责任和风险，不利于行业发展。

3. 责任分担不适当而无法适用

在自动驾驶领域，若适用传统的交通事故侵权责任，便是由自动驾驶汽车的使用人即消费者承担责任。但在自动驾驶汽车的运行过程之中，汽车的每一次变向、加速、刹车等均由系统发出指令驱动，而使用人仅仅按下了"送我回家"的按钮，并不实际控制汽车的运行，让其承担责任显然不公。[2]此外，消费者承担责任会导致人工智能生产者责任畸轻，完全排除了生产者和设计者的责任，加重了消费者负担，不利于整体产业的发展。

■ 要点

1. 人工智能侵权归责原则应当以无过错责任原则为主。
2. 人工智能侵权的因果关系要件存在识别困难、举证困难的问题。
3. 人工智能侵权难以直接适用特殊责任类型。

■ 思考题

12.2 为有效应对人工智能对侵权法律制度的冲击，你认为应该如何构建人工智能侵权的归责原则？

第三节 人工智能侵权的规制路径

新的事物不断涌现，法律也相应地不断进行调整，但法律针对不同情境所作出的回应总是不同的。对于比较微小的新兴事物，法律往往也会作出相应的细微调整，通过扩大或缩小涵摄范围，适应新情况；而对于对社会经济生活产生剧烈影响的大变革，法律往往会进行大刀阔斧的修改，这便是法律在面对新情况时不同的路径选择。那么对于人工智能的诞生与应用，法律应当作出何种应对？是只需要对现有制度进行调整，抑或需要从根本上改变民法理论框架呢？大刀阔斧地修改可能存在成本过高的问题，而沿用现有制度又存在路径依

---

〔1〕 参见程啸：《侵权责任法》，法律出版社2021年版，第673页。
〔2〕 参见郑志峰："自动驾驶汽车的交通事故侵权责任"，载《法学》2018年第4期。

赖、制度惯性过大而无法完美适用的问题。对于规制路径的选择，一定是多方面博弈、权衡的结果。就目前来看，主要适用现有制度，并对现有民法规则进行调整来解决人工智能法律问题的方法，似乎更加可取。

前文评析了人工智能侵权可能纳入的责任类型框架，监护人责任、用人者责任与饲养动物侵权责任由于主体无法扩展至人工智能而无法类推适用；使用人工智能难以被界定为高度危险作业所以无法类推适用高度危险责任；交通事故侵权责任不仅在适用范围上只针对自动驾驶这一人工智能应用，并且存在责任分配不适当的问题。综合来看，适用产品责任的框架规制人工智能侵权更具合理性与可能性。其一，将人工智能的法律地位归于物，则适用产品责任来规制人工智能侵权便无障碍；其二，产品责任的归责原则以无过错责任原则为主，不需要判断人工智能的"主观过错"；其三，产品责任现有的制度能够较好地囊括、解决人工智能侵权中可能存在的问题，只需要对极特殊部分加以特别规制，如一般产品不具备的深度学习功能所致损害的规制等。

一、人工智能属于产品

我国《民法典》并未对产品进行界定，产品的概念来源于《产品质量法》第2条第2款，即产品是指经过加工、制作，用于销售的产品。从概念来看，人工智能是人造之物，经过多轮设计、加工，并且最终流向市场进行销售，属于《产品质量法》中对产品的界定范畴。在适用产品责任的过程中不存在主体不适格的障碍。

二、产品责任的两个环节

产品责任框架包括两个环节：第一个环节为受害者的救济，即产品致害后被侵权人得以向生产者、销售者主张产品责任，获得相应的赔偿。这一环节注重对被侵权人的保护，其可以选择向生产者、销售者或将二者作为共同被告要求赔偿。二者承担无过错责任，符合产品责任构成要件则需进行赔偿。第二个环节为最终责任的追偿。即生产者、销售者在向被侵权人作出赔偿后，再向对产品缺陷产生有过错的主体进行追偿的过程（若第一个环节中对受害者承担赔偿责任的主体确是导致产品缺陷产生的主体，则无第二个环节）。这一环节适用过错责任。两个环节所涉及的主体不同、适用的归责原则不同，因果关系的证明标准不同，所要解决的问题也不同。该问题将在下文进行详细说明。

三、适用差别化的归责原则

产品责任的归责原则本就是二元制，对不同主体同时存在过错责任原则和无过错责任原则。《民法典》第 1202 条规定了缺陷产品的生产者应当承担侵权责任；第 1203 条规定缺陷产品的销售者承担侵权责任；第 1204 条规定生产者、销售者以外的第三人包括运输者、仓储者的侵权责任。其中适用无过错归责原则的包括生产者的侵权责任、销售者的中间责任（即无论销售者是否有过错，在面对被侵权人请求时都应当承担赔偿的责任，无过错的销售者可以再向生产者追偿）。适用过错责任的包括销售者的最终责任，第三人如运输者、仓储者、中间供货人的最终责任，即产品缺陷并非生产者所致，而是由销售者、运输者、仓储者、中间供货人的过错导致，此时应当由其依据过错承担责任。[1] 同样，人工智能也可以对不同的主体采取不同的归责原则。

（一）生产者的无过错归责原则

人工智能侵权中应当坚守生产者的无过错责任原则，只要产品存在缺陷，生产者便应当承担侵权责任。但若产品缺陷由销售者、其他第三人造成，则生产者可以再向销售者、其他第三人追偿。无过错责任的理论来源在于风险开启理论、风险控制与分散理论以及报偿理论。[2] 首先，人工智能产品一定存在着风险，而生产者正是开启这些风险的主体，当然应当承担责任。其次，从风险控制的角度来看，生产者对于其所生产的人工智能产品有最深刻的认知和了解，具有过程风险管理的现实可能性，包括对算法设计者所编制程序的检查、供应商所供元件质量的检查、产品上线前的检测等，所以生产者是产品风险最有力的控制者。同时其还有充足的时间和机会将风险分散，如购买保险、与其他供应商缔结约定完善的违约条款等。最后，人工智能发展并不完善，但同时也是一片蓝海。优先投入市场的人工智能产品必然会取得极高的经济效益，具有先发优势，但也必然会导致更多侵权行为的发生。根据报偿理论，由生产者承担无过错责任并无不妥。

相较于普通产品，人工智能产品生产环节复杂，在生产者的判断上应更加

---

〔1〕 关于产品责任的归责原则学界存在争议，但多数学者认为总体上产品责任为无过错责任，包括产品责任的中间责任、生产者的最终责任；但同时存在着过错责任，包括销售者的最终责任、第三人的最终责任。参见杨立新：《侵权法论》，人民法院出版社 2011 年版，第 561-562 页；张新宝：《侵权责任法》，中国人民大学出版社 2020 年版，第 210 页。

〔2〕 参见程啸："机动车损害赔偿责任主体之研究"，载《法学研究》2006 年第 4 期。

严谨。一方面，相较于算法设计者、组装者、零配件提供者而言，最终的生产商（即初次销售之前的所有人）应当是生产者。因为他对于人工智能产品最终的风险有着绝对的控制力，也可以通过与其他辅助生产者订立的合同来控制他们的行为。另一方面，有的人工智能系统与产品是后期组合，如汽车中的自动驾驶系统可能是后期装配，此时若该汽车在自动驾驶过程中发生侵权，则由自动驾驶系统装配者承担责任。[1]

（二）销售者、第三人的过错责任原则

销售者可能承担中间责任或最终责任，承担中间责任时为无过错责任，承担最终责任时则为过错责任。因为其涉及的主要是买卖合同订立，所获得利益仅为销售差价，所获利益小于生产者，且其与侵权行为的关联度更是一般。虽然销售者面对被侵权人的请求必须赔偿，但其承担的仅为表面责任，可以向生产者最终追偿。只有当人工智能产品致害的原因系销售者过错时，才能要求其承担最终责任，如销售者将人工智能产品售卖给生产者禁止销售的对象、销售时未尽到仔细说明介绍的义务等。仓储者、运输者或其他中间人也仅在人工智能产品缺陷是在其仓储、运输等环节之中由其过错导致时，才能被已经承担责任的生产者、销售者追偿。

四、产品缺陷的判断和证明

对于一般产品责任而言，产品缺陷包括设计缺陷、制造缺陷、营销缺陷与跟踪观察缺陷。制造缺陷是产品制作过程中产生的不合理的危险，往往只出现在个别的产品中；设计缺陷则是产品结构、配方等方面存在不合理风险，往往涉及批量产品；营销缺陷是指生产者没有提供产品潜在风险的警示和说明，致使产品在使用与运输中出现不合理风险；跟踪缺陷即虽然缺陷在投入流通时不存在，通过跟踪能够发现缺陷，但未采取补救措施或补救不力。[2]人工智能的产品责任也不外乎这四种缺陷类型。相较于一般的产品瑕疵，人工智能产品缺陷的判断和证明规则需要作出相应调整。

在缺陷的判断上，根据《产品质量法》第46条的规定，产品缺陷主要是指产品存在不合理危险或者不符合强制性标准。但人工智能正处于起步阶段，国家尚未规定人工智能的产品标准，故在判断哪些缺陷属于产品缺陷时存在困难。目前在对人工智能缺陷作出判断时，只能综合各项因素，包括产品的智能

---

〔1〕　参见郑志峰："自动驾驶汽车的交通事故侵权责任"，载《法学》2018年第4期。

〔2〕　参见张新宝：《侵权责任法》，中国人民大学出版社2020年版，第208页。

程度、产品的说明、产品用途的合理预期以及产品投入流通的时间等。[1]

此外，人工智能的交互功能和记忆学习功能会影响对产品跟踪缺陷的判断。跟踪缺陷所指的缺陷是产品固有的缺陷，只是在流通时尚未发现，而跟踪时可以发现。人工智能的交互与记忆是指根据使用者使用习惯而不断调整优化程序。如自动驾驶技术中，自动驾驶程序会根据驾驶者的驾驶习惯调整程序。[2]而人工智能基于使用者长期习惯而调整的程序即使导致了侵权（如人工智能根据暴力驾驶者的驾驶习惯而调整算法导致的交通事故），也不应当属于产品的跟踪缺陷。原因在于，该侵权行为的发生基于使用人在使用过程中输入的新数据，人工智能程序的改变与生产者、销售者无关，是使用者的操作不当所致。

关于产品责任的证明，我国《民法典》并未明确规定产品缺陷的举证责任归于被侵权人抑或生产者、销售者。在司法实践中，法院也存在不同认识。[3]既然法律并未对产品缺陷的举证责任作出特别规定，则应当坚持"谁主张谁举证"的举证责任分配基本原则。但由于被侵权人缺乏相关专业知识，并不了解产品生产的具体情况，不应当对其苛以过高的举证责任，被侵权人提供证据证明涉案产品确实存在问题即可证明存在缺陷，再由被告人提供证据证明产品不存在瑕疵。

这一对被侵权人较低的举证责任要求在人工智能侵权时更应加以贯彻：相较于普通产品，人工智能的技术壁垒更高，深度学习下算法黑箱客观存在，被侵权人几乎不可能提供足够科学的证据证明产品存在缺陷。基于被侵权人和生产者、销售者与证据的距离不同、信息与技术存在巨大鸿沟，并且人工智能运行决策过程难以还原，取证困难，故而在人工智能侵权中，被侵权人甚至只需要提供表面证据，证明在其正确、按照常理的方式使用人工智能产品的过程中，人工智能产品造成了超出常人预料的损害即可。总之，对被告证明人工智能产品没有缺陷的要求应当远远高于被侵权人证明产品存在缺陷的要求的程度。

---

〔1〕 参见郑志峰："自动驾驶汽车的交通事故侵权责任"，载《法学》2018年第4期。

〔2〕 参见郑志峰："自动驾驶汽车的交通事故侵权责任"，载《法学》2018年第4期。

〔3〕 在梁翠桃等与李伟灶产品责任纠纷上诉案中，法官将产品缺陷的证明责任加于被侵权人，认为被侵权人需举证证明其适用的产品存在缺陷，而产品生产者主张免责，应举证证明产品不存在缺陷或其他免责事由。而北京市第二中级人民法院则认为产品质量是否合格应当由生产者承担举证责任，若生产者不能证明产品没有缺陷，则需要承担产品责任。参见广东省佛山市中级人民法院民事判决书，（2004）佛中法民一终字第327号；陈梅金、林德鑫诉日本三菱汽车工业株式会社损害赔偿纠纷案，载《最高人民法院公报》2001年第2期。

五、因果关系判断与证明

因果关系乃侵权法律制度中最为复杂之理论，人工智能侵权情形下其复杂性有增无减，更存在着因果关系识别认定的困难，以及证明的困难。由于人工智能仍应当是物，则从被侵权人保护的角度来看，因果关系的证明不能停留在人工智能行为与损害结果之间的关系；而应该更深一步，追及人工智能侵权行为是由哪一环节的错误导致，从而追及对应的主体，主张侵权责任。如侵权行为究竟是因为算法设计者的设计错误、制作者制作中的瑕疵还是使用者的操作失误。

（一）被侵权人因果关系的证明

人工智能侵权下事实因果关系确实难以判断、难以举证，很难证明事实上是由哪个环节导致的侵权行为。而在产品责任的结构下，从被侵权人权益保护的角度出发，法律因果关系的证明反而没有困难多少。

在一般的产品责任中，被侵权人需要证明的内容包括：被告为缺陷产品的生产者或销售者、产品存在缺陷、被侵权人受到损害、损害是使用或消费有缺陷的产品所致。其中"损害是使用或消费有缺陷的产品所致"是因果关系的证明对象，[1]可见被侵权人只需要证明损害结果的存在，以及证明人工智能行为与损害结果之间最直接初级的因果关系，而不需要证明缺陷出现在产品的哪一个环节。根据 2008 年《最高人民法院关于民事诉讼证据的若干规定》第 4 条第 6 项："因缺陷产品致人损害的侵权诉讼，由产品的生产者就法律规定的免责事由承担举证责任。"可见，产品责任下，是由生产者或者销售者对免责事由承担举证责任。

所以，在产品责任框架下，被侵权人在因果关系要件上的举证要求并不高。同样，人工智能侵权虽然难以判断事实上是哪一环节致使损害行为的发生，但按照产品责任的要求，在法律上，被侵权人只需要证明其损害确实是由人工智能产品的直接行为造成的，即可向销售者或生产者主张产品责任，究竟是哪一环节的瑕疵并不会影响对被侵权人的损失填补。这样的规定具有合理性。人工智能行为涉及环节多，其行为基于算法，但算法往往属于商业机密不予公开，即便公开，被侵权人在合理成本内也无法基于晦涩的算法程序判断是哪个环节导致人工智能进行了侵权行为。

---

〔1〕 参见张新宝：《侵权责任法》，中国人民大学出版社 2020 年版，第 211 页。

（二）最终责任的因果关系证明

销售者或生产者在承担产品责任后，若其认为产品瑕疵是由其他第三人（算法设计者、仓储者、使用者、运输者等）过错所致，则可能还会涉及最终责任的追及问题。此时才会涉及究竟是哪一环节导致人工智能侵权行为的发生。在这一环节，主体之间存在独立的合同法律关系。此时主体之间地位较为平等，最终责任由谁承担，可以再由几方主体进行举证质证，法院最终裁判。

这种方法对于生产者、销售者以及其他可能承担最终责任的主体而言，也不失公平。一方面，法律已经基于上述主体在整个产品销售环节当中所获经济利益的不平等进行了一次平衡——对生产者与销售者苛以较严格的责任，但排除了被侵权人直接向第三人主张权利。另一方面，人工智能背后各主体对于自己所负责的部分有着清晰的了解，也具备足够的专业知识和信息，有能力证明自己的行为与人工智能所实施的侵权行为之间没有因果关系。总之，人工智能侵权的判断标准相较于传统的侵权案件来说，链条更长，涉及的主体更多，且存在技术黑箱，很多看似合理的推理判断在人工智能侵权中都仿佛存在风险和瑕疵，必然会对司法者造成很大的挑战。

六、人工智能的侵权抗辩事由

根据《产品质量法》，产品责任的抗辩事由包括：产品尚未投入流通的、产品投入流通时引起损害的缺陷尚不存在的、将产品投入流通时科学技术水平尚不能发现缺陷存在的。人工智能侵权问题依然适用上述抗辩事由。此外，学界通说的抗辩事由还包括被侵权人自身的原因引起的损害、第三人原因引起的损害、明显的危险无警告义务。[1]

在人工智能侵权中，更应当注重"产品投入流通时引起损害的缺陷尚不存在的""被侵权人自身的原因引起的损害"以及"将产品投入流通时科学技术水平尚不能发现缺陷存在的"这三类抗辩事由的判断。前两类抗辩事由主要涉及人工智能的人工交互与记忆学习功能，即人工智能程序会依据使用者的使用习惯对算法进行调整，此时算法程序所做调整与生产者、销售者并无关联，纯粹基于使用者的习惯输入，应当允许生产者与销售者以此进行抗辩。第三类抗辩事由则涉及人工智能的深度学习功能。深度学习算法不存在判断树，必然存在技术黑箱，任何人都不会知晓其运算逻辑。此时是否能将算法黑箱纳

---

[1] 参见杨立新：《侵权法论》，人民法院出版社2011年版，第568页。

入"投入流通时科学技术水平尚不能发现的缺陷"，尚存争议。若允许这一抗辩事由，可能对生产者与销售者有过度保护之虞；若不允许，则会极大地加剧生产者的风险，挫伤投入研发的积极性，不利于产业发展。虽然目前具有深度学习功能的人工智能仍是少数，但作为未来发展方向，这一问题将愈发重要。本书认为不应将其作为抗辩事由，但可以通过下文所述的人工智能保险与赔偿基金制度减轻生产者的赔偿责任。这样一来，一方面产品责任的承担可以对生产者的行为进行约束，倒逼其规范生产流程，提高人工智能产品质量。另一方面通过风险分担，也不至于使生产者承担其难以负担的赔偿金额，鼓励生产者积极投入研发。[1]

七、责任保险与赔偿基金

责任保险与赔偿基金的构建是对法律规制不足的有效补充，属于法律的配套制度。中国信息通信研究院、中国人工智能产业发展联盟于2021年发布了《人工智能核心技术产业白皮书》，其中肯定了人工智能的产业格局与生态系统构建的重要性，更指出了深度学习在当前阶段发展的主线地位。从社会与国家发展的角度出发，应当大力投入人工智能深度学习的研究。而正如上所述，深度学习的算法黑箱能否属于产品责任的抗辩事由仍有争论。为了促进社会与国家的发展，不能将其完全排除出抗辩事由，应当打开口子以示鼓励发展新技术，但同时人工智能侵权所致损害在合理的限度内应当得到填补。此时构建责任保险与赔偿基金制度不失为一种方法。当人工智能由于深度学习或其他新功能造成损害时，可以由保险与赔偿基金进行损失填补。

构建保险制度与赔偿基金无论在我国还是域外都已有实践。在机动车交通事故的处理中，我国出台了《机动车交通事故责任强制保险条例》与《道路交通事故社会救助基金管理试行办法》，构建了我国机动车交通事故责任强制保险制度、道路交通事故救助基金制度。上述规则与制度有效保障了机动车交通事故中受害的第三人，使第三人能够及时获得补偿。

构建保险制度以及赔偿基金的举措可以被借鉴于人工智能产品领域。一方面，此举利于风险的分散。保险的底色即人人为我，我为人人，对于生产者而言，投保费用将大大低于损害实在发生后可能的赔偿金额。生产研发无后顾之忧，能够促进产业的快速发展。另一方面，对于被侵权人而言，保险的介入也

---

[1]　参见李坤海、徐来："人工智能对侵权责任构成要件的挑战及应对"，载《重庆社会科学》2019年第2期。

可以提供更好的救济。只有保险金不足以覆盖损失时，才会借助产品责任，举证要求生产者、销售者承担赔偿责任。这大大缩短了求偿周期，降低了成本。因此，商业保险与智能基金赔偿制度的建立可以平衡人工智能产业的发展与被侵权人的损失填补。

在具体制度上，所有人工智能产品在流入市场时必须购买责任强制保险，用于对所有符合相关规定的人工智能产品所造成的损害进行首要、基本赔偿。在强制保险之外，龙头生产者或相关行业协会也应当会同商业保险公司，设计商业保险产品，在强制保险之外承担额外更高的赔偿责任。在保费负担方面，强制保险应当由生产者负担，商业保险费用应当交由当事人自由协商。同时可以借鉴车险制度，若当年人工智能产品出险并由保险进行了理赔，则下一年度该生产商的投保费用将大大提高。此外，可以从强制保险的保费中提取一定比例的保费设立赔偿基金，用以补充保险制度。在无法确定赔偿主体，或被侵权人救助、丧葬等必要费用填补不足的情况下进行垫付。

值得一提的是，欧盟出台的《机器人民事法律规则》已经提出设立机器人强制保险制度以及设立赔偿基金。《机器人民事法律规则》第 57 条指出，针对复杂的日益自动化的机器人所造成损害的责任分配问题，其中一个可行的解决方案是强制性的保险计划，就像机动车强制保险一样。该制度还指出，道路交通保险体系的保险对象是人类的行为和故障，而机器人保险体系则应该考虑到所有潜在的风险。但其并未明确何为潜在的风险，只是建议保险行业开发新的保险种类，对可能出现的风险进行预测，降低自己的承保风险。而欧盟《机器人民事法律规则》第 58 条规定，应当对机器人建立相应的基金，以补偿保险制度，用来确保在没有保险的情况下仍然可以赔偿损害。

■ 要点

1. 人工智能导致的侵权案件的处理应当以产品责任为框架。

2. 人工智能侵权的事实因果关系判断困难，但在产品责任的框架下，法律因果关系的判断并不复杂。

3. 相较于一般产品，人工智能在适用产品责任时对产品缺陷的判断、抗辩事由的设计等内容提出了更高要求。

■ 思考题

12.3　人工智能领域对民商法领域的冲击还有哪些？

12.4　现有的民商事制度是否能够经过调整涵摄人工智能法律问题？

■ 本章阅读文献

1. 方志伟："个人信息在智慧治理中的风险与保护——以《民法典》个人信息保护为中心"，载《江西社会科学》，2021 年第 5 期。

2. 陈吉栋："人工智能时代的法治图景——兼论《民法典》的智能维度"，载《探索与争鸣》2021 年第 2 期。

3. 张安毅："人工智能侵权：产品责任制度介入的权宜性及立法改造"，载《深圳大学学报（人文社会科学版）》2020 年第 4 期。

4. 朱静洁："智能机器人致人损害民事责任的困境及其破解"，载《理论月刊》2020 年第 1 期。

5. 刘小璇、张虎："论人工智能的侵权责任"，载《南京社会科学》2018 年第 9 期。

6. 杨立新："用现行民法规则解决人工智能法律调整问题的尝试"，载《中州学刊》2018 年第 7 期。

第十三章
人工智能与经济法

【导读】

人工智能作为新兴技术，无论是技术本身还是与之相配套的制度措施都尚未成熟，需要多部门法律的共同规制。其中，经济法规制是一个重要方面。经济法规制应重点解决人工智能负外部性问题。大数据作为人工智能的基础可以带来巨大的经济效益，而数据资源的市场配置问题需要经济法予以规制调整。对此，一方面应对数据控制者的数据垄断行为予以调整，另一方面需防范数据使用者的不正当竞争行为。此外，人工智能的大量应用使国家财政受到挑战，对这一情况也需要经济法予以适度的干预和调整。

第一节　人工智能与经济法规制

一、人工智能产业发展的经济法规制必要性

技术与制度之间存在相互促进、相互制约的关系。一方面，技术的进步会带动制度的发展与变革；另一方面，恰如其分的制度也可以对技术进步起到推波助澜的作用，与此同时，不恰当的制度则会引起技术进步的减速甚至停滞。人工智能技术方兴未艾，未来人工智能产业仍大有可为。于全球范围内，在与众多发达国家一起进行人工智能技术竞争的过程中，法律制度对技术发展的影响举足轻重。

人工智能产业作为当前的高新技术产业代表，其发展受到政府的大力支持，而其作为新技术、新产业与旧的制度之间又存在诸多不相圆融之处。因此，通过"技术—产业—经济法规制—良序市场—技术创新"的逻辑思路进行经济法规制具有正当性：法律制定不仅要对行业的不规范现象予以规制、防范风险，更要从经济法视域考虑对产业发展的影响，同时对人工智能产业可能带来的整体产业革命也不能忽视。具体而言，应当充分运用经济法中的"鼓

励、促进型规范"发挥人工智能的积极效应、"限制、禁止型规范"克服人工智能的负面效应,充分运用发展规划、财政、税收、金融、竞争、消费者保护等多种经济法手段进行"差异化规制",从而达到辩证施治、扬长避短之效。[1]

二、经济法规制应着重解决人工智能负外部性问题

人工智能产业的经济法规制应结合该技术可能导致的突出问题展开,解决负外部性问题,以扬长避短,促进正面效应的发挥。胡元聪和廖娟认为,从经济学角度来看,外部性指未被市场交易所体现的额外成本或额外收益。不同于经济性角度,在法学视域下的负外部性则指的是权利主体行使权利时,将本应由己方负担的义务施加给其他经济法律关系主体,其表现为一种权利义务的失衡。[2]人工智能的负外部性则是"人工智能研发者、生产者和销售者垄断信息、无视数据风险,使得消费者和他们三者之间权利义务失衡"。[3]

对如何解决负外部性问题,在制度层面,要重点解决包括但不限于人工智能市场准入制度、人工智能市场监管制度、人工智能信息披露制度和人工智能主体责任制度的不健全带来的对现有经济秩序的冲击、增加社会治理成本等突出问题,完善市场准入、市场监管、信息披露、主体责任制度则是解决其负外部性的经济法规制具体方向。[4]

需要说明的是,在人工智能技术发展的当前阶段,立法宜粗不宜细,不能将行业活力扼杀。[5]同时应多部门法律并用,以开放的思维为指导进行规制。人工智能尚处于弱人工智能阶段,人工智能产业技术与配套措施的成熟仍有很长的一段路要走。对其进行经济法规制时,应当保持一定的开放性,允许合理限度内的科技发展风险存在,同时立法者也应当保持一定的克制,不宜仓促地出台法律,以免阻碍智能制造的动态发展。

---

〔1〕 参见张守文:"人工智能产业发展的经济法规制",载《政治与法律》2019 年第 1 期。

〔2〕 参见胡元聪、廖娟:"人工智能的负外部性及其经济法规制",载《大连理工大学学报(社会科学版)》2020 年第 3 期。

〔3〕 参见胡元聪、廖娟:"人工智能的负外部性及其经济法规制",载《大连理工大学学报(社会科学版)》2020 年第 3 期。

〔4〕 参见胡元聪、廖娟:"人工智能的负外部性及其经济法规制",载《大连理工大学学报(社会科学版)》2020 年第 3 期。

〔5〕 参见胡元聪、廖娟:"人工智能的负外部性及其经济法规制",载《大连理工大学学报(社会科学版)》2020 年第 3 期。

■ 要点

1. 基于制度与技术的关系，人工智能的经济法规制具有必要性。
2. 人工智能的经济法规制应着重解决其负外部性问题。

■ 思考题

13.1　经济学中对负外部性的界定与经济法对负外部性的界定有何不同？
13.2　人工智能的经济法规制如何解决其负外部性问题？

第二节　人工智能与数据竞争

一、数据竞争是人工智能底层资源的竞争

人工智能需要靠海量数据的"喂养"才能成长，数据和算法无疑是人工智能的基底。在人工智能行业的竞争中，除具体到某一行业的竞争，如自动驾驶汽车行业、家政机器人行业竞争需要反垄断法、反不正当竞争法的规制外，更为普遍且更为本质的是人工智能产业对数据的大量需求产生的数据竞争，这涉及所有依赖大数据的人工智能行业。

在人工智能时代，数据是重要的生产力，其经济价值来源于经过有组织地分析、处理，甚至利用后得到的有效信息。数据是一种稀缺资源，数据竞争的本质即数据资源的市场配置。虽然数据具有可复制性与使用的非排他性，但这并不意味着数据资源不属于稀缺资源。从实践来看，企业需要投入大量时间与经济成本获取数据，并且数据获得者会采取各种措施防止数据外泄，以保有竞争优势。[1]稀缺性资源的竞争仅靠市场配置资源无法解决所有问题，还需要政府加强市场监管。具体而言，在经济法视域下，一方面要赋予平台等数据收集者相应的数据权利，使其充分发掘数据的潜在价值，促进人工智能产业的发展，另一方面要设置一定的规则以防平台进行"数据垄断"，与此同时，还要防范对既有权利主体的侵犯。

二、数据竞争行为的规制

在经济法视角下，应该着重调整数据收集和控制者与数据使用者之间的关

---

〔1〕　参见曹胜亮、张晓萌："人工智能时代数据竞争的法律规制"，载《学习与实践》2019年第10期。

系。一方面要防范数据使用者的不正当数据竞争行为，另一方面要合理监管控制者利用对数据的收集优势进行的"数据垄断"行为，进而为人工智能基础产业打造一个公平竞争的市场环境。

对于数据使用者的不正当竞争行为以及数据控制者的"数据垄断"行为应如何界定，可以通过一个典型案例——"奇虎360诉百度通过robots协议不正当竞争案"予以说明。

【案例13.1】 奇虎360诉百度通过robots协议不正当竞争案[1]

robots协议是指"网站所有者通过一个置于网站根目录下的文本文件，即robots.txt，告知搜索引擎的网络机器人（或称网络爬虫、网络蜘蛛）哪些网页不应被抓取，哪些网页可以抓取，其本质上是受访网站与搜索引擎之间的一种交互方式"。在该案中，百度没有正当理由通过自设的"robots协议"将奇虎360搜索引擎排除在允许抓取数据的白名单范围之外，而奇虎360则没有遵循百度公司设置的robots协议自主抓取其相关网页信息。法院认为在robots协议设置之初奇虎360不遵循该协议的行为明显不当，而在《互联网搜索引擎服务自律公约》签订生效后，百度在允许国内外主流搜索引擎抓取网页信息的情况下，排除奇虎360进行抓取的行为明显不当。

学界将《反不正当竞争法》第2条确立的不正当竞争行为界定标准概括为"道德性标准"和"经济性标准"。[2]根据《反不正当竞争法》第2条第1款，在该案中，百度没有正当理由将奇虎360排除于抓取白名单之外，违背了公平、诚信原则，即"道德性标准"，属于不正当竞争行为。而奇虎360在未通过协商获得百度许可的情况下，擅自通过网页快照方式抓取百度网页数据存储于自身服务器中，则是对数据控制者的数据权益的侵犯，违反了"经济性标准"，属于数据使用者的不正当竞争行为。[3]通过该案例不难看出，现有的经济法律制度对于处理该类数据竞争纠纷仍然具有适应性，只是在适用上更多涉及原则性条款。

对于该案中涉及的robots协议，法院将其认定为行业惯例，但"能否据此

---

〔1〕　北京市第一中级人民法院民事判决书，（2013）一中民初字第2668号。

〔2〕　参见蒋舸："关于竞争行为正当性评判泛道德化之反思"，载《现代法学》2013年第6期；宁度、张昕："论竞争行为不正当性的'经济性'评判标准"，载《电子知识产权》2017年第6期。

〔3〕　参见李安："人工智能时代数据竞争行为的法律边界"，载《科技与法律》2019年第1期。

评价爬虫抓取数据行为的正当性，尚存争议"。[1]如李安认为，虽然法院将其认定为行业惯例，并认可了初期该惯例对奇虎360抓取数据行为予以排斥的正当性，但这类限制第三方对相对公开的数据进行抓取的行为的正当性仍然存疑，不能简单依据行业惯例判定不正当竞争行为。[2]同时，李安认为，该案确立的"协商—通知"规则对公开数据获取的行为准则具有重要意义，"即数据使用方应在尊重数据控制方数据获取协议的前提下，向数据控制方提出协商；若数据控制方拒绝修改数据获取协议，则应该给出合理的拒绝理由；若协商失败，数据使用者可以向行业协会提出调解，或向法院提起诉讼。"[3]

■ 要点

1. 数据竞争是人工智能底层资源的竞争。

2. 经济法应规制数据控制者的数据垄断行为和数据使用者的不正当竞争行为。

■ 思考题

13.3　是否应该规定数据控制者开放共享其所收集储存的一切数据？开放使用的边界在哪里？

13.4　若百度设置的 robots 协议拒绝大多数主流搜索引擎抓取其网页数据，奇虎360可否以百度不正当竞争为由要求其开放抓取？

第三节　人工智能与税收制度

人工智能的快速发展使得企业对人力的需求降低。在人力与机器人的选择中，企业更愿意使用各种机器替代人工，从而降低成本。理由在于，机器不需缴纳"五险一金"，人员减少也使得人工管理成本显著降低。并且人工智能在重复性工作中不会出现人工失误的差错，工作质量更有保证，工作时间不受限制，在产品质量稳定性提升的同时产量也将大幅上涨。相较于聘用自然人，购买使用人工智能产品自然就成为企业的更优选择。但对于国家财政而言，原本

---

〔1〕　李安："人工智能时代数据竞争行为的法律边界"，载《科技与法律》2019年第1期。

〔2〕　参见李安："人工智能时代数据竞争行为的法律边界"，载《科技与法律》2019年第1期。

〔3〕　李安："人工智能时代数据竞争行为的法律边界"，载《科技与法律》2019年第1期。

建立在工人"劳动力"基础上的所得税、社会保障税将对机器人"失效"。[1]

对于税收问题，有学者提出了相应的对策，如征收人工智能税。有两条路径可供选择：一是人工智能纳税，即机器人取代工人成为新的纳税主体；二是对设计、制造、使用人工智能的设计者、生产者、销售者、使用者等征收人工智能税。

美国、欧盟也先后加入对机器人税的讨论，并提出向机器人征税的可能方案，韩国则于2017年率先启动一项间接向机器人征税的制度。[2]但与此同时，反对征收人工智能税的呼声亦占有一席之地。

一、人工智能不具备纳税主体资格

人工智能的纳税主体资格问题是人工智能可税性问题的一个方面。可税性理论的核心要义在于秉承法律上的合法性、经济上的可及性以及税收政策的公平性。[3]正如翟帅所言，"探讨对人工智能征税，应充分辨析论证立法技术可否赋予人工智能税收主体的正当性……避免对技术应用反应的过犹不及。"[4]

未来人工智能是否会取得公民身份在本书第三章"人工智能的主体地位"已有探讨，在此不再讨论。我国税法明确规定纳税人为法律、行政法规规定的负有纳税义务的单位和个人。因此，就现实而言，人工智能不是合格的纳税人，赋予人工智能纳税主体资格与其现阶段的法律地位不符。

但对于未来是否将人工智能纳入征税主体范围，是否赋予其法律主体资格，有学者认为是法律观念的变革问题，不取决于自然伦理，而在于局部利益与长远利益的对比，在于个人利益与社会公共利益的保护取舍。[5]这也意味着很难断言人工智能将永远不会成为法律拟制的人，同样，其反面也难以预测。

二、向企业征收人工智能税的争议

在理论界，关于是否向企业征收人工智能税存在支持和反对两种观点。在

〔1〕　参见王婷婷、刘奇超："机器人税的法律问题：理论争鸣与发展趋势"，载《国际税收》2018年第3期。

〔2〕　参见王婷婷、刘奇超："机器人税的法律问题：理论争鸣与发展趋势"，载《国际税收》2018年第3期。

〔3〕　参见翟帅："论人工智能替代就业的税法因应"，载《税收经济研究》2020年第3期。

〔4〕　翟帅："论人工智能替代就业的税法因应"，载《税收经济研究》2020年第3期。

〔5〕　参见翟帅："论人工智能替代就业的税法因应"，载《税收经济研究》2020年第3期。

支持征收人工智能税的人看来，人工智能科技创新体系所诱发的贫富分化风险和经济风险催生出了分配正义的新危机，需要新的税收制度来改变这一社会分配不公平的风险。[1]税收中立原则也是支持者的一大论点，即税法不应有意地用于税收激励抑或税收惩罚从而影响市场主体的经济选择，即在人工智能与工人之间税法不应有意偏袒任意一方。但实际上，从各国税收政策来看，各国政府几乎都采用了鼓励人工智能技术适用的税收政策。有学者认为，当人工智能带来了政府税收流失时，税收政策应适时进行调整，可以通过创设针对机器人的"自动化税"来抵消普通工人由此而受到的失业冲击，使得机器人和普通工人在经济发展中保持相对独立的作用。[2]

反对者则认为，如果认为因人工智能取代就业就需要征收人工智能税，那么一切机器的使用也取代了相应的人工，因此发放登机牌的自助终端、手机银行的使用都应当相应征税，这显然是荒谬的。[3]此外，对人工智能征税会打击行业的发展，是一种逆生产力发展方向的行为，不利于企业竞争力的提升，也不利于国家在国际上抢占技术领先地位，若是为了征税放缓技术进步的脚步，无法跟上世界进步的潮流将得不偿失。反对论者还提出了人工智能并不必然导致失业率升高的观点，因为在体力劳动岗位减少的同时，与人工智能密切相关的脑力劳动岗位也在相应增加，并没有确切的实证研究论证岗位减少量大于增加量。[4]

三、可能的税收应对策略

对于机器人使用比率很高的国家而言，征收人工智能税以平衡社会收入分配具有一定的意义。但对于我国现阶段而言，人工智能产业发展尚未成熟，人工智能产品的普及度不高，替代人工就业问题还没有成为突出问题，全国大量的劳动人口并未受到来自机器人取代就业的严重威胁，加征人工智能税可能导致的行业发展减速等问题将使该政策得不偿失。在人工智能尚未大面积冲击工人就业的情况下，做好失业工人的就业再培训，从而实现就业转型更具现实意

---

〔1〕 参见胡元聪、税梦娇："科技风险下分配正义新构造的财税法变革"，载《湖北社会科学》2019年第12期。

〔2〕 参见王婷婷、刘奇超："机器人税的法律问题：理论争鸣与发展趋势"，载《国际税收》2018年第3期。

〔3〕 参见王婷婷、刘奇超："机器人税的法律问题：理论争鸣与发展趋势"，载《国际税收》2018年第3期。

〔4〕 参见曹静、周亚林："人工智能对经济的影响研究进展"，载《经济学动态》2018年第1期。

义。此外，有学者提出推行反向激励政策的方案，即鼓励企业雇佣劳动者，对雇工行为予以税收激励，如减免同行业中雇用人工较多的企业"五险一金"的缴纳义务等，或者给予其他类型的税收激励等，从而平衡人工智能与人工的市场竞争力。[1]我们认为这一建议具有现实意义，不失为一种解决就业替代问题的好办法，但具体税收激励的幅度仍然需要结合不同阶段人工智能行业发展的最新情况予以确定，以达到人工智能与工人二者之间的就业竞争相对平衡。

■ 要点

1. 人工智能不具有法律主体资格，不是适格纳税主体。

2. 人工智能加大了社会收入分配的不平衡，贫富分化加剧。

3. 无论征收何种形式的人工智能税都可能阻碍技术进步，因而需要谨慎对待，反向激励企业雇工可能是更为稳妥的办法。与此同时，加强失业工人培训，促进再就业也具有现实意义。

■ 思考题

13.5　研究人工智能可税性问题需要考虑哪些因素?

■ 本章阅读文献

1. 曹胜亮、张晓萌："人工智能时代数据竞争的法律规制"，载《学习与实践》2019年第10期。

2. 李安："人工智能时代数据竞争行为的法律边界"，载《科技与法律》2019年第1期。

3. 马平川："大数据时代的经济法理念变革与规制创新"，载《法学杂志》2018年第7期。

4. 张守文："人工智能产业发展的经济法规制"，载《政治与法律》2019年第1期。

5. 周围："人工智能时代个性化定价算法的反垄断法规制"，载《武汉大学学报（哲学社会科学版）》2021年第1期。

6. 翟帅："论人工智能替代就业的税法因应"，载《税收经济研究》2020年第3期。

7. 胡元聪、税梦娇："科技风险下分配正义新构造的财税法变革"，载《湖北社会科学》2019年第12期。

---

〔1〕　参见翟帅："论人工智能替代就业的税法因应"，载《税收经济研究》2020年第3期。

第十四章
人工智能与知识产权法

【导读】

　　人工智能的出现，对知识产权法律制度的细化、调整提出了要求。学界主要把目光聚焦在人工智能对著作权法、专利法（外观设计）的影响上。人工智能的生成物可能具有知识产权意义上的经济价值，设计人工智能的目的本身就是产出智慧产物，如能够自动编曲的软件等。因此如何定义人工智能智慧产物的法律定位，并如何合理分配相关权益成为亟待解决的问题，解决的路径必须秉承知识产权的立法目的，既尊重参与人工智能生成物生产周期的相关主体的劳动成果和人格权诉求，又能同时保障和推动科学、艺术、商业的蓬勃发展和公平竞争。另外，人工智能技术的成熟和发展可能会使知识产权权利主体的权益受到限缩。我们需要根据人工智能技术本身的特性，合理地扩大和缩小解释避风港原则或正确适用技术中立原则以达到个人激励和社会成本的平衡。

第一节　人工智能对著作权法的挑战

　　人工智能对于著作权的挑战主要包括两大内容：（1）基于人工智能生成物的权利体系引发的问题，主要包括权利主体和权利内容的问题；（2）若人工智能技术引发他人著作权权益被侵害的风险时，侵权责任机制的适用问题。著作权的立法目的是"对著作权制度的设置与运行起到制衡作用"。[1]因此，在探索涉及人工智能技术的著作权问题时，需要考虑我国《著作权法》的立法目的，并以此为基础寻求应对之道。《著作权法》第1条规定了著作权法的立法目的，包括两个方面：一是保护作者的著作权与传播者的邻接权；二是鼓励作

---

〔1〕 刘银良："论人工智能作品的著作权法地位"，载《政治与法律》2020年第3期。

品的创作与传播，促进社会主义文化和科学事业的发展与繁荣。在进行制度设计时，同时达到两个方面的目的那是再好不过。但在许多情况下，正如私人权利与公共利益存在冲突，作者的个人权利与作品及其内容在公众中的效率流转也往往存在冲突。利用平衡的艺术作出价值选择往往是著作权法学的焦点与难点。

一、人工智能生成物的著作权问题

（一）人工智能生成物的可著作权性

关于人工智能生成物[1]法律地位的本体论和基本范畴，部分学者认为只需要把人工智能生成物变通性地运用到"职务作品"和"法人作品"等现有规定中，界定其权利归属即可，人工智能生成物的可著作权性问题不存在实质性的挑战。其主要论据为，目前的人工智能主要是弱人工智能，仍然需要人类作出具体的生产命令才能进行创造，其自身不具备独立性。[2]只要人工智能创作行为的开始是由人类控制的，就意味着其本质上是人类进行创作，满足了作品作者的"主观要件"。假设人工智能产品并未收到人类指令而独立实施创作行为，又或者自然人并未意识到自己控制人工智能产品进行创作，则不满足作品作者的"主观要件"，作品当然不能获得著作权。但是，到目前为止，绝大部分的人工智能产品都是弱人工智能，其运行需要人类作出具体指令，不具备独立性。因此，此类观点认为弱人工智能生成物享有著作权，且人工智能生成物背后的利益相关自然人的权益内容的安排与调适才是值得关注和深究的，而非可版权性。

此类观点有较大局限性。支持此类观点的学者主要把著作权作者的"主观要件"抽象化了，并不要求作者在创作过程中具备"具象意志"。"具象意志"要件意味着作者需要有具体的创作目的，对作品的创作方式过程有具体或实质性的认识（目的要件或主观实质要件）。从实证的角度来看，其忽略了人工智能生成物和非人工智能作品的显著差别，一定程度上规避了讨论的实质意义——在传统作品的创作过程中，受限于技术条件，在满足客观独创性要件的情况下，现实中传统作品的作者很难不具备"具象意志"的条件。因此在

---

[1]　关于人工智能运行出的信息的称呼有多种，如人工智能作品、人工智能智力成果、人工智能生成作品等，本书将其称为人工智能生成物，这是对其较为中性的称呼。

[2]　参见冯飞："人工智能：技术创新与专利保护并肩前行"，载《中国知识产权报》2018 年 4 月 25 日，第 10 版。

人工智能生成物出现之前，对主观实质要件的讨论在可版权性的问题上并没有得到重视。但是随着弱人工智能的出现，自然人在操作弱人工智能产品时，并没有对创作过程有任何实质性认识，但能产生客观上具有独创性的作品的情况成为可能。所以，我们不能忽略人工智能生成物和传统作品的显著区别，直接延展现行著作权法的适用范围（可行性不等于合理性），往往此种显著差别才构成了讨论的意义前提。因此此类观点大部分存在前提错误的问题。

必须看到的是，现阶段的人工智能虽是弱人工智能，但在许多人工智能创造物中人类的贡献微乎其微，可能只起到决定人工智能创作程序命令是否启动的作用。所以在内容上，因人类对著作内容并没有一定程度的了解，而著作内容本身又存在一定的价值，所以对此类作品进行重新定义，并作为新的法学问题研讨其是否具备可版权性是必要的。

通过上述论述，我们可以了解到，人工智能生成物是否具备可版权性取决于著作权法是否要求作者对其作品创作具有"具象意志"，无论是事实的，还是推定的。对于此问题，学术界主要存在"否定说""肯定说"和"新型权利说"三种观点。

1. 否定说

否定说认为，著作权法要求或应当要求作者对其作品创作有"具象意志"，因此一般来说，人工智能生成物不享有著作权，除非作者能证明其在作品的创作中有"具象意志"。例如，北京市高级人民法院在《北京市高级人民法院侵害著作权案件审理指南》中对作者的创作意志提出了一定要求，表明创作的完成需要"以某种形式完整表达作者的思想"。此观点具有一定的合理性和说服力。大陆法系中知识产权法体系深受黑格尔人格权理论的影响，认为著作权与自然人的人格密切相关。[1]美国近年来也吸纳了人格权理论，规定了作者的精神权利。[2]对于物的支配权，黑格尔表示："人能够把他的意志或灵魂通过对物的支配，从而使它具有人的目的性。"[3]这一点同样能运用到著作权制度的设计上——传统作品的作者了解自己的创作过程，通常是把自己的具象意志如思想、情感、感官、创作理念等通过外现化形式固定在有形物的"表达（无形物）"中，这种表达是较为直接且具体的，故而作者"能够支配自己意志载体"的意志自由有一定的理由受到保护。然而，对于人工智能生成物来

---

〔1〕 参见冯嘉荟："黑格尔人格理论及其知识产权法哲学内涵"，载《武陵学刊》2016 年第 5 期。
〔2〕 参见美国《视觉艺术家权利法》（the Visual Artists Rights Act）。
〔3〕 ［德］黑格尔：《法哲学原理》，范杨、张企泰译，商务出版社 2011 年版，第 60 页。

说，其"具象意志"的缺乏使人工智能操作者难以获得版权保护的支持。相似地，对于弱人工智能的发明者来说，把其关于人工智能产品技术方案的"工业意志"推定延伸到控制其生成的作品也是很难具有合理性的。那么，人工智能生成的作品不能援引著作权法被保护。可以考虑的保护援引路径包括反不正当竞争法、传统物权法等。

但是，此观点也存在一定的局限性。人工智能的前期研发需要庞大的投入，而其衍生出的有经济价值的作品又难以在法律中有明确的定位并得到保护，可能激励不足反而一定程度上抑制了人工智能及其相关的文化产业的发展。另外，人工智能不可版权性的"一刀切"做法可能使利益相关人隐瞒人工智能创作事实，引发激励过度以及管理成本增加的问题。

2. 肯定说

肯定说认为，著作权法不会要求作者对其作品创作有"具象意志"，因此人工智能生成物享有著作权。有支持此种观点的学者认为，弱人工智能应该享有版权，因为著作权法只应重视创作结果而不应该注重创作过程。[1]人工智能生成物若能够以一定形式表现，并属于文学、艺术和科学领域，同时属于具有独创性的智力成果，则可以成为作品。此种带有工具法学流派元素的观点更注重著作权法的经济效率。

【案例14.1】腾讯公司诉盈某科技公司侵害著作权及不正当竞争纠纷案[2]

该案中，关于注明由智能辅助写作软件系统 Dreamwriter 自动撰写的一篇文章（以下称涉案文章）是否具备可著作权性是本案的基础问题和关键所在。原告陈述涉案文章的创作流程主要经历数据服务、触发和写作、智能校验和智能分发四个环节，而数据类型的输入与数据格式的处理、触发条件的设定、文章框架模板的选择和语料的设定、智能校验算法模型的训练等均由主创团队相关人员选择与安排。关于涉案文章是否构成著作权法意义上的作品，法院认为，涉案文章外在表现符合文字作品的形式要求，其表现的内

---

〔1〕　参见丛立先："人工智能生成内容的可版权性与版权归属"，载《中国出版》2019年第1期。

〔2〕　广东省深圳市南山区人民法院民事判决书，(2019)粤0305民初14010号。在该案中，原告腾讯公司关联企业开发了一套名为 Dreamwriter 的智能辅助写作软件系统并授权原告使用。2018年8月20日，原告在腾讯证券网首次发表《午评：沪指小幅上涨0.11%报2671.93点通信运营、石油开采等板块领涨》一文（即"涉案文章"），涉案文章末尾注明：本文由腾讯机器人自动撰写。同日，被告未经许可在其经营的网站上使用了涉案文章。

容体现出对当日上午相关股市信息、数据的选择、分析、判断，文章结构合理、表达逻辑清晰，具有一定的独创性。原告主创团队在数据输入、触发条件设定、模板和语料风格的取舍上的安排与选择属于与涉案文章的特定表现形式之间具有直接联系的智力活动，Dreamwriter 软件的自动运行并非无缘无故或具有自我意识，其自动运行的方式体现了原告的选择，满足著作权法对文字作品的保护条件，构成文字作品。

从回应社会现实与功利主义的角度看，赋予人工智能生成物可著作性，不仅有利于解决实际问题，而且有利于促进人工智能生成物数量的增加与质量的提升。但是若对自然人原创作品和人工智能生成物不予区分，在现有的技术条件下可能造成过度激励，即越来越多的创作会依赖于人工智能。而我们对此情形的利弊应持观望保守的态度。

3. 新型权利说

关于人工智能生成物的保护，一些学者从折衷的角度提出了不同的思路，即人工智能生成物享有不同于自然人作品的著作权，这便是新型权利说。例如，吴雨辉教授提出，鉴于今后人工智能生成物作品数量巨大且与人类作品难以区分，应以行政体系参与，程序法与实体法相结合的道路，使得著作权保护流程化。其主要路径为设立注册著作权以及自然著作权。两者的权利内容以及权利实施方式存在差别。其中人工智能生成物不能获得注册著作权。注册著作权需要作者主动提供创作轨迹、创作思路、创作过程的相关证据才能获得。而举证门槛又根据不同的作品类型细分。[1]本书认为，此种路径通过行政机构参与，以作者主动举证的方式为可版权性设立标准，既能使人工智能生成物和自然人作品的激励产生区别，同时可以把自然人作品的举证成本赋予到作者身上，更利于作品的分类管理与保护的效率提升。

（二）人工智能生成物的权利归属

在人工智能生成物具有可著作权性的基础上，需要关注其权利归属。目前，人工智能并不能成为著作权主体。在人工智能本身能否成为民事主体的问题上，绝大部分学者认为知识产权法不应先于民法对此问题作出回应。如前所述，在目前的弱人工智能时代，人工智能难以作为享有法律权利和承担法律义

---

[1] 参见吴雨辉："人工智能创造物著作权保护：问题、争议及其未来可能"，载《现代出版》2020 年第 6 期。

务的主体。而且若将人工智能拟制为民事主体，在目前弱人工智能的发展阶段，实则最后也要设立配套机制，为人工智能背后的开发者、投资者、使用者设立"监护权""代理权"等相关权利义务，其更多的是立法技术层面的考量。由于最终还是要回归到自然人主体的权益分配，此处本书将立法技术从学界各种理论中剥离，仅讨论人工智能生成物作品生产周期背后，在不同阶段扮演不同角色的自然人的权益。

与人工智能生成物有关联的主体包括人工智能投资者、人工智能研发者、人工智能使用者。

关于人工智能投资者。人工智能投资者处于人工智能生成物最前端，有学者提出可以模仿影视作品的立法模式，推定赋予其投资者著作权。投资人享有人工智能著作权的主要归因是无论在何种人工智能商业模式下，投资人作为承担巨额成本的一方，一般情况下依据合同关系等法律关系，会享有最原始的作品（产品）控制力，并且以此为起点，利用此种控制力营利以及将此种控制力进行流转、转让是符合公平原则的。[1]所以，在此种模式下，可以建立以人工智能使用权人为主，合同约定为辅的权利归属机制，在没有约定的情况下，应当将初始权利授予使用权人（通常为投资人或者公司法人）。通过这种方式，既能够充分发挥激励作用，调动投资者和使用者的积极性，主动衡量并平衡各方利益，也能够推动人工智能研发市场与人工智能生成物作品市场的流转。

关于人工智能研发者。在获取融资后，人工智能项目便进入研发阶段。鉴于研发者对人工智能的设计和训练造就了人工智能的创作模式与数据处理偏好，故有学者主张人工智能生成物的著作权应由研发者享有。[2]但许多学者反对上述观点：人工智能的实质是研发者创作出的"科技产品"。研发完成后，人工智能研发者通过赠与、租借、出售等方式转让人工智能的所有权，或者通过许可等方式授权他人使用。自此，研发者将不再"参与"人工智能的操作过程，其与人工智能生成物的直接关系被"割裂"。因人工智能研发者并无关于人工智能生成物内容的独创行为，所以，人工智能的研发者不应当是作品的作者。[3]

---

〔1〕 参见韩天竹、孙悦："论人工智能生成物在著作权法上的定性与权利归属"，载上海法学会主编：《上海法学研究》（2020 年第 5 卷），中国知网 2020 年出版，第 189 页。

〔2〕 参见王迁："论人工智能生成的内容在著作权法中的定性"，载《法律科学（西北政法大学学报）》2017 年第 5 期。

〔3〕 参见韩天竹、孙悦："论人工智能生成物在著作权法上的定性与权利归属"，载上海法学会主编：《上海法学研究》（2020 年第 5 卷），中国知网 2020 年出版，第 189 页。

关于人工智能使用者。人工智能使用者的地位非常特殊：（1）使用者对输入人工智能的数据进行筛选和编排，并启动人工智能程序，使其自动生成作品。可以说，使用者与人工智能生成作品之间具有最密切的联系，使用者先行行为的缺失会导致作品不存在。（2）在人工智能作品的生成过程中，使用者虽有一定自己的思想或观点，但此空间是非常微小的，更多的是人工智能自动程序的填充（否则就无法称其为人工智能生成物了）。其不仅无法控制人工智能的自主创作行为，更不能对人工智能生成的内容进行预设。这时若赋予使用者著作权，无疑是低成本高激励的制度安排，不符合社会公正效率。

二、人工智能技术的侵权问题

相比人工智能生成的作品是否具有著作权的问题，关于人工智能技术利用他人作品是否构成侵权及其责任承担等问题的讨论更具现实意义。在科技飞速发展、弱人工智能广泛运用的今天，对作品的侵权手段变得越来越复杂，越来越多样。

（一）人工智能对作品集的深度学习

人工智能对作品集的深度学习，可能使得某类作品集的创作规律被快速掌握。根据著作权法的原则，创作风格、创作技巧、创作理念属于思想，不受保护。那么，将来在人工智能对作品集深度学习技术越来越成熟的情况下，将会出现越来越多特定迎合市场风格的人工智能生成物。这时，不仅会压榨自然人作品的市场空间，更重要的是减少"原创风格"的激励。因为大家都想着用更简单的、成本更低的方式（人工智能学习）去模仿，而不是自身去原创作品。另外，极有可能减少原创作者"自然垄断"带来的利益。[1]想要解决此问题，需要著作权法作出相应的变化与调整：一是将人工智能生成物和自然人作品区别对待。如上节所述，给予自然人作品和人工智能生成物有梯度变化的著作权更能使著作权的生态系统达到经济的平衡。二是考虑人工智能生成物是否需要被标记，让大众知晓作品的创作者为自然人还是人工智能。三是明确人工智能创作模仿作品、衍生作品和侵权作品的界限，保障人工智能生成物的权

---

〔1〕 此处的"自然垄断"是指，假设在人工智能尚未出现的年代，自然人 A 创造了一种新的绘画风格，虽然此风格被认定为思想不受著作权保护，但是其他画家并未掌握此风格的绘画技巧，想要收藏此风格，绘画作品者只能向 A 购买，若想要学习此风格的画家也只能请教 A。那么，在这种风格完全被其他画家掌握并被市场接受前的"时间差"里，就能给 A 带来"自然垄断"的效益，自然地补偿和激励"风格创始人"A。但在人工智能出现后，因为机器学习的能力太过强大，此处的时间差将会大幅缩短并压缩创始人的"自然垄断"利益。

益。四是对于打着创作模仿作品或者衍生作品的旗号，实质上利用人工智能进行侵权的行为（如"洗稿"）和相关利益关系人，要进行行政监管和严厉打击。

（二）技术中立原则抗辩

人工智能等高科技在被大规模使用后，引发的著作权侵权可能具有以下两个特点：（1）产品被销售后，使用此产品进行侵权的用户众多且难以确定；（2）人工智能使用如机器作品集学习可能涉及对多个作品的侵权。所以举证证明哪个用户使用了人工智能的技术侵犯了哪个或哪些作品的著作权是一件成本非常高的事情。这给著作权人的著作权维护带来困难。此时便需要引出产品生产商帮助侵权承担连带责任以及为用户承担替代责任的相关制度。产品生产商承担间接责任的制度为著作权人维权带来了便利的同时，也会引发其他问题。若产品生产商的技术不仅能用于侵权，而且能用于其他非侵权用途，那么如果还把侵权归责到产品生产商，是否会压制新科技产业的发展？

与解决此问题直接相关的是起源于美国索尼案的"技术中立原则"，其来源于专利法的普通商品原则。技术中立原则又名非实质性侵权原则，其含义为一个商品的用途只要是非实质性侵权用途的，就算此产品用于侵权，被侵权人也不能向销售或生产此商品的商家主张责任。[1]此原则内涵看似清晰，但适用时具有很大的不确定性，而如何确定"实质性侵权"用途为解决此问题的关键。此原则是平衡科技发展和著作权保护的产物，因而，适用此原则时应具体问题具体分析，从目标产品对社会的有益性和对著作权人造成的损害后果等角度进行价值衡量。

技术中立原则于20世纪末和21世纪初在世界范围内经历了长足的发展。随着互联网的普及，其中最值得提及的就是"避风港规则"。避风港规则是技术中立原则衍生出来的一系列针对网络服务提供商的具体规则，其详细规定了何种网络服务提供商（主体要件），满足何种条件（如通知删除行为、未直接获得利益以及主观方面要件等）时可以不承担间接侵权责任。避风港规则在近十年来已得到了广泛的适用。

然而，伴随新技术的出现及其对现有规则的冲击，避风港规则的适用也需要进一步分析。此处主要存在三种可能：（1）采取扩大解释适用。虽提供人工智能技术的主体在通常语义下不是现行避风港规则列明的主体之一（网络

---

[1]　参见张今："版权法上'技术中立'的反思与评析"，载《知识产权》2008年第1期。

服务提供者），但此提供人工智能技术的企业及其商业行为和网络服务提供者及其行为具有实质的相似性，因此对避风港规则进行扩大解释后可以适用。（2）采取限缩解释适用。人工智能技术虽是网络服务，但其相比传统的网络服务提供而言有显著差异，虽然满足避风港规则的适用条件，但不能适用避风港规则。需要援引普遍的技术中立原则，结合具体事实，抛开避风港规则的适用独立讨论新技术在技术中立原则下的适用。（3）认为无关联不适用。商家经营人工智能产品的行为和网络服务提供行为无任何关联。所以该行为和避风港规则没有关系，应抛开避风港规则的适用独立讨论新技术在技术中立原则下的适用。

【案例 14.2】阿里云服务侵权案[1]

该案中，二审法院改判一审判决，可谓揭开了新技术抛开避风港规则后，在技术中立原则下独立适用的序幕。该案中，一审原告乐动卓越公司主张阿里云公司承担帮助侵权责任，理由是其已经多次正式通知阿里云公司，但阿里云公司并没有采取一定措施阻断其用户分享作品等行为，也没有清除非法传播的复制件，已经不符合避风港原则的"通知—删除"规定。该案一审判决认为阿里云公司的行为不符合避风港免责规定，构成侵权。[2]

事实上，一审法院没有准确理解与适用技术中立原则。避风港免责规则只是技术中立原则下的一个细化规定。对于新技术引起的侵权，首先要明确此种技术是否属于避风港规则的适用范畴。若属于避风港规则的适用范畴，要考虑避风港对于新技术是否需要扩大和缩小解释；若不属于避风港规则的适用范畴（如产品和网络服务没有关联性），应从共同侵权的基本原则出发，结合技术中立原则的理念，判断提供此种新技术的商家是否承担侵权责任。

阿里云案的二审判决认为，阿里云提供的是云服务器租赁服务，阿里云公司是网络服务提供者。虽然其属于理论上适用避风港规则的情况，但它又具有显著不同于"信息储存空间服务"和其他传统网络服务的性质。原因在于阿里云公司提供的云服务器租赁服务需要保障用户数据、隐私的安全（重点）不参与也不可能参与、控制、管理用户使用服务器的行为。[3]对避风港规则

---

〔1〕 北京知识产权法院民事判决书，(2017) 京 73 民终 1194 号。
〔2〕 北京市石景山区人民法院民事判决书，(2015) 石民（知）初字第 8279 号。
〔3〕 北京知识产权法院民事判决书，(2017) 京 73 民终 1194 号。

进行缩小解释后，得出阿里云公司不能适用避风港的结论。那么，抛开避风港规则后独立援引技术中立原则，经过价值判断，得出阿里云公司不能因其旗下的云服务器租赁服务而被追究间接侵权责任。因此二审改判驳回了一审原告的诉讼请求。

在科技飞速发展的今天，对于判断新技术产品提供商是否构成帮助侵权的问题，要做好现行的避风港规则可能不足以作为判断依据的准备。对于高科技的间接责任侵权，应准确理解和把握技术中立原则和侵权法的基本原理及著作权的立法目的，针对个案情况进行权衡。

■ 要点

1. 对弱人工智能可著作性的讨论具有意义——其本质是因为自然人的介入程度比传统作品低，所以是否把可著作权性扩大解释到人工智能生成物值得斟酌。

2. 学界对人工智能生成物可著作权性的观点分为可著作权、不可著作权、特殊著作权。

3. 对于著作权主体，学界的观点一般分为投资人享有、研发者享有、实际使用者享有。其中，以投资人为中心建立著作权体系更具可行性。

4. 基于新技术的间接侵权问题，现有的避风港责任制度可能已经不适用，若不适用，可以尝试借助其上位法律原则——技术中立原则解决。

■ 思考题

14.1　在弱人工智能体不受著作权保护的前提下，若作者操作智能系统时也投入了其"独创性表达"，作品是否受到著作权保护？例如，有一款智能编曲软件提供多种节奏型以及短小的旋律可备选择。作者 A 从多种节奏型中选出自己心仪的节奏型，同时自己创作了他认为曲中比较关键部分的一些旋律，其他由人工智能根据他创造的内容自动扩充成一首歌曲。那么，此歌曲作为整体如何被保护？在控诉其他作品"实质性相似"时，应该如何进行比对？

14.2　关于新科技的间接侵权、帮助侵权问题，在不适用避风港规则时，在中国法律体系中有哪些法律原则或理论可以援引解决？是否能援引因果关系理论？

第二节　人工智能对专利法的冲击

人工智能对专利法的冲击主要体现在人工智能生成技术方案的专利保护问题，包括人工智能生成技术方案的可专利性，授予人工智能生成技术方案专利的判断标准，以及人工智能生成技术方案的专利权归属等。上述问题的解决亦需要从专利法的立法目的出发，我国《专利法》第1条规定了立法目的：（1）保护专利权人的合法权益；（2）鼓励发明创造，推动发明创造的应用，提高创新能力，促进科学技术进步和经济社会发展。在解决人工智能对专利法的冲击时，需要认真对待上述目的，并注意两目的的平衡。目前，强人工智能和超人工智能技术尚未成熟。因此，现阶段对其讨论没有实际意义。弱人工智能并不具有独立意志，其生成的技术方案按法理逻辑来说通常只可能归属到自然人的身上，包括所有权者、使用者、专利权人等。因此，与关于人工智能对著作权法的挑战以弱人工智能为前提类似，此处也主要讨论弱人工智能对专利法的冲击。

一、人工智能生成技术方案的可专利性

（一）人工智能生成的技术方案能够成为专利权的客体

与弱人工智能生成物的可著作权性问题不同，对人工智能生成的技术方案予以专利保护是"可以预见的世界潮流"。[1]例如，《美国专利法》、欧盟《EPO专利审查指南》、我国《专利审查指南》中并未对人工智能生成的技术方案的专利保护设置较大障碍。南非在2021年7月28日发布的公开文件"南非专利手册"中表明，DABUS作为人工智能，是专利的发明者。澳大利亚联邦法院在7月30日作出裁决，撤销澳大利亚专利局反对DABUS成为专利发明者的行政决定。[2]

为何人工智能生成物在著作权法的可版权性和在专利权法的可专利性方面存在差别呢？或者说，为何大多数著作权法研究者认为人工智能生成物不具有可版权性或者至多只能获得"自然版权"或者"类版权"，而大部分专利法学者普遍认为人工智能生成的技术方案具有可专利性？

---

〔1〕 参见吴汉东："人工智能生成发明的专利法之问"，载《当代法学》2019年第4期。

〔2〕 本件专利核发的消息刊载于2021年7月的《南非专利杂志》（*South African Patent Journal*），迄至本书截稿日止，尚未公告具体核准理由。

相比作品，专利并非发明者思想内容的直接表达。著作权作品蕴含了作者的思想、情感等意志，在内容上直接成为作者人格的一部分，而人格权是人的自然权利，作者应该享有控制作品内容流转等相关权利。而弱人工智能是否满足此条件具有争议性，故削弱了其享有著作权的理由。与作品不同，专利又名工业生产技术方案，虽然生产者投入了智慧与劳动，但是专利产品或方法并不直接反映创造者的思想和情感，其反映的是发明者探寻客体限制性，提高社会生产力的诉求。从人格权和人格联系的角度看，专利与发明人的人格关联度明显低于作品与作者人格的关联度。所以大部分学者支持人工智能的技术方案是可被专利的。从实践来看，基因编程、人工神经网络、机器人科学家、疾病诊断与治疗等均为人工智能生成技术可被专利的实例。给予人工智能生成技术方案专利保护有利于促进科学技术进步和经济社会发展。

正因为存在上述证成区别，著作权的门槛更应注重创作的过程——独创性；而专利权的门槛更应注重创作的结果——新颖性、创造性和实用性。那么，若采用上述论点，专利权的成立与否不应关注其技术方案或产品以何种方式产生，只应重点关注其生成的技术方案和产品能产生的经济价值。因此，大部分学者认为，人工智能生成的技术方案是归属到可专利的类别里的。而人工智能技术对可专利制度的挑战会更多地体现在"专利三性"——新颖性、创造性和实用性的授权标准面对人工智能技术是否失灵或是否应该作出调整的问题上。更有学者认为，现有法律框架可以应对人工智能的挑战，只不过在具体判断方面需要提高相关人员的认知水平。[1]

授予人工智能生成技术方案以专利，也与专利制度的特点及立法精神一致。专利法调整与技术变革和发展相关的专利，其"与时俱进"的特点更为鲜明，需要回应和关照新技术的发展。赋予发明者专利权的立法目的可能更多地体现在鼓励发明创造方面，人工智能生成技术本身是技术发展的产物，对其进行保护也有利于激励创新、促进新技术发展。当然，并非所有的人工智能生成技术方案均可被授予专利，比如违反专利法基本立法目的的、有悖公序良俗的技术，则不会被授予专利。

此外，一些关于人工智能生成技术方案不应成为专利权授权客体的主张并不成立。反对人工智能生成技术成果可专利性的观点主要为，赋予人工智能生成技术方案会增加专利制度成本，导致专利市场竞争失序。[2]对此，本书认

---

〔1〕　参见张洋："论人工智能发明可专利性的法律标准"，载《法商研究》2020 年第 6 期。

〔2〕　参见吴汉东："人工智能生成发明的专利法之问"，载《当代法学》2019 年第 4 期。

为，在审查人工智能生成技术方案时，同样可采取相应技术和算法，判断其技术方案是否具有新颖性，该方法不会增加专利制度成本，并有利于发现更多、更先进的技术。市场具有调节作用，且除市场这只无形之手外，还有国家宏观调控这只有形的手弥补无形之手的不足，因此，专利市场即使出现某些领域的"圈地运动"或者过度激励也不会长久持续，更不足以否认人工智能生成技术的可专利性及其社会效果。

（二）人工智能生成技术方案的"三性"判断标准

人工智能生成技术可以成为专利法的客体，具备可专利性；但具体的技术方案能否被授权，仍然需要接受专利法的检验，如必须满足新颖性、实用性和创造性的要求。在评价人工智能生成技术方案能否被授予专利权时，"三性"判断标准会受到一定的冲击，审查判断的相关制度和措施亦应作出相应的调整。

新颖性标准要求发明不属于现有技术且不存在抵触申请。人工智能生成技术方案对新颖性标准可能带来的挑战如下：一是人工智能自动发明降低了防御性或进攻性公开以破坏竞争对手可能专利的新颖性的成本；二是现有技术文献的不完全检索比对，会使部分已授权专利面临着因新颖性缺陷而导致无效的风险；三是人工智能可以创造巨量的表面上符合新颖性要求的产品，且往往可能涉及多个学科领域，海量现有技术文献和专利申请书可能给专利审查工作带来冲击。实用性标准要求技术方案可实施并能够解决实际问题，如果人工智能生成技术方案不可实施或不具备实际效用，则无须再审查其新颖性与创造性。人工智能生成技术方案可能因缺乏详细的背景信息而使本领域技术人员难以实施。创造性要求技术方案应具有（突出的）实质性特点和（显著的）技术进步，相对于本领域技术人员并非显而易见。人工智能生成的技术方案对现有的创造性判断标准也产生一定冲击，增加了创造性判断的难度。如人工智能的跨领域发明使创造性的客观判断主体的"所属技术领域"变得不易确定；人工智能技术的发明能力（数量和速度）将对"本领域技术人员"的界定产生冲击。

为应对上述可能的冲击，可以在人工智能生成技术方案申请方面及审查方面作出调整。人工智能生成技术方案的申请者应允许技术方案公开，并提供充分的背景信息，明确主要技术领域与相关技术领域。审查方面，审查人员也应当是人工智能生成技术方案所在领域的专家，熟悉人工智能生成技术方案的检索和解释。在某些高科技领域可尝试采取"双审查员制"，即由两名审查员分别负责人工智能生成技术方案所述技术领域相关内容与人工智能；专利申请人应尽可能地披露人工智能进行过信息处理的现有技术；面对人工智能披露的海量信息，如果后续申请赋予其中某些方案实用性、创造性并付出了创造性劳动，则其具有新颖性。[1]

二、人工智能生成技术方案的权利归属

与人工智能生成物的著作权归属类似，关于人工智能生成技术方案的专利权归属也有不同的看法。在弱人工智能阶段，人工智能没有独立的意思表示和责任承担能力，不具备法律主体地位。基于此，有学者提出电子人理论、机器人拟制主体等以机器人所有权为中心建立的专利权体系。本书认为，目前人工智能还未发展到具有独立意志阶段，若通过法律拟制赋予其主体地位，则需要对民法等法律规范进行修改，这涉及法律面广，操作复杂且现实意义不大。

在人工智能生成技术方案的过程中，人工智能系统的投资者、人工智能系统的控制权人（包括物权控制或著作权控制等）、开发设计者、实际使用者都与技术方案的生成存在关联。根据上述分析的专利权证成基础，从自然法学角度是基于智慧劳动成果的控制权，从法经济学分析角度是基于"寻租成本"的降低以及对发明者的"激励"。那么，对于人工智能衍生技术的专利权归属，应主要取决于生产要素的分配。因此，本书认为，确定人工智能"衍生技术方案"专利权归属的基本原则依旧以对人工智能的控制权为主，以对专利发明的实质性贡献为补充，同时配以鼓励私法自治的立法机制，这是较为合理的做法。

■ 要点

1. 专利权的成立并不要求技术方案是专利权人具体思想内容的直接表达，所以人工智能生成的技术方案具备可专利性。

2. 对人工智能生成的技术方案的专利授权的三个判断标准需要进行调整或者作出针对性规定。

3. 人工智能衍生技术的专利权归属主要取决于生产要素的分配。

■ 思考题

14.3　弱人工智能的法律制度设计在专利权和著作权的领域中有何区别？

---

[1] 参见李宗辉："人工智能专利授权的理论争议与实践发展"，载《河南财经政法大学学报》2018 年第 6 期。

为什么会造成这样的区别？

14.4 弱人工智能的产品责任制度是否适用技术中立原则？在中国法体系中在哪里可以得到体现？查阅美国的通用商品原则后，你有什么新的看法？

■ 本章阅读文献

1. 刘银良："论人工智能作品的著作权法地位"，载《政治与法律》2020 年第 3 期。

2. 丛立先："人工智能生成内容的可版权性与版权归属"，载《中国出版》2019 年第 1 期。

3. 吴雨辉："人工智能创造物著作权保护：问题、争议及其未来可能"，载《现代出版》2020 年第 6 期。

4. 王迁："论人工智能生成的内容在著作权法中的定性"，载《法律科学（西北政法大学学报）》2017 年第 5 期。

5. 吴汉东："人工智能生成发明的专利法之问"，载《当代法学》2019 年第 4 期。

6. 张洋："论人工智能发明可专利性的法律标准"，载《法商研究》2020 年第 6 期。

7. 李宗辉："人工智能专利授权的理论争议与实践发展"，载《河南财经政法大学学报》2018 年第 6 期。

第十五章
自动驾驶汽车的法律规制

【导读】

自动驾驶汽车是人类进入工业4.0时代后的热门话题，其凝聚了新时代高新技术的发展成果，具有丰富的创新性。新兴科技给人们的生活带来了便利，同时也产生了许多法律难题。目前，我国尚未对自动驾驶汽车作出统一的立法规定，但是，自动驾驶汽车发生事故导致的侵权事件不断发生，所以我国对自动驾驶汽车进行法律规制具有紧迫性和必要性。国外一些国家如美国、德国、法国和日本等纷纷通过立法及修改现有法律的方式对自动驾驶汽车进行法律规制，我国也应不断完善行政法、民法及刑法领域中的相关规定，以降低自动驾驶汽车所带来的法律风险。

第一节　自动驾驶汽车概述

自动驾驶汽车是运用人工智能技术并按照"感知—思考—行动"的逻辑运行的汽车。如今，自动驾驶汽车频频出现在人们的视野中，但是，人们对自动驾驶汽车的了解少之又少。

一、自动驾驶汽车的概念

自动驾驶汽车（Autonomous Car）是指在符合标准的机动车上装配能在某一时段执行自动驾驶功能的车辆，即在无须驾驶员执行物理性驾驶操作的情况下，能够对车辆行驶任务进行指导与决策，并代替驾驶员操控行为使车辆完成安全行驶。[1]我国对自动驾驶汽车尚且缺乏统一的定义，各媒体对其的称谓不一，在法律法规中也存在"无人驾驶汽车""自动驾驶汽车""智能汽车"

---

〔1〕　参见《北京市关于加快推进自动驾驶车辆道路测试有关工作的指导意见（试行）》。

及"智能网联汽车"等多个相似的概念。厘清上述概念是进一步了解自动驾驶汽车的重要前提。

首先,自动驾驶汽车不等于无人驾驶汽车。2014年美国汽车工程师协会(SAE)发布的"六阶段分级法"根据汽车自动化程度将其划分为六个等级,分别是非自动化阶段(L0)、驾驶员辅助阶段(L1)、部分自动化阶段(L2)、有条件的自动化阶段(L3)、高度自动化阶段(L4)、完全自动化阶段(L5)。[1]在非自动化阶段,汽车使用过程中完全是由驾驶员承担驾驶任务,驾驶过程中会受到警告和干预系统的辅助支持。在驾驶员辅助阶段,系统能够辅助驾驶员完成加速或者减速的任务,驾驶人仍然需要完成剩下的任务。在部分自动化阶段,系统能够同时实现车辆的纵向控制和横向控制,但是驾驶员仍然需要对环境及系统性能保持警惕,实时进行监控,随时准备接管汽车控制权。在有条件的自动化阶段,系统在同时实现车辆纵向控制和横向控制之外,还能完成对环境的动态监控和掌握,但是驾驶人仍需在紧急情况下尽快接管。高度自动化阶段原则上由系统承担驾驶任务,且能够自动解决出现的意料之外的故障,从而脱离危险。完全自动化阶段则是真正的无人驾驶,系统本身等同于人类,能够独立完成驾驶任务。[2]因此,从严格意义上讲,无人驾驶仅仅是自动驾驶的完全自动化阶段。

其次,自动驾驶汽车不同于智能汽车。智能汽车是指通过搭载先进传感器等装置,运用人工智能等新技术,具有自动驾驶功能,逐步成为智能移动空间和应用终端的新一代汽车。[3]自动驾驶、无人驾驶对应着智能汽车在不同阶段的发展水平。换句话说,自动驾驶为智能汽车发展的一个阶段,无人驾驶为智能汽车发展的最终目标。因此,智能汽车的范围更加广泛,是对人工智能技术运用于汽车行业新业态的概括性用语。

最后,自动驾驶汽车不同于智能网联汽车。智能网联汽车是搭载先进的车载传感器、控制器、执行器等装置,并融合现代通信与网络技术,实现车与车、路、人、云端等智能信息交换、共享,具备复杂环境感知、智能决策、协同控制等功能,可实现"安全、高效、舒适、节能"行驶的新一代汽车。[4]随着"互联网+"的不断推进,我国汽车行业推出了"车联网"的概念。"车

---

〔1〕 See Taxonomy and Definitions for terms Related to Driving Automation Systems for On-Road Motor Vehicles, SAE, https://www.sae.org/standards/content/j3016_ 202104, last visited on 29 December 2021.

〔2〕 参见郑志峰:"自动驾驶汽车的交通事故侵权责任",载《法学》2018年第4期。

〔3〕 参见《智能汽车创新发展战略》。

〔4〕 参见工业和信息化部《关于加强车联网网络安全和数据安全工作的通知》。

联网"是新一代网络通信技术与汽车、电子、道路交通运输等领域深度融合的新兴产业形态。[1]其借助全新的信息和通信技术，实现车内、车与 X（车、路、人、云等）连接的网络体系，提高车辆的智能化和自动化水平，打造全新的交通服务模式，提升交通效率，改善驾乘体验，为使用者提供更安全、更便捷的综合服务。[2]智能网联汽车在单车智能的基础上融合现代通信与网络技术，实现信息共享，强调的是车与车、车与路、车与人等各方之间的万物互联。因此可以说，并不是所有的智能网联汽车都会发展为自动驾驶汽车，但是，自动驾驶汽车一定具备智能网联的功能。

二、自动驾驶汽车的发展

自动驾驶汽车是与传统汽车完全不同的概念，自动驾驶汽车的出现和发展，是无线通信、嵌入式系统、导航、传感器和自组网技术、数据采集和传播、数据分析等领域卓越研究成果的集合。

自动驾驶汽车最早在 20 世纪 20 年代就已经出现，只不过当时的自动驾驶汽车并非真正意义上的自动驾驶，而是由人类远程控制的汽车。其最初主要是由军事基地研发，与军事具有密切的关系。[3]1925 年远程控制汽车"美国奇迹"行驶在纽约的百老汇街头，引起了巨大的轰动。这标志着自动驾驶汽车开始进入人们的视野。[4]在随后的数十年间，自动驾驶汽车在人们的认识中逐渐成熟。如《少数派报告》中的雷克萨斯未来概念车，《霹雳游侠》中的汽车 KITT 等。[5]它们都体现了人们对自动驾驶汽车的理解和美好的愿景。20 世纪 60 年代，自动驾驶最早的原型车之一"斯坦福车"出现，但是，该车在试验过程中脱离了发明者莫拉维克（Moravec）的控制，于是上演了一场追捕"叛逃"无人车的闹剧。[6]随着自动驾驶汽车的研发，其也开始出现产业化的趋势。目前，对自动驾驶汽车的研发主体分为两大主力：一类是谷歌、优步等

---

〔1〕 参加工业和信息化部《关于加强车联网网络安全和数据安全工作的通知》。

〔2〕 参见李强、王文强："智能网联汽车及其数据安全问题探析"，载《中国安防》2021 年第 12 期。

〔3〕 参见［德］马库斯·毛雷尔等：《自动驾驶技术、法规与社会》，白杰、黄李波、白静华译，机械工业出版社 2020 年版，第 32 页。

〔4〕 参见陈根："5G 时代的人无驾驶，将重新定义道路"，载澎湃新闻，https://m.thepaper.cn/haijiahao_7283709，最后访问时间：2022 年 4 月 6 日。

〔5〕 参见"充满魔幻色彩！这些影视剧中的自动驾驶汽车你认识多少？"，载参考消息，http://www.canKaoxiaoxi.com/culture/20190508/2379399.shtml，最后访问时间：2022 年 4 月 6 日。

〔6〕 参见柴占祥、聂天心、Jan Becker 编著：《自动驾驶改变未来》，机械工业出版社 2018 年版，第 54 页。

科技公司，试图通过不断完善人工智能、大数据、云计算等智能科技直接实现汽车完全自动驾驶；另一类则是传统汽车企业如奔驰、宝马等也开始从信息的被动收集者成为信息的主动收集者，逐步实现自动驾驶汽车产业化。2009 年，谷歌公司启动自动驾驶汽车计划并迅速加以推进，并于 2014 年正式推出了没有方向盘和刹车踏板的、真正意义上的自动驾驶汽车。[1] 2015 年，特斯拉公司也推出了带有自动驾驶系统的 ModelS。2016 年，奔驰公司推出了带有自动驾驶系统的"未来巴士"，并且在荷兰开展了公开的路试。[2] 同年，大众集团发布了"2025 战略"，将电动化、数字化及自动驾驶作为未来发展战略的重点。[3] 宝马集团对自动驾驶汽车的研发也丝毫不落后，2018 年，宝马集团在慕尼黑附近建设了自动驾驶园区，进一步推动自动驾驶汽车的量产。[4] 2020 年 3 月 23 日，ADASKY 获得了自动驾驶契合 OEM 的战略性合约。ADASKY 的 Viper 热摄像头是一种领先的高分辨率热感应系统，能够用于识别距离超过 200 米的行人，能够及时发现路边骑自行车的人及行人。[5]

随着我国汽车普及程度的逐步提高，我国的汽车产业也开始进入"无人区"，自动驾驶汽车已经成为我国汽车发展产业的重要战略方向。1987 年，国防科学技术大学研制出我国第一辆自动驾驶汽车。[6] 这辆小车长 100cm，宽 60cm，重 175kg，有三个轮子，前轮是导向轮，后面是两个驱动轮。[7] 2000 年，国防科技大学与一汽集团合作，研究开发出了红旗汽车自动驾驶系统，创下最高时速 75.6km/h 的国内最高纪录。在此之后，国防科技大学与一汽集团合作相继开发出不同的自动驾驶系统，其总体技术性能和指标达到世界先进水平，在高速公路上行驶的最稳定时速达到 130km/h，最高峰值速度达到

---

〔1〕 参见刘子榆："从无到有谷歌无人驾驶的'七年之痒'"，载雷锋网，https://www.leiphone.com/category/transportation/3EME2g7kNrW4B6BD.html，最后访问时间：2022 年 4 月 6 日。

〔2〕 参见"奔驰未来巴士超豪华内饰和自动驾驶"，载网易网，https://www.163.com/mobile/article/BSFRNM4S0011309K.html，最后访问时间：2021 年 9 月 11 日。

〔3〕 参见刘旭："大众'2025 战略'布局数字互联领域"，载凤凰网，https://auto.ifeng.com/pinglun/20160505/1055663.shtml，最后访问时间：2021 年 9 月 11 日。

〔4〕 参见"自动驾驶进行时 BMW 自动驾驶开发团队正在全球范围内进行道路测试"，载 BMW 中国，https://www.bmw.com.cn/zh/topics/fascination-bmw/bmw-autonomous-driving.html，最后访问时间：2021 年 9 月 11 日。

〔5〕 参见"ADASKY 研发低价红外线热传感器颠覆自动驾驶行业"，载维科网，https://sensor.ofweek.com/2018-08/ART-81006-8110-30258614.html，最后访问时间：2020 年 3 月 23 日。

〔6〕 参见"国防科大又出神器——中国第一辆自动驾驶汽车!!"，载搜狐网，https://www.sohu.com/a/106234813_ 390667，最后访问时间：2022 年 4 月 6 日。

〔7〕 参见乔维高、徐学进："无人驾驶汽车的发展现状及方向"，载《上海汽车》2007 年第 7 期。

170km/h。[1]2008 年，奇瑞中央研究院与武汉大学正式合作研发"无人驾驶车"，以奇瑞瑞虎为载体，研制具有自然感知与智能行为决策能力的无人驾驶车辆。[2]2011 年，国防科技大学自主研制的红旗 HQ3 无人车完成了从长沙到武汉 286 千米的高速全程无人驾驶实验，创造了我国自主研制无人车在复杂交通状况下自主驾驶的新纪录，标志着我国无人车在复杂环境识别、智能行为决策和控制等方面实现了新的技术突破。[3]2013 年，中国航天科工三院与上海汽车集团股份有限公司签署战略合作协议，以提升创新能力为目标，在多方面展开合作，其中包括自动驾驶汽车等技术。[4]百度同样在 2013 年开始投入自动驾驶研发，目前百度 Apollo 已经驶过 27 座城市，累计开展测试里程超过 600 万千米，实现安全载客 10 万人次。2020 年 9 月 16 日，百度 Apollo 获得由长沙市五部门联合颁发的全国首批智能网联汽车主驾无人测试许可，在长沙道路上开展完全无人驾驶的测试。[5]2021 年 11 月，北京正式开放国内首个自动驾驶出行服务商业化试点，百度 Apollo 率先取得商业化试点服务试点许可，旗下自动驾驶出行平台"萝卜快跑"赢得商业化第一单。[6]总的来说，自动化驾驶汽车的研发主体主要集中于传统的汽车企业和各地高校，虽然起步较晚，但是发展速度较快。

三、自动驾驶汽车的风险及其原因

近年来，我国自动驾驶汽车发展迅猛。如今，人们在购买汽车的时候，经常会听到与"自动驾驶"有关的字眼，汽车销售商也往往将"自动驾驶"作为吸引消费者眼球的亮点进行重点宣传。自动驾驶汽车能够进一步改善人们的出行方式，为人们的日常生活带来便利，因此，不少消费者成为自动驾驶汽车

---

〔1〕 参见曾毅："我国研制出首辆自主驾驶轿车"，载新浪网，http://tech.sina.com.cn/012003-07-14/1241209102.shtml，最后访问时间：2022 年 10 月 4 日。

〔2〕 参见"中国智能车未来挑战赛 瑞虎勇夺冠亚军"，载网易新闻，https://auto.163.com/10/1027/11/6K0HLS3700081G98.html，最后访问时间：2022 年 4 月 6 日。

〔3〕 参见"国防科大无人车完成 286 公里无人驾驶实验"，载快科技，https://news.mydrivers.com/1/200/200216.htm，最后访问时间：2022 年 4 月 6 日。

〔4〕 参见"航天科工三院与上汽合作研发无人驾驶汽车"，载新浪网，https://finance.sina.com.cn/Chanjing/cyxw/20130816/095916470329.shtml，最后访问时间：2022 年 4 月 6 日。

〔5〕 参见"百度阿波罗获无人驾驶测试牌照 未来无人驾驶汽车行业市场规模预测"，载中研网，https://www.chinairn.com/hyzx/20200916/092345445.shtml，最后访问时间：2022 年 4 月 6 日。

〔6〕 参见"北京开放自动驾驶出行商业化试点，百度萝卜快跑迎来商业化第一单"，载财经网，http://tech.caijing.com.cn/20211125/4820559.shtml，最后访问时间：2022 年 4 月 6 日。

的拥护者。但是，自动驾驶汽车存在的安全隐患也不容忽视。因自动驾驶汽车失灵，人们过于相信自动驾驶功能而未及时采取措施，导致车毁人亡的悲剧频频发生。

【案例 15.1】某汽车致死案

2016 年 1 月 20 日，高某驾驶其父亲购买的一辆汽车行驶在京港澳高速上，在途经河北邯郸路段时遇到一辆道路清扫车正在前方作业，该车直接撞向前方的道路清扫车，导致该汽车当场损坏，驾驶员高某不幸身亡。经过有关专业人员勘查现场，发现高某在发生碰撞前无任何刹车的痕迹，最终经过鉴定，认定高某在驾驶过程中启动了"自动驾驶"的功能。[1]无独有偶，2016 年 5 月 7 日，在美国佛罗里达州同样发生了一起重大交通事故。一辆汽车在自动驾驶的模式下与一辆白色拖挂车相撞，导致车顶被削，驾驶员身亡。该自动驾驶汽车的安全性受到消费者的质疑。[2]

事实上，自动驾驶导致交通事故的现象并非仅发生在某一品牌汽车上，其他汽车品牌也有类似的事故发生。例如，2021 年 8 月 12 日，上善若水投资管理公司创始人林某某驾驶某汽车行驶在沈海高速涵江段上时，启用自动驾驶功能后与同车道正在施工作业的轻型普通货车发生交通事故，导致林某某当场死亡。[3]

自动驾驶汽车已经商业化生产，并进入市场为消费者所购买和使用。但是，从上述案例中我们可以看出，自动驾驶系统仍然不够健全，存在诸多安全隐患及法律风险。一方面，自动驾驶汽车面临技术上的瓶颈，技术上的缺陷导致人们的生命健康及财产安全受到威胁。如对路况的感知和识别是自动驾驶汽车的核心技术，相当于驾驶员的眼睛和耳朵。尽管传感技术和人工智能已经得到了快速发展，但自动驾驶领域的顶级研究机构仍然难以达到车辆的理想识别水平，即人类驾驶者的识别水平。[4]另一方面，自动驾驶汽车需要面对伦理

---

〔1〕 参见"终于承认了！特斯拉致死案结案后，Model3 又出国内首撞！"，载搜狐网，https://www.sohu.com/a/294244536_ 100014642，最后访问时间：2021 年 9 月 12 日。

〔2〕 参见"特斯拉自动驾驶酿致死车祸 技术和安全性再遭质疑"，载人民网，http://auto.people.com.cn/n1/2016/0704/c1005-28520462.html，最后访问时间：2022 年 4 月 7 日。

〔3〕 参见"31 岁企业家驾驶蔚来车祸去世，警方通报"，载搜狐网，https://www.sohu.com/a/484167037_ 100043056，最后访问时间：2021 年 10 月 11 日。

〔4〕 参见侯郭垒："自动驾驶汽车风险的立法规制研究"，载《法学论坛》2018 年第 5 期。

等方面的挑战，自动驾驶汽车所遵循的程序必然体现人们的价值判断。在不同的情境下，自动驾驶汽车的自动化决策是否正确，其判断标准也将成为社会伦理及科技伦理不得不面对的问题。因此，我国应当进一步完善自动驾驶汽车的法律规制，明确自动驾驶汽车生产商及自动驾驶系统研发者的法律责任，规范汽车销售商的销售行为，保障人们的生命权等基本权利。

■ 要点

1. 自动驾驶与无人驾驶、智能驾驶的概念不同。无人驾驶是自动驾驶的较高阶段，并非所有的自动驾驶都是无人驾驶。智能驾驶包括自动驾驶及无人驾驶，三者之间的概念范围从大到小依次是：智能驾驶、自动驾驶、无人驾驶。

2. 自动驾驶技术的快速发展，给人们的日常出行带来了便利，但是，自动驾驶的法律规制很难跟上技术发展的脚步，对自动驾驶汽车的法律规制仍然需要进一步完善。一方面，由于目前的自动驾驶技术存在安全隐患，特斯拉等自动驾驶汽车导致严重的交通事故频发，人们的生命财产受到威胁；另一方面，为了引导自动驾驶技术法治化发展，需进一步明确自动驾驶汽车的生产厂商、自动驾驶技术的研发者及自动驾驶汽车的销售商应承担的法律责任，鼓励并引导自动驾驶汽车科学发展。

■ 思考题

15.1 简述自动驾驶、无人驾驶与智能驾驶之间的区别。

15.2 简述自动驾驶汽车的分类方法及我国对自动驾驶汽车的分类。

15.3 试论自动驾驶汽车发展的历程。

15.4 简述对自动驾驶技术进行法律规制的必要性。

第二节 自动驾驶汽车法律规制的现状

如前所述，目前自动驾驶汽车仍然存在技术上的难题，现阶段自动驾驶汽车本身的安全性无法得到完全的保障。但是，自动驾驶汽车已经成为汽车生产制造业中的重点项目，国内外自动驾驶汽车销售市场已经成为没有硝烟的战场。不少消费者已经购买并使用具有部分自动驾驶功能的汽车，因此，自动驾驶汽车给人们的生命财产带来了安全隐患。针对此种情况，各国纷纷将目光投向自动驾驶汽车的法律规制，试图通过加强立法或者修改现有的法律等方式应对自动驾驶汽车带来的风险。我国也应当加强对自动驾驶汽车的相关立法，从而有效规制自动驾驶汽车可能带来的风险。

一、国外有关自动驾驶汽车的法律法规

自动驾驶汽车新技术在全球范围内兴起，对自动驾驶汽车进行法律规制成为各国立法的重点。随着 SAE 发布的"六阶段分级法"被世界各国所借鉴和采纳，各国对自动驾驶汽车的法律规制思路逐渐趋于一致：对不同阶段的自动驾驶汽车进行分别规定。当然，各国对新技术的利与弊存在不同的衡量，因而以不同形式对自动驾驶汽车进行法律规制。

以美国为代表的国家对自动驾驶汽车进行专门的立法，其对自动驾驶汽车的管制相对较为松弛，更加侧重于促进科技的发展。2013 年，美国交通部和国家高速公路交通安全管理局（NHTSA）发布了"关于自动车辆的初步政策声明"。2014 年 9 月，NHTSA 与美国汽车协会车辆管理局（AAMVA）签署了为期两年的协议，成立了自动驾驶汽车最佳试验工作组，该工作组对自动驾驶汽车的司机进行测试，应对自动驾驶系统监管将要面对的挑战。2016 年 8 月 31 日，美国密歇根州参议院经济发展与国际投资委员会多位议员举行了公开听证会，其中第 995 号至第 998 号议案将批准在密歇根州的道路上全面推广无人驾驶汽车，允许公众购买无人驾驶汽车，并可以随时使用。[1]2017 年 9 月，NHTSA 发布了"自动驾驶系统：安全保障 2.0"，该文件提到，NHTSA 正在致力于建立一个全国统一的自动驾驶系统法律规范，协助各州应对 SAE 中的 L3 水平以上的自动驾驶汽车可能带来的风险。美国各州已经开始提出并通过有关自动驾驶系统的相关立法。2018 年 10 月，NHTSA 发布了新的联邦指导规则"自动驾驶汽车 3.0：为未来交通 3.0 做准备"。[2]

以日本和德国等为代表的国家是在现有的法律基础之上进行修改或补充，从而对自动驾驶汽车进行规制，其对自动驾驶汽车所持有的态度往往较为保守，更加侧重于对风险的防范。2015 年《日本再兴战略》提出，要对自动驾驶汽车启动立法。在之后的时日里，日本先后修订了《道路交通安全法》和《道路运输车辆法》等法律，并开展对自动驾驶汽车交通事故赔偿机制的研

---

〔1〕 参见柴占祥、聂天心、〔德〕Jan Becker 编著：《自动驾驶改变未来》，机械工业出版社 2017 年版，第 93 页。

〔2〕 See Beth-Anne Schuelke-Leech, Sara R. Jordan, Betsy Barry, "Regulating Autonomy: An Assessment of Police Language for Highly Automated Vehicles", Review of Police Research, Vol. 36, No. 4.

究。2016 年，澳大利亚颁布（南澳）汽车（自主驾驶技术测试）修订法案，为自动驾驶汽车的道路测试提供指引，以此开启了自动驾驶汽车的相关立法。2017 年，德国修订《道路交通法》，通过了首部有关自动驾驶汽车的法律规范，澄清了包括自动驾驶汽车的基本概念、许可条件、责任归属等重要问题。[1]2021 年，德国通过《自动驾驶法》，再次修订《道路交通法》和《机动车强制保险法》。相关规则允许 L4 级别智能汽车在德国公共道路指定区域运营，并规定了相应的技术要求、行驶条件和数据处理规则。[2]除此之外，法国、荷兰、日本各国也已通过修改自动驾驶汽车的道路交通法律法规，进一步完善有关立法工作。

二、我国有关自动驾驶汽车的相关立法

在立法层级上，目前我国对自动驾驶汽车的法律规制主要体现为政府部门规章及地方规范性文件。《民法典》及《道路交通安全法》等法律均未对自动驾驶汽车作出明确的规定。但值得注意的是，2021 年 3 月 24 日，公安部公开了《道路交通安全法（修订建议稿）》，其中第 155 条对具有自动驾驶功能的汽车作出了专门的规定，明确了自动驾驶汽车的测试管理及法律责任认定的方式。遗憾的是，2021 年 4 月 29 日公布的《道路交通安全法》将该条内容删去了。

从 2016 年开始，我国出台了多个部门规范性文件为自动驾驶汽车研发和应用创设条件，如国家测绘地理信息局《关于加强自动驾驶地图生产测试与应用管理的通知》和交通运输部《关于促进道路交通自动驾驶技术发展和应用的指导意见》等，旨在加快自动驾驶技术开发，提高道路基础设施智能化水平。相关文件提出，到 2025 年，自动驾驶基础理论研究取得积极进展，道路基础设施智能化、车路协同等关键技术及产品研发和测试验证取得重大突破，出台一批自动驾驶方面的基础性、关键性标准，建成一批国家级自动驾驶测试基地和先导应用示范工程，部分场景实现规模化应用，推动自动驾驶技术产业化落地。2020 年 2 月 10 日，国家发展和改革委员会、中央网络安全和信息化委员办公室、科技部等联合发布了《智能汽车创新发展战略》，对自动驾驶汽车的未来发展道路作出总体规划，要求健全法律法规，对智能汽车开展

---

〔1〕　参见张韬略、蒋瑶瑶："德国智能汽车立法及《道路交通法》修订之评介"，载《德国研究》2017 年第 3 期。

〔2〕　参见张韬略、钱榕："迈入无人驾驶时代的德国道路交通法——德国《自动驾驶法》的探索与启示"，载《德国研究》2022 年第 1 期。

"机器驾驶人"认定、责任确认、网络安全数据管理等法律问题及伦理问题的研究。

地方各部门对自动驾驶汽车也相当重视，纷纷通过地方性规范文件对自动驾驶汽车车辆道路测试管理进行详细规定。2018 年 5 月，肇庆市有关部门发布了《肇庆市自动驾驶车辆道路测试管理实施细则（试行）》等规定，各地区交通管理部门成立了自动驾驶测试管理联席小组，该小组负责组织开展自动驾驶测试的相关工作，对自动驾驶汽车测试申请条件、测试流程及测试管理进行了具体的规定。2018 年 8 月，浙江省交通运输厅、公安厅、经济和信息化委员会联合印发了《浙江省自动驾驶汽车道路测试管理办法（试行）》，对测试期间出现的交通违法及事故处理作出了规定：对在测试期间发生的交通事故，按照道路交通安全法律法规认定当事人的责任，对测试驾驶人进行处理。同年，北京市经济和信息化委员会、北京市交通委员会、北京市公安交通管理局发布《北京市自动驾驶车辆道路测试能力评估内容与方法（试行）》和《北京市自动驾驶车辆封闭测试场地技术要求（试行）》，对北京市自动驾驶车辆道路测试进行了相应的规定。2020 年 11 月 12 日，北京市交通管理部门又发布了《北京市自动驾驶车辆道路测试管理实施细则（试行）》，对 2019 年发布的版本进行了修订。2020 年 4 月 2 日，上海市交通委员会发布《上海市道路交通自动驾驶开放测试场景管理办法（试行）（草案）》，对上海市自动驾驶开放测试的不同场景进行了细化规定，对不同的场景中所包含的要素进行了解析。2021 年 3 月 24 日，深圳市人大常委会公布了《深圳经济特区智能网联汽车管理条例（征求意见稿）》，该征求意见稿进一步放宽了智能网联汽车道路测试和示范应用的条件，明确规定对登记的智能网联汽车发放深圳智能网联汽车的专属号码牌，要求智能网联汽车上路前必须购买交通事故责任强制保险和保险金额不少于 500 万元的机动车第三者责任险。[1]2022 年 9 月，重庆市人民政府办公厅发布《重庆市发展汽车软件与人工智能行动计划（2022—2025 年）》，明确提出要加快汽车软件与人工智能技术应用。

■ 要点

1. 国外关于自动驾驶汽车的法律规制起步较早，关于自动驾驶汽车的法律规定比较完善。美国、德国、日本、荷兰、法国等国家对自动驾驶汽车的相

---

[1] 参见李舒瑜："无人驾驶汽车上路将合法"，载《深圳特区报》2021 年 3 月 24 日，第 A03 版。

关立法比较重视，其相关立法有利于促进自动驾驶技术的进一步发展。

2. 我国关于自动驾驶汽车的相关立法相较于欧美国家起步较晚，但是近几年我国对自动驾驶汽车的关注持续上升，从 2016 年起，中央政府部门及各地区开始陆续制定和修改有关规则，各部门联合发布有关自动驾驶汽车的红头文件，积极开展自动驾驶汽车的测试工作。

■ 思考题

15.5 国内外关于自动驾驶汽车的法律法规主要有哪些？

15.6 自动驾驶汽车的法律规制主要有哪些方面？

第三节 自动驾驶汽车法律规制的未来方案

自动驾驶汽车在我国发展迅猛，具有广阔的发展前景。为了更好地创造自动驾驶汽车的美好未来，我国应当进一步加强对自动驾驶汽车法律规范的构建，从行政法、民法及刑法等不同的角度对自动驾驶汽车进行全方位的规制。在法律规制的内容上，主要包括自动驾驶汽车的市场准入、自动驾驶汽车侵权责任的承担以及自动驾驶汽车交通肇事罪的认定等方面。

一、自动驾驶汽车的行政法规制

我国目前对于自动驾驶汽车的行政法规制仍处于框架建构的初期，多数规范仅从整体上对自动驾驶汽车的相关管理问题予以概括性规定，因此，应当从不同的角度对自动驾驶汽车作出进一步的完善。本书认为应当从三个方面进行完善：一是自动驾驶汽车道路测试制度；二是自动驾驶汽车准入制度；三是对自动驾驶汽车驾驶人的界定。

（1）自动驾驶汽车道路测试制度的完善。对于自动驾驶汽车的发展而言，道路测试制度是推进其研发的必要环节和关键步骤。只有让自动驾驶汽车进入实际道路行驶，才能获得研究赖以依据的海量测试数据；进而，通过对测试数据整理和分析，准确找出自动驾驶汽车存在的实际问题，具有方向性地对其优化设计。在这种需求链的作用下，我国自动驾驶汽车的道路测试制度已基本构建，但是，仍存在以下问题亟待解决。第一，地方性的自动驾驶汽车道路测试制度标准不一。截至目前，我国仅有 3 个直辖市及 5 个地级市在工业和信息化部发布的《智能网联汽车道路测试管理规范（试行）》的基础上，制定了较为详细的自动驾驶汽车道路测试的相关规定，但是，各个地区制定的规范性文件内容存在较大的出入，对同一测试项目设定的标准各不相同。这也成为阻碍全国统一测试，在各地区间引发争议的重要原因之一。我国应当进一步细化自动驾驶汽车道路测试的有关规定，提高其对地方的指导性，加强地方间的合作，探索适用于全国各地区的统一测试标准。第二，自动化程度不同的汽车应当采取不同的测试标准。如前所述，目前处于研发阶段的自动驾驶汽车的自动化程度并不一致，针对不同自动化程度的汽车，其技术难度、驾驶方式等均存在差异。因此，对自动化程度不同的汽车采取同一套测试标准可能存在预期风险，应当结合自动驾驶汽车的自动化程度进行进一步制度细化与完善。

（2）自动驾驶汽车准入制度的制定。目前，我国自动驾驶汽车仍然处于研发试验阶段，距离实现自动驾驶汽车市场化仍有一段距离。从有关部门颁布的法律文件来看，我国各部门关注的重点仍在于道路测试制度，这无疑有利于更好地促进我国自动驾驶汽车的研发，保障自动驾驶技术快速发展。但是，根据《智能汽车创新发展战略》所制定的目标，我国将在2025年基本实现新车智能化，高级别智能汽车实现规模化应用。可见，在不久的将来，我国自动驾驶汽车可能实现大规模生产，那么，自动驾驶汽车的市场准入制度将会成为有关部门关注的重点。对此，有学者认为，自动驾驶汽车与当前的汽车相比，对技术的要求更高，根据我国《行政许可法》第12条之规定，对于直接关系公共安全、人身健康、生命财产安全的重要设备、产品等可以设定行政许可，因此自动驾驶汽车的生产和销售应当设定行政许可。[1]本书认为，通过设置行政许可无疑可以加强对自动驾驶汽车市场准入的管制，但是市场准入的条件应当如何具体规定则是一个值得进一步思考的问题。技术标准具有很强的专业性，政府部门的行政干预不能忽视市场调节本身的作用，因此，行政机关可以引导企业建立规范的行业自律机制，各企业间对自动驾驶汽车的安全性能设置统一的最高标准。行政机关通过设置行政许可建立自动驾驶汽车的风险管控机制，对企业的行业自律进行监督，严格把控自动驾驶汽车的安全性能。

（3）自动驾驶汽车驾驶人的界定。根据我国《机动车驾驶证申领和使用规定》第10条的规定，驾驶机动车，应当依法取得机动车驾驶证。但是，这一规定在自动驾驶汽车的范围内显然不适用。根据自动驾驶汽车自动化的程度分类，驾驶人不再是自动驾驶汽车上路运行的必要条件，如何对驾驶人这一概念作出妥善界定，是当前面临的一大难题，更是关系到民事责任、刑事责任确

---

〔1〕 参见吴英霞："无人驾驶汽车规范发展法律路径研究"，载《科技管理研究》2019年第2期。

定的关键因素。对此，可以借鉴美国立法的经验，美国多数州将驾驶人界定为启动或运行汽车自主技术的人，无论当时该人物理上是否在汽车内。[1]显然，这一界定更贴合自动驾驶技术运用基础上的实际驾驶情况。

除此之外，有关自动驾驶汽车的数据存储与管理、市场准入后的后续监管等问题也值得展开进一步思考与研判。

二、自动驾驶汽车的民法规制

自动驾驶汽车存在技术依赖、人机互动等驾驶特征，因而对传统民法责任体系造成了一定的冲击。目前针对自动驾驶汽车侵权案件的讨论主要集中在两个方面，一是自动驾驶汽车侵权案件的现存问题；二是如何构建自动驾驶汽车的侵权责任体系。

（1）针对自动驾驶汽车侵权案件的现存问题，有学者认为最大的问题在于现有立法难以有效规范自动驾驶汽车的侵权责任，主要体现在以下两个方面：一是既有的自动驾驶汽车致人损害责任承担机制存在缺陷。第一，《道路交通安全法》无法确定自动驾驶汽车侵权行为的过错：自动驾驶汽车将汽车的控制权交给自动驾驶系统，根据现有的法律规定，人在驾驶过程中的主观过错将难以判断。第二，产品责任法不能确定自动驾驶汽车产品的缺陷所造成的法律责任：自动驾驶汽车不同于传统的汽车，其制造技术和使用更为复杂，通过运用人工智能技术将驾驶决策权由驾驶人转移到了驾驶软件上，而驾驶软件的缺陷更具有隐蔽性。[2]我国产品责任法未规定算法缺陷导致的产品责任，将导致自动驾驶汽车产品缺陷难以认定。二是将类推理论适用于自动驾驶汽车侵权责任的承担存在不足，其中类推理论有飞机或轮船的自动驾驶系统理论、动物理论、理性汽车标准理论等。[3]对该问题，本书在前文已有所介绍，此处不再赘述。

（2）针对如何构建自动驾驶汽车侵权责任体系的讨论主要集中在责任主体及责任承担类型两个方面。对该问题，本书在前文已有所介绍。

三、自动驾驶汽车的刑法规制

在刑法领域，自动驾驶汽车的出现给刑法中的交通肇事罪带来了一定的冲

---

[1] 参见樊云慧："论无人驾驶汽车的法律监管"，载《兰州学刊》2019 年第 10 期。

[2] 参见王乐兵："自动驾驶汽车的缺陷及其产品责任"，载《清华法学》2020 年第 2 期。

[3] 参见许中缘："论智能汽车侵权责任立法——以工具性人格为中心"，载《法学》2019 年第 4 期。

击。本书认为，自动驾驶汽车对交通肇事罪的冲击主要体现在以下三个方面。

（1）犯罪主体的确定。对该问题，本书在前文已有介绍。总的来说，自动驾驶汽车难以成为刑法意义上的犯罪主体。

（2）犯罪主观方面的判断。现行交通肇事罪的主观方面是"过失"，针对自动驾驶汽车发生交通肇事时的主观状态如何考证存在不同观点。有学者认为，"在自动驾驶中，驾驶者或乘客选择自动驾驶汽车或自动驾驶模式本身并无犯罪的故意或过失，不存在因选择自动驾驶汽车或自动驾驶模式而具有以此来侵害他人权益的心态……车辆在行驶过程中违反法律法规，也不存在明知故犯等只有人类才具备的心理态度"[1]；有学者认为，"实行过错责任制度，这是以驾驶人是自然人为基本伦理和法理基础的。一旦进入对自动驾驶的事故责任评价，传统的过错判定原则将无法直接适用，而可能会出现多种不同责任原则的法律选择或同时适用的问题"[2]；也有学者认为在自动驾驶时代有很大可能存在过失，但过失的主体认定还需要通过相关证据证明，"到底是车辆的操纵者，还是程序的设计者，当然还包括其他主体，自动驾驶网络的经营、管理者"[3]。本书认为，自动驾驶汽车本身涉及复杂的技术问题，在一定程度上代替人作出决策，因此，驾乘自动驾驶汽车发生交通事故将难以判断驾驶人的主观过错程度。但是，也可以通过采取一些措施为潜在的刑事案件认定提供可靠依据。例如，对自动驾驶汽车配置"黑箱"，实时上传有关数据并以区块链的形式加以保留，完整记录自动驾驶全过程，为判断驾驶人主观过错程度提供有效的依据。在刑事责任认定过程中，驾驶人主观过错实在无法认定的情况下，应当秉承疑罪从无的刑事司法原则。

（3）因果关系的确认。有学者认为，"在自动驾驶中，并不是由驾驶者或乘客的选择导致了交通事故，而是由车辆智能系统的原因或外来非法干预所致，即选择行为非事故发生的原因"[4]；另有学者认为，在自动驾驶状态中，驾驶者或乘客没有过错，但自动驾驶的控制系统可能会存在"过错"，"需要立法机构对自动驾驶系统的人工智能决策流程和水平有清晰深刻的了解，由于涉及

〔1〕 陈晓林："无人驾驶汽车致人损害的对策研究"，载《重庆大学学报（社会科学版）》2017年第4期。

〔2〕 孙铭溪："'无人驾驶汽车'挑战现行法律"，载《经济参考报》2018年2月7日，第A08版。

〔3〕 徐红亮："无人驾驶的情况下，交通肇事罪会成为'水中月'吗?"，载腾讯云，https://cloud.tencent.com/developer/news/21139，最后访问时间：2020年4月1日。

〔4〕 陈晓林："无人驾驶汽车致人损害的对策研究"，载《重庆大学学报（社会科学版）》2017年第4期。

人工智能与人的伦理问题，也考验着立法者对于技术与伦理的权衡能力"[1]。本书认为，在此问题上，犯罪成立要求直接因果关系的基本立场不应被动摇。虽然自动驾驶汽车作为人工智能技术的产品，存在算法编辑下伦理的权衡，但这一问题应当是汽车研发、制造等前置过程中的重点审查问题，由刑法对其予以规制似乎存在越俎代庖之嫌；再者，即使由程序编辑问题导致交通事故的发生，这一原因与事故结果之间显然仅是间接因果关系，贸然认为其满足刑法意义上的因果关系也存在惩戒范围不当扩展之嫌。因此，不能仅因系统的过错或其他原因而认定相关主体满足交通肇事罪所要求的因果关系。

■ 要点

1. 目前对于自动驾驶汽车的法律规制，应当从行政法规制、民法规制以及刑法规制三个层面逐一展开。

2. 自动驾驶汽车行政法律规制的构建与完善，主要应当从自动驾驶汽车道路测试制度、自动驾驶汽车准入制度以及自动驾驶汽车驾驶人三个方面展开。

3. 自动驾驶汽车的研发与问世，给侵权领域传统的损害责任承担机制，以及责任主体和责任类型的认定造成了极大冲击。

4. 自动驾驶汽车给刑法交通肇事罪中犯罪主体、犯罪主观方面以及因果关系三个方面带来了新的认定困境。

■ 思考题

15.7　试论自动驾驶汽车对现有侵权责任体系的影响。

15.8　试论自动驾驶汽车对交通肇事罪的冲击。

■ 本章阅读文献

1. 郑志峰："自动驾驶汽车交通事故责任的立法论与解释论——以民法典相关内容为视角"，载《东方法学》2021年第3期。

2. 廖兴存："无人驾驶汽车交通肇事过失刑事责任论纲"，载《湖南社会科学》2021年第3期。

3. 陈晓琳："无人驾驶汽车致人损害的对策研究"，载《重庆大学学报（社会科学版）》2017年第4期。

---

〔1〕　代灿："无人驾驶汽车：能否驶过法律这道槛"，载《学习时报》2017年7月24日，第A3版。

4. 张玉洁："论无人驾驶汽车的行政法规制"，载《行政法学研究》2018 年第 1 期。

5. 樊云慧："论无人驾驶汽车的法律监管"，载《兰州学刊》2019 年第 10 期。

6. 陈结淼、王康辉："论无人驾驶汽车交通肇事的刑法规制"，载《安徽大学学报（哲学社会科学版）》2019 年第 3 期。

7. 袁曾："无人驾驶汽车侵权责任的链式分配机制——以算法应用为切入点"，载《东方法学》2019 年第 5 期。

第十六章
无人机的法律规制

【导读】

作为新一代数字经济革命先驱力量的人工智能正在不断改善传统驾驶形态，优化数字经济下无人驾驶模式，无人机因此得到发展。无人机在不断革新智能时代驾驶场景的同时，也衍生出了极具特点的风险，致使传统的监管路径已经难以进行有效防控。对此，我国需综合考量无人机的风险特征，在立法上修缮并构建《民用航空法》等法律，并辅之以行政法规、行政规章等规则，破除无人机行政执法困境，明确行政监管部门主体及其职权范围，革新各层级司法机关规制理念，优化行业监管机制，为我国无人机的发展保驾护航。

第一节　无人机概述

无人机的发展历史最早可追溯至第二次世界大战时期，早期的无人机主要应用于军事航空领域，因其具有独特的结构特征与性能，从而能够在战争中发挥巨大作用。之后，它逐渐被应用于非军事领域，诸如商业、民生、治安、外交等。进入人工智能时代后，无人机开始与人工智能实现深度结合，并实现了新的发展，其由无人平台及若干辅助部分组成，具有感知、交互和学习能力，并且能够基于知识进行自主推理、自主决策，从而达成目标。[1]

一、无人机的概念

尽管当前无人机的应用已经渗透人类社会的诸多领域，但对于无人机的概念界定，国内外并没有形成统一的认识。例如，美国于 2012 年出台的《联邦

---

〔1〕　参见郭行："智能无人系统发展战略研究"，载《无人系统技术》2020 年第 6 期。

航空局现代化与改革法》将无人机界定为"不存在人在机上或者机内进行操控可能性的航空器"。欧盟在《对无人机监管的"标准"委员会规则》中将无人机表述为，在运行设计以及实际运行中没有驾驶员在机上的航空器。国际民用航空组织（International Civil Aviation Organization）在《国际民用航空公约》附件的第一章中将无人机定义为，"可以从空气的反作用而不是从空气对地面的反作用，在大气中得到支撑的任何机器"。[1]在我国，2017 年《民用驾驶航空器实名制登记管理规定》将民用无人机界定为，"没有机载驾驶员操纵、自备飞行控制系统，且从事非军事、警察和海关飞行任务的航空器，不包括航空模型、无人驾驶自由气球等"。2018 年 8 月，中国民用航空局飞行标准司在下发的《民用无人机驾驶员管理规定》中将民用无人机进一步界定为"由控制站管理（包括远程操纵和自主飞行）的航空器"。[2]

综合当前世界各国对于无人机的定义，本书认为，无人机是指通过远程操作或者构建机内程序自动化飞行而无须人工驾驶的航空器。

二、无人机的分类

无人机可从飞行平台构架、用途、运行风险、机身尺寸、活动半径、任务高度等方面进行分类。对无人机进行分类，可以使无人机的使用和规制变得更加合理规范。

按飞行平台构架分类，无人机可分为固定翼无人机、旋翼无人机、无人飞艇、伞翼无人机、扑翼机等，飞行平台不同，其相应的工作原理也不同。[3]

按用途分类，无人机可分为国家无人机、军用无人机和民用（商用）无人机。其中，国家无人机是由立法、行政、监察、司法以及党团机关等拥有、管理并用于本机关或机构工作目的的无人机。该概念发端于"国家航空器"，例如美国在《联邦航空局现代化与改革法》中将"国家航空器"归为政府拥有的航空器。军用无人机是军事机关为实现军事目的所拥有、管理和使用的无人机。军用无人机的出现主要是源于战争所需。民用（商用）无人机是指非用于军事目的和海关飞行任务等的航空器，其使用主体是自然人、法人以及非法人组织等。

按运行风险分类，无人机可分为开放类（低风险）无人机、特许运营类

---

〔1〕 参见吴建瑞："国内外无人机规制的新近发展态势"，载《中国应用法学》2019 年第 6 期。
〔2〕 参见刘明远："民用无人机社会风险防控与法律监管"，载《行政管理改革》2019 年第 8 期。
〔3〕 参见张胜逊、戴伟军主编：《无人机综合应用》，华中科技大学出版社 2020 年版，第 2 页。

· 246 ·

（中等风险）无人机以及审定类（高风险）无人机。通常来讲，开放类（低风险）无人机是指自身重量低于一定参数，并且在空域中与其他航空器保持合理间距，从而可以在人类直接目视范围内低风险运行的无人机。特许运营类（中等风险）无人机相较于开放类（低风险）无人机，需要更多人为检测其飞行活动的安全性。因此，国家通常会针对特许运营类（中等风险）无人机额外施加诸多限制性因素，通过特许经营的方式降低其风险。审定类（高风险）无人机通常是指当无人机的风险系数上升至与载人航空器同一级别的时候，需要通过国家有关机关审批、报备等程序才得以运行的无人机。

按活动半径分类，无人机可分为超近程无人机、近程无人机、短程无人机、中程无人机和远程无人机。超近程无人机活动半径在15km以内；近程无人机活动半径在15—50km；短程无人机活动半径在50—200km；中程无人机活动半径在200—800km；远程无人机活动半径大于800km。

按任务高度分类，无人机可以分为超低空无人机、低空无人机、中空无人机、高空无人机和超高空无人机。超低空无人机任务高度一般在0—100m；低空无人机任务高度一般在100—1000m；中空无人机任务高度一般在1000—7000m；高空无人机任务高度一般在7000—18 000m；超高空无人机任务高度一般大于18 000m。[1]

三、无人机的风险

人工智能时代是一个聚合各种技术力量的时代，高度集成化的技术既是风险社会的特征，也是风险社会的成因。[2]无人机的风险主要是指在使用无人机的过程中可能发生的危险，其可能对国家、集体或个人产生显性或隐性的威胁。

（一）无人机对国家安全和社会秩序造成威胁

无人机的"黑飞"事件一直被视为威胁国家安全的重要隐患。所谓无人机的"黑飞"，是指未经过合法的登记程序，缺乏飞行前的安全监测，且具有一定危险性的无人机飞行活动。在无人机使用早期，碍于军事情况，任何"黑飞"的无人机均有可能被敌对势力利用来盗取国家机密，从而危害国家安全。现阶段，无人机的使用大部分集中在居民区、学校、体育场或者较大的公

─────────────

〔1〕　参见张胜逊、戴伟军主编：《无人机综合应用》，华中科技大学出版社2020年版，第2-3页。

〔2〕　参见吴汉东："人工智能时代的制度安排与法律规制"，载《法律科学（西北政法大学学报）》2017年第5期。

共集会场所，一旦发生坠落、失控或者碰撞等事故，将严重威胁地面的人身和财产安全以及空中飞行的飞机的安全。例如，2021 年，上海市某市民便因操作不慎致无人机撞上玻璃窗，导致住户头部及手部受伤。[1]

（二）无人机对网络安全秩序的挑战

随着无人机的广泛使用，有更多的网络黑客开始考虑使用民用无人机来携带和传染病毒，在飞行过程中利用通信技术进入网络终端实施网络攻击，从而对政府、医院、高校、科研院所和企业等官网系统进行破坏。例如，2017 年全球爆发的"勒索"病毒传染恶性事件，正是网络黑客违法使用民用无人机传染病毒攻克网络的典型事例。[2]

（三）无人机对相关主体权利侵害的风险

1. 对人身性、财产性权利的侵害风险

无人机在运行过程中有可能因为自身设计的缺陷或者障碍而发生飞行异常，这便可能误入其他航空器航道发生碰撞或坠落等事故而给地面的人带来人身伤害与财产损失。例如，2021 年 2 月 27 日晚上，在广西壮族自治区上饶市某广场，一无人机在降落过程中割伤一名 5 岁幼童的右脸颊，造成两道长 3 厘米、深 1 厘米的伤口，该伤经医生鉴定为二级伤残。除此之外，无人机之间的碰撞对于无人机持有人而言，也是一种经济损失。

2. 对个人数据以及隐私权利的侵害风险

无人机的应用给公民隐私保护带来了前所未有的威胁，主要表现在三个方面：首先，无人机可获取公民的住宅位置、财产状况、出行偏好、情感状态、身体状况等众多信息，可能对公民的隐私构成威胁。例如，一些不法分子会在无人机上安装远程摄像机、录音器等，操纵无人机入侵公民私人住宅、机关单位所在地或者其他涉及利益的地方窃取隐私信息。再如，无人机也可以通过悬停在某处的方式，拍摄某地区的隐私信息。其次，无人机可能骚扰公民的正常生活。一方面，无人机持续侵入公民住宅或者持续跟踪个人，将使被跟踪者处于巨大的压力之下，严重影响私人生活。另一方面，配备无线电拦截功能的无人机还可能干扰公民收集无线电信号，影响公民的通信。最后，无人机具有拍摄记录功能，在记录个人信息后，若无人机用户公布获取的个人信息，会使被记录者的诸多信息被曝光。更为重要的是，无人机所拍摄的信息可能迅速上传

[1] 参见薛宁薇："违规施放无人机，伤人又害己"，载光明网，https://m.gmw.cn/baijia/2021-11/04/1302664825.html，最后访问时间：2022 年 4 月 20 日。

[2] 参见刘明远："民用无人机社会风险防控与法律监管"，载《行政管理改革》2019 年第 8 期。

至网络，这便意味着，公民隐私的侵犯主体不仅限于无人机使用者，也包括无人机开发者。[1]

■ 要点

1. 无人机是通过远程操作或者构建机内程序自动化飞行而无须人工驾驶的航空器。

2. 无人机可以从飞行平台构架、用途、运行风险、机身尺寸、活动半径、任务高度等方面进行分类。对无人机进行分类，可以使无人机的使用和规制变得更加合理规范。

3. 无人机的风险主要是指在无人机投入运行阶段可能衍生的不良影响与隐患，包括无人机对国家安全和社会秩序的威胁、无人机对网络安全秩序的挑战和无人机对相关主体权利侵害的风险等。

■ 思考题

16.1　从比较法上看，对无人机概念的界定有哪几种？

16.2　当前无人机的应用风险包括哪些？

第二节　无人机法律规制的现状

一、域外无人机的法律规制现状

对于无人机的法律规制，世界各国目前尚处于起步阶段，多数国家都通过立法的方式明确了无人机的概念、适用范围、活动程序等内容。

美国对于无人机的法律规制走在世界前列。在美国，无人机的监管主体主要是美国联邦航空局，该机构受到美国运输部管理，是美国负责航空领域管理的权力机关。从权力分配上看，美国联邦航空局分为总部、地区以及地方三级机构，总部在航空安全办公室设立无人驾驶飞行器项目办公室、在空中交通组织设立无人驾驶飞行器系统工作组。[2]从具体规则上看，美国于2012年颁布的《联邦航空现代化与改革法》中，明确规定对于无人机采取与有人驾驶航

---

〔1〕　参见王锡柱："无人机侵犯隐私权的法律规制"，载《中国科技论坛》2018年第12期。

〔2〕　参见栾爽："无人机法律规制问题论纲"，载《南京航空航天大学学报（社会科学版）》2017年第1期。

空器同等管理的办法。在无人机驾驶资质方面,美国联邦航空局公布的小型无人机规则规定,无人机驾驶员需要年满 16 周岁、具有英文读写等语言能力、不得患有影响无人机操作的身体或心理疾病、具备基本航空理论知识、通过航空知识初级考试等。在无人机登记及安全飞行方面,该文件规定飞行器的重量在 25 千克之内且必须登记注册,在飞行前必须进行安全检查,飞行高度不得超过 122 米、不得超过操作者的视距范围、不得在与操作无关人员的正上方飞行等。2015 年 12 月 15 日,美国颁布无人机注册条例,将无人机登记注册的重量范围调整为 250 克至 25 千克。目前,美国的无人机法律与政策正在不断修正过程中,未来将针对无人机活动采取更加细化的监管规制手段。

英国对于无人机的规制主要是通过《英国新无人机法案》,该规则的立法目的在于消除商业和非商业无人机操作的限制和模糊性,新法的颁布实施使无人机得以在更加接近人的地方运行使用,同时其允许无人机在没有商业许可的情况下进行商业使用。在驾驶员人员资质方面,该法律规定无人机的驾驶员必须通过考试;在登记备案方面,该规则要求所有重量在 250 克以上的无人机必须向民航局登记注册;在区域管制方面,该规则要求无人机不得在英国任何建筑物、构筑物 122 米高度以上飞行。除此之外,无人机在飞行过程中必须远离飞机、机场以及军事区域等,不得在人群密集的上空飞行。值得关注的是,英国正在愈发关注无人机的有关问题。2022 年 7 月,英国政府发布了与无人机行业行动小组合作完成的《在英国推进自主空运商用无人机节省资金和挽救生命》政策性文件。该文件认为无人机产业是巨大的发展机会,尤其应重视政府与无人机行业的深入合作。

日本于 2015 年 9 月 11 日公布的《日本航空法》将无人机安全运行纳入法律规制范畴,该规则明确要求无人机在距离地面超过 150 米的空域飞行前必须向国土交通部门提出申请;飞行应当保持在视距之内且与地面人员保持至少 30 米的距离;飞机不得在无人机上搭载运输危险物品等。对于违反该规定者,日本采取罚款的方式进行处罚。当前,日本政府尚未对无人机及其操作人员的登记进行限制,但其表示未来将会制定严格的无人机登记注册制度。

新加坡于 2019 年 11 月 4 日批准出台了《空中航行(修正案)法案》,该法案明确了无人机注册要求、操作许可证和活动许可证的获取、无人机飞行要求等方面内容。(1)在无人机注册问题上,该法案规定,当无人机的重量超过 250 克时,如果需要在新加坡上空飞行,应向新加坡民航局申请注册。同时,该法案细致规定了注册无人机者应至少年满 16 周岁、必须有一个有效的联系地址、具有有效的凭据或者新加坡民航局批准的其他身份验证凭据。此外，在申请注册无人机时，申请人必须履行有效的注册申请程序，包括获得无人机的注册标签，提交申请表，自觉遵守无人机注册规定以及相关要求等。（2）在操作许可证和活动许可证的获取上，该法案规定，从事无人机操作的工作人员必须参加相关技能培训，并且获得相应的职业技能证书与执照，如果有人员违反此规定，将会构成犯罪。同时，新加坡民航局会颁发操作员活动许可证，以授权个人在户外安全操作无人机。（3）在无人机飞行的问题上，该法案要求，在操作无人机时，除非获得二级活动许可，否则不得在某些危险、受保护或受限的区域飞行。

二、我国无人机的法律规制状况

当前我国已经开始针对无人机加强规制力度，但是实际规制效果并不明显，难以有效遏制无人机减损相关主体权益、扰乱市场竞争秩序的势头。

（一）我国无人机的立法规制现状

我国目前针对无人机的法律规定还有所欠缺，只有条例、规定和管理办法，层级较低。[1]具体而言，民用航空局于 2009 年发布了《关于民用无人机管理有关问题的暂行规定》和《民用无人机空中交通管理办法》，如今已被 2016 年发布的《民用无人驾驶航空器系统空中交通管理办法》取代，主要解决无人机的适航管理和空域管理问题。2013 年发布的《民用无人驾驶航空器系统驾驶员管理暂行规定》规定了无人机驾驶员资质培训问题；2014 年发布的《低空空域使用管理规定（试行）》明确了无人机申报问题；2015 年发布的《轻小型无人机运行（试行）规定》规范了低空、慢速微轻小型类民用无人机的运行问题；2017 年 5 月 16 日发布的《民用无人驾驶航空器实名制登记管理规定》则规定，自 2017 年 6 月 1 日起，最大起飞重量为 250 克（含 250 克）的民用无人机须实名登记注册。[2]除此之外，我国地方政府也相继出台有关规制无人机的规章制度，例如，重庆市政府出台了《重庆市民用无人驾驶航空器管理暂行办法》，新疆维吾尔自治区出台了《民用无人驾驶航空器安全管理规定》等。

总体而言，上述规定虽然能够在无人机的规制上起到一定作用，但也存在一些缺陷和不足。一方面，单靠低位阶规则来应对包括无人机运营、安全及隐

---

[1]　参见刘明远："民用无人机社会风险防控与法律监管"，载《行政管理改革》2019 年第 8 期。

[2]　参见周长军、庞常青："民用无人机隐私侵权行为的法律规制"，载《法学论坛》2019 年第 6 期。

私侵权、救济等横跨行政法、民法甚至刑法领域的诸多问题，其立法威信和执法强制力均明显不足。[1]另一方面，现行法律制度无法解决由无人机引发的很多问题，立法存在滞后性，这导致对于无人机飞行的监管难以达到预期的效果。

（二）我国无人机的执法与司法规制现状

1. 我国无人机的执法规制现状

无人机的执法规制是指行政机关和其他法律法规授权的组织等行政主体，在针对无人机的相关问题上，为维护社会秩序以及实现法律规制目的而依据法律、行政法规以及规范性文件所采取的对特定行政相对人的权利义务产生直接影响的具体行政执法行为。当前，我国在无人机执法上出现了民航局管理无人机适航等问题、军方和公安部管理无人机涉及公共安全等问题、工业和信息化部管理无人机的产业生态发展等问题的管理权力交叉重叠的混乱局面。现实中，这些机关往往难以发挥有力的监管作用。[2]除此之外，现阶段对于无人机的行政执法活动，主要是由公安机关负责对民用无人机相关主体进行行政处罚，处罚措施包括行政拘留、罚款等方式，其监管方式过于单一，而且行政处罚相对较重。[3]

2. 我国无人机的司法规制现状

当前无人机的司法规制主要针对的是"黑飞"案件，此类案件在我国司法审判中多以危害公共安全罪进行裁判。例如，在 2013 年北京无人机"黑飞"案件中，[4]当事人明知自己不具备操纵无人机的资质且并不清楚其公司是否申请空域的情况下，于 2013 年 12 月 29 日在北京市平谷区马坊镇石佛寺村南公路上，操纵燃油助力航模飞行机升空进行地貌拍摄。在当天的飞行拍摄过程中，这架航模飞机被解放军空军雷达监测发现为不明飞行物，随后空军出动直升机使其迫降。检察院认为本案当事人已经预见自己的行为可能会发生危害公共安全的结果，却轻信能够避免，以致公共财产遭受重大损失，其行为应当以过失以危险方法危害公共安全罪追究刑事责任。法院一审认定，本案当事

---

〔1〕 参见周长军、庞常青："民用无人机隐私侵权行为的法律规制"，载《法学论坛》2019 年第 6 期。

〔2〕 参见杨丽娟、于一帆："科技行政法视角下我国民用无人机的法律规制问题研究"，载《科技管理研究》2018 年第 17 期。

〔3〕 参见费丽娅："无人机'黑飞'的社会风险和法律规制"，载《铁道警察学院学报》2017 年第 6 期。

〔4〕 参见王巍："北京无人机'黑飞'案一审宣判 3 人获缓刑"，载中国法院网，https://www.chinacourt.org/article/detail/2015/04/id/1583386.shtml，最后访问时间：2022 年 4 月 14 日。

人违反民用航空管理法规，在未经有关部门许可且未取得无人机驾驶员资质的情况下，擅自操纵无人机进入首都空中管制区，造成严重后果，已构成过失以危险方法危害公共安全罪。

总体而言，当前对于无人机的司法规制主要存在两方面问题。一方面，对于"黑飞"等问题直接动用刑法武器，有悖于刑法的谦抑性原则，在一定程度上降低了入罪门槛。另一方面，对于无人机的监管，行政处罚与刑事处罚之间的衔接较为不畅。在无人机的监管实践中，有些违法行为的危害结果远远超出了行政法所能规制的违法行为范围，亟须刑法进行强有力的规制；而有些违法行为虽然具有刑事犯罪的表征，却更适合通过行政处罚的方式处理。因此，在对无人机的规制过程中，应构建行政处罚与刑事处罚的衔接机制，但当前我国并没有类似机制。

■ 要点

1. 对于无人机的法律规制，世界各国目前尚处于起步阶段，多数国家都通过立法的方式明确了无人机的概念、适用范围、活动程序等内容。

2. 当前我国已经开始针对无人机加强规制力度，但是实际规制效果并不明显，难以有效遏制其减损相关主体权益、扰乱市场竞争秩序的势头。

■ 思考题

16.3　简述无人机的域外法律规制现状。

16.4　论述当前我国无人机法律规制的必要性及其现状。

第三节　我国无人机法律规制的完善

一、完善无人机的立法体系

无人机作为数字经济背景下的新兴产业，对于当今社会生产力与生产关系均具有一定的影响，但鉴于其在实际应用中出现的危害公共安全等问题，立法机关应该根据经济发展、生产生活需要以及无人机的发展实践等情况对无人机进行针对性的立法规制。对此，首先可以修订我国《民用航空法》，将无人机纳入其规制范围。具体而言，应当在现行《民用航空法》第二章第5条中加入有关无人机的表述。此外还需修改第二章，强调无人机与传统飞机的差异，增加无人机所有权以及注册登记的相关要求等内容。而对于现行《民用航空法》进行修正增补的重点，应当落脚于第三章、第四章中，须在原有第三章的立法基础上确定并补充有关无人机的权属规定，在第四章的立法基础上，明确无人机适航管理的相关标准，增加技术性条款作为补充。

其次，我国应当以《民用航空法》作为规制无人机的法律标杆，辅之以相关行政法规与行业自律规范，从而建立起有效规制无人机的航空法律体系。在具体体系构建上，应根据无人机的分类框架进行设计。例如，可借鉴欧盟"开放类、特定类、认证类"的分类框架，结合我国实际情况制定监管规则。对开放类，以消除空域准入门槛为原则，重点借助市场与技术手段防范风险。对特定类，以简化程序为重点，吸纳多元监管主体与资源，回应差异化风险监管需求。对认证类，参照传统公共运输航空与通用航空的空域准入与运行规则，在必要时予以变通。[1]

再次，立法机关还应当重视完善飞行审批制度与规范驾驶员资质许可准入制度。对于无人机飞行审批制度，我国可以参考国外有关无人机运营管理的相关经验，诸如欧盟所制定的《无人机运营规则》等，对无人机的飞行审批进行科学的制度设计，以有效管控无人机在飞行审批方面的风险。对于驾驶员资质许可准入制度，我国需完善有关无人机许可准入的行政规范性文件，建立驾驶员准入与退出机制，以解决驾驶员资质认证上的问题。

最后，应探索无人机应用过程中权利保护的有关制度。面对前所未有的新型侵权现象，如何有效规制无人机飞行时的侵权行为，是我们面临的全新任务，这也是无人机专门法需要重点解决的问题。[2]对此，可以对各主体承担的义务进行规定：无人机设计者、制造者在设计、制造中应遵循行业标准，应用必要的技术手段保障公民权利免受侵害。销售者在销售所附的说明书中应对权利保护问题进行说明。就无人机的操作者而言，可以在其操作规范中明确相关飞行规则。对于无人机云的提供者而言，需要明确告知无人机用户数据被储存的情况，采取数据保护措施，不滥用数据。[3]

---

〔1〕 参见王锡柱："无人机分类监管：国际经验与中国路径"，载《北京航空航天大学学报（社会科学版）》2022年第2期。

〔2〕 参见周长军、庞常青："民用无人机隐私侵权行为的法律规制"，载《法学论坛》2019年第6期。

〔3〕 现代消费无人机是在无人机云开发商的应用程序的帮助下运行的，这样的应用程序可收集大量的数据，飞行员拍摄的图像和视频等数据都会自动同步到开发商拥有的云数据库中，因此无人机的用户不会有机会隐瞒数据。参见王锡柱："无人机侵犯隐私权的法律规制"，载《中国科技论坛》2018年第12期。

二、构建无人机的行政执法机制

在我国，民用航空局、公安机关以及市场监督管理部门等是监管无人机的主要部门。但是，在实际行政执法过程中，执法规制主体不一、权责不明以及执法权力分散等问题一直是影响无人机行政执法效率的症结所在。鉴于此，本书建议如下：首先，应当明确无人机的行政执法主体，明晰各个执法部门之间的权责界限，通过整合行政执法资源，建立起协调统一的行政执法机制："根据无人机的全生命周期监管需要，建议由国家空管委统一领导，统筹布局，调动各方资源，在民航局、体育总局、公安部、市场监督管理局、工业和信息化部等各部门中细化各自责任，设立专管部门和管理人员，各司其职，从而使其尽快融入现行的管理体制中来。"（具体职责划分参见表 16-1）[1]其次，在行政执法方式上，相关部门应当采取合理的规制措施，依据法律所规制的范畴对无人机进行科学定性，避免过激的行政执法手段扼杀市场创新动力。最后，行政执法机关应当克服具体行政执法之中的弊端。针对无人机进行行之有效的执法规制，以避免出现受理后执法行动拖沓或者泥牛入海、恶意纵容非法经营行为等情况。此外，还应当总结出一套规制力度宽严相济且行之有效的规制方法，激发行政主体对于无人机执法规制的能动性，适当引入行政问责机制，以保障行政执法的适度高效。

表 16-1　无人机监管职责划分

生命周期	市场监督部门	适航部门	工信部门	体育部门	公安部门	空管部门	监督部分
研制	工商营业资质	适航标准	生产标准规范		打击非法生产		生产质量监督
销售	工商营业资质				打击非法销售		
使用			无线电频谱监管	操作人员资质	打击非法使用	空域使用监管	使用运行监督
维修	工商营业资质	适航性维修标准			打击非法改装		

〔1〕 刘育、孙见忠、李航："民用无人机的监管与规范探讨"，载《南京航空航天大学学报》2017 年第 A1 期。

生命周期	市场监督部门	适航部门	工信部门	体育部门	公安部门	空管部门	监督部分
回收/报废					打击非法改装		

三、强化司法规制以及行业自律

在司法规制方面，针对无人机的司法实践情况，应当不断革新无人机规制理念，加强无人机相关典型案例的指导性功能。我国高层级人民法院所审无人机相关的典型性案例，在一定程度上具有指导与示范作用，司法机关可以通过将相关案例采以指导性案例或者载入最高人民法院公报等多种形式，强化发挥其对各级法院审判工作的指导示范作用。

在无人机的法律规制上，如果仅依据现行《民用航空法》及其解释等进行规制，难免产生规制难度大、规制效果不佳等问题。其中一个重要的因素便是无人机具有一定的专业性和复杂性，亟须行业内基于专业知识和实务经验而形成的行业自律规范进行补充。对此，我们应当重视行业自律监管的意义，协调好其与相关法律条文间的关系，统合协调相关行业自律规范，明确行业自律规范在无人机规制中的重要作用，以充分彰显合作规制理念之精髓。

■ 要点

1. 对于无人机的法律规制，在立法层面，应当在现行法律规则体系下，修改、补充完善我国现行《民用航空法》等相关规定，明确将无人机通过立法规定纳入规制范围之内。

2. 对于无人机的法律规制，在行政执法层面，应明确无人机的行政执法主体，明晰各个执法部门之间的权责界限，通过整合行政执法资源，建立起协调统一的行政执法机制。在行政执法方式上，相关部门应当采取合理的规制措施，依据法律所规制的范畴对无人机进行科学定性。

3. 对于无人机的法律规制，在司法规制层面，针对无人机的司法实践现状，应当不断革新无人机规制理念，加强无人机相关典型案例的指导性功能。

■ 思考题

16.5 请简述我国无人机法律规制的现状。

16.6 如何完善我国的无人机法律规制体系？

■ 本章阅读文献

1. ［美］胡迪·利普森、梅尔芭·库曼：《无人驾驶》，林露茵、金阳译，文汇出版社 2017 年版。

2. ［日］泉田良辅：《智能化未来：无人驾驶将如何改变我们的生活》，李晨译，浙江大学出版社 2015 年版。

3. 张新钰、张天雷、郑思仪：《无人驾驶技术》，科学普及出版社 2017 年版。

4. 蔡志洲等：《民用无人机及其行业应用》，高等教育出版社 2017 年版。

5. 陈金良主编：《民用无人机系统的运行管理》，西北工业大学出版社 2014 年版。

6. 孙明权：《无人机飞行安全及法律法规》，西北工业大学出版社 2018 年版。

7. 高国柱："中国民用无人机监管制度研究"，载《北京航空航天大学学报（社会科学版）》2017 年第 5 期。

8. 栾爽："无人机法律规制问题论纲"，载《南京航空航天大学学报（社会科学版）》2017 年第 1 期。

9. 刘明远："民用无人机社会风险防控与法律监管"，载《行政管理改革》2019 年第 8 期。

第十七章
智能投资顾问的法律规制

【导读】

诞生于美国的智能投资顾问在传统证券投资顾问业务的基础之上进行了进一步延伸，即在出具投资组合意见后可以在客户的授权之下操作其证券账户，进行证券买卖，在瞬息万变的证券市场中可高效地抓住交易机会，实现客户投资收益的最大化。其本质在于"投资顾问"与"资产管理"的结合。我国的智能投资顾问起步较晚，在2015年才陆续推出了多款"智能投资顾问"产品，但我国智能投资顾问业务却蕴含着巨大的潜力。然而由于合规限制，我国现在的智能投资顾问产品并非真正的智能投资顾问。《证券法》禁止接受客户的全权委托，导致智能投资顾问无法代客买卖、实时调仓，失去了最为本质的优势。我国的智能投资顾问只能停留在出具投资组合意见阶段，之后的运转则更像通道业务，通过其他方式规避法律风险。真正的智能投资顾问也会存在一些风险，其中最大风险为智能投资顾问方与投资者之间的利益冲突更加易发；此外，还存在算法黑箱的风险，其运行逻辑无法判断，难以监管。基于此，我国智能投资顾问行业意图发展，则必须制定一套完善的市场准入制度，包括相关算法以及相关从业人员、建立完善的信息披露制度以应对利益冲突与算法黑箱、利用金融科技加强监管等。

第一节　智能投资顾问概述

智能投资顾问简称"智能投顾"，与传统的证券投资顾问相比较，"智能投顾"不仅多了"人工智能"的运用，在业务范围与投资模式上也被赋予新的内涵。"智能投顾"这一投资模式诞生于美国，并在国外有较长足的发展。基于我国的国情，不宜直接将诞生于美国的"智能投顾"引入我国，否则容易产生法律概念界定不明晰的问题。

一、国外关于"智能投顾"概念的界定

美国《1940 年投资顾问法》(*The Investment Advisers Act of* 1940) 对"投资顾问"所下定义为:"任何直接的,或者通过出版物或著作从事向他人提供有关证券价值的意见,或者建议他人投资、买入或卖出证券,并收取报酬的人,或者有偿并作为一项日常业务发布与证券有关的分析或报告的人。"虽然《1940 年投资顾问法》并未禁止投资顾问对投资者证券账户进行持续管理,但资产管理功能也并非投资顾问的应有职责。传统投资顾问的职责仅在于通过各项手段为投资者提供投资建议,其只会间接影响投资者自身的投资决策,而不会替代投资者作出选择。

2017 年 2 月,美国证券交易委员会(SEC)发布了《智能投顾指引更新》(*Guidance Update：ROBO-ADVISERS*),其中将"智能投顾"定义为:注册的"智能投顾"通过在线算法程序,运用创新技术,为其客户提供可支配的资产管理服务。并且通过所获取的投资者个人信息,为其生成投资组合并且持续地管理投资者的个人账户。美国金融业监管局(FINRA)在 2016 年 3 月发布的《数字化投资建议报告》(*Report on Digital Investment Advice*) 中对于"智能投顾"的定义为:在管理投资者投资组合中从事客户分析、资产配置、投资组合选择、交易执行、投资组合再平衡、税收亏损收割六项业务的工具。

由此可见,上述"智能投顾"的立法定义,明确指出了"智能投顾"的职责便是出具投资意见、提供持续管理证券账户服务,后者是"智能投顾"与传统投资顾问在业务范围上的不同。同时,"智能投顾"的"智能"特征使其能够提供的持续管理服务更具优势:不同于依赖投资顾问的专业知识与判断,而是通过算法程序时刻监控证券市场,把握证券价格,在合理的时机实时调仓,实现收益最大化。

"智能投顾"在欧盟被称为自动化财务咨询。欧洲监管局 2016 年发布的《自动化财务咨询报告》(*Report on Automation in Financial Advice*) 将自动化财务咨询定义为:金融机构在没有或极少人工干预的情况下,依靠计算机算法或决策树向投资者提供建议。可见欧盟监管局认为,自动化财务咨询仅开展咨询建议服务,只是在服务工具和手段上与传统的投资顾问相区别:采用了计算机算法等金融科技。相比之下,日本与韩国则更加把握住了"智能投顾"的业务内涵,侧重于其资产管理的业务,认为"智能投顾"是一种新形式的资产管理服务。

可见,各个国家对于"智能投顾"的定义虽不完全相同,但大都并未将

其仅限定在"投资顾问"的业务范围内，而是将其扩展理解为收集投资者信息，运用计算机算法程序为客户进行资产配置，提供投资组合建议并自动执行，以及进行投资后的持续追踪与自动调整。

二、"智能投顾"的业务模式

域外"智能投顾"的应然模式主要由以下几个流程组成：第一，通过问卷调查回答问题的方式对投资者进行评估，刻画投资者画像；第二，基于投资者不同的风险偏好与投资目的，运用算法进行大数据分析为其提供相应的投资组合；第三，在投资者的许可之下，代其自动执行投资组合；第四，运用算法程序在投资后进行持续跟踪监测，进行实时调仓配比，保证投资收益最大化。

在业务主体上，"智能投顾"业务涉及的主体包括"智能投顾"运营商、投资者，以及可能存在的第三方辅助机构。需要明确的是，"智能投顾"在本质上仅是算法程序，其仍然是被开发商或运营商控制的工具，由运营商或运营商委托的开发商设计，体现人类意志；且"智能投顾"机器人不拥有独立的财产，投资顾问服务中所涉及的财产均为运营者所有或持有。[1]故而，"智能投顾"算法并不是适格的法律主体。

投资者与运营商的法律关系属于委托中的概括委托法律关系。"智能投顾"平台帮助投资者进行投资以及后续调仓工作的前提是得到投资者的授权。被授权者运用"智能投顾"，在一定"自由裁量"范围内，拥有打开相关证券账户，进行交易及发布指令，包括买入、卖出交易，转换、偿还、赎回与提取资产等权限，体现了投资者意思表示的概括性。[2]

在建议的投资组合方面，投资组合是"智能投顾"的起点，其理论依据为马科维茨（Markowitz）的现代投资组合理论，即通过均值—方差来刻画收益率与风险这两个投资关键因素，在给定的风险水平下实现期望收益最大化，在给定的期望收益水平下对风险进行最小化。[3]"智能投顾"则是在此基础上展开，通过资产在不同的投资组合之间流动，寻求风险与收益的最佳平衡。

在投资标的方面，国外成熟的"智能投顾"产品的投资标的多为 ETF

---

〔1〕 参见郑佳宁："论智能投顾运营者的民事责任——以信义义务为中心的展开"，载《法学杂志》2018 年第 10 期。

〔2〕 参见李晴："互联网证券智能化方向：智能投顾的法律关系、风险与监管"，载《上海金融》2016 年第 11 期。

〔3〕 参见［美］哈里·M. 马克维茨：《资产组合选择：投资的有效分散化》，张扬译，中国工信出版集团、人民邮电出版社 2017 年版，第 138 页。

（交易型开放式指数基金），通过 ETF 将投资风险分散于各股，进行被动投资。但我国 ETF 发展速度较为缓慢，数量较少且发展不稳定。也正是由于这个原因，我国"智能投顾"的投资标的更加复杂，包括权益类投资、固定收益投资、另类投资以及其他金融衍生品。

在后续的自动调仓与投资组合再平衡方面，"智能投顾"平台在获得客户概括性的授权之后，得以控制投资者的证券账户。由平台或与其合作的证券公司操作证券账户，进行证券买卖。之后对于为投资者设计的投资组合和整个证券市场进行持续的跟踪监测，一旦发现已持有的金融产品行情看跌，或其他尚未持有的金融产品看涨，则立刻进行调仓，从而保证投资者收益的最大化。这也是"智能投顾"这一新兴事物最核心的价值与闪光点。

总而言之，"智能投顾"应然的业务模式为基于大数据快速收集运用为客户提供投资建议，后续对客户的账户进行持续管理，可以进行自动调仓。

三、"智能投顾"中的法律关系

"智能投顾"所提供的服务包括证券投资咨询服务、执行交易指令服务、资产管理服务等。以时间为序，在这些服务中，存在以下几种法律关系。

首先，在"智能投顾"提出投资组合建议环节存在投资者与"智能投顾"平台方的"证券投资咨询法律关系"。

其次，在提出投资组合建议后，"智能投顾"便会接受客户的委托执行这一投资组合，发出交易指令，进行证券的买卖。这一环节便产生"授权委托法律关系"。但"智能投顾"最大的特殊之处在于出具投资组合并执行后还会进行持续管理。管理的方法是利用大数据时刻监测证券市场，在恰当的时机操作投资者的账户进行快速的买入卖出。故而"智能投顾"与投资者之间的授权委托法律关系是更为特殊的"全权委托法律关系"，即全权委托协议签订后，"智能投顾"可以直接控制投资者的证券账户按照自己的意愿进行证券买卖，而无须每次调仓都经过投资者的同意。这样的委托具有相当的概括性，并不是针对某一具体的交易行为而授权，而是授权受托人可以控制其账户进行所有的具有证券法律意义的交易行为。如此一来，可以更好地把握交易机会，不会由于投资者没有及时授权而错失交易机会。

再次，授权委托后开始进行投资，便产生执行交易指令，从而发生"证券交易法律关系"。投资者需要与券商签订证券开户协议、网上证券委托交易协议和风险揭示书等相关协议。

最后，证券交易完成后，"智能投顾"还需要针对自己所提供的投资组合的盈利表现向投资者提供相关的证券分析报告，此时投资者与"智能投顾"平台之间的关系为"证券投资分析关系"。

当然，上述为理想状态下"智能投顾"的业务模式与对应的法律关系。由于受到法律规定的限制，我国"智能投顾"平台并不具备全部的金融牌照，无法提供上述金融服务，其会与其他金融机构合作，提供通道服务，也即提供基金销售链接、基金与股票的开户链接和券商的交易链接等，其表征的法律关系为中介法律关系：作为中介人为投资者和投资咨询公司、证券经纪公司等主体之间提供证券交易合同的订立机会。

■ 要点

1. "智能投顾"指收集投资者信息，运用计算机算法程序为其进行资产配置，提供投资组合建议的同时自动执行，并进行投资后的持续追踪与自动调整的计算机程序。

2. "智能投顾"的业务模式由以下几个流程组成：第一，通过问卷调查回答问题的方式对投资者进行评估，刻画投资者画像；第二，基于投资者不同的风险偏好与投资目的，运用算法进行大数据分析，为其提供相应的投资组合；第三，在投资者的许可之下，代其自动执行投资组合；第四，运用算法程序在投资后进行持续跟踪监测，进行实时调仓配比，保证投资收益最大化。

3. "智能投顾"所提供的服务包括：证券投资咨询服务、接受客户授权委托进行证券买卖、证券投资分析等。

■ 思考题

17.1　各国对于"智能投顾"的概念界定有何不同，持何种态度？

17.2　"智能投顾"与传统的证券投资咨询顾问在业务上有何种不同？

第二节　我国"智能投顾"的概念与现状

一、我国"智能投顾"的概念与业务模式

在我国，实际内容中最为接近真正"智能投顾"的是中国人民银行等四部委联合发布的《关于规范金融机构资产管理业务的指导意见》中所提到的概念，该意见第 23 条规定，"运用人工智能技术开展投资顾问业务应当取得投资顾问资质，非金融机构不得借助智能投资顾问超范围经营或者变相开展资产

管理业务"。其中已经意识到"智能投顾"同时涉及投资顾问与资产管理两大块内容，但仍然将"智能投顾"的业务主要界定为证券投资顾问，对于资产管理部分加以严格的限制，严格限制了非金融机构运用"智能投顾"开展资产管理业务。

学界关于"智能投顾"的法律界定也无定论。有学者认为"智能投顾"在本质上属于投资顾问。[1]也有学者认为我国应秉持以资产管理业务为本质功能、以投资咨询业务为附属功能的思路，构建"资产管理+投资咨询"的二元功能定位法。[2]将"智能投顾"归入投资顾问的观点是从现行市场中所运行的各类"智能投顾"产品着眼，认为其业务模式与运营模式都符合投资顾问的特征；而支持"智能投顾"二元功能的观点则是通过横向对域外立法进行评析，从"智能投顾"应然的业务模式的本质出发，指出冠以投资顾问之名仅是因为欧美国家所坚持的广义上的投资顾问概念。两种不同的观点并无对错，只是从实然与应然不同角度所做的理解。

我国市场中的"智能投顾"产品由于现行法规所限，其业务模式只是在手段上有所改良的投资顾问，本质上并无创新。"智能投顾"应是一种通过投资者调查为其提供投资组合，并在此基础上接受投资者的全权委托，从而实现自动执行、持续跟踪调仓效果的投资模式。

我国现存的"智能投顾"产品受制于法律法规，运行模式并不与上述相同，无法完成完整的运行流程。市场对于"智能投顾"的追求和法律法规的限制，催生出了许多名为"智能投顾"，但实际上并非真正"智能投顾"的"伪智能投顾"，并且有着不同的运行模式。

第一类"智能投顾"寻求与境外证券公司的合作，在国内进行投资者的问卷调查，刻画投资者画像，并提供投资组合。投资者将资金转入"智能投顾"的账户，之后再由"智能投顾"将资金交由境外证券公司，投资于境外的股票、基金、债券等市场。

第二类"智能投顾"则类似居间商，选择与其他基金销售机构合作。在为投资者配置投资组合后不会直接代客户进行交易，而是提供相应的基金销售商、证券公司等第三方交易链接，由投资者自由选择是否采用，"智能投顾"平台只起到引流作用。

---

[1]　参见郭雳、赵继尧："智能投顾发展的法律挑战及其应对"，载《证券市场导报》2018年第6期。

[2]　参见吴烨、叶林："'智能投顾'的本质及规制路径"，载《法学杂志》2018年第5期。

第三类"智能投顾"则仅提供信息媒介业务，主要利用大数据与人工智能对证券市场进行价格、走势、买卖时机的分析，并提供分析服务，不会代理客户进行资产配置以及买卖活动。

二、我国"智能投顾"的立法现状

(一)《关于规范金融机构资产管理业务的指导意见》

《关于规范金融机构资产管理业务的指导意见》第 23 条对于"智能投顾"业务进行了较为详尽的规制：运用人工智能技术开展投资顾问业务应当取得投资顾问资质，非金融机构不得借助智能投资顾问超范围经营或者变相开展资产管理业务。

金融机构运用人工智能技术开展资产管理业务应当严格遵守本意见有关投资者适当性、投资范围、信息披露、风险隔离等一般性规定，不得借助人工智能业务夸大宣传资产管理产品或者误导投资者。

金融机构应当向金融监督管理部门报备人工智能模型的主要参数以及资产配置的主要逻辑，为投资者单独设立智能管理账户，充分提示人工智能算法的固有缺陷和使用风险，明晰交易流程，强化留痕管理，严格监控智能管理账户的交易头寸、风险限额、交易种类、价格权限等。

金融机构因违法违规或者管理不当造成投资者损失的，应当依法承担损害赔偿责任。金融机构应当根据不同产品投资策略研发对应的人工智能算法或者程序化交易，避免算法同质化加剧投资行为的顺周期性，并针对由此可能引发的市场波动风险制定应对预案。因算法同质化、编程设计错误、对数据利用深度不够等人工智能算法模型缺陷或者系统异常，导致羊群效应、影响金融市场稳定运行的，金融机构应当及时采取人工干预措施，强制调整或者终止人工智能业务。

(二)《证券法》

《证券法》第 134 条第 1 款规定："证券公司办理经纪业务，不得接受客户的全权委托而决定证券买卖、选择证券种类、决定买卖数量或者买卖价格。"

《证券法》第 161 条规定："投资咨询机构及其从业人员从事证券服务业务不得有下列行为：(一) 代理委托人从事证券投资；……"

(三)《证券投资顾问业务暂行规定》

《证券投资顾问业务暂行规定》第 12 条规定："证券公司、证券投资咨询机构向客户提供证券投资顾问服务，应当告知客户下列基本信息：……(五) 证券投资顾问不得代客户做出投资决策……"

总的来看，立法已经意识到"智能投顾"同时涉及投资顾问与资产管理两大块内容，且对于后者主要持限制态度。更为核心的是，上述《证券法》的规定也明确了我国关于证券公司、投资咨询机构对于接受客户全权委托的禁止。这就桎梏了"智能投顾"模式在我国的发展，只能向客户推荐投资组合，无法接受客户的全权委托进行实时调仓。

■ 要点

1. 我国市场中的"智能投顾"产品由于现行法律法规所限，其业务模式只是在手段上有所改良的投资顾问，本质上并无创新。

2. 我国"智能投顾"目前包括以下几种运作模式：与境外证券公司的合作、类似居间商与基金销售机构合作、提供信息媒介业务。

■ 思考题

17.3　《关于规范金融机构资产管理业务的指导意见》作为金融领域近年来最重要的规则，对于"智能投顾"的主要规范内容和态度是什么？

17.4　我国目前"智能投顾"业务模式中存在哪几种法律关系？

第三节　"智能投顾"发展的困境和潜在风险

一、我国"智能投顾"的发展困境

（一）全权委托的禁止

我国《证券法》《证券投资顾问业务暂行规定》明确规定禁止从事证券投资咨询、证券经纪业务的机构及其从业者在出具投资意见之外代投资者作出投资决策，也禁止其接受客户的全权委托，决定买卖证券的数量与价格。

这样的禁止导致自动化投资和动态调仓不得不被强行中断，束缚了其优势发挥；同时资产配置建议型"智能投顾"平台被迫采用"基金引流"的方式向投资者推介基金产品，从而涉嫌非法基金销售。实时追踪、自动执行、自动调仓、再平衡是"智能投顾"最为核心的特征，但一旦全权委托受到限制，其业务模式便被拦腰斩断。全权委托的禁止导致"智能投顾"中资产管理功能无法发挥，这也是我国"智能投顾"不能取得长足发展的最大原因。

（二）市场准入制度的缺失

"智能投顾"的服务内容主要涉及两个领域：提供投资组合的投资咨询服务以及后续自动调仓的资产管理业务，而这两类业务都受到传统的市场准入制度的规范。根据我国《证券法》的规定，只有经国务院和有关主管部门批准的主体，才能从事投资咨询服务。根据《证券投资顾问业务暂行规定》，提供投资顾问的人员应当具备证券投资咨询执业资格，并在证券业协会登记为证券投资顾问。可见在证券投资咨询服务中的市场准入制度是以机构及其从业者为适用对象。这样的制度安排在传统的证券投资咨询活动中可以发挥较好的作用。

但在算法程序发挥主要作用的"智能投顾"业务之中，这样的市场准入制度并不能发挥应有的效用。具体来说，"智能投顾"与投资顾问人员在功能上具有一致性，很大程度上可以取代投资顾问人员的工作，证券投资机构以及证券从业人员的作用被大大削弱。"智能投顾"的本质是一类算法程序，其突出特征与运行模式则是不断进行算法计算与大数据分析，从而取代机构与从业者的分析、出具意见以及后续管理的工作，这也是"智能投顾"最为核心的作用。原先顾问人员通过具备执业资格并且注册登记来保证具有足够的专业技能完成工作，也应当针对"智能投顾"设计一套准入制度。在"智能投顾"业务市场不健全之时，传统市场准入制度所规范的机构及从业者只起到隐性的信用背书的作用。而业务运转成功与否、市场健全与否，都由算法程序能否发挥其应有的效用所决定，故而针对"智能投顾"算法程序本身制定一套市场准入制度是十分必要的。

（三）分业经营与牌照制度限制了业务开展

"智能投顾"业务流程较长，完整的运行过程涉及证券投资咨询、证券经纪、基金推介与销售、资产管理等不同的业务领域。此外，"智能投顾"的开展使得不同的业务领域彼此交织融合，界限难以划分，具有明显的混业经营的特征。

而我国的金融行业实行严格的分业经营、分业管理与金融牌照制度。不仅证券、银行与保险之间业务分离，在证券行业内部的子部门也同样需要分离。而在分业经营与管理的基础上，就催生了纷繁复杂的金融牌照制度。如在资产管理业务当中，不同机构从事资产管理业务必须取得相应的营业资质。[1]根

---

[1] 不同机构从事资产管理业务分别受《中国证券监督管理委员会办公厅关于加强证券公司资产管理业务监管的通知》《中国保险监督管理委员会关于调整〈保险资产管理公司管理暂行规定〉有关规定的通知》等规则规制。

据我国法律规定，开展以上一项或几项业务需要分别获得证监会及有关部门批准，也即需要获得牌照。

这样的分业经营管理与牌照制度极易导致"智能投顾"陷入违法经营的风险。在上述禁止全权委托的背景下，"智能投顾"平台在为投资者设计不同的投资组合后，只能直接或间接地将客户引流至购买基金等金融产品的平台，再按照投资组合进行申购，从而获取销售利润。这一引流难免存在推介、销售基金的行为，而若无基金销售牌照，则极易陷入不法境地。此外，目前监管机构对于金融牌照的审批极其谨慎，仅从证券投资咨询这一项牌照来看，近年来，证监会已基本停发证券投资咨询新牌照，全行业牌照数量已从 2004 年的108 张下降到 2016 年的 84 张。[1]截至 2022 年 2 月，证监会批准可以从事证券投资咨询的机构数量下降至 81 家。[2]可见随着我国金融业进入强监管时代，监管机构不仅对新牌照的发放保持克制，同时还加强了对既存牌照的清理整合。对新兴的"智能投顾"平台而言，想要申请获得金融牌照从而开展新业务的难度也大大提高。

二、我国"智能投顾"发展的潜在风险

（一）对传统信义义务的挑战

开展真正的"智能投顾"业务，会导致投资者与运营商、相关方的利益冲突。在具体讨论潜在的风险之前，必须明确一点：利益冲突现象并非"智能投顾"所特有，传统投资顾问也同样存在这些风险，"智能投顾"只是使"智能投顾"平台方在面对利益冲突时，更易违反其信义义务，满足自利而损害投资者利益。

在传统投资顾问业务中，投资顾问人员面对利益冲突时，难以谋求自利。理由在于，投资顾问人员无法直接干预投资者的决策，只能说服投资者接受其意见，最终如何交易只能由投资者自己决定。投资者对于投资顾问的建议有足够的思考反应时间，并作出决定。在投资顾问人员追逐自利的意图和最终实现之间，还间隔着投资者。

但"智能投顾"平台在面对利益冲突时，对于有损投资者但有利于自身的事项，有着更高的操作可能性、更低的操作风险。一方面，"智能投顾"中

---

[1]　参见李文莉、杨玥捷："智能投顾的法律风险及监管建议"，载《法学》2017 年第 8 期。
[2]　参见"证券投资咨询机构名录（2022 年 2 月）"，载中国证券监督管理委员会官网，http://www.csrc.gov.cn/csrc/c101900/c1029656/content.shtml，最后访问时间：2022 年 4 月 8 日。

平台方可以直接控制投资者账户进行证券买卖，无须投资者同意，可以在投资者不知情的情况下进行交易，更便于采取行动损害投资者利益。另一方面，"智能投顾"本质为算法，可以通过常人难以理解的晦涩的程序算法，将损害投资者利益的行为进行包装，使投资者难以知晓。总而言之，"智能投顾"进一步加剧了投资者与平台方之间的信息不对称，又将账户的控制权授予平台，平台方面在发生利益冲突时可以隐蔽地违反信义义务，损害投资者利益。

具体而言，这种利益冲突主要表现为两个方面。

1. 投资者与"智能投顾"运营商的直接利益冲突

运营商与投资者之间的关系既对立又统一。投资者选择"智能投顾"平台的根本目的在于获得投资收益。在"智能投顾"的操作下保证投资者在较小风险下获得的收益越高，则越能吸引投资者进一步投资，扩大规模，在这一点二者的立场是统一的；但同时由于运营商在"智能投顾"之外还有其他业务，为了获取其他业务所带来的利润，运营商可能进行一些有损投资者利益的操作。具体表现为以下两点：第一，运营商进行自我交易；第二，运营商随意进行利润分配。

大多数"智能投顾"的运营商并不仅仅从事"智能投顾"业务，同时还开展证券经纪等业务。在对投资者进行投资组合的推荐时，运营商存在优先推荐由其自己担任承销商或由其控股的其他子公司发行的证券的利益驱动。并且为投资者所推荐的投资组合仅在资产大类上进行了披露，难以了解到在各类资产内部具体推荐了哪些证券。在实现全权委托的"智能投顾"模式下，运营商更易进行自我交易的操作。

随意的利润分配则是从"智能投顾"的营利模式着眼。在"智能投顾"模式中，平台有两个利润来源。一方面，平台采用"包袱账模式"收费，也就是说投资者对于所有的咨询服务、经纪服务、托管服务都只需要支付基于资产规模的固定的费用。[1]另一方面，平台会在后续调仓过程中操作投资者的账户进行证券买卖，从所赚取的差价中抽取部分利润。在"包袱账模式"中，平台所收取的费用与投资者投入的资产成正比，为了获取较大利润，平台会采取各种措施吸引投资者追加投资，并且对于投入资产多的大客户进行损失填补行为，[2]从而避免大客户抽离投资，而对于部分客户的补偿在另一方面则是

---

〔1〕 See Megan Ji, "Are Robots Good Fiduciaries: Regulating Robo-Advisors under the Investment Advisers Act of 1940", Columbia Law Review, Vol. 117, No. 6.

〔2〕 所谓损失填补行为，是指证券公司对其客户因证券交易所造成的损失给予全部或部分的补偿。

对于其他客户利益的损害。"智能投顾"模式下，损失填补行为有了掩人耳目的包装，如将优质的但数量有限的金融产品优先推荐给高净值客户。如此一来，大客户所受到的填补有了证券获利的合法来源，就难以认定损失填补行为。

2. 投资者与"智能投顾"运营商关联方的间接利益冲突

运营商的关联方是指不受运营商的控制，与投资者之间没有任何法律关系，但却能通过协议或其他方式影响"智能投顾"业务开展的第三方公司，包括第三方证券公司、外包开发"智能投顾"算法的计算机公司、第三方存管机构等。关联方通过干预运营商业务的方式，间接地与投资者产生了利益冲突。具体表现为：关联方与运营商形成利益团体，运营商成为双方代理人；以及关联方与算法开发公司形成利益团体。

"智能投顾"拥有直接使用投资者资金、证券账户进行交易的权利，也就是在运营商与第三方证券销售机构之间建立起了证券交易的桥梁。若运营商与第三方证券公司之间达成协议，运营商通过设计算法程序对该第三方公司所经营的金融产品进行包装并优先选入投资组合，便可由此获得第三方公司所支付的额外报酬。关联方也可以选择与算法开发公司形成利益团体。若第三方公司与计算机公司达成协议，在算法的开发或更新时便使其优先推荐该公司的产品，由此会自始地危及投资者的利益。

（二）底层的算法风险

信用风险、利益冲突的风险是底层算法风险的外在表现。算法支撑着"智能投顾"的运转，而算法本身又存在算法编写错误的风险、算法黑箱隐蔽下的欺诈风险等。

一方面，算法所依赖的原始信息不一定被准确地转换为机器语言。运营商的意志需要经过第三方程序员的编码转译，在这一过程中便存在算法设计错误的风险。另一方面，"智能投顾"服务的机构通常都将其算法视为核心机密，但算法的研发、测试、更改不透明，缺乏明确的披露、解释、审查和监督规则。算法的"黑箱"容易导致监管缺位，造成"老鼠仓"、利益输送等违法违规的情况，进而损害投资者的合法权益。并且算法本身可能存在技术上的缺陷，导致客户偏离预期投资目标。

（三）合格投资者甄别风险

甄别出合格投资者是所有金融产品链条的起源，对于平台方或产品方而言，挑选与其产品相匹配的投资者是盈利的前提；对于投资者而言，投资其力所能及、符合其风险偏好的金融产品，也可以大大增强其投资风险的承受能力，避免遭受其难以承受的损失。

在投资证券、基金、期货等传统金融工具时，交易合同会包含大量篇幅的风险披露，同时产品方、销售方还需要对投资者进行十分详尽的测评，了解其投资经验、家庭资产、投资偏好、风险承担能力等。

但在"智能投顾"中，风险披露与投资者测评常常被省略。"智能投顾"都为线上操作，所有的交易文件都为电子版的格式合同，相较于纸质文件，电子文件在阅读时更加不便，大多数投资者都草草略过，不会关注其内容。目前我国市场中的"智能投顾"平台在筛选合格投资者时则更加草率，未必进行详尽的说明和问卷调查，大多只需要投资者回答十道以内笼统的选择题即可。

同时，与传统投资顾问业务集中于高净值客户不同，"智能投顾"基于大数据可以同时控制大批投资者账户，从而能够针对长尾市场，面向广大范围的低净值客户。而低净值客户在证券投资中的风险承受能力极低。这样一来极易导致投资者选择与其风险承受能力不匹配的产品。进一步来看，这便加大了"智能投顾"造成巨大损失时对投资者保护的难度。

■ 要点

1. 目前咨询与资管行业的准入制度并不适用于"智能投顾"。

2. 利益冲突问题并不是由"智能投顾"导致的，"智能投顾"只是使其更易发生。

3. "智能投顾"中可能存在的利益冲突包括直接的利益冲突与间接的利益冲突。

4. "智能投顾"的本质是计算机算法程序，计算机程序可能存在的风险会传导至"智能投顾"产品。

■ 思考题

17.5 《证券法》禁止证券公司接受客户全权委托的立法目的是什么？是否有可能放开这一禁止？

17.6 分业经营与分业管理是"智能投顾"发展过程中除禁止全权委托外的另一障碍，为什么金融领域需要进行分业监管？在"智能投顾"的监管中，是否应调整既有模式？

第四节　我国"智能投顾"的发展策略

一、完善"智能投顾"市场准入规则

在"智能投顾"模式中，仅对其运营商进行市场准入的规制是远远不够的。在整个投资中最为核心的算法程序是否能够良性运转与其运营商并无直接联系，而是取决于所执行的算法本身。故在对运营商设计准入制度之余，应当构建针对"智能投顾"算法的准入制度。在运营商开展"智能投顾"业务之前，可以规定将其所设计的"智能投顾"算法备案于证券监督管理委员会，由证监会就以下两点对算法进行审查：第一，算法之中是否存在危及投资者利益的设计，即算法是否能够在投资者调查所获取的信息之上刻画出有效的投资者画像、在配置投资组合时对于大数据的搜集与分析是否透明公正，是否存在偏袒于特定公司的情形、后续的调仓是否是及时准确且必要的。第二，算法是否能够持续健康地运转，即算法程序是否存在运行过程中的漏洞，能够实现接近于 7×24 小时全天候的运转、算法的安全性是否得到充分保障，不易被黑客攻击篡改。只有当这两点皆通过证监会的审查时，运营商才可将其投入使用。

此外，"智能投顾"算法并非一成不变，影响证券价格的因素不断变化、投资者个人情况的更迭，以及针对算法本身进行改造升级等情况都应对算法进行不断的调整。为了避免在后续调整算法过程中出现恶意篡改算法的情形，应当将每一次的调整方案都在证监会备案，以备检查。

二、有条件地放开对于证券投资咨询机构接受全权委托的限制

"智能投顾"在我国发展的最大障碍便是投资咨询业务与资产管理业务的绝对分离，若不在二者之间打通桥梁，"智能投顾"永远不可能得到长足的发展，而仅能成为名不副实的"伪智能"。现行法律中对于投资咨询机构接受客户全权委托的禁止，原因在于警惕投顾机构操控投资者账户进行自我交易、双方代理行为，将投资风险转移至投资者，损害投资者利益。但因此全面禁止全权委托并不具有适当性。对于上述可能发生的风险，可以通过其他措施予以预防。严格禁止全权委托虽在处理上看似简单，却抹杀了接受全权委托带来效益的可能性。

若继续坚持对全权委托的禁止，我国致力于"智能投顾"业务的机构便只能寻求规避路径，如前所述，与境外证券投资机构合作或"虎头蛇尾"地

仅提供投资组合建议，之后将投资者引流于证券销售平台，或是戛然而止地停止服务。第一种情形中大量的资金流往国外，极易产生外汇风险。此外，通过海外账户操作，账户和资金均在境外，缺乏相应的法律保护和纠纷处理机制；[1]其余情形中则并未对传统投资顾问有新的突破，仅停留在投资组合建议阶段，无法帮助投资者把握转瞬即逝的交易机会。若放开全权委托禁止，则可通过构建严格的信息披露制度应对可能存在的风险。下文将对此详细介绍。

在现实可能性上，证券业协会于 2015 年 3 月发布的《账户管理业务规则（征求意见稿）》提出放开账户管理业务，证券投资咨询机构可以接受客户的委托，代理客户执行账户投资或交易管理。《关于规范金融机构资产管理业务的指导意见》第 23 条也为金融机构利用人工智能开展资产管理业务提出了较高的要求。可见对于全权委托的禁止逐渐开始有了松动的迹象。

三、构建系统的"智能投顾"信息披露体系

"投资顾问"的利益与投资者的受益机制不同，其利益并不总是一致的，在利益冲突风险存在时，一味禁止相关业务是最简单的但并不是最佳的选择。利益冲突并不可怕，或明或暗地存在于证券投资的各个主体、方面与环节当中。而如何通过制度保证投资顾问在面临利益冲突时总能选择与投资者站在同一战线才是最为重要的。之所以投资顾问在面临冲突时敢于违背投资者的利益，是因为投资者根本不知道该利益冲突的存在，此时投资顾问便会肆无忌惮。一旦投资者知道每一个投资过程中潜在的利益风险，便可以通过撤销授权、解除委托、撤回投资来制约投资顾问的行为。投资者作为相对弱势的一方是敏感的，当投资者知悉投资顾问有违反忠诚原则的行径时，便会直接结束与其合作。故而应对利益冲突问题，不需要完全禁止相关业务，而是应当构建一套利益披露体系，将所面临的利益冲突暴露在阳光之下。

对算法程序的披露有两大要点。第一，应注重算法内容的披露以应对损失填补行为；第二，应注重对于相关利益的披露，进行利益冲突的实质判断时，可以借鉴美国提出的"影子算法"（shadow commission），即"智能投顾"程序会为每一个投资者计算出"当算法在客户的最佳利益下运算（不受利益冲突的影响）"与"当算法按照实际运算（受到利益冲突的影响）"时投资者

---

[1] 参见郭雳、赵继尧："智能投顾发展的法律挑战及其应对"，载《证券市场导报》2018 年第 6 期。

预期收益的差异，从而帮助投资者进行投资。[1]

■ 要点

1. "智能投顾"的市场准入规则应针对算法程序与相关从业者。

2. 证券投资咨询机构接受投资者的全权委托并不必然损害投资者的利益。

3. 解决平台方与投资者利益冲突的核心为消除冲突主体之间的信息不对称情况。

■ 思考题

17.7　若无法放开全权委托的禁止，现有法律框架下，"智能投顾"平台有哪几种渠道可以实现类似资产管理的功能？

17.8　该如何规制"智能投顾"中的信息披露？

17.9　"智能投顾"是否属于资产管理产品？能否用信托法的结构和原理对"智能投顾"进行解读？

■ 本章阅读文献

1. 王怀勇："金融科技的算法风险及其法律规制"，载《政法论坛》2021年第1期。
2. 李经纬："构建中国智能投资顾问领先模式——基于市场需求与全球实践"，载《中央财经大学学报》2020年第6期。
3. 李瑞雪："技术伦理下智能投顾算法治理问题研究"，载《大连理工大学学报（哲学社会科学版）》2020年第5期。
4. 钟维："中国式智能投顾：本源、异化与信义义务规制"，载《社会科学》2020年第4期。
5. 郑佳宁："论智能投顾运营者的民事责任——以信义义务为中心的展开"，载《法学杂志》2018年第10期。
6. 吴烨、叶林："'智能投顾'的本质及规制路径"，载《法学杂志》2018年第5期。
7. 李文莉、杨玥捷："智能投顾的法律风险及监管建议"，载《法学》2017年第8期。
8. 赵吟："智能投顾的功能定位与监管进路"，载《法学杂志》2020年第1期。

---

[1]　See Megan Ji, "Are Robots Good Fiduciaries: Regulating Robo-Advisors under the Investment Advisers Act of 1940", *Columbia Law Review*, Vol. 117, No. 6.

第十八章
人脸识别的法律规制

【导读】

人脸识别是一项广泛用于刷脸支付、刷脸通勤、智慧安保、实名认证、公共政务等多个领域的计算机视觉技术。顾名思义，人脸识别就是让计算机长出辨别人脸的眼睛。人脸识别的广泛应用给人们生活带来诸多便利的同时，也因其技术特性和人脸信息的敏感性给个人和社会带来了许多伦理与法律困境。随着个人信息保护逐渐为各国所重视，欧美等发达国家率先开始对人脸识别技术应用进行法律规制。我国作为人脸识别技术应用的大国，也正尝试通过立法规范人脸识别技术的应用活动，其中，欧美的先行立法经验对我国的立法活动大有裨益。我国应在国内人脸识别产业发展、便利生活、满足人民对美好生活向往的基础上，结合域外各国立法经验，构建符合我国国情的人脸识别法律规制体系。

第一节　人脸识别概述

一、人脸识别技术概念及应用

（一）人脸识别技术概念

人脸识别属于计算机视觉的范畴，特指计算机利用分析比较人脸视觉特征信息自动进行身份鉴别的"智能"技术。[1]人脸识别的概念最早由英国心理学家高尔顿（Galton）于 1888 年提出，他首次将人脸面部特征以数组形式表示，为日后将人体面部图像转换为计算机视觉从而实现计算机人脸识别奠定了理论基础。

---

[1] 参见景晨凯等："基于深度卷积神经网络的人脸识别技术综述"，载《计算机应用与软件》2018 年第 1 期。

计算机人脸识别技术理论首次于 1965 年提出，最初的计算机人脸识别系统依据人体五官间距比例和几何结构进行数据识别，因此也被称为基于模板匹配/基于几何特征的识别方法，这种方法需要人工测量提取面部特征数据，识别效率不仅低下而且准确率不高。[1]1991 年至 1997 年是现代计算机人脸识别算法奠基年，大量基础人脸识别算法问世，其中就包括标志性的"特征脸"（Eigenface），推动了计算机人脸识别从半智能向智能化转变。[2]进入 21 世纪后，人工智能技术理论取得重大突破，深度学习理论的提出给人工智能发展带来了质变效果。深度学习理论允许计算机通过海量数据学习自动提取数据特征，而不用再依靠专家对面部图像人工设计特征信息。基于此，计算机能够将原始数据通过一些函数式转变成为更高层次的、更加抽象的语义表达，进而抵消诸如光线、阴影等非实质差异的影响，提高识别准确度。2012 年，基于深度学习开发的图像数据库 Image Net 成功将 Top5 分类实验的错误率从 26% 降低至 15%。[3]同年，机器学习界的泰斗吴恩达（Andrew Ng）成功搭建了名为"深度学习网络"的学习模型，并使其成功认识了"猫"这一抽象概念。[4]随后，计算机学家们又基于深度学习网络开发了卷积神经网络和深度卷积神经网络，当前人脸识别多使用多层卷积神经网络技术，这种技术兼具极高的数据处理效率和识别精准度。

（二）人脸识别技术应用

2021 年 4 月 9 日，"人脸识别第一案"迎来终审判决，[5]一时间，有关人脸识别应用的正当性、合法性、必要性讨论甚嚣尘上，将人脸识别的法律规制问题从学术界拉到了实务前沿。

随着人工智能技术的迭代升级，曾经只存在于科幻电影中的人脸识别已经悄然走进人们的生活。2017 年，iPhone X 首次将 3D 人脸识别技术——Face ID 应用于手机端，这项技术支持用户通过采集人脸立体模型数据的形式建立对应

[1] See W. W. Bledsoe, "Man-machine Facial Recognition", Technical Report, PRI 22, Panoramic Research, Inc., 1966.

[2] See Matthew Turk, Alex Pentland, "Eigenfaces for Recognition", *Journal of Cognitive Neuroscience*, Vol. 3, No. 1.

[3] See Deng Jia, Dong Wei, Socher R, et al., "Imagenet: A Large-scale Hierarchical Image Database", in 2009 IEEE Conference Computer Vision and Pattern Recognition, 2009, pp. 248-255.

[4] See Markoff J., "How Many Computers to Identify A Cat? 16000", *New York Times*, Jun. 25, 2012.

[5] 参见吴帅帅："'人脸识别第一案'终审判决来了！"，载新华社新媒体，https://baijiahao.baidu.com/s? id=1696561623205918470&wfr=spider&for=pc，最后访问时间：2022 年 4 月 11 日。

的人脸身份识别，此外，Face ID 还可以与 Apple Pay、Emoji 等第三方应用建立联系，帮助用户通过人脸识别进行安全的支付行为。[1]随着 3D 人脸识别技术日趋成熟，人脸识别也不再局限于手机应用，从支付宝、区块链、政务系统、刷脸查询公积金信息到日常交易中的刷脸付款，从刷脸校验通勤到旅游美拍美颜，人脸识别技术与用户之间的黏性已经愈发紧密，并被广泛应用于人们的日常生活之中。2020 年，全国信息安全标准化技术委员会人脸识别技术应用安全调研课题组进行了一次针对全国不同地区、学历、年龄的万人调研，并编写发布了《人脸识别应用公众调研报告（2020）》，据统计，有 90% 以上的调研对象表示使用过人脸识别技术，人脸识别技术的普及程度可见一斑。[2]

当前人脸识别技术正经历 2D 技术向 3D 技术的迭代升级，技术应用范围更加广泛，性能也更为可靠。根据应用领域划分，人脸识别技术可以分为私用商业领域和公用公共服务领域。私用商用领域中常见的人脸识别应用有刷脸闸机通行、刷脸移动支付和互动娱乐美颜等；公用公共服务领域有公共政务人脸识别、电子证照身份认证等，在公共安全领域诸如失踪搜救、安保、刑侦、反恐等领域也发挥了积极作用。如张学友的演唱会成了逃犯的梦魇、[3]北大弑母案犯罪嫌疑人在重庆江北机场被抓，[4]都是人脸识别技术的功劳。

二、人脸识别的主要技术及其特性

（一）人脸识别中的五大技术流程

人脸识别属于计算机视觉技术，主要包括五大技术流程，即人像收集、面部检测、特征提取、面部识别和活体鉴别。具体来说，在人像收集阶段可以通过两种路径对人脸图像进行收集，一是调用现有摄像设备进行面部图像生成；二是可以利用此前已经拍摄好的面部图像。面部图像采集后，在输入系统前还需要对图像格式进行调整，包括灰度调整、降噪和调整像素大小，以此来减小摄像环境、面部表情与摄像设备差异可能带来的不准确影响。人脸图像生成后

---

〔1〕 参见全国信息技术标准化技术委员会、生物特征识别分技术委员会：《2020 年人脸识别行业研究报告》。

〔2〕 参见 App 违法违规收集使用个人信息专项治理工作组：《人脸识别应用公众调研报告（2020）》。

〔3〕 参见"4 场张学友演唱会揪 5 个逃犯，这后面的人脸识别技术有点低调"，载澎湃新闻，https://m.thepaper.cn/newsDetail_ forward_ 2190712，最后访问时间：2022 年 4 月 11 日。

〔4〕 参见"死刑！北大学子吴谢宇弑母案一审宣判！"，载澎湃新闻，https://m.thepaper.cn/baijiahao_ 14218901，最后访问时间：2022 年 4 月 11 日。

需要进行面部检测处理，所谓面部检测就是对设备拍取的面部照片中面部图像信息进行提取，并将图片中面部以外的其他环境场景或其他肢体信息排除。剔除无关图像信息后需要将面部图像信息再进行人脸特征提取处理，人脸特征提取主要包括两类特征，即人脸视觉特征、面部图像像素统计特征。其中，人脸视觉特征因特征简单，匹配算法简单，适合大规模运用，因此常用特征主要是视觉特征。所谓视觉特征主要是指人的五官本身的特征及五官之间、相互组成的结构关系特征，在机器语言中通常用几何特征描述。提取完特征后就需要用提取到的人脸面部特征数据进行比对，并进行识别工作。除此之外，人脸识别还有一项重要的设计，就是活体鉴别。在大多数人脸识别的过程中必须确保摄像设备拍摄的是活体的人脸而非一张照片，这一点在进行个人身份校验时尤为重要。因此，当我们使用支付宝进行人脸识别时，通常会被要求做点头、眨眼等动作。（见图 18-1）

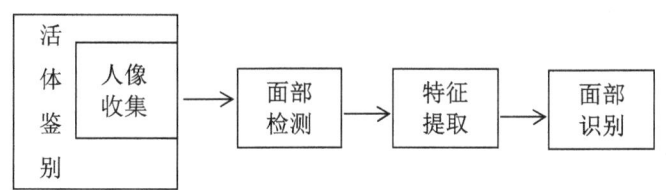

图 18-1　人脸识别技术流程

（二）人脸识别的三大技术特征

人脸识别具有三大技术特征，分别是非接触性、高智能性和可扩展性。非接触性是指人脸识别不需要人机接触就可以实现识别验证。传统的生物特征识别技术中以血液、指纹识别和虹膜识别为主，指纹识别和血样 DNA 验证都需要人机接触才能实现。此外，血样 DNA 验证还具有侵入性的特点，需要直接或间接对受验人的人身实施一定的侵入动作才能进行取样验证，而虹膜识别虽然不需要人机接触，但是需要高精准度的人机协同，往往需要人将眼睛正对视网膜识别系统，并做稍许停留。人脸识别技术则既不需要人机接触也不需要高度的人机协同，在 3D 人脸识别技术下，甚至不需要受验人正视摄像机，只需要受验人人脸的部分特征信息就可以实现身份验证。当然，非接触性也让人脸识别技术相较于血液、指纹、虹膜检验技术具有更高的安全风险，毕竟窃取他人人脸要比窃取他人血液、指纹、虹膜容易得多。

高智能性是指人脸识别的验证过程几乎全程交给机器解决，不需要人为过多干涉。传统的血液 DNA 检测和指纹比对技术往往需要验证人本身具有高度的专业知识和一定的经验积累，对人的依赖性较强。而人脸识别的验证则通过智能算法完成，人脸识别机器会自动提取面部特征，通过卷积神经网络和数据库进行分析比对，最终自动实现身份验证，对人的依赖程度较低。特别是随着大数据与深度学习技术的发展，目前人脸识别精度已经超过人类水平，可见人脸识别技术对操作者本身没有很高的专业知识或技能要求，自主智能化程度较高。

可扩展性是指人脸识别技术应用及其本身具有良好的扩张空间。人脸识别以身份校验作为技术核心，发挥密钥之于保险柜的作用，至于保险柜中最终存放什么则完全由其他第三方接入程序决定。如应用于出入门禁控制、人脸图片搜索、上下班刷卡、犯罪嫌疑人识别等各个场景。此外，良好的可扩展性还体现在技术本身。一是人脸信息采集端完全可以依靠现有视频设备实现，不需要再投入经济技术成本开发专门的采集端设备。二是基于深度学习的人脸识别依靠卷积神经网络进行，卷积神经网络由卷积层、池化层和全连接层组成，其中卷积层层数可以根据识别精准度需要进行增减，从而适应不同效率和精度需求的人脸识别需要。此外，卷积层和池化层还能起到降低数据维度的作用，从而可以用于高维图像数据处理，因此具有高扩张性。[1]

三、人脸识别滥用带来系统性安全风险

(一) 人脸识别滥用带来信息安全风险

人脸识别滥用会直接导致个人密钥的"私钥公有化"。所谓"私钥公有化"是指在信息安全视角下，在对称密码模型中，为密码一方所掌握的私钥因各种原因而被公开并为其他方所掌握，进而导致"私钥公有化"，任何一方都可以基于这一公有化的私钥进行解密活动。在密码学理论中对于信息安全的基本假设是"不存在安全网络"，信息安全完全依赖于密钥安全，而密钥安全则依赖于密钥的私密性。[2]

在日常生活中，人脸识别技术的滥用多表现为违规收集用户面部信息、违规处理用户面部信息、违规存储用户面部信息、违规向第三方传输用户面部信息和违规销毁、承继用户面部信息，以上各环节均有可能导致用户面部特征信息泄露，从而导致掌握用户面部特征信息的其他人有可能基于人脸识别技术骗

---

〔1〕 参见景晨凯等："基于深度卷积神经网络的人脸识别技术综述"，载《计算机应用于软件》2018 年第 1 期。

〔2〕 参见王晓霞："关于密码学技术应用于网络信息安全的分析"，载《网络安全技术与应用》2019 年第 2 期。

过身份校验而对被泄露用户的人身、财产权益进行破坏活动。例如，2015 年，江西省九江市就曾发生过利用软件突破人脸识别盗刷他人支付宝的案例。该案中，周某通过某短视频 App 获得桑某动态头像，从而利用该头像使用人脸识别方法修改了桑某支付宝账户登录密码，并利用盗来的人脸信息盗刷了对方支付宝中的 31 998 元。[1] 2018 年，四川省宜宾市也曾发生过通过购买公民非法个人信息配合使用人脸识别软件破解他人银行卡盗刷 28 万元的案例，甚至 2020 年还发生过电子医保异地人脸盗刷事件。[2]比起短视频 App 及支付宝，银行账户与国家电子医保账户的安全级别显然要高出不少，但也同样发生盗刷事件，不免让人细思极恐。即便需要繁琐验证的银行账户、电子医保账户也能被人脸识别轻易破防的原因在于，当前人脸识别技术的防伪核心依然是人脸信息本身，因此，只要人脸特征信息外泄，再繁琐的活体验证也无法阻止"盗刷"。

在密码安全中，个人密钥泄露时可以通过修改密钥的方式恢复密钥的秘密性，但是当代人脸识别技术多采用生物几何特征方法、卷积神经网络等人工智能技术，这些技术可以弥合面部底层特征微量变化带来的语义鸿沟。[3]因此，对面部的微量伪装难以带来更改私钥的效果，而人脸又不具备大规模的可更改性，故而人脸信息一旦泄露会直接带来信息安全风险。

（二）人身与财产安全风险

人脸识别滥用带来的信息安全风险首先关联的是公民的隐私权、个人信息权和肖像权。人脸与肖像权之间的关联性已经不言而喻，在此不再赘述。但是人脸是否属于隐私权范畴呢？人脸作为个人身体的基本特征和器官，常年暴露于公众视野之中，并起到社交识别的作用。对隐私权的判断通常依靠"合理期待标准"实现，即个人对人脸有隐私期待，且社会认可这一期待时，人脸才能通过隐私权检验。[4]通常来说，人脸本身可能很难通过这一检验。但是

---

〔1〕　参见"九江一男子利用人脸识别技术，盗取他人支付宝 3 万余元被判刑"，载九江法院网：https://baijiahao.baidu.com/s？id=1642563452181760306&wfr=spider&for=pc，最后访问时间：2022 年 4 月 9 日。

〔2〕　参见"昆明回应'十公里外被刷脸盗刷医保卡'．网络中断致结算差错"，载澎湃新闻，https://baijiahao.baidu.com/s？id=1683656686704410524&wfr=spider&for=pc，最后访问时间：2022 年 4 月 9 日。

〔3〕　参见邱锡鹏：《神经网络与深度学习》，机械工业出版社 2020 年版，第 10 页。

〔4〕　See c T Gómez-Arostegui, "Defining Private Life Under the European Convention on Human Rights byReferring to Reasonable Expectations", California Western International Law Journal, Vol. 35, No. 2.

人脸的特征信息却符合这一校验，因此人脸信息应当属于隐私权的范畴，王利明教授亦认可人脸信息的隐私权地位。[1]

隐私权的"合理期待"理论构成了隐私权与个人信息权之间的天然纽带，直接嵌入于个人信息权之中。[2]同时，个人信息权还意在强调那些可以直接或间接对个人身份进行联系、识别的信息。毫无疑问，用于身份识别是人脸信息自然也属于个人信息的范畴，可以落入个人信息权的口袋之中。因此，人脸识别滥用带来的信息安全问题会直接导致公民肖像权、隐私权和个人信息权等人身权利的损害。

人脸信息在人脸识别技术应用中，通常被用于身份识别与身份校验，起到密码密钥的作用，因此广泛应用于电子支付之中。如今，电子支付已经成为人们的主要支付方式，因此人脸识别技术也直接将人脸信息和个人财富的账户关联绑定。人脸信息的泄露会直接导致个人电子支付信息泄露，从而给个人带来不可估量的财产损失。这一危险，在数字货币逐渐取代实体货币的大趋势下势必会更加显著。

■ 要点

1. 当前人脸识别技术广泛应用于实名认证、刷脸闸机通行、智慧人脸考勤、智能视频监控、刷脸移动支付、智能相册分类、互动娱乐美颜、人脸注册登录等方面。

2. 人脸识别属于计算机视觉技术，主要包括五大技术流程，分别是人像收集、面部检测、特征提取、面部识别和活体鉴别。

3. 人脸识别具有三大技术特征，分别是非接触性、高智能性和可扩展性。

4. 人脸识别作为一项身份验证技术在信息安全网络中具有密钥的作用，人脸识别技术滥用容易导致信息安全事故，损害个人人身财产权益。

■ 思考题

18.1 简析人脸识别技术具有哪些技术特征？

18.2 简析人脸识别技术滥用会带来哪些系统性风险？

---

[1] 参见王利明："人脸信息是敏感信息和核心隐私应该强化保护"，载《新京报》2021年1月26日，第B08版。

[2] 参见石佳友："隐私权与个人信息关系的再思考"，载《上海政法学院学报》2021年第5期。

第二节　域外人脸识别立法考察

近年来，全世界范围内关于人脸识别的争论十分激烈，各国对待人脸识别的态度也大相径庭。例如，2021 年 6 月，英国信息专员办公室发布了新的"实践指南"，认为不必完全禁止人脸识别技术应用，但应设置高级别准入门槛。而法国数据保护监管机构（CNIL）则持完全相反的意见。[1] 也正是由于这些争议，目前已就人脸识别技术应用达成基本共识并开展立法实践的国家并不多，形成初步规制体系的国家则更少，主要为美国和欧盟。英国虽然有意加快人脸识别法律规制构建，但目前缺少人脸识别监管框架和相应法律规范，仅有少量警务单行规定，如《监视摄像机业务守则》。[2] 因此，目前世界上主流的人脸识别法律规制体系为美国体系和欧盟体系。

一、美国人脸识别立法现状及价值选择

美国对于人脸识别技术的立法较为分散，目前联邦层面的立法较少，大多数法律散落于各州。长期以来，人脸识别技术被广泛用于美国商业活动、公共服务和警务活动之中，例如，2008 年美国联邦调查局升级了数据库，并加入了人脸识别对比功能。[3] 2016 年，亚马逊公司推出了人脸识别软件产品 Recognition，这项技术除商用以外还被广泛用于美国俄勒冈州治安管理活动之中。[4] 除亚马逊外，微软、苹果、谷歌等科技巨头也纷纷布局人脸识别。随着人脸识别技术的广泛应用，联邦层面愈发重视对包括人脸识别技术在内的生物信息识别技术的规制，并有意引导统合各州的立法活动。2019 年 3 月，美国参议院提出了《商业面部识别隐私法案》议案，该法案规定未经用户明示同意，使用面部识别技术的商业公司不得收集或共享用户的面部识别信息。2020 年 2 月，美国国会参议院通过了《人脸识别道德使用法案》，要求政府机构在发布有关人脸识别技术使用准则和限制原则之前，暂时禁止使用人脸识别技术。2020 年 8 月，参议院再次提出了《国家生物识别信息隐私法案》议案。2022 年美国马里兰州众议员 Ted Lieu 提出了《2020 年面部识别法案》。该法案包含

---

〔1〕　参见石佳友："人脸识别治理的国际经验与中国模式"，载《人民论坛》2022 年第 4 期。

〔2〕　See Qingxiu Bu, "The Global Governance on Automated Facial Recognition（AFR）: Ethical and Legal Opportunities and Privacy Challenges", *International Cybersecurity Law Review*, Vol. 2, No. 1.

〔3〕　参见聂洪勇："美国对人脸识别技术的法律规制"，载《中国审判》2020 年第 6 期。

〔4〕　参见聂洪勇："美国对人脸识别技术的法律规制"，载《中国审判》2020 年第 6 期。

规范面部识别技术在公共和私营部门的必要使用的条款。它还规定了透明度要求、年度评估和围绕执法部门使用情况的报告。但这些法案目前尚未获得通过。

受美国本身联邦政体和立法体系影响，美国各州率先开始了在人脸识别领域的立法尝试。2008 年，伊利诺伊州率先制定了《生物识别信息隐私法案》，该法案是全美第一部生物识别的专门立法，也是美国最具代表性的生物识别信息专门立法。该法案并不禁止包括人脸识别技术在内的生物识别技术的应用，但对生物信息的收集、使用、保护、处理、存储、注销等流程作了详细而严苛的规定，这使得包括美国本土巨头在内的多家科技企业在该州遭遇诉讼。例如，2015 年，伊利诺伊州三位公民以 Facebook 未经许可用照片标记功能收集用户面部特征将 Facebook 告上法庭，最终 Facebook 以赔偿 6.5 亿美元的代价达成和解，这也是美国历史上规模最大的消费者隐私和解金。[1]无独有偶，2020 年 4 月，TikTok 因未授权的面部特征数据获取和非法数据共享而被告上法庭，最终 TikTok 以 9200 万美元和解。[2]两项诉讼的关键在于该法案中的以下几项规定：

（1）必须单独以书面形式向被收集者告知收集的生物信息种类、目的和时长，并取得被收集者的书面许可；

（2）收集行为必须遵循必要限度，非必要不得收集，即收集的数据必须是为提供商业服务而所必需的，缺少这些数据就无法提供相应服务；

（3）向第三方披露必须获得再次单独授权；

（4）数据应妥善留存且必须制定确定的生物识别信息永久销毁时间表，遵守最低限度要求，一般不得超过与被收集者最后一次互动时间的一年。

该法案确定了包括人脸特征信息在内的生物识别信息收集处理的若干基本原则，包括"告知授权原则""必要性原则"和"最低限度原则"，对美国后续生物信息识别立法活动产生了深远影响，联邦层面的《国家生物识别信息隐私法案》便是以该法案为蓝本制定的。此外，随着个人信息保护愈发受到重视，许多州出台了本州的隐私保护法案并基于隐私保护法对人脸识别进行了专门规制。目前已有伊利诺伊州、华盛顿州、加利福尼亚州、得克萨斯州、佛

---

〔1〕 参见"Facebook 因侵犯隐私向 160 万用户赔偿 6.5 亿美元"，载央广网，https://baijiahao. baidu. com/s？id=1693268907132761408&wfr=spider&for=pc，最后访问时间：2022 年 4 月 9 日。

〔2〕 参见"TikTok 同意支付 9200 万美元与美国隐私诉讼和解"，载 AI 财经社，https://baijiahao. baidu. com/s？id=1692724300450164913&wfr=spider&for=pc，最后访问时间：2022 年 4 月 9 日。

罗里达州、缅因州等制定了本州人脸识别专门法案。[1]

2018年，加利福尼亚州通过了《加州消费者隐私法案》，该法案一度被称为最为严苛的隐私法案。该法案要求在用户个人信息收集时必须以书面通知的形式告知消费者将要收集的个人信息种类、收集方式及使用目的等。同时，该法案还为消费者配置了对抗数据收集者的权利，包括访问权、知情权和删除权。受到《加州隐私保护法》加强消费者隐私保护的影响，加利福尼亚州旧金山市颁布了禁止在公共场所使用人脸识别软件的法令；[2]2019年3月，华盛顿州通过了《华盛顿隐私法案》，2020年3月，华盛顿州参议院和众议院基于《华盛顿隐私法案》通过了《人脸识别服务法》，该法案虽然原则上不禁止在公共场所使用人脸识别系统，但对公共场所使用人脸识别系统设置了极为严格的人工审核和问责机制。[3]此外，2019年，马萨诸塞州参议院也提交了《消费者数据隐私法案》动议。此后，该州萨默维尔市颁布了《暂停面部识别或其他远程生物识别监控系统的法案》，基本禁止了在公共场所使用人脸识别系统。同年，得克萨斯州议会通过了《生物特征标识符的获取和使用法案》，佛罗里达州议会通过了《生物特征信息隐私法案》，这两部法案虽然没有明文禁止人脸识别技术应用，但对人脸识别技术应用提出了严格限制要求。[4]2021年，缅因州出台了本州的《人脸识别技术禁令》，法案明确原则上禁止在公共场所使用人脸识别系统。[5]

从美国的立法现状来看，美国总体上对人脸识别技术应用保持谨慎态度，许多州甚至直接立法禁止在公共场所使用人脸识别系统。无论是州层面还是联邦层面，对人脸识别的限制性规定越来越多，在技术经济与消费者权益的价值取舍上，美国的立法者选择了后者。美国人脸识别技术的立法价值选择可以概括为以隐私权为基础，以消费者私权利为优先的价值选择，其更加重视个人的隐私保护和中小企业的生存发展。

---

[1]　参见石佳友："人脸识别治理的国际经验与中国模式"，载《人民论坛》2022年第4期。

[2]　See San Francisco Becomes First City In US To Ban Facial Recognition Software, https://www.geili.us/science/sanfrancisco-becomes-first-city-in-u-s-to-ban-facial-recogn, last visited on May 15, 2019.

[3]　参见闫晓丽："美国对人脸识别技术的法律规制及启示"，载《信息安全与通信保密》2020年第11期。

[4]　参见商希雪："生物特征识别信息商业应用的中国立场与制度进路——鉴于欧美法律模式的比较评价"，载《江西社会科学》2020年第2期。

[5]　参见石佳友："人脸识别治理的国际经验与中国模式"，载《人民论坛》2022年第4期。

二、欧盟人脸识别立法现状及价值选择

欧盟对人脸识别的规制以 2018 年通过的《通用数据保护条例》为基础，以《数据治理法案》《数字服务法案》及 29 条工作组意见为架构，以《人工智能白皮书》《欧盟数字战略》为数字经济法律架构的战略导向。

2019 年，瑞典数据监管机构曾基于《通用数据保护条例》对当地一所高中开出第一张金额为 20 万瑞典克朗（约合人民币 14.8 万元）的罚单。该罚单意在处罚该高校使用人脸识别系统监测学生到课率的行为，该案中，监管机构和校方的争议焦点在于对学生使用人脸识别技术监测到课率是否违背了学生的自由意志。尽管学校辩称学校在使用人脸识别技术之前已经获取了所有学生的同意，但是监管机构依然认为学生没有主动要求使用智能设备监测自己的积极性，且学校和学生之间存在特别权力关系，学生的同意可能并非出于学生的自由意志。

2019 年 12 月，欧盟编写的《人工智能白皮书（草案）》透露出了欧盟有意制定史上最严的人工智能监管措施，并将禁止任何公私机构在公共场所使用人脸识别技术。该草案表明了欧盟在人工智能技术应用特别是人脸识别技术应用方面持消极审慎的态度。欧盟这一立场并非没有缘由，在《欧盟基本权利宪章》中，每个欧盟公民都享有数据权，并享有个人数据受保护的权利。此外《通用数据保护条例》也对人脸识别进行了特别规定，并要求对个人生物信息的收集必须遵守"告知同意"规则，但是许多公共场合的人脸识别难以满足这一规则要求，例如，在人流量大的火车站附近设置的人脸识别摄像头显然无法向每位路过的旅客告知相关收集信息，也无法获取每位旅客的同意。此外，高度重视一般人权的欧盟，还在诸多反性别歧视、反种族歧视上与人脸识别可能带来的算法歧视存在价值鸿沟。因此，欧盟长期对人脸识别持消极态度。虽然，欧盟委员会在《人工智能白皮书》的最终通过稿中删除了关于人脸识别的禁令，取而代之的是较为严苛的限制使用条件。《人工智能白皮书》最终表述为"人脸识别只能在（不违反《通用数据保护条例》和《欧盟基本权利宪章》的基础上）正当且相称的目的下使用"。但是，2021 年 4 月，欧盟在《防范和监管人工智能高风险应用草案》中明确了公共场合禁止使用人脸识别技术的一般原则，同时对人工智能的应用情景进行了四级风险分类，按照风险等级对包括人脸识别在内的人工智能技术进行分级管理。2021 年 10 月，欧盟议会通过了一项不具有约束力的决议，该决议呼吁全面禁止在公共场所进

行人脸识别以保障公民基本权利不受侵犯。[1]2022年5月16日，欧盟数据保护委员会（EDPB）通过了《执法领域人脸识别技术应用指南》。该指南为欧盟和成员方立法者以及执法机构提供了实施和使用人脸识别技术系统的指导。在本指南中，EDPB再次呼吁禁止在某些情况下使用人脸识别技术，正如其在《EDPB-EDPS关于人工智能法案提案的联合意见》中所要求的那样。更具体地说，EDPB认为应禁止：在公共场所对个人进行远程生物识别；人脸识别系统根据个人生物特征，根据种族、性别、政治或性取向或其他歧视理由，将个人分为若干类；利用人脸识别或类似技术来推断自然人的情绪；执法环境中处理个人数据，这将依赖于一个数据库，该数据库由大规模、不加区分地收集的个人数据组成，例如通过"抓取"在线访问的照片和人脸照片。[2]

从欧盟当前立法现状来看，欧盟在人脸识别技术问题上有着较为广泛的共识，态度也更为坚决，总体上禁止了人脸识别在公共场所的应用。此外，欧盟明确了包括人脸识别在内的人工智能技术的价值指引，这一价值立场体现在《塑造欧洲数字未来》战略报告中，具体包括：人工智能等数字技术发展应坚持人本主义、符合欧洲的价值观念、保障公民数据权利不受侵犯、增进欧洲民主并推动社会可持续发展。总的来说，欧盟在人脸识别技术上的法律价值选择上，更侧重于保障个人数据和隐私权。

三、欧美人脸识别立法现状成因

尽管欧美人脸识别立法的权利出发点与路径设计并不相同，但是都在一定程度上呈现出了立法的保守化倾向。究其原因，主要有政治法律原因、社会原因和技术原因三点。[3]

一是政治法律原因。从政治角度来说，无论是震惊欧洲的剑桥分析丑闻还是热播英剧《黑镜》中描绘的科技反乌托邦世界，其背后都暗藏着愈发照进现实的政治隐喻——"数据极权主义"。大数据对个人隐私的侵犯已经不言而喻，但在其背后，大数据对经济与社会的操控能力才是这只"利维坦"真正的本面，正如诺贝尔经济学奖得主哈耶克在其著作《通往奴役之路》中所言：

---

〔1〕 参见"欧洲议会：禁止警方在公共场所进行自动面部识别"，载澎湃新闻网，https://baijiah-ao.baidu.com/s? id=1712959323098376879&wfr=spider&for=pc，最后访问时间：2022年4月9日。

〔2〕 参见"欧盟EDPB《执法领域人脸识别技术应用指南》发布"，2022年5月18日刊发于微信公众号"数据保护官"。

〔3〕 参见邢会强："人脸识别的法律规制"，载《比较法研究》2020年第5期。

"控制经济必然造成无孔不入的全面压制，因而导致现代最为严酷的极权主义。经济控制不仅是对人类生活中可以分割部分和其余部分的控制，也是对满足我们所有目标的手段的控制。"[1]过分暴露且集中的数据会形成高度管制的经济与社会，进而带来极权化的倾向，而极权化恰恰与欧盟及美国共同持有的自由民主价值观相违背。因此，政治上的数字极权化倾向会遭到欧美政治精英们的强烈反对，对人脸识别严加看管也就成了政治正确下的必然要求。从法律角度来说，无论是在欧盟还是在美国，关于人脸识别的法律规制一般被视为公法范畴，其规制的范围是政府等公共部门与私人权利之间的冲突问题，因此，这些法律无一例外地要受到公法之母法的宪法限制。2020年2月，美国参议院提出的《道德使用人脸识别法（草案）》认为人脸识别技术存在损害《联邦宪法》（第一修正案）中关于公民隐私和公民自由权利的可能。并指出，执法机构在使用人脸识别技术的执法过程中，存在基于种族、肤色、移民和政治倾向的不公平对待。而这些都违反了美国公民的宪法权利。[2]人脸识别技术本身可能导致公民隐私自由权利受损并加剧执法活动中的算法歧视，这些倾向性问题容易延伸导致其法律规范与美国宪法相冲突，这使得其法律矛盾要比其他技术问题的法律规制矛盾尖锐得多。

　　二是社会原因。欧美国内族裔矛盾问题复杂，还掺杂着与政治绑定的"肤色问题"，尽管技术本身不可能带有"种族歧视"倾向，但源自特定政治环境中的社区群体总能将"种族歧视"与技术本身绑定在一起。根据麻省理工学院媒体实验室的研究员乔伊·布兰维尼（Joy Buolamwini）的一项研究报告显示，肤色越黑，识别率就越低。在识别黑皮肤女性时，人脸识别的错误率几乎达到了35%。[3]此外，欧盟研究结果也表明，人脸识别技术对性少数群体（LGBT人群）、女性和老年人的识别错误率更高，这会带来严重的算法歧视问题。[4]尽管目前来看这是计算机视觉系统的技术问题，但是这些技术问题最终会在"种族歧视""性别歧视"等问题敏感的社区中演化为社会矛盾，并进而让感受到被歧视的社群不信任该技术并阻止该技术的运用。

---

〔1〕［英］弗里德里希·奥古斯特·冯·哈耶克：《通往奴役之路》，王明毅等译，中国社会科学出版社2016年版，第145页。

〔2〕 S. 3284 – Ethical Use of Facial Recognition Act.

〔3〕 参见［美］莎里妮·坎塔雅："编码歧视"，载 bilibli, https://www.bilibili.com/video/BV1ro4y1y7aW/? spm_ id_ from=333. 788. recommend_ more_ video. -1，最后访问时间：2022年4月9日。

〔4〕 See European Parliament Ban Facial Recognition Brussels, EU, https://www.politico.eu/article/european-parliament-ban-facial-recognition-brussels/, last visited on Apr. 9, 2022.

三是技术原因。第一，当前人脸识别对特定性别、族群的识别错误率较高，容易带来算法歧视问题。第二，当前人脸识别技术的身份验证技术存在技术漏洞。尽管活体检验已经普遍应用于当代人脸识别前置程序之中，但是活体检验的技术特性决定了该检验并非检验"你就是你"，而是检验"你是活人"，这就导致即便使用提前录制好的视频也可以骗过活体检验。此外，即便应对更高级的一体验证也可以通过视频人脸合成技术轻松骗过。第三，人脸作为公民的重要身份认证生物特征信息，极其容易成为黑客和信息犯罪者的攻击目标。同时，人脸识别的技术滥用和技术安全缺陷会加剧这一犯罪风险，给公民个人带来巨大的经济利益损失。2019 年 7 月，欧盟数据保护委员会（EDPB）第03/2019 号指南《关于通过视频设备处理个人数据的指南》指出，使用生物数据特别是人脸识别技术会增加数据主体的风险。在国家之间的对抗中，人脸信息甚至可能成为国家间网络站的重要战场。因此，基于人脸识别技术获取的人脸识别数据本身具有潜在攻击价值。

四、欧美人脸识别立法实践对我国的启示

欧盟和美国当前的数字经济规模在全球数字经济比重中占据主导地位，处于领先方阵。[1]伴随着数字经济产业的升级发展，欧盟和美国也在不断完善和迭代数字隐私保护规则，实践出了较为完善的数字隐私、个人信息保护制度，并基于此在人脸识别技术应用领域进行了立法探索，形成了许多值得借鉴学习的实践经验。

一是明确技术的中立性。法律对技术的规制活动应以规范技术应用活动为主，而不宜直接否定技术本身，不可因噎废食。诚然，宽松的法律环境对市场活力往往具有促进作用，严苛的法律环境往往对市场积极性具有抑制作用。但是法律环境的宽严并非一成不变的，正如一贯以严格著称的欧盟数字立法环境也在第四次产业革命到来的前夜选择了适当让步，以考虑如何让欧洲不在数字技术革命浪潮中掉队落后。技术本身具有中立性，正如《代码 2.0：网络空间的法律》一书中的观点一样，网络技术创造了一个由代码规制的自由空间，在这个空间中，代码即权力，代码即规则而非现实世界中的法律，法律并非万能的。[2]亦如马克思所指出的那样，"社会不是以法律为基础的，那是法学家

---

〔1〕　参见中国信息通信研究院：《全球数字经济白皮书——疫情冲击下的复苏新曙光》。

〔2〕　参见［美］劳伦斯·莱斯格：《代码 2.0：网络空间的法律》，李旭、沈伟伟译，清华大学出版社 2009 年版，第 20 页。

的幻想，相反，法学应该以社会为基础"。[1]因此，法律不能越俎代庖过度干涉技术的发展。但是，同时应该认识到技术运用的市场主体很难保持中立性，因此法律规制的策略应因时而变、因地制宜，为特定时期的社会经济发展服务，让人始终成为技术应用的核心。

二是人脸识别的法律规制设计必须以一定的法律价值选择为基础。无论是美国还是欧洲，都在人脸识别的法律规制上做了价值选择，尽管美国目前各州之间与联邦内部还未就人脸识别技术的价值选择达成统一意见，但从最新的联邦相关议案来看，在自由主义价值观的深刻影响下，作为技术与经济市场规模领先的超级大国，美国选择了有限保障个人隐私权利价值而非市场经济价值或是公共利益价值。欧盟则依然处在技术伦理论战之中。近十年来，欧盟在国际互联网数字经济市场领域的领先地位逐渐为后发的中国所取代，整体市场规模尽管有所增长，但与美国、中国相比则落后了不少，在这一经济背景下，欧盟选择在保障基本公民权利的基础上为构建繁荣、可信、统一的欧洲数字经济市场而作出让步想必也是未来发展的必由之路。

三是人脸识别法律规制设计应以特定的基本权利为基础。欧美针对人脸识别技术的立法活动都有一个共同特点，那就是以一个特定且明确的基本权利为基础，围绕这一基本权利进行法律规则构建活动。美国以公民隐私权为人脸识别法律架构的基本权利渊源，并以1974年制定的《隐私法案》为权利来源基础和后续法律基础。欧盟则以2007年制定的《欧盟基本权利宪章》和2018年制定的《通用数据保护条例》中所确定的公民数据权为权利渊源，并以两部制定法为法律基础对人脸识别等人工智能技术展开法律规制活动。我国目前已经在《民法典》和《个人信息保护法》中明确了公民的个人信息权，因此，可以以个人信息权为核心作为我国人脸识别法律规制的基本权利基础。

四是重点借鉴欧盟分类管理、统一立法的法律规制形式。欧盟的实践经验表明，人脸识别技术在不同的场景应用中的技术风险与潜在收益之间的利弊比例是不同的，不同应用情景对人脸识别的技术风险承担能力也是不同的。例如，政府管理的数据库对于风险的管控与抵御能力自然好于商用数据库，政府公共管理尤其是反恐、维稳与打击犯罪中的人脸识别应用的利弊比自然大于普通私人商用情景。因此，应当区分应用场景，进行分类管理。有的学者在此观点上提出了一些可行方案，在基于公共利益而使用人脸识别技术的"公用"

---

[1] 参见[德]卡尔·马克思、[德]弗里德里希·恩格斯：《马克思恩格斯全集》（第六卷），中共中央马克思恩格斯列宁斯大林著作编译局译，人民出版社1961年版，第291页。

场景中，应坚持"比例原则"和"最小必要原则"。在"商用"场景中，除遵守上述原则外，还必须真正落实公众的"选择权"和"同意权"。[1]美国的联邦制与我国差距颇大，美国各州分散立法、专门立法的立法模式很难移植到我国。相较于美国，欧盟统一立法、综合立法的立法形式更加系统也更契合我国国情。[2]

■ 要点

1. 美国联邦层面的人脸识别立法活动落后于各州，伊利诺伊州《生物识别信息隐私法案》是美国第一部人脸识别专门立法，对美国各州及联邦后续的人脸识别立法活动起到了试点、参照和推动作用。

2. 欧盟此前对人脸识别技术持消极态度，认为该技术与欧洲的基本人权价值观念相左，随着《塑造欧洲数字未来》战略报告的发布，这一观念有所扭转，但欧盟仍在保障公民数据权和基本人权与人脸识别技术应用之间徘徊。

3. 美国的人脸识别法律规制架构以消费者隐私权为权利基础，欧盟则以公民数据权为权利基础。

4. 欧美的人脸识别立法活动对我国具有借鉴意义，一是技术本身具有中立性，法律不能因噎废食、越俎代庖；二是人脸识别规制应以一定的价值选择为基础，且这一价值选择应符合本国实际；三是人脸识别法律规制架构应以特定的基本权利为基础；四是应重点借鉴欧盟分类管理、统一立法的法律规制形式。

■ 思考题

18.3　试论伊利诺伊州《生物识别信息隐私法案》确定了哪些人脸识别应用规则？

18.4　试分析瑞典监管机构处罚高中案中，学校与学生之间的特别权力关系是否会影响学生"同意"的成立？

---

〔1〕　参见郑旭江、刘仁文："人脸识别技术的应用风险和法律规制"，载中国社会科学网，https://baijiahao.baidu.com/s? id=1690636130253606634&wfr=spider&for=pc，最后访问时间：2021 年 2 月 3 日。

〔2〕　参见王鑫媛："人脸识别技术应用的风险与法律规制"，载《科技与法律（中英文）》2021年第 5 期。

第三节　人脸识别技术的法律规制路径

　　人脸识别应用的法律规制应立足于我国人脸识别技术产业现状以及人脸识别应用的技术风险，并在平衡"公民数据安全与生物技术产业发展、公共管理效益、个人生活便利之间的多方利益冲突"的基础上充分汲取欧美发达国家的有益立法经验。[1]如前所述，欧美普遍采用了专门立法形式，其中欧盟采取的统一立法、分类管理的立法模式与我国国情较为吻合，我国可以以此为借鉴，构建以《民法典》为基本权利基底，以《网络安全法》《个人信息保护法》《数据安全法》为基本架构，符合人脸识别技术特性的专门性法律规范。除法律规范外，完善的人脸识别技术规制体系还需要搭建完备的技术标准规范和成体系的行业自律公约，从而形成软硬兼备的治理体系。

一、技术规范

　　我国现阶段已经出台了若干人脸识别及其相关技术规范，既包括个人信息相关技术规范，也包括人脸识别技术标准，详见表18-1。

表18-1　人脸识别技术标准规范文件一览

序号	规范性文件	主要内容	制定机关
1	《信息安全技术个人信息安全规范》	标准规定了开展收集、储存、使用、共享、转让、公开披露、删除等个人信息处理活动的原则和安全要求	全国信息安全标准化技术委员会
2	《互联网个人信息安全保护指南》	规定个人生物识别信息应仅收集和使用摘要信息，避免收集其原始信息	公安部
3	《个人金融信息保护技术规范》	标准将生物识别信息列为敏感性最高的C3类信息	中国人民银行

　　〔1〕　参见商希雪："生物特征识别信息商业应用的中国立场与制度进路——鉴于欧美法律模式的比较评价"，载《江西社会科学》2020年第2期。

序号	规范性文件	主要内容	制定机关
4	《安全防范 视频监控人脸识别系统技术要求》	明确规定了视频监控人脸注册、人脸图像捕获和比对的基本结构、功能要求、测试方法和专业术语，并建立用户记录管理机制	国家质量监督检验检疫总局、中国国家标准化管理委员会
5	《公共安全人脸识别应用图像技术要求》	规定公共安全人脸识别应用中人脸图像技术要求，适用于人脸图像的采集、检测与存储	国家质量监督检验检疫总局、中国国家标准化管理委员会
6	《信息安全技术 远程人脸识别系统技术要求》	规定了采用人脸识别技术在服务器端远程进行身份鉴别的信息系统的功能、性能和安全要求、安全保障要求	国家市场监督管理总局、中国国家标准化管理委员会
7	《生物特征识别防伪技术要求 第1部分：人脸识别》	规定了人脸识别的核验识别流程、制作过程、通用过程和防伪分级	国家市场监督管理总局、中国国家标准化管理委员会
8	《信息技术 移动设备生物特征识别 第3部分：人脸》	规定了人脸特征的相关术语，明确了技术架构和相关流程，并明确了功能、性能和安全要求	国家市场监督管理总局、中国国家标准化管理委员会
9	《信息技术 生物特征识别数据交换格式 第5部分：人脸图像数据》	规定了人脸图像数据的基本类型、数据交换格式及相关术语	国家市场监督管理总局、中国国家标准化管理委员会
10	《信息安全技术 远程人脸识别系统技术要求》	规定了远程人脸识别系统的相关术语、功能要求、性能要求和安全要求等	国家市场监督管理总局、中国国家标准化管理委员会
11	《安全防范 人脸识别应用 人证核验设备通用比术要求》	规定了人证核验设备的技术要求、验证方法和检验规则	公安部
12	《公安视频监控人像/人脸识别应用技术要求》	规定了人像、人脸的获取要求、检测要求、特征提取及分析要求、应用要求和人像识别测试方法	公安部

续表

序号	规范性文件	主要内容	制定机关
13	《安全防范 人脸识别应用 分类》	规定了人脸识别在安全防范领域的技术术语和应用分类	公安部
14	《安全防范 人脸识别应用 静态人脸图像采集规范》	规定了静态采集图像的采集方法和采集规范	公安部
15	《安全防范 人脸识别应用 视频图像采集规范》	规定了视频图像的采集方法和采集规范	公安部
16	《安全防范 人脸识别应用 程序接口规范》	规定了相应的基本数据类型、应用程序接口及其接口安全策略	公安部
17	《安防人脸识别应用视频人脸图像提取技术要求》	规定了视频人脸图像提取的技术要求和测试方法	公安部
18	《安防人脸识别应用防假体攻击测试方法》	规定了假体攻击技术概念及防假体攻击测试方法	公安部
19	《安防人脸识别应用系统第2部分：人脸图像数据》	规定了人脸图像数据要求和人脸图像记录格式	公安部
20	《近红外人脸识别设备技术要求》	规定了近红外人脸识别技术的技术要求、试验方法和检验规则	公安部
21	《出入口控制人脸识别系统技术要求》	规定了出入口控制人脸识别系统技术的系统概述、技术要求和试验方法	公安部

续表

序号	规范性文件	主要内容	制定机关
22	《人脸识别设备通用规范》	对人脸识别设备产品的外观、功能、掉电保护、包装运输储存等作出了系统规定	工业和信息化部
23	《人像鉴定中人脸识别技术检验规范》	对人像鉴定设备仪器和检验方法步骤作出了规定	司法部
24	《移动设备生物特征识别身份认证安全要求》	规定了移动式设备开展生物特征信息识别的相关安全操作规范	ISO 信息安全分技术委员会
25	《深圳市人脸识别安全技术规范》	对人脸信息采集、使用、储存等进行了系统性的规范	深圳市人工智能行业协会
26	《深圳市人脸识别设备产品质量监督抽查实施规范》	对人脸识别设备质量检验设置了具体操作和标准要求,明确了检验依据、抽样方式和判定标准	深圳市市场监督管理局

从目前技术标准的规范体系来看,我国形成了较为完备的纵向标准体系:以个人信息为顶层设计,以人脸识别国家标准为根本指引,以部门技术标准、行业技术标准、地方技术标准为补充的纵向标准体系。但我国技术标准体系的不足之处也是显而易见的,那就是横向完备性严重不足。以部门技术标准为例,绝大多数人脸识别技术体系都为公安部门所制定,且基本为公共安防领域技术标准。司法部门、工业和信息化部门仅各制定了 1 项技术标准,而存在大量人脸识别技术应用的教育、医疗、交通等领域则完全没有制定相关的部门技术标准。除部门技术标准外,行业技术标准和地方技术标准也极为匮乏。行业领域除移动设备人脸识别技术标准外无任何其他技术标准出台,且现存的技术标准也并非国内标准而是阿里巴巴推动构建的 ISO 国际标准规范。可以说,目前国内行业技术标准处于空白状态。而地方技术标准也仅深圳出台了相应的技术规范。因此,目前,我国人脸识别技术标准规范体系十分"修长",诸多行业领域存在标准空白。

行业技术创新和技术标准互为表里,技术成果是技术标准的原料,技术标准则反作用于技术创新发展。[1]因此，应完善人脸识别技术规范横向体系：一是明确技术标准建设主体部门。《个人信息保护法》第62条第2款赋予国家网信部门推进人脸识别技术标准建设的法定责任。可以在国家层面成立由国家网信部门牵头，公安、工业和信息化、教育、卫生健康、交通等多部门联合的技术标准建设推进工作领导小组，形成高位推动体制机制。二是加快行业部门横向技术标准建设，加快教育、卫生、交通等领域人脸识别行业技术标准建设，鼓励行业龙头企业和行业协会制定本行业商用技术标准规范，例如，加快中国教育装备行业协会相关技术标准建设。[2]三是加强地方团体标准建设，加强地方政策扶持，支持地方人脸识别团体标准组织建设。[3]

二、行业自律

目前，各国积极倡导人脸识别行业进行自律性监管。如欧盟《通用数据保护条例》规定，数据控制者可以成立协会并提出所遵守的详细行为准则，该准则经由成员方监管机构或欧盟数据保护委员会认可后，可通过有约束力的承诺方式生效。此外，经认可的市场认证标志也可作为数据跨境转移的合法机制。我国人脸识别技术行业也在积极探索，通过自我约束、自我完善促进整个行业的可持续健康发展。例如，2020年1月，中国支付清算协会出台《人脸识别线下支付行业自律公约（试行）》，提出会员单位应建立"人脸信息全生命周期安全管理机制"，对采集、储存、使用环节进行规范要求。用户进行人脸支付时，会员单位采用"支付口令""其他可靠的技术手段"实现本人确权，保障用户的知情权；在采集环节，会员单位要坚持"用户授权、最小够用"原则，明确用户信息使用目的、方式和范围，避免与需求无关的特征采集；在储存环节，原始人脸信息加密储存，与银行账号、支付账号、身份证账号等用户个人隐私安全隔离；在使用环节，收单机构、商户不得归集或截取人脸信息，实现端到端的个人隐私保护。同时，《人脸识别线下支付行业自律公约（试行）》明确会员单位应建立覆盖刷脸支付受理终端开通、使用、更换、维修、撤销等各环节的风险管理制度，提供用户刷脸支付投诉处理流程，通过建立健全

---

〔1〕 参见周育忠等："电网企业创新成果与技术标准作用机理研究"，载《中国标准化》2021年第23期。

〔2〕 参见"人脸识别技术与智慧校园建设"，载中国教育装备行业协会官网，http://www.ceeia.cn/notice/detail_2675.htm，最后访问时间：2022年4月10日。

〔3〕 参见马晓鸥："培育团体标准组织　铸就团体标准品牌——山东省团体标准建设实践与思考"，载《中国标准化》2019年第9期。

风险拨备资金、保险计划、应急处置等风险补偿机制先行赔付，保护用户的权益。[1]

虽然目前我国在人脸识别行业自律方面已取得一些实践成果，但当前人脸识别行业自律面临的困境也是显而易见的。首先，现行自律规范作用范围有限。目前已经出台的行业自律规范公约仅《人脸识别线下支付行业自律公约（试行）》一部，规范领域也仅涉及线下支付领域。如前文所述，人脸识别技术应用范围十分广泛，使用领域涉及各行各业，仅一部行业性自律公约显然难以起到对人脸识别技术整体的行业自律指引作用。其次，缺乏行业技术规范支撑。人脸识别具有很强的技术性，因此人脸识别行业自律准则也对技术规范有较高的要求，但目前人脸识别领域缺乏完备的技术规范体系。最后，现行行业自律规范缺乏惩戒机制。以《人脸识别线下支付行业自律公约（试行）》为例，该公约仅包括总则、安全管理、终端管理、风险管理、用户权益保护和附则六个部分，而未对违约责任作出任何规定，也未明确行业监督监管机制，难以形成效力威慑，相关公约细则的落地完全依赖于企业自身信用和行业道德。

基于上述问题，下一步应加强行业自律规范体系建设，增强行业自我管理、自我革新、自我完善、自我净化能力。一是加强政府引导，发挥政府主导作用，推动相关行业协会加快制定本行业人脸识别自律规范，并为各行业协会提供必要的人力、财力、物力支持。二是完善行业技术规范建设，为行业自律准则提供技术规范支撑。三是加强行业监管机制建设，完善行业自律规范体系，增加行业自律规范违约责任条款和相应行业监管保障体系。此外，可以构建行业协会与主管部门信息共享机制，发挥行业协会身处内部、深入一线的风险信息获取优势，加强内外部联动监管，依托主管部门行政监管为行业协会内部监管提供外部强制力补充，确保自律规范能够得到有效执行。

三、专门立法

我国现阶段尚未出台专门针对人脸识别技术的法律规范，相关规定散落于各法律规范及规范性文件之中，详见表 18-2。

---

[1] 参见周坤琳、李悦："回应型理论下人脸数据运用法律规制研究"，载《西南金融》2019 年第 12 期。

表 18-2 人脸识别法律规范及规范性文件一览

序号	名称	主要内容	制定机关
1	《民法典》总则编	自然人的个人信息受法律保护。任何组织和个人需要获取他人个人信息的,应当依法取得并保证信息安全,不得非法收集、使用、加工、传输他人个人信息,不得非法买卖、提供或公开他人个人信息	全国人民代表大会
2	《民法典》人格权编	任何组织和个人不得利用信息技术手段伪造的方式侵害他人的肖像权的规定 关于公民隐私权与个人信息权的相关规定	全国人民代表大会
3	《民法典》侵权责任编	行为人因过错侵害他人民事权益,应当承担侵权责任	全国人民代表大会
4	《最高人民法院、最高人民检察院关于办理侵犯公民个人信息刑事案件适用法律若干问题的解释》	"公民个人信息"范围、"违反国家有关规定"的认定、非法"提供公民个人信息"的认定、"非法获取公民个人信息"的认定、侵犯公民个人信息罪的定罪量刑标准、侵犯个人信息罪的认罪认罚从宽标准、设立网站通讯群组侵犯公民个人信息行为的定性	最高人民法院、最高人民检察院
5	《刑法》	侵犯公民个人信息罪的相关规定	全国人民代表大会
6	《网络安全法》	网络运营者收集、使用个人信息,应当遵循合法、正当、必要的原则,公开收集、使用规则,明示收集、使用信息的目的、方式和范围,并经被收集者同意	全国人民代表大会
7	《数据安全法》	个人信息及重要数据安全相关规定	全国人民代表大会
8	《个人信息保护法》	个人信息权及其保护相关规定	全国人民代表大会
9	《消费者权益保护法》	经营者收集、使用消费者个人信息,应当遵循合法、正当、必要的原则,明示收集、使用信息的目的、方式和范围,并经消费者同意。经营者收集、使用消费者个人信息,应当公开其收集、使用规则,不得违反法律、法规的规定和双方的约定收集、使用信息	全国人民代表大会
10	《电子商务法》	电子商务经营者收集、使用其用户的个人信息,应当遵守法律、行政法规有关个人信息保护的规定	全国人民代表大会

序号	名称	主要内容	制定机关
11	《数据安全管理办法（征求意见稿）》	网络运营者以经营为目的收集重要数据或个人敏感信息的，应向所在地网信部门备案。备案内容包括收集使用规则，收集使用目的、规模、范围、类型、期限等，不包括数据内容本身	国家互联网信息办公室
12	《个人信息出境安全评估办法（征求意见稿）》	个人信息出境前，网络运营者应当向所在地省级网信部门申报个人信息出境安全评估	国家互联网信息办公室
13	《App 违法违规收集使用个人信息行为认定方法》	共分为六项认定准则、三十一种场景，六项认定标准包括未公开收集使用规则；未明示收集使用个人信息的目的、方式和范围；未经用户同意收集使用个人信息；违反必要原则，收集与其提供服务无关的个人信息；未经同意向他人提供个人信息；未按法律规定提供删除或更正个人信息功能，或未公布投诉、举报方式等信息	国家互联网信息办公室、工业和信息化部、公安部、国家市场监督管理总局
14	《网络交易监督管理办法（征求意见稿）》	共六章七十条，重点对网络交易经营者市场主体登记、网络交易经营者身份信息公示、网络交易信息数据报送提供、用户信息收集使用保护、网络交易经营行为规范、平台内部治理行为规范、消费者权益保护七个方面进行修改、补充、完善	国家市场监督管理总局
15	《网络信息内容生态治理规定》	以网络信息内容为主要治理对象，突出政府、企业、社会、网民等多元主体参与网络生态治理的主观能动性，重点规范网络信息内容生产者、网络信息内容服务平台、网络信息内容服务使用者以及网络行业组织在网络生态治理中的权利与义务	国家互联网信息办公室
16	《具有舆论属性或社会动员能力的互联网信息服务安全评估规定》	互联网信息服务提供者"使用新技术新应用，使信息服务的功能属性、技术实现方式、基础自愿配置等发生重大变更，导致舆论属性或者社会动员能力发生重大变化的"，应当按照固定自行开展安全评估，并对评估结果负责	国家互联网信息办公室、公安部

序号	名称	主要内容	制定机关
17	《深圳经济特区公共安全视频图像信息系统管理条例（草案）》	禁止在旅馆客房、医院病房、集体宿舍、公共浴室、卫生间、更衣室、哺乳室等涉及公民隐私的场所和区域安装视频图像信息系统	深圳市人民代表大会常务委员会
18	《天津市社会信用条例》	市场信用信息提供单位不得采集自然人的生物识别信息	天津市人民代表大会常务委员会

　　总体上看，从上述法律法规及规范性文件可见，我国在人脸识别技术领域的立法还存在诸多不足。一是人脸识别技术相关法律规范较为分散，缺乏专门规定，不具有系统性。除了《个人信息安全规范》《互联网个人信息安全保护指南》，其他文件均未直接对生物特征识别信息进行专门规定。作为全国个人信息保护的指挥棒，《网络安全法》《个人信息保护法》和《数据安全法》中也未对人脸识别作出明确规定，因此，我国各省地方立法中也存在诸多冲突之处。二是未明确人脸识别商用范围。当前人脸识别商用面临的严峻挑战是技术应用跑在了法律监管前面，一方面各式各样的商用场景层出不穷，另一方面法律尚未划定应用范围的红线。〔1〕此外，我国目前也未对商用生物特征数据库监管作出明确规定。生物特征数据库储存着大量公民个人生物特征信息，一旦发生泄露事件会对国家安全造成难以估量的威胁，但目前既缺乏生物数据库资质审核标准，也缺乏监管和罚则规范。三是未明确人脸识别的公共应用规则。当前法律已经明确了个人信息收集的目的限制原则，人脸识别公共应用自然应当符合公共利益目的，然而何为公共利益目的却未被明确，公共利益的限度也未被明确，这可能导致目的限制原则不仅不能为公共利益划定边界，反而会造成公共利益被滥用。〔2〕

　　人脸识别信息具有"人身反应性、高度人格尊严性、独一无二性、不可替代性、不可改变性"，同时具有"广泛运用性、密码使用性、人身和财产犯罪的关联性、停用带来的不方便性、停用前损失的持续性、法益特殊性"。〔3〕

---

　　〔1〕　参见杜鑫："商用人脸识别能否按下暂停键"，载《工人日报》2020年12月7日，第8版。

　　〔2〕　参见高志宏："公共利益：基于概念厘定的立法导向与制度优化"，载《江西社会科学》2021年第10期。

　　〔3〕　参见王德政："针对生物识别信息的刑法保护：现实境遇与完善路径——以四川'人脸识别案'为切入点"，载《重庆大学学报（社会科学版）》2021年第2期。

因此应及时完善相关立法：一是应对人脸识别作出专门规定，以对个人面部生物特征信息进行特别保护。具体来说，《个人信息保护法》《数据安全法》应修订设置独立章节来规定生物特征信息获取、使用、披露、存储、跨境传输等事项的特殊保护规则。在规则制定的过程中，可以参考国际通行的《信息技术　安全技术　生物测定信息保护标准》以及《信息安全技术　个人信息安全规范》中"个人敏感信息"的具体标准，对人脸识别作出进一步规范。二是应明确人脸识别技术的商用范围，划定技术红线。人脸识别具有较高的商用价值，尤其是在新冠疫情期间，精准商用人脸识别技术产生了良好的经济社会效果。[1]因此对于人脸识别商用不应采取"一刀切"的做法，既不能全面禁止技术应用，也不能放任资本野蛮生长。此外，还应加强对大型生物特征数据库建设的商业机构资质审核。生物特征数据库建设不同于日常人脸识别商用行为，是国家安全建设的重要环节。例如，美国在发布《9·11委员会报告》后逐步建立了由国防部ABIS、国土安全部IDENT、司法部NGI组成的三大生物特征数据库，并成立了信息共享委员会。[2]出于对国家安全和社会安全的考量，我国生物特征数据库应以政府公共事务应用为主，由公安部、国家安全局、外交部、海关总署等机构带头建立。以商业应用为辅，对于具有研究运营维护资质的商业机构，依法审查颁发许可，发挥其研发能力，促进生物特征数据库的建设。三是应明确人脸识别技术的公共应用规则。首先应明确何为公共利益，为公共利益赋予充实的内涵和完整的外延。其次应引入"场景导向"和安全审查机制，平衡公共领域人脸识别应用中公共利益保护和个人隐私保护之间的张力，明确系统合规性、合理性阈值，完善审查核验机制，最大限度地确保公民个人生物特征信息安全。[3]四是应厘清公共部门主体责任。根据控制者义务理论，基于利益享有者和场所管理者的身份，控制者对其所管控的场所负有相应的安全保障义务。[4]因此，从法理上说，在公共领域应用场景中，相关公共部门负有场所人脸识别系统监管之责，并需要保障该应用不侵犯公民个人隐私。[5]

---

〔1〕　参见彭骏等："精准人脸识别及测温技术在疫情防控中的应用——普利商用精准识别技术典型案例"，载《软件导刊》2020年第10期。

〔2〕　参见周松青、袁胜育："美国生物识别对中国的启示"，载《情报杂志》2017年第12期。

〔3〕　参见赵祖斌："从静态到动态：场景理论下的个人信息保护"，载《科学与社会》2021年第4期。

〔4〕　参见张新宝："互联网生态'守门人'个人信息保护特别义务设置研究"，载《比较法研究》2021年第3期。

〔5〕　参见袁泉："公共空间应用人脸识别的法理逻辑与制度建构"，载《北方法学》2022年第1期。

■ 要点

1. 我国已经形成较为完备的纵向人脸识别技术标准体系，但是横向技术标准建设十分匮乏，下一步应加强横向技术标准建设，完善行业技术标准和地方团体技术标准建设。

2. 我国已在人脸识别领域进行了行业自律探索，目前已出台了第一部行业自律规范——《人脸识别线下支付行业自律公约（试行）》，但当前行业自律规范建设依然面临作用范围有限、缺乏技术规范支撑、缺乏惩戒机制等问题。

3. 我国目前保护人脸识别技术的法律规范较为分散，且未明确人脸识别商用范围和公用规则。下一步应完善人脸识别专门规定，明确人脸识别商用范围和公用规则。

■ 思考题

18.5 如何评价我国目前对人脸识别技术的法律保护机制？

18.6 如何看待郭兵诉杭州野生动物园"国内人脸识别第一案"？

■ 本章阅读文献

1. 商希雪："生物特征识别信息商业应用的中国立场与制度进路——鉴于欧美法律模式的比较评价"，载《江西社会科学》2020年第2期。
2. 周松青、袁胜育："美国生物识别对中国的启示"，载《情报杂志》2017年第12期。
3. 王文娟："生物特征识别信息失范性传播的刑事治理困境及其出路"，载《科技与法律》2021年第5期。
4. 王鑫媛："人脸识别技术应用的风险与法律规制"，载《科技与法律》2021年第5期。
5. 曾雄、梁正、张辉："人脸识别治理的国际经验与中国策略"，载《电子政务》2021年第9期。
6. 周行："人脸信息立法保护的规范体系建构"，载《中南民族大学学报（人文社会科学版）》2021年第8期。

第十九章
深度合成与生成式人工智能的法律规制

【导读】

与传统合成技术相比，基于深度学习的深度合成（生成式人工智能）技术实现了内容合成与生成的自动化，在大幅提高合成效率的同时还大幅提高了合成内容的仿真程度。深度合成因其内容高度仿真和低操作技术门槛而被广泛使用。但是，深度合成在带来便利的同时，也在民事权利、刑法法益、知识产权保护和行政监管等方面带来了诸多法律隐患。有鉴于此，美国、欧盟等人工智能产业强国均对其进行了专门法律规制。为进一步引导技术向善，我国应进一步充实和完善深度合成法律规范，构建多元共治的治理模式和全链式治理体系。

第一节　深度合成概述

一、深度合成的基本概念

深度合成（Deep Synthesis）和生成式人工智能（Generative Artificial Intelligence）[1]是人工智能技术应用的重要领域之一，是一种基于人工智能进行文字、图像、音频、视频等生成的技术。[2]从其词义概念出发，深度合成是由人工智能技术词汇"深度学习"与"合成"复合组成的概念。因此，"深度合成"一词实际上暗含了该技术的技术路径和逻辑线索。从技术路径角度来说，深度合成的基底技术是机器学习中的"深度学习"技术。所谓深度学习是对一类模式分析方法的统称，包括卷积神经网络、基于多层神经元的自编码神经网络、深度置信网络等。从几类主流深度学习方法的名字不难看出，"深度学

---

〔1〕　深度合成和生成式人工智能是同一事物的两种不同称谓，以下统称深度合成。

〔2〕　参见赵国宁："智能时代'深度合成'的技术逻辑与传播生态变革"，载《新闻界》2021年第6期。

习"的最显著特征就是"多",或多层次,或多神经元。基于此,"深度学习"可以对数据进行更高层次的特征处理。例如,运用卷积神经网络的机器视觉技术可以大幅提高人脸识别的准确度。总之,"深度学习"为更高效地输入数据处理和更准确地数据输出提供了技术可能。

质言之,深度合成的基本原理便是先利用"深度学习"让生成算法认识输入文本、图像、视频的高维特征,再通过反复训练最终生成所需的"伪造"结果。有学者将这一过程形象地概括为"喂食"算法、算法"消化"和算法"产出"的过程。[1]但是深度合成技术取得实质性突破并产生破圈效应还需归功于生成式对抗网络(Generative Adversarial Networks,GAN)的应用。

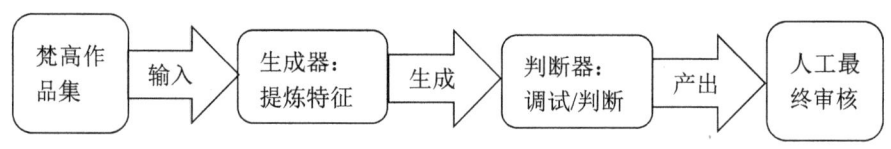

图 19-1　GAN 网络生成作品步骤

GAN 是深度合成的主流生成算法。GAN 技术作用原理是分别构建一个生成器(生成网络)和一个判断器(判断网络),通过模拟人类二人博弈场景实现生成器与判断器之间的"欺骗"对抗,进而训练生成器的结果生成能力。[2]GAN成熟于 2014 年,特别是以图形计算为代表的 GPU 在计算机视觉训练中替代原来的 CPU 之后,基于深度学习的图像生成和分类取得了长足进步。[3]2018 年一幅完全由 GAN 生成的肖像画 *Portrait of Edmond Belamy* 获得拍卖行大卖,足以证实深度学习 GAN 在艺术画作创作领域不仅具有良好的应用效果,而且具有突破"图灵测试"的潜力。[4]随着 ChatGPT 的成功上线,Transformers 模型在语言生成中被证明具有显著优势,因此,有学者尝试用两个 Transformers 替代 GAN 中基于卷积的生成器与判断器,并搭建了 TransGAN,目前 TransGAN已被证实在内容生成上更加真实、多样、准确。[5]虽然基于 Transformers 的

〔1〕　参见王禄生:"论'深度伪造'智能技术的一体化规制",载《东方法学》2019 年第 6 期。

〔2〕　See Ian J. Goodfellow et al, "Generative Adversarial Nets", *arXiv*, 1406. 2661 .

〔3〕　See Tim Salimans et al, "Improved Techniques for Training GANs", *arXiv*, 1606. 03498.

〔4〕　See Krishan Jethwa, "Art and Artificial Intelligence: The Portrait of Edmond de Belamy, mancunion", Mancunion, https://mancunion. com/2018/11/01/art-and-artificial-intelligence-the-portrait-of-edmond-belamy/, last visited on Apr. 3, 2023.

〔5〕　See Yifan Jianget al, "TransGAN: Two Transformers Can Make One Strong GAN", *arXiv*, 2102. 07074.

TransGAN 对 GAN 进行了技术改良，但是其未超出"生成—判断"的对抗式生成范畴，依然属于 GAN。

多模态预训练大模型的出现也极大地提升了深度合成的智能化水平。2018年，OpenAI 公司在 Transformer 的基础上开发了生成式预训练 Transformer（Generative Pre-Trained Transformer，GPT）。随后 OpenAI 公司又在 GPT 的基础上迭代了 GPT-2、GPT-3、GPT-3.5、ChatGPT 和 GPT-4。百度也在此技术思路下开发了文心（ERNIE3.0 Titan）大模型。GPT 和文心都是采用预训练技术的大模型，而 GPT-4 和文心一言是最具技术颠覆性的一代。相较于以往几代预训练大模型，GPT-4 和文心一言采用了多模态形式，可以同时处理文本、图像等多种任务，并通过人工标注的指示学习和近端策略优化学习大幅提升了学习实效。[1] 其中指示学习（Instruct Learning）通过专业人员进行人工标注的方法为基础预训练模型提供高质量的答案范式，帮助其理解人类各类语言指令的内涵与意图。[2] 强化学习则为 GPT-4 和文心一言输出高度拟人的文本提供技术支持。在强化学习阶段，GPT-4 和文心一言首先会采用来自人类反馈的学习方式（Reinforcement Learning from Human Feedback，RLHF）进行反馈判断训练。该阶段同样通过人工标注的方式，对预训练模型生成的不同文本答案进行排序标注，并按照排序结果训练奖励模型（Reward Mode，RM）。随后，奖励模型会按照标注习惯对预训练模型的后续生成文本质量进行判断，从而控制预训练模型的文本生成并使其符合人类习惯。[3] 例如，ChatGPT 在奖励模型训练过程中聘用了 40 名专业技术人员进行标注工作，使得 ChatGPT 的对话内容更像一个人类。最后采用近端策略优化学习（Proximal Policy Optimization，PPO）对大模型进行迭代训练，通过迭代修正的方式，使输出文本不断优化。[4]

二、深度合成的应用领域

（一）文本合成

文本合成是指机器从大规模知识和海量多元数据中持续学习，在此基础上找

---

〔1〕　参见郭全中、张金熠："ChatGPT 的技术特征与应用前景"，载《中国传媒科技》2023 年第 1 期。

〔2〕　See Jason Wei et al，"Finetuned Language Models Are Zero-Shot Learners"，*arXiv*，2109.01652（2021）.

〔3〕　See Long Ouyang et al，"Training Language Models to Follow Instructions with Human Feedback"，*arXiv*，2203.02155（2022）.

〔4〕　See John Schulman et al，"Proximal Policy Optimization Algorithms"，*arXiv*，1707.06347（2017）.

寻其中的规律，进行多次算法和模型训练，最终输出符合要求的合成文本。[1]
2015 年，腾讯财经创造出国内第一位新闻写作机器人 Dreamwriter，随后新闻
写作机器人如雨后春笋一般涌现，如新华社"快笔小新"、第一财经的"DT
稿王"以及今日头条的 Xiaomingbot 等。[2]这一应用改变了传统的新闻生产模
式，更加快速、高效、客观；但新闻写作机器人是通过对数据进行分析提炼，
套用固有的范式，从而实现新闻的批量生产，所以其大多数被用于撰写和处理
与数据相关的财经类、体育类等新闻内容。另外，许多有关文字创作的产品和
服务也相继诞生，公众可以使用它们获得快速生成文本内容的体验。例如，
"彩云小梦"能够按照作者的要求来续写小说；百度开发的"飞桨·文心大模
型"中的 NLP 大模型可以根据用户输入的内容来回答和创作；清华大学发布
的诗歌写作系统"九歌"可以根据用户输入的关键词句创作出绝句、律诗、
藏头诗等多种类型的诗词。这些应用能够基于庞大的数据库为使用者开拓思路
提供智力支持。[3]

（二）音频合成

音频合成从功能划分角度可以分为语音合成和音乐合成两个方面。其中语
音合成是依据计算机生成的或外部输入的文本从语料库中提取合适的语音元
素，之后对语音元素进行符合人类语言习惯的修改和整合，最终输出符合人类
听觉习惯的语音的技术。[4]经典的语音合成模型通常由 3 个模块构成，如
图 19-2 所示，包括特征分析提取器、声学模型器和声码器。特征分析提取器
负责输入自然语言的特征编码，声学模型器负责对编码语言进行声学处理，声
码器则负责声音输出。语音合成通常基于大规模语料库训练来实现，随着技术
发展，目前语音合成能够近乎重现真人语音。从技术路径来看，语音合成又可
以分为文本到语音和语音转换两种技术路线。文本到语音，顾名思义即输入文
本输出语言音频的技术，该技术通常被用于"有声书"之中。语音转换是将

———————
〔1〕 任婧、生奇志："智能、虚拟、沉浸：'深度合成'赋能新媒体"，载《科技传播》2022 年
第 6 期。
〔2〕 参见王雨佳："比较视野下的机器新闻写作研究——以腾讯 Dreamwriter 和美联社 Wordsmith 体
育新闻为例"，载人民网研究院，http://media.people.com.cn/n1/2020/0108/c431265-31539910.html，最
后访问时间：2023 年 4 月 3 日。
〔3〕 参见任婧、生奇志："智能、虚拟、沉浸：'深度合成'赋能新媒体"，载《科技传播》2022
年第 6 期。
〔4〕 参见王姝雅："人工智能在播音主持领域的应用现状与启示"，载《中国传媒科技》2019 年
第 5 期。

语音中话者语音特点进行变换的技术，该技术常被用于"音频伪造"。相较于文本到语音，语音转换技术具有特定人物语音特征的声音，且合成效果更加自然。[1]目前，基于"深度学习"的语音合成技术不仅可以输出优质中文语音，还可以高度模拟情绪表现。[2]

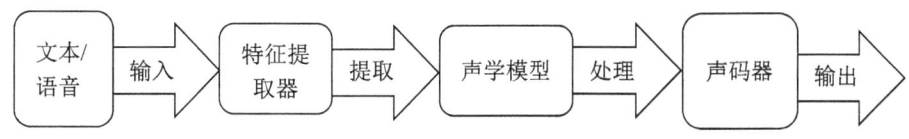

图 19-2　语音合成模型

音乐合成在语音合成的基础上又增加了词曲编写和声乐合成。音乐合成通常被用于虚拟歌手和专辑制作上。[3]例如，虚拟歌手界广为人知的"初音未来"和"洛天依"。音乐合成并非当下技术的产物，早在 1976 年便有了 FM 音乐合成技术，其合成声音效果逼真，但人工合成味道明显。1984 年，波形表音乐合成技术极大改善了合成音的品质。[4]"深度学习"运用于音乐合成后，合成音乐效果得到大幅提升。例如，雅马哈发布的歌声合成软件 VOCALOID 6 通过使用人工智能技术更加突出创作者的音乐个性。[5]

（三）图像和视频合成

图像和视频合成多基于"深度学习"以及对抗式生成技术来实现。在图像合成中，根据技术方法可以分为四大技术门类，包括完整面部合成、身份替换、属性操作以及面部重演。其中完整的面部合成是指对面部进行操作或编辑的过程，一般生成的是并未在现实生活中存在的人的面部。其次身份替换是将特定图像目标中的人脸替换成为源目标中的其他人脸。此外，属性操作是指修改目标图像的特定面部区域，例如，头发颜色、表情、性别等。面部重演作为新兴的深度图像伪造技术，可以更好地作为面部表情迁移的条件完成面部合成

---

〔1〕 参见杨帅等："语音合成及伪造、鉴伪技术综述"，载《计算机系统应用》2022 年第 7 期。

〔2〕 参见王智、刘银华："基于深度学习的中文情感语音合成方法"，载《自动化与仪器仪表》2022 年第 9 期。

〔3〕 参见任婧、生奇志："智能、虚拟、沉浸：'深度合成'赋能新媒体"，载《科技传播》2022 年第 6 期。

〔4〕 参见蔡莲红、周俏峰："音频合成与语言合成"，载第三届全国人机语音通讯学术会议（NC-MMSC1994）论文集，第 392 页。

〔5〕 参见"Yamaha 发布人工智能加持的 VOCALOID 6 歌声合成器"，载搜狐网，https://www.sohu.com/a/592681116_ 121124377，最后访问时间：2023 年 3 月 30 日。

任务；它可以实现转化目标图像的表情、面部姿态以及眼球运动等，使伪造的图像更加逼真。[1]

就视频合成而言，目前视频伪造可归纳为两大方面，一是视频中的语音以及内容伪造；二是视频中的角色伪造。[2]语音内容伪造顾名思义，主要是针对视频中原本角色表达内容及语音文本的伪造，并使原视频的表达内容在角色、场景不发生变化的情况下发生篡改。例如，2018 年，加蓬总统 Ali Bongo 因中风在公共视野中消失了数月。政府为了安抚民心，在新年时公开了一段基于 Deepfake 技术合成的新年致辞。[3]角色伪造则恰好相反，指的是将视频中的人物对象进行篡改替换，使其他人物成为伪造视频中的人物形象。

（四）虚拟数字人合成

随着元宇宙概念的盛行，深度合成被广泛应用于生成虚拟数字人。例如，2021 年，自称会捉妖的虚拟美妆达人柳夜熙在抖音上发布了第一条短视频，获赞量超过 300 万，涨粉上百万，并登上热搜。2022 年江苏卫视的跨年晚会上，以邓丽君为原型的虚拟人登台献唱。同年冬奥会期间，央视新闻 AI 手语虚拟主播准确及时地进行了赛事手语直播。[4]此外，这一技术还被广泛应用于在线会议中。基于人像数据建模，通过实时微表情与肢体语言捕捉合成的虚拟化身，能有效增强虚拟与现实的交互感，弥补在线会议在场性与体验感不足的问题。可以说，虚拟数字人是深度合成的集大成应用，通常对深度合成技术的体系完整性有着较高要求。从其技术指标来看，虚拟数字人需要同时用到语音识别、语音合成、表情迁移、面部合成、3D 人脸重建、对抗式生成等技术。[5]

---

〔1〕 唐玉敏、范菁、曲金帅："深度伪造生成与检测研究综述"，载《计算机工程与应用》2022 年第 23 期。

〔2〕 参见唐玉敏、范菁、曲金帅："深度伪造生成与检测研究综述"，载《计算机工程与应用》2022 年第 23 期。

〔3〕 参见"以假乱真的 AI 换脸技术，真的毫无破绽吗？"，载中国科学院科普云平台，https://bai-jiahao.baidu.com/s？id=1701238031308206833&wfr=spider&for=pc，最后访问时间：2023 年 4 月 3 日。

〔4〕 参见郭全中："虚拟数字人发展的现状、关键与未来"，载《新闻与写作》2022 年第 7 期。

〔5〕 参见李晓明等："基于多模态智能交互的虚拟数字人"，载《电力大数据》2022 年第 12 期。

三、深度合成的技术特征

（一）生成结果具有高仿真性

高仿真性是深度合成技术的最核心特征。[1]深度合成技术诞生伊始便具有极高的仿真特性。早在20世纪80年代，深度合成技术便因其高仿真的技术特性被好莱坞追捧并作为"换脸"特效使用，如《阿甘正传》中的肯尼迪总统画面就使用了基于深度合成的"换脸"特效。[2]经过多轮技术迭代，当前深度合成可以在各领域实现极高的仿真效果，甚至达到"以假乱真"的程度。尽管深度合成技术并非毫无破绽，例如，Deepfake合成人脸可以通过检测左右眼的反射内容、反射光强度等参数进行辨别。[3]但是，普通人在未经过专业培训的基础上，很难区分和发现合成人脸与真实人脸之间的差别。

（二）技术操作具有低门槛性

从技术操作角度来说，深度合成具有较低的操作门槛。有学者将深度合成的低技术门槛归纳为两大方面原因。一是技术本身及获取难度大幅下降；二是制作成本大幅降低。[4]首先，大模型的开发难度虽然与日俱增，但是，随着技术开源和更多科技公司进入开发赛道，深度合成技术在获取难度上已经大幅降低。诸如ZAO、Deepfake等深度合成App如雨后春笋一般涌现，普通人即便不会编程，没有足够的训练数据也可以通过使用第三方App的形式进行深度合成操作。其次，操作深度合成软件无须安装编程语言允许环境也无需调取开源软件库，操作便宜性大幅增强。最后，得益于技术迭代，深度合成操作时间成本显著下降。普通民众只需要一两个目标人物的高清视频，8—12小时就可以制作一部自动换脸的视频。[5]

（三）技术迭代具有快速演化性

虽然深度合成技术尚处于早期阶段，但是其在整体上呈现出一种加速发展

---

〔1〕 参见王禄生："论'深度伪造'智能技术的一体化规制"，载《东方法学》2019年第6期。

〔2〕 参见"深度伪造，眼见不实"，载嘉兴市互联网违法和不良信息举报中心，http://jiaxing.zjjubao.com/a/html/80078314，最后访问时间：2023年4月3日。

〔3〕 参见"以假乱真的AI换脸技术，真的毫无破绽吗？"，载中国科学院科普云平台，https://baijiahao.baidu.com/s?id=1701238031308206833&wfr=spider&for=pc，最后访问时间：2023年3月29日。

〔4〕 参见尚海涛："深度伪造法律规制的新范式与新体系"，载《河北法学》2023年第1期。

〔5〕 参见李觐麟："AI换脸技术的玩法还有很多"，载《电脑报》2018年9月10日，第12版。

的态势，拥有巨大发展潜力和极快的技术迭代速度。[1]以大规模语言模型为例，2003 年，神经网络语言模型被提出。但是卷积神经、循环神经的"千层饼"构造使传统神经网络语言模型构造复杂且效率低下，而且语言模型与任务模型之间存在——对应关系，无法实现一个模型处理多种任务。[2]2017 年谷歌公司提出了基于注意力机制的 Transformer 模型。该模型模仿人类注意力机制，利用给算法标记注意力加权的形式，使算法会考量输入与输出间的语句关系，突出输入语句关键特征对输出语句的影响，从而大幅提升了输出语句的情感表达准确性。[3]并且 Transformer 模型实现了多任务集成。2018 年，OpenAI 公司在 Transformer 的基础上开发了生成式预训练 Transformer（Generative Pre-Trained Transformer，GPT）。随后短短 5 年时间里，OpenAI 又在 GPT 的基础上迭代了 GPT-2、GPT-3、GPT-3.5、ChatGPT 和 GPT-4。同一时期百度也推出了文心一言大模型，其中 ChatGPT 和文心一言具有革命性进步，分别实现了拟人推理和多模态下的多功能集成。质言之，新一代大模型不仅可以做到生成结果高度仿真拟人，而且允许单一模型进行多语言、图像、视频内容的生成。[4]

■ 要点

1. 深度合成有文本合成、音频合成、视频和图像合成以及虚拟数字人合成四大应用领域。

2. 深度合成技术具有高仿真性、低门槛性和快速演化性三大技术特征。

■ 思考题

19.1 试分析随着元宇宙产业的不断发展，深度合成还将出现哪些新的应用场景？

19.2 随着多模态超大模型的出现，深度合成技术还将出现哪些新技术特征？

---

〔1〕 参见王禄生："论'深度伪造'智能技术的一体化规制"，载《东方法学》2019 年第 6 期。

〔2〕 See Bengio Y et al, "A Neural Probabilistic Language Model", *Journal of Machine Learning Research*, Vol 3, 2003.

〔3〕 See Ashish Vaswani et al, "Attention Is All You Need", *arXiv*, 1706.03762.

〔4〕 参见"文心一言秀五大场景"，载《深圳商报》2023 年 3 月 17 日，第 8 版。

第二节 深度合成的法律规制现状

一、域外深度合成的法律规制现状

随着深度合成技术的发展与普及，美国、英国、俄罗斯、韩国、新加坡等世界科技强国纷纷对深度合成技术开展了立法规制探索。其中美国与欧盟采用了专门立法模式对深度合成技术及其应用进行法律规制，而英国、俄罗斯、韩国、新加坡等则选择将深度合成纳入刑事犯罪治理之中，而在其他领域鲜有规制。[1]从立法模式选择及规制体系化程度来看，美国与欧盟走在世界前列，且与我国相仿，采用了专门立法模式，具有较强的学习借鉴意义。

（一）美国深度合成的法律规制现状

2018 年 12 月，美国参议院提出《2018 年恶意伪造禁令法案》（Malicious Deep Fake Prohibition Act of 2018），对制作深度伪造内容引发犯罪和侵权行为的个人，以及明知内容为深度伪造还继续分发的社交媒体平台，进行罚款和长达两年的监禁。如果伪造内容煽动暴力、扰乱政府或选举，并造成严重后果，监禁将长达 10 年。

2019 年 6 月，美国众议院提出《深度伪造责任法案》（Deepfakes Accountability Act），要求任何创建深度伪造视频媒体文件的人，必须用"不可删除的数字水印以及文本描述"来说明该媒体文件是篡改或生成的，否则将属于犯罪行为。同年，众议院在《2020 财年 Damon Paul Nelson 和 Matthew Young Pollard 情报授权法案》中提出，建议针对深度伪造技术鉴别开展相关的技术竞赛，以刺激鉴伪技术的研究和商业化。还是同一年，美国众议院、参议院同时提出《2019 年深度伪造报告法案》（Deepfakes Report Act of 2019），明确了"数字内容伪造"定义，规定国土安全部定期发布深度伪造技术相关报告。该法案将国土安全部作为主管协调部门，规定报告的制作由国土安全部分管科学和技术事务的副部长负责，其分管的司局也参与深度伪造技术研究，如科学技术局、网络安全司、国土安全高级研究计划局等。[2]

---

〔1〕 参见清华大学人工智能研究院、国家工业信息安全发展研究中心等："深度合成十大趋势报告（2022）"，载微信公众号"中国人工智能学会会员中心"，2022 年 3 月 2 日。

〔2〕 清华大学人工智能研究院、国家工业信息安全发展研究中心等："深度合成十大趋势报告（2022）"，载微信公众号"中国人工智能学会会员中心"，2022 年 3 月 2 日。

2022 年 2 月，美国通过了《国家标准技术研究院 2021 年未来法案》（National Institute of Standards and Technology for the Future Act of 2021）。该法案要求科学领域委员会设立数字与多媒体小组委员会，制定验证或评估数字内容真实性的标准准则，包括由深度合成等合成或操纵数字内容的技术所创建的内容。2022 年 5 月，美国又通过了《深度合成工作任务法案》（Deepfake Task Force Act）。该法案要求美国各界组建一个公私合作成立的工作组，该工作组须制定相关计划以减少由深度伪造的数字音频、图像与文本内容带来的威胁与不利影响，例如，通过标识数字化内容的来源以减少深度伪造内容的扩散；为原始内容的作者提供可用于证明其原始内容真实性与非欺骗性的加密措施；以及研发允许社会公众对相关内容的真实性、非欺骗性及其来源进行验证的措施。此外，该法案呼吁互联网平台、媒体、社会组织以及公众提高识别深度伪造内容的能力，并鼓励政府进一步研发可监测、鉴别深度伪造内容的信息技术与系统。[1]

除了联邦层级的立法，美国各州也对深度合成展开了专门立法工作，目前已有一些州通过了正式法律，对深度合成进行规制，比较有代表性的包括加利福尼亚州、弗吉尼亚州和得克萨斯州。

（二）欧盟深度合成的法律规制现状

2018 年 4 月，欧盟发表了致欧洲议会、欧盟理事会、经济和社会委员会以及地区委员会的长篇公开信，即《应对线上虚假信息：欧洲方案》（Tackling online disinformation：a European Approach）（以下简称《方案》），《方案》集中阐释了欧盟委员会面对线上虚假信息挑战的基本观点，提出改进信息来源及其生产、传播、定向投放和获得赞助方式的透明度，改善信息多样性，提高信息可信度，制定包容性解决方案等原则，以实现全面防范视频、图像和文字等虚假信息，避免信息发布者违法操纵舆论等状况。同年，欧盟发布了历史上首份《反虚假信息行为准则》（Code of Practice on Disinformation），旨在加强互联网企业对平台内容的自我审查，从源头打击网络虚假内容。

2020 年 1 月，欧盟宣布于年初启动对《反虚假信息行为准则》实施效果的全面评估。本次评估主要针对签署了该准则的互联网企业，以检验社交媒体和搜索平台等在打击网络谣言方面的行动力度，包括针对深度伪造等音视

---

〔1〕 参见宁宣等："从斯蒂芬·库里的投篮说开去——简析《互联网信息服务深度合成管理规定》"，载微信公众号"金杜研究院"，2022 年 12 月 14 日。

频文件的管控力度。[1]

2022 年 6 月，欧盟制定了《2022 年虚假信息强化行为准则》（2022 Strengthened Code of Practice on Disinformation）。通过制定该行为准则，欧盟委员会要求签署承诺的相关方为打击在线虚假信息（包括禁止传播的虚假信息）作出共同努力。该行为准则总体上体现出欧盟委员会对于网络信息环境的透明、安全和可信赖的要求，例如该行为准则第 15 条规定，签署该行为准则的开发或运营人工智能系统的相关方，应承诺在通过其提供的服务传播人工智能生成或操纵的内容时（如深度合成内容），应当将《人工智能法案》下的透明性义务与关于操纵性行为的负面清单纳入考量。[2]

二、我国深度合成的法律规制现状

(一) 我国深度合成法律规制体系

我国目前法律层面仅在《民法典》中对深度合成做了专门性规定。针对 AI 换脸问题，《民法典》第 1019 条第 1 款和第 1023 条第 2 款作出明确规定，不得利用信息技术手段伪造等方式侵害他人的肖像或者声音。[3]我国《刑法》《治安管理处罚法》以及"数字法治三驾马车"《网络安全法》《个人信息保护法》和《数据安全法》虽然都可以对深度合成技术进行法律规制，但是均无专门性条款。

2022 年 11 月 25 日，国家互联网信息办公室、工业和信息化部、公安部联合发布了《互联网信息服务深度合成管理规定》，该规定的发布标志着我国在深度合成法律规制领域有了专门性的部门规章。此外，《网络信息内容生态治理规定》《互联网信息服务算法推荐管理规定》《网络音视频信息服务管理规定》等也对深度合成技术进行了规定。例如，《网络音视频信息服务管理规定》明确提出对基于深度学习、虚拟现实等技术具有媒体属性或社会动员功能的音视频信息服务开展安全评估，对非真实音视频信息进行标识，不得利用深度学习技术制作并传播虚假新闻信息，部署鉴别技术，尽快建立辟谣机制等措施。《网络信息内容生态治理规定》规定，网络信息内容服务使用者和网络

---

〔1〕 参见清华大学人工智能研究院、国家工业信息安全发展研究中心等："深度合成十大趋势报告（2022）"，载微信公众号"中国人工智能学会会员中心"，2022 年 3 月 2 日。

〔2〕 参见宁宣等："从斯蒂芬·库里的投篮说开去——简析《互联网信息服务深度合成管理规定》"，载微信公众号"金杜研究院"，2022 年 12 月 14 日。

〔3〕 参见《民法典》第 1019 条第 1 款和第 1023 条第 2 款。

信息内容生产者、网络信息内容服务平台不得利用深度学习、虚拟现实等新技术新应用从事法律、行政法规禁止的活动。《互联网信息服务算法推荐管理规定》明确要求"不得生成合成虚假新闻信息"等。

总的来说，我国在深度合成上形成了以《互联网信息服务深度合成管理规定》为体，其他相关部门规章为翼的"一体多翼"规范格局。但是与欧美国家相比，特别是与美国相比，深度合成规制的法律位阶较低，仅有部门规章进行规范，缺少专门性规定的法规条例，也缺少专门法律规定，此外，规范的系统化程度尤显不足。

(二)《互联网信息服务深度合成管理规定》解读

《互联网信息服务深度合成管理规定》是我国第一部针对深度合成监管的专门性部门规章。中共中央印发的《法治社会建设实施纲要（2020—2025年）》明确提出制定完善对算法推荐、深度伪造等新技术应用的规范管理办法。该规定的出台是贯彻落实党中央决策部署的重要举措，是维护网络空间良好生态的现实需要，也是促进深度合成服务规范发展的有力保障。

《互联网信息服务深度合成管理规定》起到了划边界、定内涵的作用。就划边界来说，该规定一是明确了深度合成技术的概念，将其界定为利用深度学习、虚拟现实等生成合成类算法制作文本、图像、音频、视频、虚拟场景等网络信息的技术。二是明确了深度合成技术的应用场景，囊括文本撰写、问答对话、语音转换、音乐生成、人脸操控、视频编辑、数字人物合成等正在广泛应用或具有发展前景的典型场景，以及相关技术分支和产品形态。三是明确了网信、电信、公安等监管机构的职权分工，构建多主体协同监管机制，在划定责任田的基础上促进信息互通、工作联动和成果共享。[1]就内涵而言，该规定一是确定了源头管理、过程管理和结果管理的链式监管体系，并分别明确了技术支持者、服务提供者和服务使用者责任。二是坚持发展与安全并重思维，构建以备案制、内容标识制和身份认证制等为核心的审慎监管制度。在坚持促进发展的同时，保障技术安全。

■ 要点

1. 针对深度合成技术，美国和欧盟都采用了专门立法的形式，其中美国采用了联邦与州的二阶并行立法模式。欧盟则通过制定专门行为准则的方式对深度合成技术进行规制。

2. 我国目前法律层面仅在《民法典》中对深度合成进行了专门规定。在部门规章层面，我国形成了以《互联网信息服务深度合成管理规定》为体，其他相关部门规章为翼的"一体多翼"规范格局。

■ 思考题

19.3　试分析美国与欧盟专门性立法模式对我国有何借鉴意义。

19.4　试论我国是否需要对深度合成技术开展专门立法工作。

第三节　深度合成的法律风险与治理

一、深度合成的法律风险

（一）深度合成民事法律风险

从深度合成的技术应用来看，其极可能侵害民事权中的肖像权和名誉权，并可能带来隐私权损害。所谓肖像权即自然人外部形象或外部特征的展现，其中外部形象和外部特征既包括自然人面部相貌，也包括自然人面部表情、体态和手势等外部特征。[1]从当前常见的 AI 换脸应用来看，其极易落入我国《民法典》第 1019 条所明确的"利用信息技术手段伪造等方式侵害他人的肖像权"的范畴之中。[2]此外，还需要认识到，AI 换脸等深度合成应用不仅侵害了换脸者的肖像权，还侵害了原视频图像中被换脸者的肖像权。

所谓名誉权是自然人、法人、非法人组织等民事主体享有的维护自己名誉的权利。名誉权的客体是名誉，叔本华曾言："客观而言，名誉是他人关于我们的价值的看法；主观而言，名誉是我们对他人看法的畏惧。"[3]我国司法实践与普遍学说则认为，名誉是社会对民事主体的品德、才能、信用等价值的评价。[4]因此，名誉权的判别标准是特定行为是否造成特定个体的社会评价贬损。由此也可以看出利用深度合成技术侵害肖像权不一定造成名誉权损害。

此外，深度合成技术还可能侵害隐私权。隐私权主要包括生活安宁和私人

---

〔1〕　参见程啸：《人格权研究》，中国人民大学出版社 2022 年版，第 280 页。

〔2〕　参见《民法典》第 1019 条"任何组织或者个人不得以丑化、污损，或者利用信息技术手段伪造等方式侵害他人的肖像权"。

〔3〕　［德］叔本华：《人生智慧箴言》，李连江译，商务印书馆 2017 年版，第 70 页。

〔4〕　参见程啸：《人格权研究》，中国人民大学出版社 2022 年版，第 323 页。

秘密两个方面。[1]个人在隐私权的保护下，有权决定何时、何处暴露自己的面部外表，且人脸信息属于《个人信息保护法》予以特殊保护的生物识别信息。因此，换脸后的图像、视频在网络上的广泛传播通常会给个人生活的安宁造成不良影响，进而侵害个人隐私权。

（二）深度合成知识产权法律风险

《著作权法》规定电影、电视剧作品的著作权由制作者享有，由此制作者享有保护其作品不受歪曲、篡改的权利，同时享有改编其作品而创作出具有独创性的新作品的权利。深度合成技术容易侵犯他人的著作权，比如，深度合成在换脸合成视频中的广泛应用，可能会侵犯作者的著作权利。在未经授权的情况下，深度合成服务提供者用其他人脸替换原作品中的角色人物或者进行再创作，这将侵犯原制作者享有的改编权；如果该换脸合成视频存在歪曲、篡改的情形，也可能侵犯制作者享有的保护作品完整权。[2]

此外，以深度合成形式进行的"表演"难以被纳入现行《著作权法》传统"表演"概念之中。在现行法律概念中，表演者权的对象是指表演活动本身，即演员的形象、动作、声音等的组合。传统影视中人是表演的主体，演员以真实的身体为媒介进行创作，塑造人物形象。但是深度合成表演中，最终合成的表演形象是经过仿冒的、以数字化的形式进行的虚拟表演。这种表演虽然在最终呈现效果上与真实表演无异，但是却存在着不可逾越的"虚实鸿沟"。[3]同时还应注意，现有学者以"举重以明轻"的方式认为，《著作权法》对邻接权人的保护水平不会高于狭义著作权人，既然编剧、导演等著作权人都不能对影视作品行使权利，演员等邻接权人也不能对影视作品行使权利。因此，深度伪造内容并不会侵犯表演者邻接权。[4]

最后，在深度合成内容仅进行 AI 换脸的情况下，原剧情、场景、情节等会构成实质性相似，极有可能侵犯原视听作品制作者或录像制品制作者的复制权，且较低的独创性使其不具有可版权性。[5]

---

[1] 参见王利明："隐私权概念的再界定"，载《法学家》2012 年第 1 期。

[2] 参见贾章范："《民法典》视野下深度伪造技术的法律风险与规则应对"，载《东北农业大学学报（社会科学版）》2021 年第 1 期。

[3] 参见何炼红、付耀："深度仿冒技术下表演者权制度的反思与完善"，载《科技与法律》2022 年第 4 期。

[4] 参见华劼："深度伪造内容著作权侵权问题研究"，载《电子知识产权》2022 年第 4 期。

[5] 参见华劼："深度伪造内容著作权侵权问题研究"，载《电子知识产权》2022 年第 4 期。

（三）深度合成刑事法律风险

针对深度合成的刑事法律风险，有学者基于深度合成主要应用领域将其归纳为三大类犯罪风险：一是财产类犯罪风险；二是散布虚假信息类犯罪风险；三是伪造证据类犯罪风险。[1]还有学者从深度合成技术可能触犯的法益对其刑事法律风险进行了归纳分类，分为侵犯人身、财产权利类，侵犯社会管理秩序类和危害国际安全、公共安全类。[2]

以上两种分类虽有不同，但涉及罪名大同小异。首先，深度合成会造成民事权利上的人格尊严受损，对个人名誉造成损害。当该损害的严重性已经超越民法所调整的范畴，达到《刑法》第246条所规定的"情节严重"时，则可能构成"侮辱、诽谤罪"。其次，AI换脸技术制作的伪造视频图像，从技术角度说完全可以欺骗人脸验证系统，对人脸识别支付系统的安全威胁极大。伪造视频、音频还可以被用于诈骗犯罪，侵害公民的财产权利。[3]再次，深度合成还存在伪造虚假信息以及人工智能臆造现象的问题。[4]其可能因散布谣言达到妨害社会秩序的程度而触犯《刑法》第291条，也可能因伪造或臆造证据造成妨害刑事司法的风险。最后，深度合成因其高度仿真性还存在危害国家安全和公共安全的风险，例如，通过语音生成算法，就可以模拟出一份以假乱真的特朗普向俄罗斯宣战的语音。[5]尽管大国之间完善战略沟通对话体系不太可能因伪造技术产生战争冲突，但是深度合成的伪造音频、视频依然可能发挥重要的"舆论炮弹"作用。

（四）深度合成行政监管风险

在行政监管层面，深度合成首先容易导致个人信息泄露及被滥用风险，特别是造成个人生物识别信息被滥用的风险。以深度合成技术为代表的人工智能

---

〔1〕　参见刘洋："深度合成技术刑事法律风险与合规"，载微信公众号"网络法实务圈"，https：//mp. weixin. qq. com/s/RXunZPNbMhKDIM6H53FfLQ，2023年2月20日。

〔2〕　参见范玉吉、于雅洁："网络传播中'深度伪造'技术及其产物的刑法规制"，载《犯罪研究》2022年第1期。

〔3〕　参见范玉吉、于雅洁："网络传播中'深度伪造'技术及其产物的刑法规制"，载《犯罪研究》2022年第1期。

〔4〕　参见苗争鸣等："颠覆性技术异化及其治理研究——以'深度伪造'技术的典型化事实为例"，载《科学学与科学技术管理》2020年第12期；叶丹妮："人工智能会说谎——从GPT-4的臆造现象，谈AIGC深度合成技术的法律风险和合规方向"，载微信公众号"网络法实务圈"，2023年3月29日。

〔5〕　参见王禄生："论'深度伪造'智能技术的一体化规制"，载《东方法学》2019年第6期。

科技以数据搜集和计算为运行基础，以个人信息为数据资源。[1]深度合成技术滥用必然会导致个人信息泄露风险。此外，深度合成对个人生理特征（面部、声音等）和行为特征（表情、步态等）的计算处理还会造成个人生物识别信息泄露和被滥用风险。[2]

其次，深度合成还会带来网络信息失真下的网络安全风险。越来越难跨越的数字鸿沟把人们划分为信息掌握者和信息接受者，若信息掌握者不当利用深度合成技术散布谣言、扰乱公众视听，会对网络生态环境造成严重破坏，给网络舆情和网络不良信息治理带来严峻挑战。[3]

最后，信息失真和网络生态环境失衡还可能导致社会信任体系受损。例如，针对政治家、企业家等公众人物的恶意深度伪造，不但会引发社会信任危机，误导社会主体认知，还会阻碍真实信息流通，降低网络空间可信度。又如，在政治领域，不轨之徒常利用精准度高、辨伪度低的伪造素材骗取公众信任、模糊公众认知、操纵公众情绪，人为制造人民群众与政府间的信任鸿沟，挫伤政府公信力。[4]

二、深度合成的法律治理

（一）转变深度合成治理逻辑

就全世界深度合成法律规制立法实践来看，目前全球仅美国、欧盟和我国对深度合成技术进行了专门立法。此外，与欧美立法相比，我国立法虽然在法律位阶和规制系统性方面存在不足，但纵观世界范围，仍位列前三名。随着人工智能的技术发展逻辑演化，功能分化式立法逻辑正成为立法先驱者法律规制完善的阻碍。

从 GAN 到 Transformer，从 GPT 到文心一言，人工智能的技术逻辑展现出明显的从系统分化到系统集成的转变。深度合成逐渐从单一人工智能应用模块，变成统一大模型下的细分功能单元。在人工智能技术逐渐走向通用人工智能的趋势下，仅将深度合成以算法信息服务之一作为调整对象难以适应该领域

---

〔1〕 参见万志前、陈晨："深度合成技术应用的法律风险与协同规制"，载《科技与法律》2021 年第 5 期。

〔2〕 参见李怀胜："滥用个人生物识别信息的刑事制裁思路——以人工智能'深度伪造'为例"，载《政法论坛》2020 年第 4 期。

〔3〕 参见万志前、陈晨："深度合成技术应用的法律风险与协同规制"，载《科技与法律》2021 年第 5 期。

〔4〕 参见毛宁、杨会："深度伪造技术的监管困境及其法律应对"，载《长白学刊》2021 年第 5 期。

技术的应用发展。深度合成的技术迭代已经使其日渐超出了我国现行立法所设计的生成合成类算法框架所能调控的范围。[1]无论是美国的问责中心制、欧盟的打击虚假信息中心制还是我国的信息安全中心制，都日渐在人工智能技术集成化发展的大趋势下显得心有余而力不足。

因此，有必要转变治理逻辑，将深度合成纳入专门化的人工智能治理领域予以治理。一是深度合成治理应在现有算法治理的基础上做出制度延伸与体系迭代。二是应将深度合成治理作为人工智能治理的专门领域，并在此基础上推进我国人工智能基础性立法。[2]三是应构建多元共治的治理模式和全链式治理体系。

（二）构建多元共治治理模式

深度合成技术在快速发展过程中潜藏着法律与信息传播的风险，需要加强法律监管力度并通过媒介、受众等多主体、多元共治的方式对其乱象进行规制，在市场、技术和规则之间找到平衡点。

1. 完善法律法规，增强政府监管

应完善深度合成的法律法规体系建设，明确深度合成侵权法律适用情形。尽管当前《民法典》第1019条、第1023条，《刑法》第246条等散见条款对深度合成侵权行为进行了法律规制。但现行法律对于深度伪造恶意使用的侵害界定依然不够完善。尤其是针对深度合成技术全链条过程中的各类侵权行为的界定不够明确。[3]此外，政府监管主体还应该在《网络安全法》《数据安全法》《个人信息保护法》《互联网信息服务管理办法》等法律法规框架下，深刻把握深度合成服务存在的安全风险，与《网络信息内容生态治理规定》《互联网信息服务算法推荐管理规定》《网络音视频信息服务管理规定》等相关规定制度紧密衔接，厘清深度合成技术的定义与应用场景，加强行政监管力度。

2. 加强媒介平台对深度合成作品的管理责任

强化平台的主体责任，如完善平台与创作者的服务协议，在内容上传前要求创作者自觉对内容进行标识，并采取技术或者人工方式对深度合成服务使用者的输入数据和合成结果进行审核，对于未进行标识的内容应当停止传输；以

---

〔1〕　参见张凌寒："深度合成治理的逻辑更新与体系迭代——Chat GPT等生成型人工智能治理的中国路径"，载《法律科学（西北政法大学学报）》2023年第3期。

〔2〕　参见张凌寒："深度合成治理的逻辑更新与体系迭代——Chat GPT等生成型人工智能治理的中国路径"，载《法律科学（西北政法大学学报）》2023年第3期。

〔3〕　参见毛宁、杨会："深度伪造技术的监管困境及其法律应对"，载《长白学刊》2021年第5期。

显著方式提示深度合成服务使用者承担相应的信息安全义务等。深度合成作品必须作出明显标识，除建立明显标识的保护之外，平台也应当避免出现深度合成内容未进行明显标识的情形。平台还应当加强对深度合成内容的审核。建立健全用于识别违法和不良深度合成信息内容的数据库，提高对违法和不良深度合成内容的识别度与检测准确率，对于其中违法以及不良的内容进行删除。

3. 提高公众的媒介素养

在面对 AI 换脸等合成技术制造的虚假新闻时，一方面，公众应在视觉冲击前保持冷静理智的头脑，注重媒介内容的客观性、真实性、准确性，弱化主观性、情感性等非理性因素的影响，时刻保持对媒介信息的批判意识；另一方面，公众应当理性甄别媒介信息，对带有深度合成标识的内容保持警惕，对于权威信源投以更多的信任，而非将关注放在小道消息与营销号等自媒体消息上，不盲从、不盲信媒介信息内容。此外，公众应当学习相关的网络安全法律法规，增强法治观念并将其内化为自律行为，共同构建法治化的媒体生态环境，净化网络空间。[1]

(三) 构建全链式治理体系

1. 构建和完善个人生物识别信息的保护体系

一方面，细化个人生物识别信息的收集规则。社交平台和视频平台应明确告知平台用户收集其个人信息的目的、加工利用的方式、共享转让传播的权限，以及个人信息的保管措施、标记方式、救济方式等。另一方面，丰富个人生物识别信息的加工利用规则，规范信息披露义务，要求制作者和上传者以适当方式披露和标记深度合成作品，如嵌入数字水印、文字标识、语音标识等，这样既可以为社交平台和视频平台的分类处理提供便利，也可以为用户的个人信息安全提供制度保障。

2. 构建和完善深度合成的算法规制体系

算法是深度合成技术的核心，也是深度合成技术应用的实现路径，因此，深度合成法律规制的重点应着眼于算法治理，尤其要合理划分算法治理中政府、平台和社会的权利义务，明晰各自的职责所在。一方面，政府应积极规制深度合成的算法应用。政府部门要加强与网络平台、科研院所的合作，促进公私良性互动，共同开发检测和审查深度合成技术的算法。另一方面，社交平台和视频平台应加强深度合成技术的算法治理，人工智能行业协会要完善深度合

---

〔1〕 参见林爱珺、林倩敏："AI 换脸的技术风险与多元规制"，载《未来传播》2023 年第 1 期。

成技术应用的市场准入、市场退出和黑名单等配套制度，对多次使用深度合成技术侵害国家安全、社会秩序、公民权利的社交平台和视频平台要给予警告、罚款以至退出市场的处罚措施。同时，对跨境制作和传播的深度合成作品，应推动建立国际技术联盟和区域技术应急组织，如 PAI 联盟等，以合作方式解决深度合成技术可能带来的跨境问题。

3. 构建和完善深度合成应用场景的规制体系

应用场景是深度合成技术的最终呈现，要基于深度合成技术的动态发展特点，实施疏堵结合的策略，以实现深度合成技术分场景的法律规制，并发挥国家公权力对深度合成技术的兜底作用。首先，区分公、私部门以配置深度合成的法律规制体系。对使用深度合成技术的政府机关，应以事前规制和事中规制为主，而对使用深度合成技术的市场主体，则应以事后规制为主。其次，区分法律性质以设置深度合成的法律规制体系。最后，刑事立法既要禁止深度合成技术可能触及的"法律红线"，又要对其他应用场景保持必要的谦抑性。[1]

■ 要点

1. 深度合成技术在民事领域存在侵害肖像权、名誉权和隐私权的风险；在知识产权领域存在侵害改编权、保护作品完整权和复制权等风险；在刑事领域存在侵犯人身、财产权利，妨害社会管理秩序和危害国际安全、公共安全等风险；在行政监管领域存在个人生物识别信息泄露滥用、信息失真和社会信用受损等风险。

2. 针对深度合成技术应构建政府、媒介平台和公众等多元共治的治理模式，同时按照深度合成技术的全流程构建全链式治理体系。

■ 思考题

19.5 请简述深度合成技术可能存在哪些侵权损害责任？

19.6 试论如何从数据收集底层维度、数据处理中层维度和技术应用顶层维度这一视角构建深度合成法律规制体系。

■ 本章阅读文献

1. 赵国宁："智能时代'深度合成'的技术逻辑与传播生态变革"，载《新闻界》2021 年第 6 期。

---

[1] 参见尚海涛："深度伪造法律规制的新范式与新体系"，载《河北法学》2023 年第 1 期。

2. 王禄生："论'深度伪造'智能技术的一体化规制"，载《东方法学》2019 年第 6 期。

3. 杨帅等："语音合成及伪造、鉴伪技术综述"，载《计算机系统应用》2022 年第 7 期。

4. 唐玉敏、范菁、曲金帅："深度伪造生成与检测研究综述"，载《计算机工程与应用》2022 年第 23 期。

5. 郭全中："虚拟数字人发展的现状、关键与未来"，载《新闻与写作》2022 年第 7 期。

6. 尚海涛："深度伪造法律规制的新范式与新体系"，载《河北法学》2023 年第 1 期。

7. 贾章范："《民法典》视野下深度伪造技术的法律风险与规则应对"，载《东北农业大学学报（社会科学版）》2021 年第 1 期。

8. 何炼红、付耀："深度仿冒技术下表演者权制度的反思与完善"，载《科技与法律》2022 年第 4 期。

9. 华劼："深度伪造内容著作权侵权问题研究"，载《电子知识产权》2022 年第 4 期。

10. 万志前、陈晨："深度合成技术应用的法律风险与协同规制"，载《科技与法律》2021 年第 5 期。

11. 张凌寒："深度合成治理的逻辑更新与体系迭代——Chat GPT 等生成型人工智能治理的中国路径"，载《法律科学（西北政法大学学报）》2023 年第 3 期。

第三编

人工智能法的工具论

人工智能法的工具论是其理论体系的另一个重要分支。人工智能法的工具论主要关注人工智能在法律领域的应用,包括以下内容:(1)人工智能在立法中的应用;(2)人工智能在司法中的应用;(3)人工智能在执法中的应用;(4)人工智能给法律职业带来的挑战。由此也会衍生出新的问题:是否应对人工智能辅助法律活动予以限制,以避免其产生危害。这同样是人工智能法的工具论分支需要关注的问题。

第二十章
人工智能的立法应用

【导读】

随着人工智能的高速发展，人工智能辅助立法已经成为一种新的尝试。人工智能可以通过对海量信息的搜集，更好地提升立法的科学性和民主性，从而改善既有立法模式较为粗放、权力虚化、普适性不足等问题。但人工智能辅助立法也存在一定风险，具体包括人工智能取代人类立法、准确性不足、侵犯权利等问题。对此，应理性看待人工智能在立法辅助中的作用，对其进行合理规制，并探索人工智能立法应用的评价体系。

第一节　人工智能立法应用概述

一、人工智能应用于立法的必要性

随着时间的推移，人工智能在法律中的应用逐渐增多。有学者分析了人工智能在法律中应用的优势：（1）法律有相对稳定的对象、相对明确的前提及严格的程序规则，且须得出确定的判决结论。（2）法律推理中的司法推理，以明确的规则、理性的标准、充分的辩论，为观察思维活动的轨迹提供了可以记录和回放的样本。（3）法律知识长期的积累、完备的档案，为模拟法律知识的获得、表达和应用提供了丰富、准确的资料。（4）法律活动所特有的自我意识、自我批评精神，对法律程序和假设进行检验的传统，为模拟法律推理提供了良好的反思条件。[1]同样，立法作为法治的一部分辅以人工智能也具有一定的必要性。

（一）立法工作所涉及的信息十分庞大，需要人工智能进行辅助协调

当下我国现行有效的法律已达200多部，而规范性文件更是不计其数。众

---

〔1〕　参见张保生："人工智能法律系统的法理学思考"，载《法学评论》2001年第5期。

所周知，一个良好的法律体系是应该具有融贯性的，即法律体系中的各个法律应该相互协调和配合，最终达到一种较为和谐的状态。而如此多的规范性文件仅仅依靠个人的力量难以协调。即使依靠人力能够协调各个规定，但协调其中的各项法条同样存在巨大的困难，这便需要人工智能加以辅助。

（二）立法者的有限理性将在一定程度上影响立法的科学性，需要人工智能进行全数据分析

在立法活动的工作量如此巨大的情况下，有限理性的人类根本不可能彻底协调各个立法之间的关系。"单一个体的行为不可能达到任何理性的高度，因为他必须考虑的备选方案数量太大，评价备选方案所需要的信息太多。"[1] 申而言之，立法所需要协调的信息包括法律体系内部的各项信息以及法律体系之外的其他信息，如社会状况、民众态度等。如此庞大的信息量对于个人而言是无法处理的，因此，对于立法者而言，其最终的方式往往是在几种方案之间进行选择，该种方法的本质是将各种信息简化成几种方案，再针对不同方案进行处理。显然，这样的简化方式势必会误处理一些可能有价值的信息而导致最终的决策出现偏差。因此如何更好地收集、分析和利用信息便成为立法所面临的重要问题。人工智能在某种程度上能够解决这一问题。大数据技术所提倡的理念便是对于全数据的搜集，进而开展深度挖掘。而全数据的理念恰恰是对传统立法中信息无法搜集困境的一个有力的解决方式。对于立法者而言，通过人工智能分析后的方案将比通过人力分析产生的方案更加具有全面性，也更有利于实现决策的科学性。

（三）人工智能辅助立法符合国家及社会的整体发展趋势

法律不可能脱离社会发展，立法活动在某种意义上便是针对社会上发现的各种问题的回应。例如，电子数据进入法定证据种类的立法方式便是对于实践中电子数据在法庭上应用却定位不明这一困境的回应。而当下，人工智能应用于各个领域已是大势所趋。"加快建设'数字中国'，推动物联网、云计算和人工智能等技术向各行业全面融合渗透，构建万物互联、融合创新、智能协同、安全可控的新一代信息技术产业体系"[2] 的提法已经为各方所接受。而立法领域自然也应该顺势而为。

---

[1] ［美］赫伯特·A.西蒙：《管理行为》，詹正茂译，机械工业出版社2013年版，第90页。
[2] 参见《"十三五"国家战略性新兴产业发展规划》。

二、传统立法策略的弊端

（一）传统立法策略

有学者将我国传统立法模式总结为"简化策略""分解策略"和"弥补策略"。[1]其中"简化策略"主要是将"复杂宏大的问题分解成一个个相对简单直观的问题加以解决，即采取简而化之、徐徐图之、逐个击破的模式"。[2]简化策略的本质是通过法律规定的模糊性来弥补其对于现实问题规制能力的不足。所谓"徐徐图之"实际上是一种搁置争议的无奈之举，即在立法者能力尚且不足以应对复杂的立法问题时，通过搁置的方式期待未来随着能力的成熟而重新立法的策略。"分解策略"主要是将立法任务分解给不同的主体加以完成，即在立法者能力不足的时候通过一定程度的下放权力完成有效的立法。比较典型的例子是行政法规、司法解释等立法方式，其本质上是立法者将自身立法权力适当让步。"弥补策略"是一种基于实践而产生的策略。例如，针对某一可能立法的问题，通过先期在某一地区进行立法试验等方式为之后的进一步立法提供指引或补正。

（二）传统立法模式的弊端

传统立法模式是基于人的有限理性所展开的，因此其弊端主要也是由人能力的有限性导致的。

首先，延迟式的立法模式不利于社会的稳定与发展。通过相对粗放式的立法确实可以在一定程度上保证"没有错误"，这虽然是基于现实最合理的妥协，但也只能称之为一种无奈之下的方案。由于立法者无法搜集立法的全面信息，为了避免立法过程中各方利益协调的不合理，通过先制定模糊法律的方式，既具有指导性同时又避免了错误性，但其可操作性差、适用性不足的缺点也势必存在。而实践中，对于这种法律往往通过法律解释、漏洞补充甚至法官造法等方式加以弥补。此类方式虽然可以有效解决个案之中的争议，但对于整个法律系统而言却可能引发一定的冲突。此外，将巨大的立法任务切割成大量的简单任务虽然可以起到化繁为简的作用，但是也可能因切割时信息的减损而引发最终立法时所获取的信息失真的问题。

---

〔1〕参见钱大军、苏杭："人工智能视阈下我国立法决策模式之转变"，载《湖南科技大学学报（社会科学版）》2018年第6期。

〔2〕钱大军、苏杭："人工智能视阈下我国立法决策模式之转变"，载《湖南科技大学学报（社会科学版）》2018年第6期。

其次，立法权力的下放可能引发权力的异化，甚至导致立法者权力虚化。尽管将立法权力交给其他权力部门可能更有利于立法活动的进行。例如，政府部门更加了解实践中的情况，可以更加贴近现实，制定更具有可操作性的法律法规。但是，这种方法无疑也将造成权力的分散。这种分散一方面容易导致其他部门权力进一步扩大，行政机关获得大量的立法权可能加剧行政权力的膨胀；另一方面，立法部门容易出现权力虚化的现象。特别是在立法的"简化策略"之下，立法部门的立法活动有可能演变为形式性、原则性的行为，而真正立法的权力将下沉到其他部门。

最后，立法的普遍适用性不足。采取"试验式"立法确实有利于检验立法的效果，也有利于法律进一步实施。然而，由于我国疆域辽阔，不同地区的经济文化等状况均有不同，先行立法的模式并不具有普遍适用性。换句话说，由于试验地区本身的特点无法确定，不同地区的立法决定因素存在差异，因此试验过后的立法并不具有普遍性，很可能仅仅适用于试验地区。而此类立法由于已经投入了大量成本，只能继续适用，进而导致立法与实践的不匹配。

三、人工智能辅助立法的优势

人工智能运用于立法活动对传统立法模式的弊端无疑是一种修正，具有多重优势。

（一）人工智能技术可以获取更加全面的信息

随着大数据技术的发展，大数据思维提倡一种全数据的思维，即大数据论者认为可以收集所有数据，进而通过全数据进行分析并得出结论或作出预测。这显然在很大程度上弥补了传统立法模式的不足。传统立法受制于信息获取的不足，往往被迫采取拖延、简化等策略来延缓法律规定与社会现实之间的矛盾。而随着大数据和人工智能技术的发展，传统立法等待的突破似乎也即将到来。在大数据技术的帮助下，人类可以搜集到更多可利用的信息，这样可以平衡各方的利益，更加科学地进行立法。具体而言，"其一，在'人工智能+法律'中，人工智能技术驱动的大数据生产，更能让地方立法制度成果真实快速地反映客观规律，同时数据思维的精确性也能最大限度地保障立法的中立性，从而破除立法中的部门利益壁垒。其二，深度发挥人工智能等技术在资料获取方面的优势，辅助立法机关客观、整体、广泛地获取立法数据，征求立法意见，最大限度地反映社情民意。其三，海量数据和人工智能的算法模型丰富了法学实证研究的分析工具和方法，让研究结果更能准确地展现事物的发展规律。此外，随着人工智能技术在地方立法中的不断应用，还可有效应对和处置地方立法过程中可能发生的舆情，实现地方立法与社会的良好互动。"[1]

(二) 人工智能技术运用于立法有利于防止权力异化

如前所述，权力异化现象的发生主要是由于立法部门信息不足。立法者之所以将立法权力下放，一个重要的原因就是立法者无法获取足够的信息，也没有足够的能力处理信息。而随着人工智能技术的加入，立法者不仅可以掌握足够的立法信息，而且可以借助人工智能技术对所有的信息进行整合和分析。当立法者有足够的能力处理纷繁复杂的立法问题时，其便不再需要通过将权力分配给其他部门的方式来缓解自身的压力。

(三) 人工智能技术在立法中的应用将增强规范的普遍适用性

如前所述，立法者所进行的立法试验可能不具有普适性。从某种意义上讲，人工智能活动可以弥补因人类经验不足而导致的普适性不足。例如，一般经验认为经济发达的地区法治也相对发达。然而，这类经验很多时候并不一定正确，而这种基于经验的误判也是导致"地方先发"理论错误的关键。而人工智能技术所运用的"机器经验"是一种不同于人类经验的判断方式，这种经验是基于更多的数据和信息进行的判断。尽管当下并没有研究证明"机器经验"和人类经验的准确性究竟何者更高，但从兼听则明的角度上讲，"机器经验"至少将使人类经验更加丰富。

(四) 人工智能技术能够提升立法的民主性

民主性是立法的基本要求，但是在当前的立法过程中，能够参加相关立法论证会、座谈会和研讨会的专家学者以及利益相关者的数量相对有限，多数普通民众参与地方立法的通道并不顺畅。同时，在地方立法草案意见征集过程中，由于不少地方仍然借助传统意见征集模式，多数普通民众难以拥有较为便利的渠道和方式来发声。[2]而人工智能技术可以更好地帮助地方立法机关获取民众意见。具体而言，人工智能可以更好地搜集各种信息，进而反馈民众的意愿。

■ 要点

1. 由于立法信息的庞大、立法者的有限理性以及国家的推动，人工智能

---

[1]　王建文、方志伟："人工智能辅助地方立法的风险治理"，载《甘肃社会科学》2020年第5期。

[2]　参见王建文、方志伟："人工智能辅助地方立法的风险治理"，载《甘肃社会科学》2020年第5期。

应用于立法活动具有必要性。

2. 传统立法模式存在影响社会稳定、引发权力异化以及普遍性不足的问题，而人工智能技术可以较好地克服这些缺点。

3. 人工智能辅助立法的优势在于可以获取更加全面的信息，有利于防止权力异化，增强规范的普遍适用性，以及提升立法的民主性。

■ 思考题

20.1 依靠人类经验进行立法和依靠"机器经验"进行立法有何异同，未来应如何看待这两种方式？

20.2 相较于传统立法方式，人工智能辅助立法有哪些优劣？

第二节 人工智能辅助立法的应用

一、人工智能在立法准备中的辅助作用

运用大数据技术可以搜集相关问题的各种信息，并通过机器处理后，为立法者提供最为有效的信息。以电子证据立法问题为例，截至 2020 年 5 月，从"北大法宝"检索到涉及电子证据的案例共 41 107 件，[1] 如此数量的判决书所能包含的文本内容更是不计其数，如果该类内容仅由人来分析显然很困难。而人工智能则能很好地解决这一问题，其通过对各种信息的检索和分析，可以挖掘出最有效的信息辅助立法。换言之，"立法者能够利用现代大数据技术来查找存储于大型数据库中所需的特定立法信息，在对海量数据进行收集、挖掘、索引、智能筛选的基础上，人工智能能够快速地帮助立法者作出合理的立法选择"。[2] 此外，大数据和人工智能技术更能预测立法后的效果。运用大数据进行预测是大数据技术应用的关键，当下法律活动中，大数据预测的技术已经开始使用，较为典型的例子是对犯罪热点预测图的绘制。而立法活动中同样可以借助大数据预测技术对立法后的效果进行分析。相较于传统试点的方式，通过大数据进行预测是在全数据的基础上进行的，其可以避免因样本特殊性而导致的误判。

---

〔1〕 数据来源，北大法宝官网，http://www.pkulaw.cn/Case/? Keywords＝％u7535％u5B50％u8BC1％u636E，最后访问时间：2020 年 5 月 15 日。

〔2〕 刘佳明："人工智能立法的运用及其规制"，载《湖南农业大学学报（社会科学版）》2021年第 1 期。

二、人工智能在法律制定中的辅助作用

运用人工智能辅助法律草案的制定可以在以下方面发挥作用：首先，人工智能可以帮助实现法律融贯性——人工智能可以对当下各个规定进行分析，并将立法草案与现有法律相比对，对其中冲突的部分加以说明并提出修改意见，对一些缺失的部分，人工智能同样可以提出相应的意见进行弥补；其次，人工智能可以对立法草案的文本进行分析，对其中不符合案例判决、社会心态的内容予以指正，进而实现法律文本与现实的契合；最后，人工智能可以从更加宏观的角度对法律文本进行分析，例如有关跨学科的知识，人工智能可以通过快速学习筛选，为立法工作者提供立法所需的跨学科专业知识。[1]

三、人工智能在立法后评估和修正中的辅助作用

人工智能在立法后评估和修正中的辅助作用主要表现在两个方面。一方面，人工智能可以更加广泛地收集有关法律的意见，进而对立法草案形成反馈。实践中，由于立法工作量过大，很多立法工作对于社会意见都无法有效吸纳。而人工智能则可以在很大程度上缓解这种因工作量问题而导致的困境。具体来说，人工智能通过对于社会反映的全面评价，可以有效吸纳各项民主意见，实现民主立法，兼顾社会各方利益，保障公平立法。值得注意的是，在人工智能的协调之下，立法者和民众可以形成良性沟通，这也为民主法治建设提供了重要的条件。另一方面，人工智能在立法评估中同样可以发挥作用。人工智能通过大数据分析，对立法实施的效果进行实时反馈，并形成结构化、可视化的评估报告，进而分析立法是否达到预期。[2]其不仅弥补了法律滞后性的缺陷，也为立法机关接下来的立法提供经验和导向。

值得关注的是，当前人工智能辅助立法已经引起了各方注意。2020年全国两会期间，全国人大代表、科大讯飞董事长刘庆峰建议，应用人工智能技术，推进"智慧人大"建设。具体而言，其主要提出了三点内容。[3]

（1）引入智能语音技术，提升人大办公和代表服务质效。语音识别技术

---

〔1〕　参见姜素红、陈可："人工智能辅助地方立法的应用与规制"，载《湖南大学学报（社会科学版）》2019年第4期。

〔2〕　参见刘佳明："人工智能立法的运用及其规制"，载《湖南农业大学学报（社会科学版）》2021年第1期。

〔3〕　"刘庆峰代表：用人工智能技术辅助人大立法工作，提升立法效率"，载百度网，https://baijiahao.baidu.com/s？id=1667576862809582474&wfr=spider&for=pc，最后访问时间：2021年9月20日。

可以自动地将语音转成文字并实现字音同步，语音合成技术可以将文字读出来便于信息获取。相关技术已在安徽和上海等地方人大会议、全国政协十三届第二次会议等数百场会议中成功应用。智能语音技术已成为精简高效、深化服务代表工作质量的创新模式。建议充分发挥智能语音技术在简报生成过程中全程记录、音字同步的优势，更好地实现信息共享，为人大会议服务和代表参会提质增效，为促进代表间相互借鉴、交流提供智能化手段。

（2）增强互联网和人工智能技术在建议办理工作中的应用，用数字技术服务代表履职工作。建议充分利用移动互联网、视频和人工智能等技术，基于全国人大代表联络专网建设统一的建议办理远程沟通交流平台。通过该平台，将座谈、调研、意见听取等工作往线上迁移，对沟通过程进行数字化、智能化处理，从而实现全国基层代表建议办理全过程可跟踪、可追溯，打造阳光、环保、高质、高效的办理环境。

（3）应用人工智能技术辅助人大立法工作，提升立法效率。人工智能技术已经在"以审判为中心"的司法改革中发挥了积极作用。利用人工智能及法律知识图谱，可以对证据链之间的关联关系进行判断，并推送关联证据、类似案件和量刑建议，辅助办案人员对案件进行全面的审查分析和判断。建议将相关技术应用到人大立法工作中。通过构建智慧立法的应用体系，利用人工智能给出相似法律法规的自动检索和呈现，判断拟立法律法规与已有法规之间是否相互矛盾；辅助各级人大进行立法资料的智能检索、立法征集意见的筛选分析、法律法规的辅助备案审查；减轻立法工作者负担，提升立法效率。

■ **要点**

1. 在立法准备过程中，人工智能可以基于大数据的分析，针对当下社会中面临的各种问题，判断是否应该进行立法。

2. 在法律制定过程中，人工智能可以辅助草案的制定。

3. 在法律形成之后，人工智能可以协助实现立法评估和修正。

■ **思考题**

20.3 人工智能辅助立法有何阻力？

20.4 人工智能辅助立法都有哪些实现路径？

第三节　人工智能辅助立法的风险与应对

一、人工智能辅助立法的风险

尽管人工智能在辅助立法活动中有独特的优势，但如果过度信赖人工智能，可能会引发较大的风险，这主要表现为以下几个方面。

（一）人工智能存在取代人类立法的风险

在过于强调人工智能技术运用的背景下，立法者有可能因为畏惧责任或对人工智能盲目崇拜而选择全面接受人工智能的判断与选择，而这样的方式实际上将立法活动的主体转变为机器。从伦理上讲，由机器管制和限制人类活动是人类所不能接受的。

（二）人工智能存在"伪精确性"的风险

尽管大数据时代提倡全数据的分析，但实际上，机器所能获取的数据是有限的。特别是在立法领域，我国现阶段的立法数据不仅在"量"上不全，而且在"质"上也没有足够的保障。在这种情况下，人工智能分析的质量也很难保障。特别是在很多情况下，立法的结果无从考证，由于人工智能的不可解释性，"立法平台将各种立法意见、社会现实、立法经验等立法依据、理由清洗、挖掘、形塑为结构化的立法数据，并通过一系列的算法运算后得出立法结果，但立法者却并不知悉其经历了怎样的运算过程，对立法意见是如何分类、挖掘，吸收了何种意见，为什么吸收，人工智能也无法给出明确答案"。[1]这将进一步引发人们对于立法科学性的质疑。

（三）弱人工智能无法应对复杂的利益协调

立法活动的一个重要内容就是协调各方的利益，而目前的弱人工智能技术尚无法完成如此复杂的活动，除非人工智能发展到强人工智能时代。在此之前，协调利益的工作还是得由人来完成。

（四）人工智能存在侵犯权利的可能

人工智能侵犯权利的风险至少涉及两个方面。一是对公民数据的过度收集。"为追求立法效率，人工智能辅助地方立法平台的开发者可能忽视其至主

---

〔1〕　王建文、方志伟："人工智能辅助地方立法的风险治理"，载《甘肃社会科学》2020年第5期。

动规避个人信息收集的目的限制，对个人信息进行深度挖掘和利用。"[1]而其中很可能包括公民的隐私信息，这将直接构成对隐私权的侵犯。二是对公民平等权的侵犯。"人工智能立法的运行逻辑是经验性的，所有立法信息都是从数据中产生，系统通过应用程序将数据输入转化为立法结果。一旦数据输入不全面或存在偏差，那么基于数据输入所做出的立法选择将会复制原有世界的不平等现象。"[2]

（五）人工智能技术的不成熟与规制的不健全进一步加剧了人工智能运用于立法的风险

在弱人工智能阶段，人工智能技术无法完成独立的立法活动，如果贸然使用，有可能引发秩序的混乱；而从法律的角度上讲，人工智能技术的应用尚没有完善的法律规制，不同国家、不同学者对于人工智能的法律规制依然存在争议。在此背景下，对人工智能技术可能引发的精确性不足、权力失衡、价值预设不合理等问题均无法进行有效限制。而如果将不成熟的人工智能技术运用于立法过程之中，人工智能所存在的既有问题将同样体现在立法活动中，而这些缺陷将直接影响立法进而引发社会的不稳定。

二、人工智能在立法中应用的未来

（一）应明确人工智能技术在立法中的辅助地位

一方面，应明确人工智能是可错的。人工智能分析尽管相较于传统数据分析更加可靠，但这种可靠性同样是相对的。从某种意义上讲，DNA 等科学证据的发展轨迹一定程度上可以佐证新的科学在司法活动中的发展路径。根据美国"无辜者项目"2019 年更新的数据，在通过 DNA 检测被证明无辜的 350 多起冤案中，有近一半的冤案（45%）竟然是由"法庭科学的不当使用"造成的。[3]显然，为避免重蹈覆辙，强化对于新型数据可错性的认识是十分重要的。另一方面，应明确人工智能是非独立的。"扬弃在语言中，有双重意义，它既意谓保存、保持，又意谓停止、终结。"[4]对于人工智能的使用并不代表

---

〔1〕 王建文、方志伟："人工智能辅助地方立法的风险治理"，载《甘肃社会科学》2020 年第 5 期。

〔2〕 刘佳明："人工智能立法的运用及其规制"，载《湖南农业大学学报（社会科学版）》2021 年第 1 期。

〔3〕 See Overturning Wrongful Convictions Involving Misapplied Forensics, Innocence Project, https://www. Innocenceproject. org/causes/misapplication-forensic-science /, last visited on Oct. 21, 2020.

〔4〕 ［德］黑格尔：《逻辑学》（上卷），杨一之译，商务印书馆 1982 年版，第 98 页。

对于过去认知与知识的全部放弃。传统的立法方式同样是经过了长时间经验积累的结果，其虽存在弊端，但也有自身的优势，立法者应正确认识其本身的优缺点，合理调整立法方式。

（二）应尽快建立并完善人工智能立法应用的相关制度

人工智能的运用只有在合理的规制之下，才能发挥应有的效果。因此，我们应该探索建立人工智能辅助立法的相关规范，以有效规制人工智能在立法准备、法律制定、立法后评估和修正等立法全流程中的应用，避免相关风险的发生。

（三）应探索人工智能立法应用的评价体系

尽管人工智能是评估立法的有效方式，但何以保障人工智能的评价具有准确性呢？一方面，应逐步发展人工智能技术，提升人工智能评价的准确性；另一方面，应探索不同人工智能在立法应用中的准确性评价机制，从而选择最优的人工智能立法方式。

■ 要点

1. 人工辅助立法可能存在机器取代人类、因精确性不足而导致立法误差以及因规制不足而导致立法失控等风险，对此，应正确认识人工智能技术，对其进行合理规制。

2. 面对人工智能辅助立法的风险，应树立正确的理念，尽快完成对于人工智能的有效规制，并探索人工智能立法应用的评价体系。

■ 思考题

20.5 人工智能辅助立法有哪些社会风险，应该如何规避？

20.6 人工智能对于传统立法原则是否构成挑战？

20.7 "北大法宝规范性文件备案审查工作平台"已在多省市司法厅局落地应用，极大地缓解了当前司法行政机关工作人员在备案审查工作中的压力，全流程电子化、一键报备、极速备案、智能审查，实现有件必报、有备必审、有错必纠，提升规范性文件审核质量和效率，与多家省市级司法厅局合作，已应用于日常立法工作，助力备案审查业务全面转型升级。该平台贯彻落实了"数字法治 智慧司法"信息化体系建设的要求，充分应用大数据、人工智能等技术，建设规范性文件备案审查平台，解决立法的过程规范性、法规规章审查高效性、意见征集广泛性等问题，提升立法质量。开发规范性文件备案审查、公众查询评价等功能，并面向公众公开，所有备案文件均可网上查询、评价，助力法治政府和服务型政府建设。

如何看待这一现象？

■ **本章阅读文献**

1. 姜素红、张可："人工智能辅助地方立法的应用与规制"，载《湖南大学学报（社会科学版）》2019 年第 4 期。

2. 钱大军、苏杭："人工智能视阈下我国立法决策模式之转变"，载《湖南科技大学学报（社会科学版）》2018 年第 6 期。

3. 王建文、方志伟："人工智能辅助地方立法的风险治理"，载《甘肃社会科学》2020 年第 5 期。

4. 刘佳明："人工智能立法的运用及其规制"，载《湖南农业大学学报（社会科学版）》2021 年第 1 期。

第二十一章
人工智能的司法应用

【导读】

目前，人工智能的司法应用已经进入深度融合阶段，经历了智慧司法制度建设的井喷期之后，最高人民法院等各级人民法院的智慧司法制度设计都逐渐呈现出精细化趋势，在实践层面，以"数据法院、智慧法院"为理念的人工智能技术得到了广泛应用，无论是在互联网法院还是在传统的线下法院都有体现。检察机关的人工智能建设也是遍地开花，在智慧检务建设中人工智能应用也成为主流趋势。但目前我国的人工智能司法还面临着许多困境和挑战，例如融合困境、证据推理困境、法律解释困境、伦理规制困境以及算法风险等。因此，还需要从顶层设计层面构建多维司法价值均衡发展的科学理论，研发遵循司法规律的智能化应用，制定司法人工智能的伦理规范。从具体问题来看，还需要明确人工智能司法的定位，明晰具体的法律论证结构，避免算法风险，建立人工智能归责制度，并且要建设现代化的司法数据库。

第一节 人工智能司法应用的发展与现状

一、人民法院中人工智能制度建设

当下，人工智能技术逐渐成熟并实现了深度应用。2016 年，在世界互联网大会智慧法院暨网络法治论坛上，时任最高人民法院院长周强提出："将积极推动人工智能在司法领域的应用"，"司法机关以高昂的热情、巨额的投入、异乎寻常的速度和规模，实现人工智能与司法操作的对接，众多成果已经实际启动司法运行。"[1]在最高人民法院的推动下，以"数据法院、智慧法院"为理念的人工智能技术得到广泛应用。"部分法院尝试开发了人工智能办案系

---

[1] 黄京平："刑事司法人工智能的负面清单"，载《探索与争鸣》2017 年第 10 期。

统，在公检法共享办案平台上初步实现了证据标准和证据规则统一、单一证据合法性校验、证据链逻辑性判断和比对、类案推送、量刑参考和文书自动生成等方面的智能化。"[1]

人民法院人工智能制度相关立法规范不断完善，2016年2月22日，最高人民法院召开专题会议，研究通过了《人民法院信息化建设五年发展规划（2016—2020）》和《最高人民法院信息化建设五年发展规划（2016—2020）》。2017年4月20日发布的《最高人民法院关于加快建设智慧法院的意见》强调，运用大数据和人工智能技术，按需提供精准智能服务。2017年7月25日发布的《最高人民法院司法责任制实施意见（试行）》，明确要求法官审理案件应全面检索类案和关联案并制作检索报告。

2019年2月27日，最高人民法院向社会公开发布了关于深化人民法院司法体制综合配套改革的意见《人民法院第五个五年改革纲要（2019—2023）》（以下简称"五五改革纲要"）。"五五改革纲要"提出要构建中国特色社会主义现代化智慧法院应用体系，不断破解改革难题、提升司法效能。之后，地方各级人民法院也制定了一系列法院信息化建设的发展规划，例如《辽宁省人民法院信息化建设五年发展规划（2018—2022）》、吉林省高级人民法院《关于全面推进吉林法院诉讼服务中心现代化建设的意见》《内蒙古自治区智慧法院顶层设计规划（2019—2023）》等。

经过了一个智慧司法制度建设方面的井喷期之后，各级人民法院的智慧司法制度设计逐渐呈现出精细化趋势。例如，2021年2月3日，最高人民法院发布了《最高人民法院关于为跨境诉讼当事人提供网上立案服务的若干规定》，推进跨境网上立案工作，依托中国移动微法院为跨境诉讼当事人提供网上立案服务。2021年6月16日，最高人民法院发布了《人民法院在线诉讼规则》，将原本只有互联网法院先行制定的一系列诉讼规则进行了位阶上的提升和内容优化。《人民法院在线诉讼规则》首次确立了在线诉讼的基本原则，明确在线诉讼应当坚持"公正高效""合法自愿""权利保障""便民利民""安全可靠"五个基本原则。其还明确了电子化材料的效力和审核规则、区块链存证的效力范围和审查标准、在线庭审规范、非同步审理机制的效力、电子送达规则等，不仅填补了智慧司法建设以来的制度空白，也极大地肯定了以互联网法院为代表的一系列智慧法院建设成果。

---

[1] 潘庸鲁："人工智能介入司法领域的价值与定位"，载《探索与争鸣》2017年第10期。

二、人民检察院中人工智能制度建设

2003 年 3 月 11 日，《最高人民检察院工作报告》明确提出，要改革检察业务工作机制。2016 年 9 月 1 日，最高人民检察院发布的《"十三五"时期检察工作发展规划纲要》强调，要坚持科技引领、信息支撑，加快建立智慧检务五大体系，促进现代科技与检察工作深度融合，推进检察工作现代化。2017年 6 月 13 日，最高人民检察院印发的《检察大数据行动指南（2017—2020年）》提出，全国检察机关将依托大数据及智能语音等前沿科技，统筹利用以司法办案数据为核心的检察数据资源，建立检察大数据总体架构，营造大数据应用良好生态，打造"智慧检务"。

2017 年 11 月 1 日，最高人民检察院检察长曹建明在《最高人民检察院关于人民检察院全面深化司法改革情况的报告》中指出，最高人民检察院先后颁布实施全国检察信息化发展规划纲要、科技强检规划纲要等指导性文件，推动检察工作与现代科技融合发展。2018 年 1 月 3 日，最高人民检察院明确提出智慧检务建设重大战略，正式印发《最高人民检察院关于深化智慧检务建设的意见》，勾勒了未来智慧检务建设的宏伟蓝图。2018 年 7 月，最高人民检察院制定印发《全国检察机关智慧检务行动指南（2018—2020 年）》，进一步完善智慧检务建设顶层设计工作，指明检察信息化工作发展方向。

各级地方关于检察机关的人工智能应用的相关制度还有很多，也正是在这种制度引导的基础上，检察机关的人工智能建设也像上文中的智慧法院建设一样遍地开花。例如山东青岛的智慧档案建设，[1]山东省的"检察护航 App"的使用，[2]宁夏回族自治区的检察官业绩考核系统的使用等。[3]智慧检务建设与智慧法院建设类似，都是建立在电子检务工程建设的基础上，具体领域包括智能语音识别、刑事量刑建议和法律文书自动生成等；在司法管理领域的智能化应用方面主要包括监察办公动态流转和队伍管理数据画像等；在司法服务领域的智能化应用主要包括检务公开和智慧服务等。在智慧检务建设中，应用

---

〔1〕 参见卢金增、刘冰："山东青岛：智慧档案管理提升归档工作质效"，载最高人民检察院官网，https：//www.spp.gov.cn/spp/dfjcdt/202102/t20210202_508261.shtml，最后访问时间：2022 年 4 月 9 日。

〔2〕 参见卢金增、庞玥："'检察护航 App'：打通服务保障民营企业发展'最后一公里'"，载最高人民检察院官网，https：//www.spp.gov.cn/spp/llyj/202101/t20210123_507291.shtml，最后访问时间：2022 年 4 月 9 日。

〔3〕 参见张倩倩、马建军："宁夏吴忠：运用信息化系统提升检察官业务考评质效"，载最高人民检察院官网，https：//www.spp.gov.cn/spp/dfjcdt/202101/t20210110_505903.shtml，最后访问时间：2022 年 4 月 9 日。

人工智能也已经成为主流趋势。[1]

三、人工智能司法平台建设及应用

（一）互联网法院的人工智能应用

1. 北京互联网法院"AI 虚拟法官""移动微法院"和"微淘账号"

北京互联网法院"AI 虚拟法官"借助了搜狗公司的语音智能合成和形象智能合成两项国内顶尖的技术，其中，语音合成引擎负责将输入的文本转化为对应的语音，形象合成引擎负责让 AI 分身带有动作、有情感地讲述输入的文本。[2]"移动微法院"则可以提供一站式自助诉讼，实现了"随时随地随享"的诉讼体验。诉讼当事人只要关注"北京互联网法院诉讼服务"微信公众号，就可以点开"移动微法院"小程序。[3]"微淘账号"则可以用于发布信息、运营粉丝，用"淘宝旺旺"聊天工具与在线商家互动，进行送达、询问等一系列诉讼活动，给当事人带来巨大便利。[4]设立"微淘账号"，能够实现诉讼服务的精准投放，让服务、宣传等效能出现强大的增益效应。[5]

2. 杭州互联网法院"智能证据分析系统"

2019 年 12 月 12 日，杭州互联网法院上线智能证据分析系统，综合运用区块链、人工智能、大数据、云计算等前沿技术，将大量机械、重复的工作交给系统完成，法官们一键点击就能获得证据分析结果，为办案提供参考。例如，该系统可以实现智能证据分析系统制作证据目录、文字作品比对、图片比对、视频分析和金融借款核算。[6]

3. 杭州互联网法院"智能立案系统"

"智能立案系统"是杭州互联网法院诉讼平台上的功能之一，实现了诉状

[1] 参见崔霞："迈向智能化：人工智能嵌入检务改革的实践路径"，载《社会科学家》2021 年第 6 期。

[2] 参见杨少伟："全球首位 AI 虚拟法官登场！"，载中国长安网，http://www.chinapeace.gov.cn/chinapeace/c54220/2019-06/27/content_ 12273408. shtml，最后访问时间：2022 年 4 月 9 日。

[3] 参见孙欣："北京互联网法院在线智慧诉讼服务中心实现全流程在线诉讼"，载中国法院网，https://www.chinacourt.org/article/detail/2019/06/id/4112428. shtml，最后访问时间：2022 年 4 月 9 日。

[4] 参见徐慧瑶："北京互联网法院推出全国首位 AI 虚拟法官——可在手机端 24 小时全程指导当事人打官司"，载《北京晚报》2019 年 6 月 27 日，第 7 版。

[5] 杨少伟："全球首位 AI 虚拟法官登场！"，载中国长安网，http://www.chinapeace.gov.cn/chinapeace/c54220/2019-06/27/content_ 12273408. shtml，最后访问时间：2022 年 4 月 9 日。

[6] 参见杭宜："证据分析结果一键获取 杭州互联网法院上线智能证据分析系统"，载中国法院网，https://www.chinacourt.org/article/detail/2019/12/id/4747683. shtml，最后访问时间：2022 年 4 月 9 日。

一键生成、数据自动提取、机器审查立案、大数据类案推送等功能。在当事人提交的诉讼请求符合立案标准的条件下，"智能立案系统"可以自动识别并完成立案审查程序，作出立案与否的决定。对于完全符合立案审查标准的起诉，该系统可以自动审查后立案，显示立案原因；对于无法作出准确判断的起诉，该系统会自动标注无法判断的问题，并自动推送给立案法官，帮助立案法官快速定位。[1]

4. 广州互联网法院"线上证据交换平台"

广州互联网法院"线上证据交换平台"，可以方便快捷自助举证，免去各方往返法院的不便。当事人可在规定举证期限内自由提交证据并随时发表意见，便于提前了解证据，打破信息不对称的壁垒，提速矛盾化解进程。该平台还可以自助向当事人在淘宝等电商平台上预留的有效手机号码、电子邮箱发送电子诉讼材料，实现即立、即送、即达。

5. 广州互联网法院"类案批量智审系统"

"类案批量智审系统"可以借助区块链技术在"网通法链"智慧信用生态系统的成熟运用，一键调取存证平台证据，充分发挥区块链技术在纠纷全程在线解决中的重要作用。在线纠纷"类案批量智审系统"通过链接在线纠纷多元化解平台、"网通法链"智慧信用生态系统等司法平台，优化案件自动完成批量智能多元化解、证据自动存储和提取、案件自动流转等环节，有效减少纠纷进入诉讼环节，确保进入诉讼程序的同类案件实现批量智能审理。

（二）传统法院的人工智能应用

1. 北京市高级人民法院"睿法官"系统

2016 年 12 月 14 日，北京市高级人民法院上线了北京法院智能研判系统——"睿法官"。"睿法官"系统依托于北京法院智汇云，立足于法官办案的核心需求，运用大数据、云计算、人工智能等新兴技术，通过智能机器学习、多维度数据支持、全流程数据服务，实现为案情"画像"，为法官判案提供统一、全面的审理支持。[2]

---

〔1〕　参见杭州中院："杭州互联网法院'智能立案'系统上线啦！"，载搜狐网，https://www.so-hu.com/a/213141214_696963，最后访问时间：2022 年 4 月 9 日。
〔2〕　赵岩："体验智慧法院 感受诉讼便捷——最高法院'智慧法院'开放日活动走进北京高院"，载北京法院网，https://bjgy.chinacourt.gov.cn/article/detail/2016/12/id/2392651.shtml，最后访问时间：2022 年 4 月 9 日。

2. 贵州省贵阳市"贵阳政法大数据办案系统"

2017 年 1 月，贵阳市开发了"贵阳政法大数据办案系统"。"贵阳政法大数据办案系统"分为公安业务、检察院业务和法院业务三个模块，每个模块都设定了完整的责任流转条件。如果某一案件没有完成前一环节应该具备的条件，则该案件无法流转到下一个环节，平台也会自动推送给具体办案人员，限期补充完善通过上述流程的设定。[1]

3. 海南省首个法院智慧审判系统

2017 年 11 月 17 日，海南省首个法院智慧审判系统在海南省第一中级人民法院正式启动上线运行。海南省第一中级人民法院将"电子卷宗+信息采集构建智慧审判项目"与审判管理系统二期建设深度融合、协调推进，打造智慧审判系统，构建在立案、庭审、裁判三个环节深度运用并覆盖法院审判流程的五大平台。[2]

4. 上海市高级人民法院"上海刑事案件智能辅助办案系统"

2017 年 5 月 3 日，上海市高级人民法院研发的"上海刑事案件智能辅助办案系统"，又名"206 系统"正式试运行。"206 系统"第一次将法定的统一证据标准嵌入公检法三机关的数据化刑事办案系统中，并且联通了公检法三机关的办案平台。"206 系统"主要由上海刑事案件大数据资源库、上海刑事案件智能辅助办案应用软件和上海刑事案件智能辅助办案系统网络平台三部分组成。[3]

5. 云南省高级人民法院"毒品案件大数据分析平台"及"云南政法大数据办案平台"

云南省高级人民法院"毒品案件大数据分析平台"以云南省公开裁判文书和省内各地汇集的大数据资源为基础，利用毒品犯罪数据挖掘、建模分析等信息化辅助技术，从多层次的毒品案件发生趋势、涉案群体特征和案件审判规律三个方面截取司法数据，实时监测各个时间节点的动态变化，提前做好风险

---

〔1〕 李阳："刑事诉讼改革难题怎么破？仅有制度还不够——大数据唱响司法改革创新时代强音"，载最高人民法院官网，https://www.court.gov.cn/zixun-xiangqing-50532.html，最后访问时间：2022 年 4 月 9 日。

〔2〕 参见夏冠男："海南首个法院智慧审判系统正式启动上线运行"，载中国法院网，https://www.chinacourt.org/article/detail/2017/11/id/3081066.shtml，最后访问时间：2022 年 4 月 9 日。

〔3〕 参见严剑漪："揭秘'206'：法院未来的人工智能图景——上海刑事案件智能辅助办案系统154 天研发实录"，载中国法院网，https://www.chinacourt.org/article/detail/2017/07/id/2916860.shtml，最后访问时间：2022 年 4 月 9 日。

预警和诉前处理，形成多维度的毒品犯罪专题分析报告，为智慧办案应用建设提供数据参考依据。"云南政法大数据办案平台"则是通过电子卷宗一家扫描、多家利用，案件信息一家录入、多家共享，业务协同一家发起、多家互通的方式，不但解决了政法部门之间办案数据和卷宗信息重复录入的问题，还解决了政法部门之间数据不准确的问题，提升了工作效率，节约了办案成本。[1]

6. 浙江省高级人民法院"e 键智能送达"

2018 年 6 月，浙江省高级人民法院将台州试行的电子送达模块嵌入办案平台，在全省部署运行。2019 年 5 月，浙江省高级人民法院审管处与嘉兴中院在台州智能送达 1.0、湖州智能送达 2.0 的基础上，联合开发智能送达 3.0，并在桐乡法院率先试点。2019 年 8 月，嘉兴全市法院上线智能送达 3.0。随着试点扩大、功能改进、规定出台，全新的"e 键智能送达"在全省铺开。[2]

（三）检察院的人工智能应用

1. 江苏省检察院"案管机器人"上线运行

"案管机器人"，全称为江苏检察机关办案智能辅助系统，是检察机关案件办理、对外监督、内部管理的全覆盖、全流程、全留痕和数字化、规范化、智能化软件平台。已上线的"案管机器人"细分为大数据应用平台、侦监公诉、执检办案智能辅助、绩效考核和实物机器人等多个系统，已涵盖侦监、公诉、执检、案管等业务部门的案件办理、对外监督和内部管理，贯穿公检法司整个司法办案活动。[3]

2. 贵州省检察院大数据应用中心

2016 年 9 月，贵州检察大数据应用中心建成投入使用。贵州省检察机关正在全力打造检察大数据三个应用系统。一是创建大数据司法办案辅助系统；二是创设案件智能研判系统；三是创立大数据分析服务系统。此外，贵州检察机关还统一数据标准，已经建立检察机关信息资源目录和政法机关统一数据交换标准，初步形成电子卷宗库、起诉书库、犯罪嫌疑人基本信息库等各类主题

---

〔1〕　参见荼莹、杨帆："用好'云'数据 实现'云'共享——云南加快智慧法院建设'升级换代'"，载中国法院网，https://www.chinacourt.org/article/detail/2019/05/id/3886442.shtml，最后访问时间：2022 年 4 月 9 日。

〔2〕　参见高敏等："'e 键智能送达'全省上线，有效破解'送达难'"，载浙江法院网，http://www.zjcourt.cn/art/2020/1/9/art_56_19642.html，最后访问时间：2022 年 4 月 9 日。

〔3〕　参见卢志坚、朱晓颖："江苏检察机关'案管机器人'正式上线"，载中国新闻网，https://www.chinanews.com.cn/gn/2017/08-02/8293517.shtml，最后访问时间：2022 年 4 月 9 日。

数据库，逐步建成检察机关大数据资源池。[1]

3. 北京市检察院"检立方 C-139"大数据平台

2014 年，北京市检察院依托全国检察机关统一业务应用系统，利用大数据思维和技术，对历年来积累的办案数据进行了整合、挖掘和利用，建立了"检立方 C-139"大数据辅助决策平台。"检立方"的核心理念为"一核、三轴、四维、多面"的大数据立方体。

2017 年 4 月，北京市检察院在"检立方"大数据平台基础上，进一步转型升级打造了检察管理监督平台系统 1.0 版，已正式上线运行的这一平台将建设成为检察管理监督体系的主阵地和中枢，实现全程网上留痕、动态管控，全院、全员、全过程管理监督。[2]

4. 浙江省检察院大数据云平台

2016 年 3 月，浙江省检察机关与阿里云合作，同步建设"浙检云图""浙检云视""浙检云政""浙检云侦"平台。"浙检云图"大数据可视化应用平台分总屏和分屏两部分，可以在全省地图区域展现数据地区分布情况和实时办案数据信息，将分析后的数据以动态、直观的多维报表、图形形式展现，为领导决策提供数据依据。[3]

■ 要点

1. 在人民法院人工智能制度建设上，从 2016 年到 2021 年，我国依次通过了《人民法院信息化建设五年发展规划（2016—2020）》《最高人民法院信息化建设五年发展规划（2016—2020）》《最高人民法院关于加快建设智慧法院的意见》等一系列政策、规范，各级法院的智慧司法制度设计都呈现出了精细化趋势。在司法平台建设上，北京、杭州、广州互联网法院都上线了人工智能系统，传统法院也纷纷上线了智慧审判、智能辅助办案、大数据分析等平台。

2. 在检察工作方面，我国通过了《"十三五"时期检察工作发展规划纲要》《检察大数据行动指南（2017—2020）》《全国检察机关智慧检务行动指

---

〔1〕"检察机关大数据建设应用典型案例"，载正义网，http://news.jcrb.com/jxsw/201706/t20170612_ 1764810.html，最后访问时间：2022 年 4 月 9 日。

〔2〕"检察机关大数据建设应用典型案例"，载正义网，http://news.jcrb.com/jxsw/201706/t20170612_ 1764810.html，最后访问时间：2022 年 4 月 9 日。

〔3〕"检察机关大数据建设应用典型案例"，载正义网，http://news.jcrb.com/jxsw/201706/t20170612_ 1764810.html，最后访问时间：2022 年 4 月 9 日。

南（2018—2020 年）》等一系列政策文件，实践中检察机关也在探索运用办案智能辅助系统、大数据分析系统、案件智能研判系统等平台。

■ 思考题

21.1　除了上文列举的内容，司法实践中还有哪些人工智能司法平台建设？

21.2　目前的人工智能司法平台建设有什么特点？

第二节　人工智能司法应用的挑战

智慧司法创新是有效提升国家法治水平的重要力量，但目前我国的人工智能司法还面临许多困难和挑战，在未来路径上，需要从顶层设计构建多维司法价值均衡发展的科学理论出发，研发遵循司法规律的智能化应用，建立起以司法人员为中心的人机协同机制，构建司法改革成效评估的科学方法，制定司法人工智能的伦理规范，探索适应司法数字化改革的诉讼制度。[1]

一、融合困境

融合困境是指人工智能融入司法工作过程中可能面临的问题，主要体现在"认知""应用"和"治理"三个层面。"认知困境"可以概括为法官是否将被人工智能所取代这一问题。其中分为两种观点，即人工智能"取代论"和人工智能"无用论"。两种理论对于"法官是否将被人工智能所取代"这一问题的回答呈现"是"与"否"两种完全不同的答案。[2]人工智能能否取代法官进行裁判和人工智能裁判会不会违反长久以来的各种司法原则应当结合起来考量。技术的发展或许没有上限，即便是在未来强人工智能已经接近人脑的情况下，人工智能应用给传统法官裁判带来的原则与规则上的挑战也是要持续关注的，对这些问题的讨论可能会直接影响人工智能的现实应用。

从技术局限性的角度可以将人工智能在应用方面的困境概括为：（1）概率建模下的司法要素限缩。（2）裁决算法的价值偏见。（3）裁决算法黑箱。[3]

〔1〕 参见魏斌："司法人工智能融入司法改革的难题与路径"，载《现代法学》2021 年第 3 期。

〔2〕 参见马治国、刘宝林："人工智能司法应用的法理分析：价值、困境及路径"，载《青海社会科学》2018 年第 5 期。

〔3〕 参见马靖云："智慧司法的难题及其破解"，载《华东政法大学学报》2019 年第 4 期。

从司法实践的角度可以将应用困境概括为：（1）难以彰显司法的人文性。（2）容易滋生司法人员惰性。（3）可能引发隐私泄露问题。应用困境还可以概括为人工智能裁判的技术与价值问题。[1]具体而言，人工智能裁判的技术问题是指在应用当中"计算机是否能像法官一样思维并作出裁判？"人工智能裁判的价值问题是指"人工智能裁判在法律上和法理上的正当性"。[2]

在人工智能的司法应用中，我们不应该出于对人工智能天然的排斥感而导致对其不信任，而是要尝试理解和接受技术带来的优越性。从某种程度上讲，"技术黑箱"与"司法黑箱"对普通民众来说可能都是一样的，只不过对司法工作者来说，由于"技术黑箱"导致自己处理司法工作的盲目是比较可怕的。任何技术在充分发展之前都会经历使外行人感到"盲目"的过程，在技术发展过程中，以"试验田"的方式，逐步探索和放开人工智能与司法结合的进程，可以率先帮助发现过度应用当中的风险。

治理困境可以概括为"法律治理困境"和"政策治理困境"。其中法律治理困境主要与人工智能的发展状态和阶段有关，核心是关于"责任主体的确定"。随着人工智能从"弱人工智能"到"强人工智能"的不断发展，人工智能载体是否能够成为以独立主体的身份承担相应的法律责任的问题的答案，将会对传统法律体系产生巨大的影响。政策治理困境中，当下传统的治理理念、制度、机制及现有的治理能力明显滞后于人工智能的技术发展和实践应用，这些问题的解决需要政策体系的全面调整。[3]治理方面的困境还体现在当前我国的司法改革过程中，司法人工智能融入司法改革还面临着一系列新问题，例如，司法人工智能难以满足司法改革的任务需求，人工智能等新科技需要理解司法规律，推动类案检索、繁简分流、认罪认罚制度、刑事及民事速裁等司法改革任务的智能化，这都需要进一步的路径探索。司法人工智能仍然受限于人工智能的技术瓶颈，存在算法不可解释和算法过拟合的问题，这都使智能化决策的结果备受质疑。[4]这些治理上的困难从更抽象的层面来看体现为价值上的问题，司法人工智能需要在传统的司法过程中寻找到其自身的价值存在，才能突破固有的桎梏或者与既有的制度和规则形成合力，进一步促进其发展。

---

[1] 参见罗维鹏："人工智能裁判的问题归纳与前瞻"，载《国家检察官学院学报》2018第5期。

[2] 参见马治国、刘宝林："人工智能司法应用的法理分析：价值、困境及路径"，载《青海社会科学》2018年第5期。

[3] 参见马治国、刘宝林："人工智能司法应用的法理分析：价值、困境及路径"，载《青海社会科学》2018年第5期。

[4] 参见魏斌："司法人工智能融入司法改革的难题与路径"，载《现代法学》2021年第3期。

二、司法过程及价值困境

(一) 证据推理困境

证据推理是司法审判当中首先要突破的难题，也是法律推理的起始点。证据推理的困难在于"证据分析"和"归纳方法"两个方面。证据分析包括相关性、可采性、证明力和可信性。"可采性"是指"在庭审、审判或其他程序中被允许进入证据的品质或状况"，是证据推理的前提。"可采性"包括两个分析条件，"不相关证据不可采"与"相关证据排除"。"相关证据排除"中包括价值推理问题，在这一过程中，如何解决法官的"主观选择"和"自由裁量"的问题成为人工智能法律推理当中的难点。而判断证据的真伪是可信性判断的前提，需要大量的实践经验，如何获得人类基于经验智慧产生的策略和技巧是人工智能推理的另一难题。

归纳推理这一思维过程十分依赖于人类的经验知识，这就对人工智能的"社会知识库"以及"法官个体知识库"的构建提出了要求。其中如何甄别知识库当中应该存储的内容以及如何避免"概括"所带来的危险性，是人工智能在归纳推理中需要思考的问题。张保生教授认为在证据推理的过程中，"图示法"能够为证据推理提供样板，是解决人工智能推理模型化的有效借鉴。[1]

(二) 法律解释困境

随着人工智能在司法领域的运用，出现了"传统话语"与"新兴技术话语"之间的"话语分裂"。[2]具体表现为人工智能在司法裁判当中的应用重塑了同案同判的公正理念，当用代码和计算来定义规则时，法律解释需要作出新的回应。

法律是一种主体思维的过程，人工智能法律系统的致命弱点在于"不通人情"，缺乏法律推理主体具有的"识别良法的判断能力"。法律解释的建构性和辩证性，给人工智能司法运用带来了双重挑战。一方面，法律解释的本质是为判决寻找隐藏在法律规范当中的"标准"，这一过程需要结合立法意图以及社会因素等对法律体系进行整体性的反思，这是法律解释的"建构性"。这一反思分析的过程是"不具有主体意识"的人工智能法律体系本身难以实现

〔1〕　参见张保生："人工智能法律系统：两个难题和一个悖论"，载《上海师范大学学报（哲学社会科学版）》2018 年第 6 期。

〔2〕　参见王禄生："大数据与人工智能司法应用的话语冲突及其理论解读"，载《法学论坛》2018 年第 5 期。

的。另一方面，法律解释还具有辩证性，在语言具有多义性的基础上，对规则的解释不能适用简单的形式逻辑，而应该结合内容和形式进行整体性的判断，破解简单的形式逻辑进行法律解释是"辩证性"对人工智能法律系统提出的挑战。[1]

实现技术理性与同案同判的目的理性的契合，需要法官基于人机协同而关注四个节点：第一，"案例数据是否充足？"第二，"裁判结果是否合理？"第三，"因果关系是否相当？"第四，"正反计算是否对称？"人工智能司法当中的"正反计算"是指"将有利和不利、加重或减轻责任的事实转化为可替换、梯度性处理数据的计算参数，进而辩证地对计算过程进行交叉检验，作出更审慎公正的解释和裁判"。[2]

（三）伦理规制困境

人工智能的司法应用也面临巨大的伦理困境，特别是在跟法院和现实的人的交互和关系的问题上，现有法律体系和通用领域的技术伦理并不能对其作出有效的回应。学界对于人工智能司法应用方面的伦理规制关注也相对较少。"从科学哲学的角度看，司法领域技术伦理规则的实质是在司法大数据与人工智能技术的应用过程中嵌入技术伦理价值。"[3]

伦理规制的内容主要涉及四个方面：（1）以保障司法固有属性为终极目标。充分尊重司法的被动性、透明性以及仪式性。（2）以强化法官主体地位为根本出发点。人工智能的应用应当尊重法官的独立性和亲历性。（3）以工具主义为功能定位。（4）以比例原则推动审慎创新。对创新场景进行适当性判断、均衡性以及必要性的判断。[4]如果人工智能发展的重心始终围绕着公司的利润而非公正与平等，那么人工智能的司法运用将对司法公信力产生消极影响，这一点关乎司法体系是否能够长期、健康地运行。[5]

（四）算法风险

常见的算法风险包括算法歧视或偏见、技术本身的不完美性带来的风险以

---

〔1〕参见张保生："人工智能法律系统：两个难题和一个悖论"，载《上海师范大学学报（哲学社会科学版）》2018 年第 6 期。

〔2〕参见李飞："人工智能与司法的裁判及解释"，载《法律科学（西北政法大学学报）》2018 年第 5 期。

〔3〕王禄生："司法大数据与人工智能技术应用的风险及伦理规制"，载《法商研究》2019 年第 2 期。

〔4〕参见王禄生："司法大数据与人工智能技术应用的风险及伦理规制"，载《法商研究》2019 年第 2 期。

〔5〕参见李本："美国司法实践中的人工智能：问题与挑战"，载《中国法律评论》2018 年第 2 期。

及算法透明度问题等。"算法的要害在于正确认识、提炼、总结法律决策的规律，并据此归纳人类法律决策的模型尤其是成功模型，并用于预测未来裁判，为当下裁判提供参考。"[1]目前我国技术界主要适用"知识图谱+深度学习"的算法，但是从实践的角度来看，"知识图谱"对于数据以及模型的颗粒化程度要求非常之高，这是我国现有的司法数据统计难以提供的，因而目前法律人工智能预测裁判的效果不佳，正确率较低，而深度学习算法在各方面的应用都较普遍。

　　算法作为人工智能司法应用系统的"引擎"，会对司法裁判的公正性产生影响。这一影响主要通过算法的两个因素来实现：一方面，算法的设计导向受制于设计者的专业能力和认知水平；另一方面，司法应用系统使用的数据质量和数量也有可能导致算法歧视或者偏见。上述两个因素可能引发算法偏见，进而影响司法裁判的公正性。[2]新技术的使用价值与算法的不公正偏见等危险之间存在冲突。对于新技术予以规制要警惕牺牲它的使用价值，在应对人工智能司法应用中的算法风险时，不应持未来主义文学对人工智能的担忧态度，而可以采用一种最低程度的干预。[3]

■ 要点

1. 人工智能与司法融合的过程中面临认知困境、应用困境、治理困境。

2. 人工智能应用在法律推理和法律解释过程中要解决一系列问题，同时也存在突破的可能。

3. 人工智能带来的伦理困境和算法风险值得注意。

■ 思考题

21.3　如何解决人工智能司法融合中的困境？

21.4　人工智能之于司法过程有没有循序渐进的应用路径？

21.5　人工智能司法应用可能有哪些具体的伦理问题？

---

〔1〕　左卫民："关于法律人工智能在中国运用前景的若干思考"，载《清华法学》2018年第2期。

〔2〕　参见高鲁嘉："人工智能时代我国司法智慧化的机遇、挑战及发展路径"，载《山东大学学报（哲学社会科学版）》2019年第3期。

〔3〕　参见周尚君、伍茜："人工智能司法决策的可能与限度"，载《华东政法大学学报》2019年第1期。

第三节　人工智能司法应用的未来发展

一、明确人工智能司法应用的定位

关于人工智能司法应用的定位，主要有"积极说"与"谨慎说"两种观点。"积极说"认为"技术无价值，技术无禁区"，不应限制人工智能司法应用的空间。该观点受到技术界的广泛支持，在技术界看来，人工智能的本质是对人的意识与思维的信息过程的模拟，随着技术的发展，人工智能会"替代司法官实现非规范判断"直至最终"代替法官直接作出裁判"。[1]

"谨慎说"则主要是指实现"有限智能化"，人工智能并不能取代法官直接作出裁判。这种观点受到司法界以及法学界的大力支持。在人工智能适用于司法的过程中，容易出现海量数据的残缺性悖论。同时算法的"程序刚性"和"不透明性"与司法实践的"复杂性"和审判程序的"公开性"相冲突。如果"以毫无节制的'人工智能+'方式改造审判空间后，这样的法官定位势必发生极大的动摇，甚至造成审判系统乃至司法权的全面解构"。[2]

持"谨慎说"观点的学者属于大多数，法律人工智能在中国未来中短期内只能进行有限的辅助判案，并不能被运用于核心的裁判工作也基本上成为了学界共识。我国目前实践当中的以下特点决定了人工智能司法应用的有限性：第一，法律领域并不拥有优质且海量的法律数据资源。我国目前的司法数据收集存在不充分、不真实、不客观以及结构化不足的特点，这些特征的存在使得人工智能司法应用系统的有效"学习"难以进行。第二，法律界并未形成合适且高效的大数据算法。第三，缺乏优秀、适格的法律与计算机人才。[3]至少就目前而言，面对如此复杂的司法裁判活动，人工智能无法完全替代法官，实现更有效的人工智能运用需要法学界为司法裁判活动提供更加精致和深厚之法学理论。[4]人工智能的司法运用应该实现一种"有限的智能化"，人工智能法律系统的研发目标旨在代替法官或制造机器人法官，但其应用的界限却是不能独立担任法官，这构成一个"旨在代替/不能代替"的悖论。对此或通过立法规

---

〔1〕　参见黄京平："刑事司法人工智能的负面清单"，载《探索与争鸣》2017年第10期。

〔2〕　季卫东："人工智能时代的司法权之变"，载《东方法学》2018年第1期。

〔3〕　参见左卫民："关于法律人工智能在中国运用前景的若干思考"，载《清华法学》2018年第2期。

〔4〕　参见冯洁："人工智能对司法裁判理论的挑战：回应及其限度"，载《华东政法大学学报》2018年第2期。

制，或者探索建立一种"人机系统"的解决方案。[1]

"有限智能化"观点明确了人工智能在司法应用中的辅助性地位。这一限度设定的理论基础在于人工智能发展的人类中心原则。否则未来出现的情况将不再是人类如何应用和治理人工智能的问题，而是人工智能是否会给人类提供生存空间的问题。在司法应用上也是如此，人工智能始终应当处于司法过程的辅助地位。

二、明晰法律论证结构

人工智能与司法的结合是指将法律推理和论证交给计算机系统进行处理，所以明确司法实践当中的论证结构是人工智能应用于司法的前提。技术上对于人工智能结构模拟的探索短期内很难出现重大突破，所以学界目前主要从逻辑分析以及法律推理的方法等角度对人工智能法律系统的基础理论进行了研究。例如，张保生将法律论证模型称为"法律推理模拟"。他将法律推理定义为法庭裁决的过程。作为审判方式的法律推理包括控、辩、审三方，以及事实认定和法律适用构成两个阶段。具体来说，法律推理由"证成、法律检索、解释、规则适用、评价、学习、简述"七个阶段构成。通过"证据推理"和"事实认定"的"证成"过程，案件被分为简单案件和疑难案件两类。简单案件的判断标准为"事实清楚、法律规定明确"，进而其可以适用"法律规则+事实真相=判决结论"的三段论式的推理模式。与之相较，疑难案件则需要通过完整的七段推理过程，其中最重要的是"证据推理"和"法律解释"两部分。针对疑难案件的人工智能法律系统的推理模型的构建需要明确：首先，复杂案件的法律推理需要核心技术的深入研究，其次，人工智能技术与法律推理逻辑互为基础，相互促进。我国目前人工智能法律系统的应用，实际上都是"简单案件—法律适用量刑系统"，并未涉及"复杂案件—法律推理系统"。[2]

对于法律论证模型，人们不仅关注它的构建和它对法律属性的刻画能力，而且关注基于论证模型生成的可视化软件及其在司法实践中的应用前景。这就推动了对法律论证应用系统的研究，并且产生了若干成果。应用系统是在法律论证模型的基础上，结合不同的司法实践目的，利用人工智能技术和计算机编程技术生成的软件系统。可见，要实现人工智能技术的司法应用，首先必须明

---

〔1〕 参见张保生："人工智能法律系统：两个难题和一个悖论"，载《上海师范大学学报（哲学社会科学版）》2018年第6期。

〔2〕 参见张保生："人工智能法律系统的法理学思考"，载《法学评论》2001年第5期。

晰法律论证模型，只有把人脑中进行法律推理和法律论证的过程具体化，才有可能将其进一步数字化。

三、避免算法风险

针对人工智能司法应用的算法风险，各个学者也尝试性地提出了解决路径。例如，有学者认为算法暗箱操作的源头就是算法技术垄断。解决该问题的最佳途径就是打破算法技术垄断。从监督层面来看，司法机关必须培养自己的人工智能监督人才，才能有效防止算法的暗箱操作。[1]也有学者提出，可以以收案数、结案数、长期未结案数、涉稳案件数、案件难易程度等因素为参数，完善人工智能评估机制，对法官、司法辅助人员进行评估和考核。[2]对技术的规制归根结底是对人的规制，针对算法规制的讨论还有很多，但总归离不开对社会群体利益关系的调整。同时，从技术层面来看，我们应当加强算法方面的跨领域融合，才有可能建立起符合技术发展规律和社会调整规范的算法规制规则。

四、建立人工智能归责制度

人工智能归责制度一直是学界讨论的重点，人工智能司法应用中归责制度问题的解决，是以人工智能的法律性质为基础。关于人工智能是否具有法律人格，学界还存在较大的争议，因而以法律人格为出发点确定人工智能司法应用当中的归责制度并不能妥善解决现有的问题。域外实务界对于这一问题的解决方案是将人工智能视为"产品"，以产品侵权责任的承担方式来解决人工智能责任承担的问题。

但是司法工作有其特殊之处，它以保护人民群众的公共利益为目标，不能只为单一个体服务，而是为全体社会成员服务。因此，"人工智能司法工作失误的责任承担必须以保护公共利益为优先"。对其失误责任的承担，应当适用"过错推定原则"，由使用人工智能的司法工作者优先承担。一方面，只有司法工作者与公共利益联系最为紧密，对于公共利益的侵害也最为直接。另一方面，司法工作者在使用人工智能时还负有监督审核并第一时间进行问题矫正的义务。[3]

---

〔1〕 参见程凡卿："我国司法人工智能建设的问题与应对"，载《东方法学》2018 年第 3 期。

〔2〕 参见杨泰、杨君臣："人工智能在司法领域运行的现状及完善对策研究——以成都法院为样本进行分析"，载《科技与法律》2018 年第 3 期。

〔3〕 参见程凡卿："我国司法人工智能建设的问题与应对"，载《东方法学》2018 年第 3 期。

五、建设现代化司法数据库

作为"油料"的数据达到"海量"和"优质"才能实现真正的人工智能，而目前司法数据的体量不足，质量也存在缺陷，非体系化的数据表达将直接影响人工智能的识别和学习，进而影响人工智能司法应用的精准性与普适性。所以建立统一的现代化司法大数据库整合平台、打破不同司法机关之间的数据库壁垒才是关键。[1]"司法机关在数据库建设上必须打破传统，实现跨区域、跨部门的统一司法数据库建设。"[2]具体而言要从以下三个方面进行构建：（1）打破司法机关内部信息壁垒，实现司法数据共享；（2）由适合对各司法机关进行统筹引导的部门牵头；（3）建立与科研机构数据库共享的机制。[3]针对司法机关之间内部信息的共享，公检法基于其职业角色不同，逻辑思维不同，必然会导致数据系统存在不同的设计理念。不同的设计理念就意味着不同的司法要素产生，如何进行有效整合与衔接，为司法裁判所用，这也是智慧司法需要解决的技术与理念问题。[4]这是现代化的司法数据库的建设目标和要求。

总体而言，相较于其他领域，"人工智能+司法"这一领域的研究已经处于较为领先的地位，既有研究对于人工智能对司法各个方面的影响已经有了一定程度的探索。但是，受限于当下人工智能的发展状况，对该问题的讨论难以深入下去。这主要表现为因核心技术问题无法解决而导致人工智能只能用于工具或是"辅助"。尽管也有论者对未来的时代进行预测并提出前瞻性的观点，但这似乎太过遥远。

■ 要点

1. 法律论证结构的明晰是实现人工智能应用的前提，法律学科本身的发展是人工智能与司法结合的基础。

2. 人工智能在司法应用中的地位，要求人工智能辅助于人类纠纷的解决以及人类工作的便捷。

3. 在人工智能真正获得主体地位之前，人工智能应用中的责任问题都要归咎于人的问题。

---

〔1〕 参见高鲁嘉："人工智能时代我国司法智慧化的机遇、挑战及发展路径"，载《山东大学学报（哲学社会科学版）》2019 年第 3 期。

〔2〕 程凡卿："我国司法人工智能建设的问题与应对"，载《东方法学》2018 年第 3 期。

〔3〕 参见程凡卿："我国司法人工智能建设的问题与应对"，载《东方法学》2018 年第 3 期。

〔4〕 参见马靖云："智慧司法的难题及其破解"，载《华东政法大学学报》2019 年第 4 期。

4. 解决人工智能司法应用的一系列风险需要技术与法律学科的进一步融合互通。

■ 思考题

21.6　试从不同的学科角度分析人工智能司法应用的可行性。

21.7　人工智能司法应用过程中应当遵守的原则有哪些？

21.8　人工智能在未来的司法应用中是否有可能实现地位的转变？

■ 本章阅读文献

1. 张保生："人工智能法律系统的法理学思考"，载《法学评论》2001 年第 5 期。

2. 王禄生："司法大数据与人工智能技术应用的风险及伦理规制"，载《法商研究》2019 年第 2 期。

3. 马靖云："智慧司法的难题及其破解"，载《华东政法大学学报》2019 年第 4 期。

4. 张保生："人工智能法律系统：两个难题和一个悖论"，载《上海师范大学学报（哲学社会科学版）》2018 年第 6 期。

5. 王禄生："大数据与人工智能司法应用的话语冲突及其理论解读"，载《法学论坛》2018 年第 5 期。

6. 李飞："人工智能与司法的裁判及解释"，载《法律科学（西北政法大学学报）》2018 年第 5 期。

7. 左卫民："关于法律人工智能在中国运用前景的若干思考"，载《清华法学》2018 年第 2 期。

8. 周尚君、伍茜："人工智能司法决策的可能与限度"，载《华东政法大学学报》2019 年第 1 期。

9. 季卫东："人工智能时代的司法权之变"，载《东方法学》2018 年第 1 期。

10. 冯洁："人工智能对司法裁判理论的挑战：回应及其限度"，载《华东政法大学学报》2018 年第 2 期。

11. 程凡卿："我国司法人工智能建设的问题与应对"，载《东方法学》2018 年第 3 期。

12. 魏斌："智慧司法的法理反思与应对"，载《政治与法律》2021 年第 8 期。

第二十二章
人工智能对法律行业的挑战

【导读】

人工智能技术的应用在为法律行业带来机遇的同时，也给法律行业带来了极大的挑战。从法律职业角度而言，人工智能的法律职业化和法律服务商业化对传统法律实践造成了极大冲击，法律服务行业面临"结构性坍塌"（structural collapse），人工智能可能取代大量基础性法律岗位。法律与技术系统相互渗透，智慧法院、电子取证、"互联网+执行"等人工智能应用在悄然改变法律行业。立足于法学教育，人工智能技术的发展将会引发人才培养之挑战。为应对变局，部分高校已创立了计算法学、人工智能法学等新技术法学学科，通过培养复合型法学人才来满足新兴的法律职业需求。各大法学院校成立专门的研究机构，对人工智能法学展开专门研究。在法学研究方面，为了应对人工智能发展给现有法律制度带来的挑战，以及回应层出不穷的新类型人工智能相关法律问题，国内法学界正在积极探索解决方案。

第一节　人工智能对法律职业的挑战

人工智能在法律领域的应用主要体现在法律信息检索系统（Retrieval System）和法律专家系统（Legal Expert Systems）。[1]其中，法律信息检索系统经历了从成文法检索扩展到可以对案例进行检索的过程，检索的完整度和精确度逐步得到提高；法律专家系统从早期的律师推理系统（JUDITH）发展到预测罪犯再犯概率的评估系统（COMPAS），系统的自主决策能力逐渐加强。在劳伦斯·莱斯格（Lawrence Lessig）看来，互联网上架构（代码）设计在规制人

---

〔1〕 参见周尚君、伍茜："人工智能司法决策的可能与限度"，载《华东政法大学学报》2019年第1期。

的行为上要比法律规则更为有效，在隐喻意义上，"代码就是法律"。[1]

一、人工智能取代大量法律岗位之可能

随着智慧法院、人工智能检察官、在线律师等人工智能的广泛应用，人工智能的法律职业化和法律服务商业化对传统法律实践造成了极大冲击，法律服务行业面临着"结构性坍塌"。[2]2018年，法律人工智能平台（LawGeex）与斯坦福大学合作研究结果表明，具有深度学习能力的法律人工智能程序通过对海量真实合同的学习掌握了生成高度精细复杂并适合具体情境的合同的能力，在合同分析、合规审查等方面的效率和准确率都大大优于人工。法律文件的人工审阅将逐步变为自动化阅读，人工智能将可能在合同分析、合规检查、调查取证、法律文书的撰写等方面大规模替代部分传统法律从业者。

在我国，各地的司法部门纷纷推出了公共法律服务人工智能，提供便民的法律咨询服务；在美国，Legal Zoom 等法律服务提供商，开始通过人工智能技术为用户提供法律咨询和代理服务。[3]高质量的在线法律咨询服务进一步压缩了提供法律咨询服务的律师的市场份额。美国 Casetext 公司开发的案件分析研究助理（CARA）可以完成从判例、法规分析到陪审员选择再到法庭辩论文书生成的一系列任务。[4]大成—德同（Dentons）律师事务所于2016年创建了自己的人工智能实验室 Nextlaw Labs，与 IBM 公司的认知技术平台沃森（Watson）合作开发法律人工智能产品 Ross，Ross 可以理解自然语言，并提供分析性的、特定的回答，还可以将自身进行法律研究的结果形成简报或备忘录，被认为是世界上第一个人工智能律师。[5]截至目前，Ross 已经被10余家主流律所"雇用"。[6]在未来的人工智能时代，类似 Ross 的法律类"数字助理"（digital associate）将会越来越多，其身份将类似于律所准雇员。被媒体称作"世界范

〔1〕参见劳伦斯·莱斯格：《代码2.0：网络空间中的法律》，李旭、沈伟伟译，清华大学出版社2008年版，第6页。

〔2〕参见贾引狮："人工智能对法律职业的影响与法学教育面临的挑战"，载《法学教育研究》2018年第3期。

〔3〕参见尹超："人工智能时代的法律职业变革与法学教育走向"，载《中国法学教育研究》2019年第1期。

〔4〕参见郑戈："大数据、人工智能与法律职业的未来"，载检察风云网，https://www.sh.jcy.gov.cn/jcfy/gdgc/34374.jhtml，最后访问时间：2022年4月3日。

〔5〕参见郑戈："大数据、人工智能与法律职业的未来"，载检察风云网，https://www.sh.jcy.gov.cn/jcfy/gdgc/34374.jhtml，最后访问时间：2022年4月3日。

〔6〕参见刘亚："机器人抢滩海外律师市场"，载《方圆》2017年第14期。

围最为成功的在线纠纷解决系统"的 Modria，处理了数亿争端，主要解决房屋租赁、小额赔偿、一般债务和建筑工程等方面的纠纷。荷兰的法律援助委员会及美国和加拿大的税务评估员也都采用该平台解决纠纷。[1]马来西亚的两个州法院于 2020 年引入了"用于量刑数据的人工智能法院技术"，[2]以帮助法官对同一罪行的不同罪犯量刑的一致性进行审查。

尽管如此，人工智能取代法律岗位的现象并非没有争议。在浙江大学光华法学院、阿里巴巴达摩院语言技术实验室、浙江大学计算机科学与技术学院共同举办的"法'智'未来：法律人工智能挑战赛"的人机合同审查竞赛中，人机组的合同审查结果整体高于机器组。人工智能可以在简单的合同审查、案件审理等工作中发挥高质、高效的特点，出色地完成"任务"；但在学习样本较少、疑难复杂的案件中，其无法真正实现对于传统法律职业之替代。

二、人工智能推进法律行业的改变

信息时代，一方面，法律肩负规范和监督作为社会整合器的公共领域中诸多信息平台有效运作的重任；另一方面，法律自身亦面临技术系统的渗透，智慧法院、电子取证、"互联网+执行"等人工智能应用正在悄然改变法律行业。法律与科技互为系统与环境，形成了互相融合又相互制衡的关系。

首先，人工智能系统的应用转变了法律行业工作模式。以法院为例，智慧法院依托于现代人工智能，以高度信息化方式支持司法审判、诉讼服务和司法管理，可以将法院从繁琐的、重复性的工作中解放出来。法院智能量刑系统已经发挥了辅助断案的功能，有助于提高法院的办案质量。现今，法律人工智能的系统工程标杆是"上海刑事案件智能辅助办案系统"，即"206"系统。[3]2019 年上海市第二中级人民法院首次应用"206"系统辅助庭审，公开开庭审理一起抢劫案件。该系统在庭上通过对法官的语言分析，能够及时抓取提前录入的案卷内的相关信息，即对被告人身份信息、拘留时间、逮捕时间等内容通

---

〔1〕 参见曹奕阳："域外人工智能在司法领域的应用"，载《人民法院报》2021 年 9 月 10 日，第 8 版。

〔2〕 参见陈志宏："世界司法信息化丨马来西亚未来法院全景图正在逐步呈现"，载百度网，https://baijiahao.baidu.com/s?id=1664857579576472645&wfr=spider&for=pc.，最后访问时间：2022 年 4 月 3 日。

〔3〕 参见崔亚东："司法科技梦：上海刑事案件智能辅助办案系统的实践与思考"，载《人民法治》2018 年 18 期。

过调取案卷内的公民信息、拘留证、逮捕证等的方式供法官及时进行核验。在法庭调查环节中，该系统能够及时识别案卷中的证据瑕疵，促使检察官当庭作出说明以对证据进行补正。在检察官示证过程中，该系统能够抓取案件中的相关证据快速示证，减少了翻阅卷宗的时间。[1]

其次，人工智能平台推进了诉讼全流程智能化的可能。例如，广州互联网法院在司法科技创新方面取得了一定的成就，网络著作权纠纷全要素审判 ZHI 系统、5G 虚拟智能法庭等司法"黑科技"的研发对于提升互联网司法审判质效发挥了积极作用。[2]"ZHI 系统"通过对网络著作权纠纷案件要素的归纳与整理，构建了相应的审判知识图谱，并以此辅助案件要素的分类提取及裁判逻辑推演。[3]该系统转变了原有的仅依靠审判庭对案件作出裁决的模式，提高了法官办案效率，节约司法成本。杭州市上城区法院适用凤凰民间借贷智审处理民间借贷纠纷，该系统全流程智能化，亦即审前自动完成审查立案程序、自动生成程序文书等工作，并在庭审过程中协助法官组织庭审及引导举证质证、自动向法官提示风险点、归纳争议焦点等，并可随着庭审的情况进行程序优化；法官对智能生成的裁判文书进行审核确认后，实现当庭宣判、当庭送达、当庭进入电子归档程序。[4]可以说，人工智能平台成为重要的司法辅助工具，创造了自动生成文书的可能，也推进了诉讼全流程智能化的实现。

最后，人工智能系统推动远程诉讼的出现。以法院为例，远程审判系统正在广泛使用：当事人可通过远程审判系统参与诉讼，这打破了空间的"物理障碍"，提高了诉讼效率，也降低了当事人参与诉讼的成本。远程审判是为了切实满足人民对于诉讼的效率与公正价值的基本诉求。[5]不仅在法院系统，检察机关也在打造"智慧检务"系统，通过远程提审系统完成对犯罪嫌疑人

〔1〕 参见"人工智能开庭！上海'206 系统'到底有多牛？"，2019 年 1 月 24 日刊发于微信公众号"法治上海"。

〔2〕 "好奇！当互联网司法遇上人工智能时代会产生怎样的火花？"，载广州互联网法院官网，https://www.gzinternetcourt.gov.cn/#/articleDetail？id＝fbe77fd8eefd45eca990a1ce3f7ef6bb&titleType＝advancedSearch&type＝WorkTrends&apiType＝routine，最后访问时间：2022 年 4 月 10 日。

〔3〕 参见"全国首创'ZHI 系统'破解审判难题，当事人可一键上传 5000 件案件"，载广州日报官网，https://www.gzdaily.cn/amucsite/web/index.html#/detail/1217918，最后访问时间：2022 年 4 月 10 日。

〔4〕 参见"上城法院：'凤凰金融智审'为传统审判插上'翅膀'大大节省法院工作量，实现智慧化审判全流程"，载百度网，https://baijiahao.baidu.com/s？id＝1697082450710478094&wfr＝spider&for＝pc，最后访问时间：2022 年 4 月 10 日。

〔5〕 参见陈卫东、崔永存："刑事远程审判的实践样态与理论补给"，载《中外法学》2021 年第6 期。

的提审工作，并自动记录检察官的提审内容从而形成讯问笔录，以及可远程完成签字及捺印。[1]

三、计算正义对法律职业的挑战

人工智能的发展推动了"计算正义"的进程，然而何为"计算正义"？当前，对于计算正义并没有一个准确的定义，有学者认为，计算正义是在新的社会背景下对公平正义提出的新的要求，以激励和保护数字经济依法有序发展为原则，以互联网司法模式的深度改革和高度发展为保障，以多方联动的数字治理技术为手段，规范数字空间秩序和数字技术应用伦理，削减因数字技术发展带来的数字鸿沟，进而实现数字社会更高水平的公平正义。[2]可以认为，计算正义是在新的社会发展背景下产生的新的正义观，也是在不同时代背景下对传统正义观的扩充。

传统正义与计算正义之间主要有以下几方面的区别。首先，两者产生背景存在一定的差异。传统的正义是在奴隶社会、封建社会及资本主义社会时期的背景下所探讨的正义；计算正义是在互联网发展背景下产生的正义，受到互联网的影响，社会关系发生变化，从而社会规则需要进行调整，法律也需要重新定义，正义观念发生改变。其次，在传统的正义理念下，纠纷的解决为事后补救机制；计算正义的理念不仅在于解决纠纷，更在于预防纠纷。这是计算正义区别于事后补救性质的传统正义的最大特征。[3]最后，随着奴隶社会、封建社会及资本主义社会的发展，对传统正义理论的探讨十分深入，然而，数字化的爆炸发展使得计算正义还是处在发展中的正义，是在实践过程中不断探索的正义。[4]

基于上述分析，司法职业从业人员应适应由计算正义所带来的新的挑战，转变其原有的正义观，接受由人工智能带来的新的社会关系变化、适应新的纠纷解决途径，转变其执业模式，并积极适应人工智能法律平台的适用。

---

〔1〕　参见"讯问办案有了'金牌辅助'，'上星'更轻松！"，载百度网，https://baijiahao.baidu.com/s？id=1677635706254036577&wfr=spider&for=pc，最后访问时间：2022 年 4 月 10 日。

〔2〕　参见卜建林："立足数字正义要求，深化数字司法建设"，载《北京航空航天大学学报（社会科学版）》2022 年第 2 期。

〔3〕　参见曹建峰："全球互联网法律政策趋势研究"，载《信息安全与通信保密》2019 年第 4 期。

〔4〕　参见赵蕾、曹建峰："'数字正义'扑面而来"，载最高人民法院官网，https://www.spp.gov.cn/spp/llyj/202001/t20200122_453454.shtml，最后访问时间：2022 年 4 月 8 日。

■ 要点

1. 人工智能的法律职业化和法律服务商业化对传统法律实践造成了极大冲击，法律服务行业面临着"结构性坍塌"。

2. 计算正义是在新的社会背景下对公平正义提出的新的要求，以激励和保护数字经济依法有序发展为原则，以互联网司法模式的深度改革和高度发展为保障，以多方联动的数字治理技术为手段，规范数字空间秩序和数字技术应用伦理，削减因数字技术发展带来的数字鸿沟，进而实现数字社会更高水平的公平正义。

3. 计算正义的理念不仅在于解决纠纷，更在于预防纠纷，这是计算正义区别于事后补救性质的传统正义的最大特征。

■ 思考题

22.1 你认为法律人工智能能否与法律职业相融合？

22.2 你认为法律行业与法律人工智能的交融与制衡的平衡点是什么？

22.3 计算正义是否会对传统正义造成冲击？

第二节 人工智能对法学教育的挑战

人工智能法学将人工智能的法律规制及其法律应用作为主要研究对象，是将人工智能介入人类社会而形成的全新社会关系进行法律调整后所形成的逻辑自洽、体系严密的法律理论体系。教育部于 2020 年印发的《高等学校人工智能创新行动计划》鼓励各大高校开展人工智能教育，根据国务院印发的《新一代人工智能发展规划》，"人工智能+法律人才"包括两类：一是服务于"建成更加完善的人工智能法律法规、伦理规范和政策体系"目标的人工智能法律人才；二是服务于"智慧法庭"建设目标的技术人才。

一、人工智能在法学教育中的应用

随着人工智能的发展，与之密切相关的计算法学开始出现在人们的视野中。计算法学是法学与计算机科学、现代统计学的交叉学科，基于现代人工智能技术和大数据挖掘技术，属于法学的研究分支，通过统计学、现代数学、计算智能等技术方法模拟和预测法律事务。[1]计算法学的核心思想是计算思维与法学思想的深度融合，主要通过主体的分布式实时计算分析法律行为，为法学理论研究提供了新的视角。透过立法模型及司法模型，有利于发现法律运行规律，可完善已有的法学理论，甚至发现新的法学理论。计算法学的研究主题主要有三个方面：一是以法律文本和裁判文书为基础，运用符号逻辑分析法律文本和法院判决。二是以法律数据库（主要是法律文本和法律案件）为基础，运用计算机技术对数据进行提取和分析。三是以法官的信息为基础，运用统计学的方法分析法官的行为以及预测法院判决结果。在我国，随着全国法院裁判文书网和全国法院司法信息大数据中心的开放，传统计算法学摆脱了小数据的限制，进入以大数据为研究对象的计算法学时代，上述三个方面的研究因为有了大数据基础，研究的质量和水平已有了整体性的上升。计算法学建立的模型可以考察法律如何运行及其运行效果，法律运用过程的模拟为法律学习者提供了极大的便利，能够让其快速掌握法律知识，进入法律角色。

二、人工智能呼唤复合型法学人才

随着人工智能技术与法学的不断融合，对"法律+技术"的复合型人才的需求将不断增加。申而言之，在人工智能技术逐步成熟的背景下，未来的法律职业活动更多将以一种人机协同的方式展开，法律行业从业者将越来越多地使用法律人工智能工具；法律从业人员的工作将越来越多地涵盖解释人工智能技术给予的意见、衡量意见的准确性、向包括法官和当事人在内的其他人士解释这些意见的可靠性和有效性；首先，法律人工智能技术的研究与改进需要大量复合型人才。例如，处理复杂法律问题的法律人工智能技术需要建立大规模知识图谱和事理图谱，并以此作为底层架构。这些工作需要大量法律背景和技术背景的工作人员长期协同工作，在协同过程中，复合型人才将会发挥重要的作用。其次，法律人工智能技术的成熟会显著降低法律服务的成本，从而创造出新兴市场。这些服务并非由法律从业人员以成本过高的传统模式提供，更可能是"法律+技术"的复合型人才通过操作人工智能系统的方式来提供。再次，伴随法律人工智能技术的成熟，传统机构包括法院、律师事务所等可能将其中一部分工作以外包的形式交给法律技术公司来完成，这些公司同样需要"法律+技术"的复合型人才。例如，大量的规则，如征信规则、量刑规则以及保

---

〔1〕　参见张妮、徐静村："计算法学：法律与人工智能的交叉研究"，载《现代法学》2019 年第 6 期。

险规则等,都会被写进人工智能的算法中。如果编程人员不了解法学、政治学和社会学等学科的相关内容,他们就不能完整地理解这些规则深层次的含义,也不能将这些规则代码可能产生的负面影响降到最低。基于编程人员认知的局限性,技术或程序从原初设计开始,就注定会导致结果的不公平。

有鉴于此,一方面,人文社会科学的学者要学习人工智能算法的知识以监督程序编制者;另一方面,人工智能的编程者同样需要学习社会科学的相关知识,以便将法律规则如实地反映在程序中。[1]法学教育需要向学生提供介绍计算机算法、法律人工智能技术等方面基础知识的课程。因此,法学专业学生至少需要掌握人工智能技术的基础性的知识,包括人工智能的基本概念体系、人工智能技术基本的工作原理,如何判断、验证和解释人工智能技术产出结果等。实际上,美国一些精英法学院早在20世纪80年代便意识到这一趋势,他们为法律专业学生开设了相应的研讨性课程,帮助学生掌握人工智能技术的背景知识。例如,斯坦福法学院于1984年开设了人工智能和法律研讨课;哈佛法学院于1985年开设了人工智能和法律推理研讨课。

我国各高校也在积极探索,开设与人工智能相关的法学课程,例如:(1)西南政法大学人工智能法学院开设有"法律检索技术""法律大数据的挖掘、分析与应用"等研究生课程。[2](2)上海政法学院人工智能法学学科主要专业课程除传统法学基础课程外,还增加了与人工智能相关的课程。例如,人工智能原理、数据统计与分析、知识发现与数据发掘等。(3)清华大学于2018年设立跨学科领域法学教育项目"计算法学全日制法律硕士",并开设一系列与网络、大数据与人工智能结合的技术类课程。[3](4)中国人民大学法学院也在法律+科技教学领域进行改革,开设了一系列跨学科课程。[4]研究与人才培养"双管齐下",为人工智能与法律进一步融合的研究提供了平台,也为人才培养提供了机会。通过新型培养模式实现更有针对性的人才培养,提供优质法律实践及服务人才。学生在接受多背景交叉的教育下,能够迎合"人工智能+"的新时代要求。

---

〔1〕 参见高奇琦、张鹏:"论人工智能对未来法律的多方位挑战",载《华中科技大学学报(社会科学版)》2018年第1期。

〔2〕 参见"西南政法大学拟增设'人工智能法学'博士授权点",载搜狐网,https://www.sohu.com/a/332335698_683950,最后访问时间:2021年12月7日。

〔3〕 "首届计算法学论坛暨清华大学智能法治研究院成立仪式举行",载清华大学官网,https://www.tsinghua.edu.cn/publish/thunews/9650/2018/20181218163338936897713/20181218163338936897713_.html,最后访问时间:2021年12月7日。

〔4〕 "研究中心",载中国人民大学未来法治研究院官网,http://lti.ruc.edu.cn/sy/yjyjj/jgsz/yjzx/index.htm,最后访问时间:2021年10月9日。

■ 要点

1. 人工智能技术的发展将会引发一系列挑战，部分高校已经创立了计算法学、人工智能法学等新技术法学学科，并通过复合型法学人才培养模式来满足新兴的法律职业需求。

2. 人工智能技术的发展会引起一系列法律所调整的社会关系的变化，丰富立法的内容。

3. 人文社会科学的学者要学习人工智能算法的知识以监督程序编制者；而人工智能的编程者同样需要学习社会科学的相关知识，以便将法律规则如实地反映在程序中。

■ 思考题

22.4　人工智能对法学教育产生了哪些挑战？

22.5　你认为人工智能法学人才应该具备哪些知识和素质？

第三节　人工智能对法学研究的挑战

为了解决人工智能发展给现有法律制度带来的挑战，以及回应层出不穷的新类型人工智能相关法律问题，国内法学界正在积极探索解决方案。2016 年，中国科技法学会正式成立人工智能法专业委员会，[1] 聚集专业人士讨论人工智能领域的法学问题。2018 年，西南政法大学敢为人先，率先成立全国首个高校人工智能法学院，[2] 将培养人工智能领域专业法学人才落到实处。除此之外，许多高校也纷纷成立了关于人工智能的法学研究机构，将法律研究及技术研究、理论与实践相结合。

一、法学研究对人工智能的现状

人工智能法学是回应当前智能时代发展下的各种要素之间分配和利用的理论。[3] 比如，作为人工智能基础的大数据的法律属性、人工智能法律地位的

---

〔1〕　"中国科学技术法学会人工智能法专委会简介"，载中国科学技术法学会官网，http://www.clast.org.cn/page/index/id/44，最后访问时间：2022 年 4 月 3 日。

〔2〕　"西南政法大学人工智能法学院简介"，载西南政法大学人工智能法学院官网，https://alc.swupl.edu.cn/xygl/xygk/index.htm，最后访问时间：2022 年 4 月 3 日。

〔3〕　参见刘艳红："人工智能法学的'时代三问'"，载《东方法学》2021 年第 5 期。

确立、人工智能典型应用场景的法律规制以及人工智能法律责任的承担等内容，都属于这种意义上的人工智能法学的研究范围。

诚然，面对人工智能给社会生活带来的挑战，我国在立法及司法上已经作出了积极的回应，然而，在面对法学研究问题时，由于人工智能这一新兴领域没有历史研究可供参考，因此，对于人工智能应用所带来的法律问题引起了不同学者的争议。例如，人工智能是否享有著作权，强人工智能是否具有人格权，强人工智能是否具有刑事责任主体地位、是否具备刑事责任能力、以何种方式承担刑事责任等一系列问题。其中存在不少对立的观点，有部分学者认为目前在人工智能的研究中存在"假问题"，误将科技问题当作学术问题，与法教义学的基本立场和方法背道而驰。[1]也有学者认为目前学界存在"伪批判"，要学会辨别真伪。[2]因此究竟什么才是真问题，什么是真批判，需要进一步探索。

更为严峻的是，随着人工智能的不断发展，可能会产生更多的问题。以强人工智能是否需要承担刑事责任为例，有学者主张，由于强人工智能有了其自主意识及自由意志，应当成为刑事责任主体。[3]当然，也有学者反对这一观点，认为单以智能无法直接推知自由意志，即人工智能的自由意志非为刑法意义上的自由意志。[4]

值得注意的是，域外对于人工智能的研究起步较早，理论成果较为翔实，在多学科多领域交叉融合的背景下，如伦理学、哲学、工程学等，更加关注人工智能的现实应用，从现实需要出发研究人工智能问题，研究形成"多合一"之成果。同时，政府部门、科研院校、商业机构等均参与人工智能的研究，尝试从不同的角度研究人工智能，解决人工智能应用过程中的问题，形成了产学结合的局面。各主体发挥其自身优势，从实践中发现问题，以理论研究解决问题；政府政策引导实践，形成良好的循环。较之域外人工智能法学研究，我国对于人工智能的研究多基于单一学科与人工智能的交叉领域，如"法学+人工智能"，仍为"1+1"模式。此外，学界对于人工智能应用研究仍停留于"纸面"，大多从人工智能研发及应用规制之角度进行探索，并未触及其核心。

---

〔1〕 参见刘艳红："人工智能法学研究的反智化批判"，载《东方法学》2019年第5期。
〔2〕 参见刘宪权："对人工智能法学研究'伪批判'的回应"，载《法学》2020年第1期。
〔3〕 参见刘宪权："智能机器人工具属性之法哲学思考"，载《中国刑事法杂志》2020年第5期。
〔4〕 参见郭研、沙涛："人工智能刑事责任能力之否定"，载《学术交流》2022年第1期。

二、人工智能法学研究的未来进路

面对上述研究现状，法学研究者需要作出哪些回应？对此，本书提出以下四项发展建议。

首先，人工智能发展不同阶段的法学理论研究内涵需要扩充。在弱人工智能发展的背景下，可以以现有的法律概念及法律制度去规范人工智能的发展。[1]但当面对强人工智能、超人工智能时，由于未来科技发展的未知性，加之学界对于人工智能的技术结构及技术风险并未进行深入剖析，[2]以当前的法律概念及法律制度对人工智能技术规制模式进行探讨仍存在一定的缺陷，亦即在法学研究中，对于人工智能发展阶段的不明确可能在一定程度上导致法律框架的设计并不适用于人工智能的发展。究其根本，传统的法学理论与新兴的科技发展之间可能存在适配困难的情况。如何使传统的法学理论适应当今的社会发展？回归人工智能法学研究范式，不同的人工智能时代必然产生不同的社会关系，需要不同的法律调整。就此，无须过于担忧未来人工智能的发展状况，可着眼于当前人工智能发展的情况，构建适用于当前发展阶段的法律规制框架。此外，也需要通过对人工智能的研究不断扩充传统法学理论的内涵，使其焕发新的生命力。

其次，人工智能法学研究应打破原有的部门法研究范畴。在宏观上，人工智能发展进程涵盖了国家、企业、个人三方利益，即国家安全利益、企业发展利益及个人权利。因此需要法律协调与平衡三者之间的冲突，这一要求使公法与私法的界限逐渐模糊。换言之，国家利益、企业发展与个人保护均被公法与私法所涵射，[3]需要打破公法与私法的界限，方可更为有效地协调各方利益。从微观的法学学科来看，人工智能法学不是"人工智能+部门法"，人工智能研究几乎串联起了法学内的所有部门法。[4]即人工智能发展所带来的法学问题不是仅由某一部门法研究即可解决的，可能需经由多个部门法共同研讨，方可获得更具有实用性的解决方案。这对进行人工智能法学研究提出了更高的要

---

[1]　参见郑妮："人工智能法学的概念误区、理论明鉴及空间重塑"，载《理论月刊》2021年第6期。

[2]　参见余德厚："从主体资格到权责配置：人工智能法学研究视角的转换"，载《江西社会科学》2020年第6期。

[3]　参见郑妮："人工智能法学的概念误区、理论明鉴及空间重塑"，载《理论月刊》2021年第6期。

[4]　参见刘艳红："人工智能法学的'时代三问'"，载《东方法学》2021年第5期。

求，需要法学研究者掌握更多部门法理论以应对挑战。

再次，人工智能法学研究需打破学科界限。虽然人工智能法学研究以法学研究为核心，但其也与计算机等理工类学科息息相关，进行法学研究需要多学科支撑。法学研究者需要进行多学科交流及探讨，具备多学科素养，以其交叉学科背景应对人工智能法学问题，增强自身"问题意识"，并对问题具有甄别能力。

最后，人工智能法学研究应注重理论与实践相结合。对于人工智能法学的研究，法学研究者在着重于理论探究的同时，也需要关注实际应用所产生的法律问题，及时回应司法实践，解决实践问题。[1]

■ 要点

1. 人工智能法学是回应当前智能时代的各种要素之间分配和利用的理论。

2. 当面对强人工智能、超人工智能时，由于未来科技发展的未知性，加之学界对于人工智能的技术结构及技术风险并未进行深入剖析，以当前的法律概念及法律制度对人工智能技术规制模式进行探讨仍存在一定的缺陷。

3. 法学研究者需要进行多学科交流及探讨，具备多学科素养，以其交叉学科背景应对人工智能法学问题，增强自身"问题意识"，并对问题具有甄别能力。

■ 思考题

22.6 人工智能对法学研究产生了哪些挑战？

22.7 人工智能法学研究如何与当前的司法实践相结合？

■ 本章阅读文献

1. ［美］劳伦斯·莱斯格：《代码 2.0：网络空间中的法律》，李旭、沈伟伟译，清华大学出版社 2008 年版。

2. 贾引狮："人工智能对法律职业的影响与法学教育面临的挑战"，载《法学教育研究》2018 年第 3 期。

3. 赵艳红："人工智能背景下法学高等教育的改革"，载《北京航空航天大学学报》2020 年第 5 期。

4. 毛高杰："人工智能驱动下的法律教学改革"，载《法学教育研究》2019 年第 4 期。

---

〔1〕 参见肖季业："域外人工智能法学问题研究"，载《太原理工大学学报（社会科学版）》2020 年第 1 期。

5. 尹超："人工智能时代的法律职业变革与法学教育走向"，载《中国法学教育研究》2019年第1期。

6. 梁洪霞、杨自意："人工智能时代的法学教育"，载《高等教育评论》2019年第1期。

7. 王利明："人工智能时代提出的法学新课题"，载《中国法律评论》2018年第2期。

8. 刘艳红："人工智能法学研究的反智化批判"，载《东方法学》2019年第5期。

9. 刘艳红："人工智能法学的'时代三问'"，载《东方法学》2021年第5期。